胡玉縉著作集

四庫全書總目提要補正

史部

胡玉縉 撰

王欣夫 輯

上海書店出版社

四庫全書總目提要補正卷十三

史　部

正史類一

正史之名見於隋志，至宋而定著十有七。明刊監版，合宋、遼、金、元四史爲二十有一。皇上欽定明史，又詔增舊唐書爲二十有三。近蒐羅四庫薛居正舊五代史，得裒集成編，欽稟睿裁，與歐陽修書並列，共爲二十有四，今並從官本校錄。

至宋、遼、金、元四史譯語，舊皆舛謬，今悉改正以存其眞，其子部、集部亦均視此。

李慈銘桃華聖解盦日記云："乾隆初，武英殿刻諸史，惟史記、漢書出齊氏召南手，故校勘較精，考證亦最可觀。舊、新唐書全以沈東甫之唐書合訂爲據，亦頗有校正。後漢、三國志已爲可笑，然有何義門校本，尙能是正數條，至晉書以下，則自鄶無譏矣。宋書全出學士南昌萬承蒼手，南齊書全出知州華亭王祖庚手，彼二人者，無論其學與識視沈、蕭霄壤，卽文章亦不中作奴僕。而所作後跋皆痛詆二書，無恥甚矣。"玉縉案：沈、蕭當作沈、齊。　曾國藩書札致陳岱雲云:"北監本廿一史,欽定諸史板所仿以爲式者也。自乾隆間改譯遼、金、元三史人名,雖三朝諸臣最熟之名,亦使人茫然莫辨。故殿板雖佳,猶以三史爲憾,善讀書者,往往以北監板爲善本。"

史記一百三十卷

案遷自序,凡十二本紀、十表、八書、三十世家、七十列傳共爲百三十篇。漢書本傳稱其十篇闕,有錄無書,張晏注以爲遷歿之後,亡景帝紀、武帝紀、禮書、樂書、兵書、漢興以來將相年表、日者列傳、三王世家、龜策列傳、傅、靳列傳。劉知幾史通則以爲十篇未成,有錄而已,駁張晏之說爲非。今考日者、龜策二傳,並有太史公曰,又有褚先生曰,是爲補綴殘稾之明證,當以知幾爲是也。 其書自晉、唐以來傳本無大同異,惟唐開元二十三年敕升史記老子列傳於伯夷列傳上,錢曾讀書敏求記云:"尙有宋刻",今未之見。南宋廣漢張材又嘗刊去褚少孫所續,趙山甫復病其不全,取少孫書別刊附入,今亦均未見其本。 至僞孫奭孟子疏所引史記西子金錢事,今本無之,蓋宋人詐託古書,非今本之脫漏。 注其書者今惟裴駰、司馬貞、張守節三家尙存,其初各爲部帙,北宋始合爲一編。

漢書藝文志,太史公百三十篇,自注云:"十篇有錄無書。"王先謙補注云:"隋志題史記,蓋晉後著錄,改從今名。"王應麟考證,載呂氏祖謙說,"以張晏所列亡篇之目校之,一,景紀,篇在。二,武紀,亡。三,漢興以來將相年表,書在闕序。四,禮書,自禮由人起以下草具未成。五,樂書,自凡音之成而下草具未成。六，律書，自書曰七正二十八舍以下草具未成。七，三王世家，所載惟奏請及策書，或如五宗世家略敘自出亦未可知？八，傅、靳、蒯、成傳，篇在，非褚先生補。九，日者傳，自余志而著之以上皆史公本書。十，龜筴傳。自褚先生以下乃所補也。則班言無書，特就中祕所藏言之耳。”玉縉案：張晏所謂兵書，蓋卽律書。陸氏藏書志有淳熙辛丑耿秉所刊殘本，載張序作張杅，不作材，又載耿序云：“淳熙丙申，張介仲刊太史公書，凡褚少孫所續悉削去，學者謂非全書，且病其訛舛。越二年，趙山甫取所削別刊爲一帙，而觀者復以卷第不相入，覽究非便，置而弗印。別以所續從其卷第而附入之，兩存其板，俾學者自擇焉。”玉縉案：據耿序則趙刻別行，其附入者乃耿刻也。耿刻有集解、索隱，無正義。介仲卽張杅。陸氏儀顧堂題跋耿本跋云：“殷本紀炮格，格不誤烙；高祖本紀司馬𡰥，𡰥不誤尼；生此，生不誤玉；楚世家抱其上而拜，不作抱而入再拜；孔子世家始有宋而嗣厲公，嗣下不衍厲字；曹世家司馬𡰥，𡰥不誤尼；韓信、盧綰列傳自立爲代王，代不誤大，皆較諸本爲勝。至集解、索隱字句異同，足以正今本之失者更不勝枚舉。”瞿氏目錄有宋刊本，云：“隋、唐志皆作八十卷，此本仍依史記篇目，與志不合。然晁氏讀書志、陳氏書錄解題皆作百三十卷，其不從舊第已久矣。此本與震澤王氏翻宋本及明監本、毛本有異者，今略舉之：如殷本紀有炮格之法，不作炮烙，周本紀亦同，凡見三處。漢書谷永傳亦作炮格。秦始皇本紀至于萬世，不作千萬世；毛本不誤。項羽本紀籍何以生此，不作至此毛本不誤。

云云。玉縉案：文繁不具錄。王本以老、莊與伯夷同傳，此本列傳亦以伯夷居首。” 玉縉案：西子金錢事，僞孫蓋别有所本，所引史記，非指遷書，詳經部孟子正義下。瞿氏又有宋刊殘本史記集解云：“北宋刻史記集解、正義，本各單行，南渡後始合刻之。”又有元刊殘本史記集解、索隱、正義云：“集解、索隱、正義合刻者，始於宋淳熙時，是本一遵其舊。”玉縉案：瞿説甚瞭，提要以合刻始於北宋，未詳所據？卽羣經注疏合刻，亦始於南宋紹熙間三山黄唐所刊周易注疏等六種也。

史記索隱三十卷

首注駰序一篇，載其全文，其注司馬遷書，則如陸德明經典釋文之例，惟標所注之字。 此單行之本，爲北宋祕省刊板，毛晉得而重刻者。 錄而存之，猶可以見司馬氏之舊。

張宗泰所學集有是書跋四則，其二云：“索隱所引用之事，往往有檢點未到而失之者。如注裴駰集解序游俠云：‘輕死重氣如荆軻、豫讓之輩。’案二人名列刺客，此不引朱家、郭解何耶？子產博物云：‘內官不及同姓，則能生疾’，案左氏昭元年傳不及同姓下，有‘其生不殖美先盡矣’二語，此徑行節去，則似內官宜及同姓者，引書不失當否？本紀女修云：‘郯國少昊之後而嬴姓蓋其族也’，案左傳昭十七年郯子稱少昊氏曰：‘吾祖也’，杜注，‘少昊金天氏，己姓之祖’，則郯當爲己姓也。始皇本紀堯女下云：‘湘君當是舜’，案楚辭九歌注，以湘君爲水神，湘夫人爲二女，又以娥皇爲湘君，女英爲湘夫人，蓋均不以舜爲湘君。又云:‘宋、衞、中山前亡’，案宋與中山前亡，衞至秦二世廢其君角爲庶人而始滅，蓋最後亡者也。又謂‘樂毅本齊臣而入燕’，檢毅本傳，毅本趙人，去趙適魏，爲魏使於燕，遂留不去，初不言其爲齊臣。惠、景間侯者年表，‘壺關縣名，屬河內’，案漢書地理志壺關屬上黨，云屬河內者誤。齊太公系家‘二年齊滅郯’，徐廣曰:‘一作譚，春秋魯莊十年齊師滅譚是也’，案郯子於襄七年、昭十七年尙一再朝魯，謂齊桓滅郯，自是史公之誤，而徐廣所辨爲得其實，小司馬必以爲不當作譚何也？魯周公系家‘子家駒魯大夫仲孫氏之族’，案子駒即子家羈，爲莊公元孫，系出東門襄仲，別爲子家氏，與仲孫氏不相涉，此亦誤也。”玉縉案:既有一本作譚，不得以史爲誤。　其三云:“索隱引事之誤，尙有數之未盡者，如宋微子世家‘取鄭二姬’，注謂‘是鄭大夫芈氏、姜氏之女’，案僖二十二年左氏傳，‘文芈逆於軍，取鄭二姬以歸’，杜注，‘二姬，文芈女也’，則二姬是楚女嫁於鄭所生，故叔瞻譏其無別，此以芈氏、姜氏爲鄭之大夫，全然不考事實矣。楚世家‘二十年圍宋以殺楚使也’，案今本史記注，引宣十四年楚使申舟無假道於宋，宋人殺之，於史事爲合，此索隱本乃作宣十二年‘楚子伐蕭，蕭人囚楚相宜僚殺之’，則大誤矣。且熊相宜僚，亦不當作楚相宜僚。伍子胥列傳之‘伍舉事楚靈王’，伍參當莊王時，謂伍舉事莊王，自是史公之誤，此不一爲駁正何也？又公子囊瓦注，引左氏傳公子貞字子囊，其孫囊瓦字子常，而以言公子又兼稱囊瓦爲誤，案稱公子誠誤，至孫以王父之字爲氏，稱囊瓦，則未嘗誤也。仲尼弟子列傳注，'鯉也死，或謂設事之詞'，案他事或可爲設詞，孔子於其子未死而設言死，豈復成事體乎？孟子列傳注，'公明高等，蓋並軻之門人也'，案趙岐孟子注，以公明高爲曾子弟子。劉敬列傳注，'傳云：君不舉則不書'，案左氏傳莊二十三年，是君舉必書。田叔列傳注，'左傳齊桓公死，未葬，蟲流於戶外'，案蟲流戶外事，見齊世家及呂氏春秋，左傳無此文。扁鵲列傳注，謂'虢太子當是郭太子，春秋有郭公'，檢劉向說苑齊桓公出遊於野篇，郭之亡，尙在桓公之前，安得當扁鵲時而尙有郭太子？循吏列傳注，'子產鄭成公之少子'，案子產爲公子發之子，鄭穆公之孫，見左氏傳甚明，安得爲成公少子？小司馬於集解序下，以子產爲鄭卿公孫僑，而不彼此參質，使歸於畫一，何耶？" 其四云："魯周公世家述贊云：'及還臣列，北面躬如'，案周公恪守臣節，始終未嘗踐天子位，而何臣列之還。禮，明堂位'周公踐天子之位'，王肅注家語，早辨其誤，小司馬想未檢及此也，躬如字疑亦有誤。宋微子世家述贊云：'傷泓之役，有君無臣'，案公子目夷幹濟之才不在狐、趙下，泓水之役，一再進諫，指陳進戰之方，咸中機宜，無如襄公迂謬，漫不知兵，豈得謂之有君無臣。殷本紀從契敍起，周本紀從后稷敍起，秦本紀豈得不推原起自非子，小司馬欲降秦本紀爲世家，則與始皇離而二之，令首尾不相屬，豈通論乎？曹在春秋之世，地小兵弱，其君若臣無一克自振拔者，故終見幷於宋，乃稱曹於春秋世頗稱強國，曹果克稱其實否? 謂國僑、羊舌肸等亦古之賢大夫,合著在管、晏之下,是也,然竊意史公修史記,未嘗采及左傳,不然,傳自襄公二十年以後,所載子產事蹟連篇累牘,其才幹之優前後無出其右者,即叔向之言論丰采,亦時錯見於其間,豈得概從刊落,小司馬似尚未見及此。”玉縉案:躬如即匑如,非誤。 其一云:“琴川毛氏既稱審正定本,乃其中錯訛之字、脫漏之字、添設之字,舛誤不下數百條。且質之史記,有大字在前而解釋在後,有大字在後而解釋在前者,幾於卷卷有之,不知爲何時所竄亂”云云?

漢書一百二十卷

師古注條理精密,實爲獨到,然唐人多不用其說。故猗覺寮雜記稱師古注漢書,魁梧音悟,票姚皆音去聲,杜甫用魁梧、票姚皆作平聲。楊巨源詩,“請問漢家誰第一?麒麟閣上識酇侯,”亦不用音贊之說。殆貴遠賤近,自古而然歟? 要其疏通證明,究不愧班固功臣之目,固不以一、二字之出入病其大體矣。

王先謙前漢書補注序例云:“自顏監注行而班書義顯,卓然號爲功臣,然未發明者固多,而句讀譌誤、解釋踳駮之處亦迭見焉。良由是書義蘊弘深,通貫匪易,昔在東漢之世,朝廷求爲其學者,以馬季長一代大儒,尚命伏閣下從孟堅女弟曹大家受讀,即其難可知矣。宋、明以來,校正板本之功爲多,國朝右文興學,海內耆古之士,研窮班義,考正注文,著述美富,曠隆往代。但以散見諸書,學者罕能通習,先謙博求其義,薈最編摩,都爲一集”云云。

瞿氏目錄有宋刊本兩部:一,爲景祐二年監本,一,爲間有大德、至大、延祐、元統刊補本,各舉其足正明監本脫譌處,文繁不具錄。 陸氏儀顧堂題跋宋槧湖北庾司本跋、續跋宋蜀大字殘本跋,亦舉正明監及汲古本。

班馬異同三十五卷

楊士奇跋曰:"班馬異同三十五卷,相傳作於須溪,觀其評泊批點,臻極精妙,信非須溪不能,而文獻通考載爲倪思所撰,豈作於倪而評泊出於須溪耶?"其語亦兩持不決。

玉縉案:楊跋作:"豈非書作於倪而評論批點出於須溪耶?"今節去"非書"兩字,以決詞爲疑詞,近於舞文弄法。

後漢書一百二十卷

又隋、唐志均別有蔚宗後漢書論贊五卷,宋志始不著錄,疑唐以前論贊與本書別行,亦宋人散入書內。然史通論贊篇曰:"馬遷自序,傳後歷寫諸篇,各敍其意,旣而班固變爲詩體,號之曰述,蔚宗改彼述名,呼之以贊,固之總述,合在一篇,使其條貫有序,蔚宗後書,乃各附本事,書於卷末,篇目相離,斷絕失序。夫每卷立論,其煩已多,而嗣論以贊,爲黷彌甚,亦猶文士製碑,序終而續以銘曰,釋氏演法,義盡而宣以偈言"云云,則唐代范書論贊,已綴卷末矣。史志別出一目,所未詳也? 范撰是書,以志屬謝瞻,范敗後,瞻悉蠟以覆車,遂無傳本。 今本八志凡三十卷,別題梁剡令劉昭注,據陳振孫書錄解題,乃宋乾興初判國子監孫奭建議校勘,以昭所注司馬彪續漢書志與范書合爲一編。案隋志載司馬彪續漢書八十三卷,唐書亦同,宋志惟載劉昭補注後漢志三十卷，而彪書不著錄，是至宋僅存其志，故移以補後漢書之闕，其不曰續漢志而曰後漢志，是已併入范書之稱矣。或謂酈道元水經注嘗引司馬彪州郡志，疑其先已别行，又謂杜佑通典述科舉之制，以後漢書、續漢志連類而舉，疑唐以前已併八志入范書，似未確也？自八志合併之後，諸書徵引但題後漢書某志，儒者或不知爲司馬彪書，故何焯義門讀書記曰："八志司馬紹統之作，案紹統彪之字也。本漢末諸儒所傳而述於晉初，劉昭注補，别有總敍，緣諸本或失載劉敍，故孫北海藤陰劄記亦誤出蔚宗志律曆之文"云云。考洪邁容齋隨筆，已誤以八志爲范書，則其誤不自孫承澤始。

玉縉案：論贊各附卷末，史通所説，乃本書如此。其隋、唐志别出一目者，當由後人抽出别行，如隋志於大戴禮記外别出夏小正一卷之比，不必致疑。且唐志論贊五卷，隋志作讚論四卷，殆非一本，提要亦少别白。宋書本傳載曄與甥姪書，自序其作書之意，曰："吾雜傳論皆有精意深旨，至於循吏以下及六夷諸序論，筆勢縱放，實天下之奇作。曰贊自是吾文之傑思，殆無一字空設，此書行，故應有賞音者"，後人别出之故，當即在此。李慈銘撟詩孳疋之室日記十一云："范氏此言，自詡非過，然其最佳者如鄭康成傳論、左雄、周舉、黃瓊傳論、陳蕃傳論、李膺傳論、宦者傳序、儒林傳論，興高采烈，辭深理精，以云奇文，實超前古。次則曹褒傳論、丁鴻傳論、鄧彪、張禹、胡廣諸人傳論、蔡邕傳論、李固傳論、張奐傳論、孔融傳論、樊英傳論、英在方術傳。張儉傳論、盧植傳論、竇武、何進傳論，皆抑揚反覆，激烈悲壯，令人百讀不厭。他若李通傳論，則譏其陷父以徼倖；桓榮傳論，則譏其爲學以取榮；臧洪傳論，則惜其徒死之無益；郭林宗傳論，則疑其知人之過聖，凡茲卓識，多出恆裁。至於荀爽、荀彧，實非貞士，而慈明之論，旣表其圖董之智，文若之論，又褒其爲漢之忠，此之立言，猶爲過當。蓋徇乎流俗之譽，未照其隱遁之情，要亦善善從長，義存匡世，忼慨奮發，可見其心。大抵蔚宗所著論，在崇經學、扶名教、進處士、振清議，聞之者興起，讀之者感慕，以視馬、班，文章高古則勝之，其風勵雅俗，哀感頑豔，固不及也。蔚宗書中稱引其先世之説凡三：黃憲傳論稱曾祖穆侯，鄭康成傳論稱王父豫章君，高鳳傳論稱先大夫宣侯，皆以見其前人學識品概，非汎汎指稱。”玉縉案：李説甚允，黃佐南廱志經籍考，乃謂“自今觀之，敍盤瓠、鳧舃、羊鳴之類涉於怪，升文姬爲列女，惜張騫不取佛經，涉於妄，刪取諸家之史，以成一家之言，幾於略，序論華而近巧，不及遷、固遠甚”，非篤論也。　又案：宋書及南史瞻傳，均不言瞻爲曄作志，惟後漢書后紀“事在百官志”，李賢注引沈約謝儼傳曰：“范曄所撰十志，一皆託儼，搜撰垂畢，遇曄敗，悉蠟以覆車，宋文帝令丹陽尹徐湛之就儼尋求，已不復得，一代以爲恨。”據此，則瞻當爲儼，今沈約書無儼傳，當出徐爰、孫嚴諸書。　王鳴盛十七史商榷云：“范書無志，梁劉昭注之，即以司馬彪續漢書志補入，孫承澤、李光地皆指爲范氏書，觀陳振孫書錄解題第四卷，宋館閣書目已如此，誤也。此志每卷首題云梁劉昭注補，不知何人題？正因以司馬志補范書，即劉昭所爲，故後人題之如此，别本改云補注，豈司馬志有所闕，昭補之兼注之耶？司馬志無闕也。抑昭之前已有注司馬志者而昭又補其注耶？昭之前未見有注者也。又天文志第三卷，通卷無注，必係亡失，非劉氏原本。至五行志第四卷，通卷無注，其爲亡失更顯。五行志多伏生鴻範五行傳文，劉昭於貌言視聽傳皆采鄭康成注，獨此卷思傳，劉注亡，鄭注亦因之遂亡也。" 李慈銘桃華聖解盦日記云："續漢志官本率依監本，故亦有誤，其每卷之首，皆題'梁剡令劉昭補幷注'一行，亦仍監本之舊而不標司馬彪續志之名，幾似志爲昭所作矣。今江寧新刻本雖悉依汲本，而以此志次范書列傳之後，題曰'續漢志'，又載昭補注之序，其體最善。"玉縉案：卷首目錄，官本凡題三行：曰"宋宣城太守范曄撰"，曰"梁剡令劉昭補志"，曰"唐章懷太子賢注"，亦誤。十七史商榷云："梁書文學傳，劉昭字宣卿，集後漢同異注范蔚宗書一百八十卷，世稱博悉。考昭注范氏紀傳、司馬氏志，今世所行紀十二卷，志三十卷，傳八十八卷，即其本也，梁書所云一百八十卷，八十當作三十。唐章懷太子賢既用其本改其注矣，於志仍用昭注，注紀傳易，注志難，避難趨易也。昭所注續志頗可觀，則其紀傳注必佳，賢招儒臣爲此，恐有意存掩美，改壞舊注，幷襲取舊注攘爲己有者。"玉縉案：隋志載司馬彪續漢書八十三卷，范曄後漢書九十七卷，唐志，彪書多叉錄一卷，曄書九十二卷，又論贊五卷，仍九十七卷。凡一百八十卷，昭注曄全書而彪書僅注八志，故特舉曄不舉彪，而又統舉兩書以見義，八字殆非誤，南史本傳亦作一百八十卷可證。隋志有後漢書一百二十五卷，注云“范曄本，梁剡令劉昭注”，唐志有劉昭補注後漢書五十八卷，則各著其所見之本也。　劉昭注補自序云：“尋本書，當作禮樂志，其天文、五行、百官、車服爲名則同，此外諸篇不著紀傳，律曆、郡國，必依往式。曄遺書自序，應徧作諸志，前漢有者，悉欲備製，卷中發論，以正得失，書雖未明，其大旨也。徒懷纘緝，理慙鉤遠，迺借舊志，注以補之，分爲三十卷以合范史。昔褚先生補子長之削少，馬氏接孟堅之不畢，相成之義，古有之矣，引彼先志，又何猜焉。”玉縉案：據此，則劉昭已將八志併入范書，提要知注補別有總敍，乃不加考覈，以或疑唐以前已併八志入范書爲未確，何其疏也。特李賢注本之有注補，乃孫奭移入，如陳振孫所說耳。　籀詩擘疋之室日記云：“蔚宗書本有志，自著於傳中凡三：公主傳云：‘事在百官志’，東平王蒼傳云：‘語在禮樂、輿服志’，蔡邕傳云：‘事在五行、天文志。’乃知當日志亦俱成，章懷謂託謝儼搜撰之言，恐都未確？”玉縉案：曄作志未成，劉昭序甚明，李說亦未覈。

瞿氏目錄有宋刊本兩部：一云：“如郭太傳‘初太始至南州’以下七十四字，錢氏養新錄謂本章懷注引謝承後漢書之文，溷入正文，今此本尚不誤。”一云：“後來各本多譌脫，如郭泰傳云云七十四字儳入正文，此本作章懷注引謝承之書。又左原以下十人附書林宗傳末，皆跳行，此本獨否，足徵舊本之善。”陸氏儀顧堂題跋有宋槧蔡琪一經堂殘本跋，續跋有宋蜀大字殘本跋，歷舉其勝處，文繁不錄。又案：彪書八十三卷，今有姚之駰輯本四卷，汪文臺輯本五卷。其八志附於范書，至今尚存。

補後漢書年表十卷

方字廣居，豐城人，由上舍生官至右迪功郎，權澧州司戶參軍。是書前後進表不著年月，表中有"皇帝陛下奮神武以撥亂，致太平而中興，仰稽聖功，同符光武"之語，又有"灑宸翰於九經，永光庠序；煥雲章於八法，冠絕鍾、王"之語。御書太學石經乃高宗時事，則方爲南渡初人矣。其所證據一本范氏舊文，義例則仿之前書而稍爲通變，如王子、外戚、恩澤諸侯表皆不復分析，惟各書其狀於始封之下，而以功、以親，自可瞭如指掌。又百官雖因西漢而廢置不一，方取劉昭之志，自太傅至河南尹凡二十有三等以繫於年，而除拜薨免之實悉見。其貫穿鉤考，極爲精詳，綱目條章，亦俱燦然有法，惟中間端緒繁密，故踳駮之處，亦間有之。如海昏侯會邑、安衆侯松，其肇封固自西漢，而前書皆云今見爲侯，則明、章以後，尙嗣封弗絕，自應在東京列侯之數。雖史文闕略，不能得其傳世之詳，亦當標其國號名屬而注云後闕，始合史法，方乃因其世系無徵，遂黜其名，僅以見前書王子侯表一語附識篇末。審如是，則城陽恭王祉亦見前書王子侯表，何以此書又得載入乎？此其爲例不純者也。又如伏完乃伏湛七世孫，襲封不其侯，見於湛傳及皇后紀者甚明，惟袁宏漢紀有建安元年封董承、伏完十三人爲列侯之文，范史誤採入本紀中，方不加考辨，於伏湛下旣書侯完嗣爵，而孝獻時諸侯表內又别出一列侯伏完，殊爲複舛。又皇后紀稱完爲屯騎校尉，建安十四年卒，子典嗣，是曹操弑伏后時完已先卒，故史但稱操殺后兄弟宗族而不及完，方乃誤以爲曹操所誅，國除，而於侯典一代竟不列入。又如漢壽亭侯，世但稱壽亭侯，沿習舊譌，未能糾正，此其考核偶疎者也。又漢制以太傅至將軍爲五府，自大將軍、車騎將軍、度遼將軍以外，其餘雜將軍號隨時建置，見於紀傳者尚多，乃於百官表內概不之及，頗傷闕漏，此其採摭之未備者也。凡此數端，皆爲所短。

玉縉案：方，靖康舉貢上庠，參澧州軍事，高宗內禪，除本路帥幕，其事跡陸氏儀顧堂題跋考之甚詳。十七史商榷云："自序云：'一據范、劉舊文，不敢復取他說'，今觀其取材，於范、劉外惟三國志，其餘一無所采，誠爲固陋，於本書亦多脱漏，則不無遺恨。前書同姓王、侯分爲二，熊氏則以王、侯合而爲一，前漢有功臣、外戚、恩澤等侯，熊氏亦不分析，概以異姓諸侯，此皆特變前例而可通者。惟是宦者封侯之濫，後漢爲甚，前漢未之有也，今乃一概攙雜，總名異姓諸侯，太覺不倫，殊非類族辨物之道，宜别立宦者侯一門。凡都亭之下方，或注郡邑名，或不注郡邑名，蓋以都亭各處都有，知爲某處之都亭者書之，不知則不書，但都鄉疑亦都亭之類，而概云常山，則不可解？第八卷異姓侯有壽亭侯關羽，其下格注云：'武陵'，考蜀志本傳，曹操表封羽爲漢壽亭侯，此傳寫誤脱去漢字。前漢百官公卿表，以三公、三師、將軍、九卿皆聚於一篇之中，按年而臚列之，後漢官制與前略同，乃熊表自大鴻臚以上爲一截，宗正以下爲一截，離析殊覺無謂。或以其累墜，欲圖輕省，尙差可，又復以順帝而下劃分卷帙，彌嫌煩碎。”錢大昕竹汀日記鈔一云：“其中如光祿勳鄧淵、廷尉宣播、少府田邠見殺事，在興平二年，而誤列於元年，又脫去光祿勳士孫瑞、大長秋苗祀，皆不可不補正。”玉縉案：錢大昭別爲補表，其條例辨此書尤詳，文繁不錄。 李氏桃華聖解盦日記云：“漢書百官公卿表例亦未能畫一，其自三公、將軍外，有太常、光祿勛、衞尉、太僕、廷尉、大鴻臚、宗正、大司農、少府、執金吾、水衡都尉，又加之以三輔，則班氏固不限以九卿也。水衡都尉及三輔秩皆二千石，則班氏固不限以中二千石也。然太子太傅、少傅、將作大匠、詹事、大長秋、典屬國皆二千石，將作等四官皆號列卿，何以不列？是熊氏後漢表彙及諸官未爲違失，可廬一概去之，非也。”

兩漢刊誤補遺十卷

雖中間以麟止爲麟趾之類，間有一二之附會，要其大致，固瑕一而瑜百者也。

十七史商榷二十九云：“其中最精者一條，趙岐傳，岐著要子章句刊誤，仁傑云：‘古文要作㒷，與䀠相近，疑孟與䀠通，岐傳本作䀠子章句而誤作㒷耳，’此條精妙無比，似深於小學者。乃於牙門一條內論車字古皆音尺奢切，從漢以來，始有居音，此則全不識古音矣。牟字一條，據歐陽永叔詩本義，強指來牟爲后稷初封所賜祭器，而斥毛、鄭赤烏以牟麥俱來爲誕，繫風捕影，的是趙宋人口吻。塗山一條，以郡國志爲范蔚宗所作，豈非目視而不見其睫者耶？”

三國志六十五卷

凡魏志三十卷，蜀志十五卷，吳志二十卷。

李慈銘籀詩擘疋之室日記云：“陳氏本無魏書、蜀書、吳書之名，概題爲志，後人誤以標目，刻十七史、廿一史者遂皆沿之，流俗所當正者也。” 陸氏儀顧堂題跋有宋槧吳志跋，歷舉其勝處，文繁不錄。此書二十卷，正文頂格，注低一格，不作雙行。 又受禮廬日記云：“陳氏此志，本未析名何書，然陸士龍集與兄平原書有‘陳壽吳書’云云，則當時固已有此稱，非後之刻國志者所增題也。曹氏三祖並尊，後世稱祖之濫實始於此，而吳、蜀皆不著其廟號。考孫破虜傳注引吳錄曰：‘尊堅廟曰始祖’，三嗣主傳孫亮太平元年春注，引吳曆曰：‘正月爲權立廟，稱太祖廟’，陸士衡辨亡論下篇亦云：‘吳桓王基之以武，太祖成之以德’，是則堅與權皆有廟號，而自來紀載但稱曰武烈皇帝、大皇帝，則由陳志無載故也。惟蜀之昭烈，蓋欲上媲光武，故用二字謚，而以未定中原故未加廟號耳。” 陳澧東塾集復張雁皋書云：“嘗與鄭小谷論三國志所簡者，以蜀之紀載本少故也，觀其盡載楊戲季漢輔臣贊，可知其無可搜羅矣。蜀志既簡，故魏志、吳志亦遂不能不簡以就之，觀裴注於蜀則略而魏、吳則詳，則知承祚於魏、吳多所芟削也。” 郝懿行曬書堂筆錄王介甫勸人修三國志條云：“昔人論三國志高簡有法，訖無異詞，介甫將恨其未簡則義無可删，如謂其太簡則必非知文，或病其帝魏，尤非知言者也，彼身入魏，安得不爲魏，且其意非帝魏也，帝晉耳，書無晉，何以謂之帝晉？帝魏乃所以帝晉，晉受魏禪也。且其意不在魏，魏與蜀、吳實列三分，魏、蜀、吳書名爲三國，又安在其帝魏？近儒惟錢辛楣大昕深明此義，其序略云：‘自承祚書出，始正三國之名，且先蜀後吳，又於楊戲傳末載季漢輔臣贊，亹亹數百言，所以尊蜀，殊於魏、吳也，存季漢之名，明乎蜀之實漢也。’又跋略云：‘其書雖帝魏而未嘗不尊蜀，於蜀二君書先主、後主而不名，於吳諸君則曰權、曰亮、曰休、曰皓，皆直斥其名，蜀之甘皇后、穆皇后、敬哀皇后、張皇后皆稱后，而吳之后妃但稱夫人，其書法區别如此。又以蜀兩朝不立史官，故於蜀事特詳’云云。潛研堂文集廿四及廿八。此則承祚之書大義既明，文筆又簡，不知何故更要人修？”李慈銘桃華聖解盦日記戊集七八云：“蜀志末楊戲傳載所著季漢輔臣贊，冠以昭烈皇帝，曰季漢，曰皇帝，以先主傳中不敢正名而於此見之，此承祚最得春秋微而婉之指者也。輔臣自諸葛丞相以下凡五十三人，其本志無傳而贊有其人承祚自爲之注者，鄧方、費觀、吳壹、陳到、程畿、程祁、糜芳、士仁、郝普、潘濬等十人，各注於題下，輔臣劉邕等十七人，皆注於贊中本句之下，此已是後人所亂。其末又一行云：‘益部耆舊雜記’，載王嗣、常播、衞繼三人，皆劉氏王蜀時人，故錄於篇，其下又提行列王嗣三人傳。何義門云：‘益部以下，疑皆裴注而宋本誤同。’錢竹汀云:‘承祚作益部耆舊傳,見於晉書本傳及隋經籍志,若雜記則隋志無之,或云陳術撰,亦必晉人,不應承祚遽引其書。’蓋裴氏於李孫德、李偉南孫德名福,偉南名朝,皆有贊而承祚注之。二人注下,既各列雜記以補本注之闕,而王嗣等三人姓名不見於承祚書,故附錄以傳異聞,此亦裴注之恆例,今刊本皆升作大字,讀者亦認爲承祚正文,則大誤矣。而姚薑塢云:‘蜀李譔傳,末言陳術著益部耆舊傳及志,承祚或取其書,非裴注,亦未可定?’予謂古人著書無此體,承祚既有取於三人,何不爲之立傳而忽羼他人著作於戲贊之末乎?李譔傳固言陳術著益部耆舊傳及志,未嘗有雜記之名。華陽國志陳壽傳云:‘自建武後,蜀郡鄭伯邑、太尉趙彥信及漢中陳申伯、祝元靈、廣漢王文表皆以博學洽聞作巴蜀耆舊傳,壽以爲不足經遠,乃并巴、漢撰爲益部耆舊傳十篇。’又漢中士女傳云:‘陳術字申伯,作耆舊傳者也。失其行事,歷新城、魏興、上庸三郡太守’,是術本不稱雜記甚明,錢氏之說是也。惟術實季漢人,常璩列之後漢燕邠、趙嵩之後,承祚附之蜀李譔傳,亦云歷三郡太守,而錢氏以爲晉人,則偶未考及耳。竊謂刻三國志者,當以輔匡等十七人之注皆移之題下,與鄧方等十人注皆升爲大字,各較贊字低一格,而贊字皆升爲平格,今本贊某某皆低三格,亦非。其益部耆舊雜記以下皆低三格,以示存疑,不致相溷可矣。今本益部云云低一格,王嗣等三人皆平格。”

三國志辨誤三卷

不著撰人名氏,亦莫詳時代,蘇州府志載陳景雲字少章,吳江縣學生,長洲人。少從何焯遊,博通經史,淹貫羣籍,長於考訂,凡譌謬處能剖析毫芒,所著書凡九種,其四爲三國志校誤,似卽此書。然考義門讀書記中有何焯所校三國志三卷,其魏志楊阜傳,阜嘗見明帝著帽披縹綾半褏袖一條,稱"褏、袖古今字,少章疑下一字衍,檢宋書五行志果然"云云,此書不載此條,則又似非景雲作,疑不能明,闕所不知可也。三國志簡質有法,古稱良史,而牴牾亦所不免,如孫權之攻合肥,魏、吳二志先後不同,當時已爲孫盛所議。明以來南、北監本傳寫刊刻,脫誤尤多。是書所辨陳書及裴注之誤,凡魏志二十八條,蜀志八條,吳志二十一條。其間於字之譌異者,如三少帝紀定陵侯繁,繁當作毓,少府褒,褒當作袠之類。於文之倒置者,如正元二年八月戊辰,不當在辛未後之類。於正文與注淆亂者,如王肅傳評末附劉寔語,本裴注所引之類。於原本之闕佚者,如徐詳不當附胡綜傳之類。並參校異同,各有根據。

李慈銘桃華聖解盦日記云:"案錢氏廿二史考異、諸史拾遺所引陳景雲說皆與之合,文句亦同。王肅傳評一條,徐詳傳佚一條,錢氏養新錄引陳少章說亦一字不異。陳氏著文道十書,僅刻四種,故此書祗有鈔本,提要因何義門讀書記引陳少章謂楊阜傳明帝被青綾半褏袖,袖疑衍字,而此書無此一條,遂以爲非陳所著,不知陳爲義門弟子,此條何氏又證以宋書五行志,已著之讀書記中,故陳氏削而不載。且陳氏之書,亦其子黃中及門人於各書評識中錄出，自有所遺，故錢氏所引亦有此書所無者，蓋提要未見錢氏書故也。”又云：“辨誤言漢末有兩伍瓊，皆汝南人，皆字德瑜，一官城門校尉，一官越騎校尉，先後爲董卓所殺，此由裴世期以英雄記言伍瓊字德瑜汝南人，謝承書言伍孚亦字德瑜汝南吳房人，疑孚爲瓊之別名，抑別有伍孚而未詳？辨誤以董卓傳載伍瓊與周毖同被殺，在未入關前，而荀攸傳載伍瓊同謀刺卓在入關後，與謝承書所載伍孚刺卓似同爲一人，遂以爲前後有兩伍瓊，而一又名孚。予案謝書載孚之刺卓不言何時，而陳志荀攸傳亦不載伍瓊之死，細覈之，實止一人耳。范蔚宗後漢書彙采羣籍，以一稱伍瓊，一稱伍孚，遂分載於董卓傳，以爲兩人兩事。據陳志董卓傳，無入關後刺卓之伍孚，謝書又不言有與周毖同死之伍瓊，明是同此一人，而所紀互異，試思同郡、同姓名、同字、同官列校、同死卓難，豈有此事耶？荀攸傳所紀必是誤文，蓋攸之謀卓與荀爽同，皆其家傳所附會，不足信也。”又云：“辨誤舉注文誤入正文者兩條：一，王肅傳評以王肅‘諒直多聞能析薪哉’句止，下文‘劉寔以爲肅方於事上而好下佞己’云云，乃裴氏注文，與譙周傳評後注引‘張璠以爲’云云正同。一，譙周傳末‘周三子熙、賢、同，少子同舉孝廉，除錫令，東宮洗馬召不就’，傳文已止，下云：‘周長子熙，熙子秀，字元彥’，乃裴氏注文，下接晉陽秋曰：‘秀性清静’云云，今本皆溷爲注文。其說甚碻，然尚有不止是者。邴原傳末附張泰、龐迪、張閣三人，其文云：‘是後大鴻臚鉅鹿張泰，河南尹扶風龐迪，以清賢稱，永寧太僕東郡張閣，以簡質聞'，傳文已止，其下云：'杜恕著家戒稱閣曰張子臺，視之似鄙樸人'云云，乃裴氏注文。閣與泰、迪一例，不容獨贅他人稱閣之語，裴注屢引杜恕家戒，此固不辨可知也。步騭傳末附其子闡降晉事云：'陸抗陷城斬闡等，步氏泯滅，惟璿紹祀'，傳文已完，其下云：'潁川周昭著書稱步騭及嚴畯等曰'云云，其文甚長，凡七百餘言，且并及顧豫章劭、諸葛使君瑾、張奮威承三人，皆泛論其美，辭指重沓，全無事實，必非承祚所取，其他傳中，絕無此例。其末又附見周昭本末，而目錄步騭傳下，並不出周昭姓名，則本爲注文無疑，後人傳錄，誤連之耳。承祚史裁簡要，類此可推。" 又庚集一九云："其書僅取誤衍之文略加考正，多有可取，惟虞翻傳注一條云：'桓文遺之尺牘之書，比竟三高'，云'文當作王，謂長沙桓王也'，案此上文云：'近者太守上虞陳業，潔身清行，遁迹黟、歙'云云，予讀水經漸江篇注云：'沛國桓儼，避地會稽，聞陳業履行高潔，往候不見，儼後浮海，南入交州，臨去遺書與業，不因行李，繫白樓亭柱而去。'考後漢書桓曄字文林，一名嚴，注引東觀記嚴作礹。初平中，避地會稽，遂浮海客交趾，曄即儼也，嚴礹皆儼之誤。乃知此注所云桓文者，當作桓文林，脫去一字耳，非桓文也。"荀學齋日記略同。

三國志補注六卷附諸史然疑一卷

世駿復掇拾殘賸，欲以博洽勝之，故細大不捐，瑕瑜互見，如某人宅在某鄉，某人墓在某里，其體全類圖經。虞荔之鼎錄，陶弘景之刀劍錄，皆按年編入，而鍾繇等傳書評、書品，動輒連篇，其例又如雜記。至於神怪妖異，如嵇康見鬼、諸葛亮祭風之類，稗官小說，累牘不休，尤誕謾不足爲據。他如魏文帝角巾彈棊，裴注已引博物志，而又引世說；曹操之發邱摸金，裴注已載陳琳檄，而又引宋書廢帝紀，書名有異，而事迹不殊，亦何取乎屋上之屋。至於崔琰捉刀，劉孝標世說注中已辨裴啓語林之誤，乃棄置劉語，而別引史通之文；張飛豹月烏，本出葉廷珪海錄碎事，乃明標葉書，又冠以彙苑之目。大抵愛博嗜奇，故蔓引巵詞，多妨體要。又異苑王粲識礜石事，佚其荆州劉表數言；諸葛亮梁甫吟，不載出藝文類聚，輾轉稗販，疎漏亦多。然如魏文帝紀之王淩謝亭侯一條，明帝紀之孔晏乂一條，陳泰年三十六一條，臧洪傳之徐衆一條，崔琰傳之陳煒一條，華歆傳之東海郡人一條，嚴、包交通一條，蔣濟傳之弊勉一條，張遼傳之大呼是名一條，楚王彪傳之徙封白馬一條，蜀志先主傳之譙周爲從事一條，後主傳之不置史官一條，諸葛亮傳之躬耕南陽一條，鄧芝傳之廖化襄陽人一條，吳志孫休傳之二子之名一條，太史慈傳之神亭一條，黄蓋傳之黄子廉一條，賀齊傳之徐盛失矛一條，皆參校異同，頗爲精核。餘如黄初五經課試之法，王昶考課五事之目，司馬芝復錢之議，王肅祕書監之表，皇象、繆襲之撰皇覽，引正義辨鄭玄解稽古同天之謬，引後漢書注證宗賊之義，引風俗通證周生爲複姓，引困學紀聞證況長寧爲蜀人，亦皆足以資考證，故書雖蕪雜，而亦未可竟廢焉。

李慈銘桃華聖解盦日記巳集第二集一五。云:“補注所采,大半自世說注、水經注、太平御覽及漢、晉諸書,其中如三少帝紀諫議大夫孔晏乂上疏云云,據第十六卷注稱孔乂字元儁,證此處晏字爲衍文,以與何晏疏連綴,下又統言晏、乂而誤,此類頗有糾正,其他曼衍爲多。四庫提要歷摘其疏處,然尙有未盡者。如明帝紀行五銖錢一條,補注引杜氏通典載司馬芝議云云,不知此明載晉書食貨志,乃舍之而引通典,是不尋其源也。賈詡傳以詡爲太尉一條,補注引太平御覽稱齊職儀曰:‘黃初二年詔,災害勿貶三公,遂爲永制’,不知此明載文帝紀中,是複出本書也。其書通題道古堂外集,總編卷數,校刻粗疏,誤字甚多。”

晉書一百三十卷

唐房喬等奉敕撰。　考書中惟陸機、王羲之兩傳,其論皆稱制曰,蓋出於太宗之御撰。　其所載者,大抵弘奬風流以資談柄,取劉義慶世說新語與劉孝標所注一一互勘,幾於全部收入,是直稗官之體,安得目曰史傳乎?　音義三卷,唐何超撰。超字令升,自稱東京人,楊齊宣爲之序,其審音辨字,頗有發明,舊本所載,今仍附見於末焉。

瞿氏目錄有宋刊本,云:“題唐太宗文皇帝御撰,其實史臣房喬等奉敕所纂,中惟陸機、王羲之二傳,其論稱制曰,餘皆稱史臣曰也。此宋刊十行本,間有元、明時修板,終勝後來監本、汲古刻本。如宣帝紀,‘權果遣將呂蒙西襲羽公安’,不脫羽字;惠賈皇后傳,‘謐密欲廢后’,欲不譌爲;

惠羊皇后傳,'賈后欲廢',欲不譌旣;何曾傳,'今忠賢執政',今不譌令;'其進太宰侍中如故',中下不衍公字;石崇傳,'春畦靃靡',靃不譌藿;羊祜傳,'乞蒙列上',列不譌例;'兵不踰時',踰不譌喩;劉卞傳,'其一人卿卞',卿不譌輕;楊駿傳,'後以后父超居重任',任不譌位;山濤傳,'不得有所問',問不譌聞;王戎傳,'當從古人中求耳',耳不譌之;陸機傳,五等論,'是以分天下以厚樂則己得與之同憂',憂不譌愛;潘岳傳,'凡此皆客舍之益而官權之所乏也',乏不譌之;殷浩傳,'向使作令僕,足以儀刑百揆',儀不譌殘;王羲之傳,'方其文義之比於石崇',義不譌羲;董京傳,'孔子不遇時,彼感麒麟乎?'麒不譌麟;董養傳,'天人之理旣滅',天不譌夫。"丁氏藏書志有宋刊大字本,卽十行本,云:中如宣帝紀,權果遣將至踰不譌喩,悉與瞿語同。下云:"謝鯤傳,'吾不得爲盛德事矣'句下,不脫'鯤曰何爲其然,但使自今以往日忘日去耳,初敦謂'二十字,皆足正監本、毛本之譌,其他得以助勘之處尙不少。" 陸氏儀顧堂續跋云:"宣帝紀、陸機、王羲之二傳,其論皆太宗自製,故稱制曰,或者謂惟陸、王二傳稱制曰,亦不考之甚矣。" 李慈銘息荼庵日記云:"晉書之舛駁蕪累,多采小說,前人指摘之者不一。其尤繆者,如海西公之廢,紀言'桓溫誣帝在藩夙有痿疾,嬖人相龍、志作向龍。計好、朱靈寶等參侍內寢,而二美人田氏、孟氏生三男,長欲封樹,時人惑之。'又云:'桓溫有不臣之心,潛謀廢立以長威權,然憚帝守道,恐招時議,以宮闈重閟,牀笫易誣，乃言帝爲閹，遂行廢辱。’又云：‘帝徙居吳縣，深慮橫禍，乃杜塞聰明，無思無慮，終日酣暢，耽於內寵，有子不育，庶保天年。’是海西不男之語，明出於誣，而五行志詩妖中乃載海西公太和中百姓歌曰：‘青青御路楊，白馬紫遊韁，汝非皇太子，那得甘露漿。’識者曰：‘白者金行，馬者國族，紫爲奪正之色’，海西公尋廢，其三子並非海西公之子，縊以馬韁死之，明日南方獻甘露焉。’又云：‘海西公初生皇子，百姓歌云：“鳳凰生一雛，天下莫不喜，本言是馬駒，今定成龍子。”其歌甚美，其旨甚微，海西公不男，使左右向龍與內侍接，生子以爲己子’，則又以溫之言爲實。” “晉書以舊有八王故事一書，故立八王傳，竹汀錢氏深譏其賢奸溷合失勸懲之旨。謂汝南王無大過，齊王有討逆之功，長沙不失臣節，趙倫當入逆臣傳，其說是也。予謂八王之分合，若但以樹兵相圖爲義，則汝南未嘗有是，亦當去亮而以淮南王允補之。” “庾亮執權召亂，史多貶辭，然其屢欲率衆入廢王導，亦可謂不惑名實。導之庸鄙懷奸，實爲晉室罪人，故陶侃與亮同志，史乃以此爲其深罪，許敬宗輩之無識，可謂甚矣。”玉縉案：餘論兩晉人物甚詳，以無關考證略之。又桃華聖解盦日記云：“校晉書帝紀，官本之誤，不減汲版，蓋此書中祕亦無舊槧，又屬於金銀白芨之流，每卷下考證不過一二條，有并無一字者，皆極可笑。” “晉書先冠以宣帝、景帝、文帝紀已是紕繆，三國志三少帝紀，稱高貴鄉公少好學夙成，齊王廢，公卿議迎立，其下備述公之辭讓有禮。又云：‘即皇帝位，百僚陪位者欣欣焉。'此明言高貴之爲令主，而晉書景帝紀則言'帝本欲立彭城王據，太后不聽，乃迎高貴，高貴受璽惰，舉趾高，帝心憂之'，其下又備載帝訓高貴之言，浮辭譖語，令人憤邑，此皆當時司馬之黨如王沈輩者醜誣妄造，其後孫盛、魚豢、王隱、朱鳳之流，傳播穢言，以爲信史。承祚身仕晉武之世，羈旅孤危，其時典午方隆，王沈諸黨逆之徒咸據高位，其書盛行，乃悉歸刊削，絕不顧忌，此所以爲良史也。裴世期注，徧搜異說，而於高貴紀注未有晉書所稱一字，彭城王據傳，亦不注司馬師本欲迎立之言。蓋晉人多誣，世所共悉，而高貴賢明好學，見酷逆臣，亦古今所共痛。唐修晉史，何嫌何疑？乃舍承祚之直筆，拾王沈之奸唾，滿紙醜言，自成穢史，許敬宗輩，眞犬彘也。" 十七史商榷四十三云："胡三省通鑑注自序云：'晉書之楊正衡注，吾無取焉。'宋史藝文志則云：'楊齊宣晉書音義三卷'，明南京國子監刻二十一史晉書，有何超音義三卷，天寶六載，其內兄楊齊宣字正衡爲之序，胡及宋史誤以爲楊撰耳。此書胡雖不取，然是唐初人撰，所引呂忱字林頗多，又引文字集略，又引周遷輿服姓事，又引柳顧言說，又引珠叢，又引風土記，此等書今皆亡矣。又引風俗通僻姓賁、甫、香、景，予所藏元大德刻風俗通，比俗刻多兩倍，亦無此一條，何在唐初，尚見足本。然則此書非全無足取者，汲古閣板無何氏音義。" 錢泰吉甘泉鄉人餘稾跋晉書音義云："何超音，楊齊宣正衡序，胡身之通鑑注引晉書音義，遂屬之楊正衡，豈讀序文未審，且不及檢唐志，故有是誤歟？何氏音略備而義多未及，尙有待於後人補苴也。”

宋書一百卷

約表上其書，謂本紀、列傳繕寫已畢，合志、表七十卷，所撰諸志，須成續上，今此書有紀、志、傳而無表。劉知幾史通謂此書爲紀十，志三十，列傳六十，合百卷，不言其有表，隋書經籍志亦作宋書一百卷，與今本卷數符合。或唐以前其表早佚，今本卷帙出於後人所編次歟？其書至北宋已多散失，崇文總目謂闕趙倫之傳一卷，陳振孫書錄解題謂獨闕到彥之傳，今本卷四十六有趙倫之、王懿、張邵傳，惟彥之傳獨闕，與陳振孫所見本同。卷後有臣穆附記，謂此卷體同南史，傳末無論，疑非約書，其言良是。蓋宋初已闕此一卷，後人雜取高氏小史及南史以補之，取盈卷帙，然南史有到彥之傳，獨舍而不取。又張邵傳後，附見其兄子暢，直用南史之文，而不知此書卷五十九已有張暢傳，忘其重出，則補綴者之疎矣。臣穆當卽鄭穆，宋史有傳，嘉祐中嘗校勘宋書，其所考證，僅見此條。蓋重刊之時，削除偶賸，亦足見明以來之刊本，隨意竄改，多非古式云。

十七史商榷五十三云："據上書表，則紀傳先成，志係續上，今約書紀十卷，傳六十卷，適合七十卷之數。外有志三十卷而無表，與梁書本傳所云著宋書百卷適合，則上書表中志、表二字乃衍文也。"玉縉案：王說甚覈，如今本有志、表二字，則下文"諸志須續上"之語不可通，故史通亦不言其有表，提要所疑非也。又商榷六十一云："宋書第五十九卷有張暢傳，此是沈約原本，其前四十六卷先有暢傳，則後世妄人謬取南史攙入者。四十六卷目列趙倫之、到彥之、王懿、張邵四人，內到彥之闕，卷末又無論贊，則此卷本自不全，致遭妄人蛇足，於邵之後又附以暢，一人兩傳，前後複出。不知宋書不似南史，一族之人，必聚一處，其中有父子各卷，如顏延之、顏竣之類。況暢是邵兄子，何必附入，想妄人偶讀至此，忽憶邵有姪暢，以爲遺落，竟未及檢點五十九卷，率爾鈔入，不然，則何所取乎？此傳與南史文並同，惟南史之'魏太武南征'，此則改云'魏主托跋燾南征'，以下皆稱魏主，其實宋書中魏主字樣，是口氣，非史臣筆，史臣則稱索虜，不稱魏主，今此所改，乃又妄人之強作解事者，此篇於宋書中宜删去。又南史於各帝皆稱謚法，宋書則稱廟號，然亦間有稱謚法者，例亦未能畫一。此四十六卷中趙倫之、王懿、張邵三篇，皆稱謚法，所以妄人於張暢傳亦改世祖爲孝武，卻不可因張暢傳而疑趙倫之等亦非沈約原文也。臣穆等跋，孰稱謂不同，不可泥。"玉縉案：王氏此說甚是，其五十三卷云："今約書紀十卷，傳六十卷，適合七十卷之數，外有志三十卷而無表，與梁書本傳所云著宋書百卷適合，則上書表中志、表二字乃衍文也。"此說未是。　丁氏藏書志云："志第十二末有校語，列傳第六有'臣穆等案高氏小史'云云二條，北監本羼入正文，官本仍之。毛氏本志十二連正文，列傳六列於後，蓋未察此爲嘉祐諸臣校語，當時刊削未盡耳。"　陸氏儀顧堂續跋云："晁公武於南齊、梁、陳、魏、周各書，皆言何人校上，宋書獨闕，今以穆等二字推之，蓋鄭穆所校也。穆在館閣三十年，嘗編集賢院書籍，見宋史本傳，嘉祐校刊七史，諸臣校上皆序其端，此書必有穆序，惟晁公武不能辨爲穆校，恐紹興重刻時序已闕矣。高氏小史有到彥之傳，今約書仍闕，則除魏書外無以小史補綴可知，更可證錢宮詹北齊考異之非，而信余言之不謬矣。約書則稱魏爲虜，列傳第六張暢傳多稱魏主，與南史例同而文不同，鄭穆疑非約書，愚謂暢傳多與魏臣李孝伯問答之辭，非史臣之辭，故言必稱魏主，史從實書，不能改而稱虜，未必非約原書，穆說非是。惟少帝紀有稱魏主、魏軍者，乃約書殘闕，後人以他書補之，亦非出高氏小史，或取之齊冠軍錄事參軍孫嚴宋書則不可知耳?" 玉縉案：李慈銘桃華聖解盦日記辛集第二集，有校正宋書本文及官本考證數則，甚精，文繁不錄。

南齊書五十九卷

內府刊本。

陸氏儀顧堂續跋宋槧明修南齊書跋云："次行題曰：'臣蕭子顯撰'，前有臣恂、臣寶臣、臣穆、臣藻、臣洙、臣覺、臣彥若、臣翌序，行款格式，與宋書同，宋諱避至構字止，紹興十四年眉山重刻七史之一也。本紀第一末有校語云：'策文難滅星謀，疑'；志第九末云：'漆畫牽車注戍棟梁，本戍作戈，輿車注戍校棟梁，一本戍校作戈，杖衣畫車注剌代棟梁，平乘車注剌代棟梁，並疑'；列傳六末'賴原卽大世，疑'；列傳二十二末云：'張融海賦，文多脫誤，諸本同'；列傳三十九末云：'量廣始登，疑'，案各條皆曾鞏等所記也。萬曆十年南監本仍之，萬曆三十四年北監本、乾隆四年官刊本、崇禎汲古閣本皆無。志第七缺第三頁，列傳第十六缺第十頁，第二十五缺第六頁，第三十九缺第五頁，嘉靖九年修版重刻第十四葉，版心刻五字以補之，北監、南監、乾隆官本所缺皆同，汲古留墨版，南、北監及官本皆留空白，其缺當在弘治後嘉靖前。何以言之？宋書有弘治四年修版，此本有嘉靖修而無弘治修，則弘治時不缺可知，則不但嘉靖時不缺，卽紹興眉山重刊亦斷無缺頁矣。惟列傳第四十河南匈奴傳'王士隆'上空一格，北監注缺字，官本同，汲古本空一格，'若夫九種之事有'下，空二格，旁注缺字，北監本同，官本注缺二字，汲古本空二格，此二處缺文，恐眉州重刻已然，不始於明矣。李繪傳'以此久而屈沈卒'，毛本同，惟沈譌況，北監本下有'贈南青州刺史謚曰景'九字，此則必李騰芳校勘時以北史補之耳。序末列名諸臣，錢竹汀考爲錢藻、孫洙、孫覺、丁寶臣、趙彥若、曾鞏，而臣恂、臣穆未及，愚謂穆者鄭穆，侯官人，字閎中，曾官集賢院校勘，見宋史本傳；恂疑楊恂，四川人，入元祐黨籍，宋史附家愿傳。”玉縉案：官本有志九、列傳二十二校語，陸說未盡覈。考證載萬承蒼云：“漆晝牽車注以下四十五字，大抵是史館校讐者所記，此豈卽曾鞏筆歟？”則校者凡八人，不止一鞏，萬說亦未覈。官本河南氐羌傳“會有使力法度及”下，注闕字，陸說未之及，未知宋本何如？

梁書五十六卷

唐書思廉本傳，稱貞觀三年詔思廉同魏徵撰，藝文志亦稱梁書、陳書皆魏徵同撰，舊本惟題思廉。蓋徵本監修，不過參定，其論讚獨標思廉，不沒秉筆之實也。

陸氏儀顧堂續跋宋槧明修梁書跋云："以校北監及汲古本，頗有此善於彼者，北監本於姚思廉銜名上加唐字，可也，汲古本削去姚思廉銜名，不但與嘉祐校刊舊式相背，與新、舊唐書、晁、陳書目著錄皆不合矣。北監本目錄移大題在上，小題在下，猶可言也，汲古本每卷削去大題，統排卷第，而於本紀、列傳之首低一格，各出本紀、列傳二字，竟如時文目錄，以學、庸、論、孟分類可乎？且毛氏所刻各史，皆不如是也。其奪譌之甚者，如卷五'博覽則大哉無所與名'，缺博字，覽譌覺"云云。

陳書三十六卷

內府刊本。

陸氏儀顧堂續跋宋槧宋印蜀大字本陳書跋云："陳書三十六卷，小題在上，大題在下，次行題散騎常侍姚思廉撰。首目錄，後有臣恂、臣穆、臣藻、臣覺、臣彥若、臣洙、臣鞏校上序，紀傳各爲起訖，弘、匡、徜、徵、敬、恒、貞、愼皆爲字不成。卷一、卷三、卷九、卷十六、卷二十八後皆有校語，序所稱其疑者亦不敢損益，特各疏於篇末是也。汲古閣刊本亦從此出，削其校語，目錄卷一、卷三、卷四、卷五、卷六下，各衍小注數字，譌奪亦多。如卷一封陳公策，'衣製杖戈'，本左氏哀二十七年傳文，製，雨衣也，毛刊誤作'秉羽杖戈'。卷四慈訓，'太后令爊嫱弗隔'，弗隔者，言不隔絕嬪嫱也，毛本弗隔譌丱角。卷六'禎明二年有羣鼠無數自洲岸入石頭'，毛本洲譌州，州上衍蔡字。卷二十二錢道戢傳，'以功拜直閤'下，奪'將軍除員外散騎常侍假節東徐州刺史封永安縣邑侯五百戶'二十五字。此外一、二字之譌奪，不可枚舉，詳見羣書校補。陳諱如霸先、蒨、頊等字，間或作諱，蓋思廉承顧野王、傅縡舊文而删之未盡者。唐諱虎字，或作獸，或作武，宋刻仍唐本舊文而改之未盡者。此即眉山所刻七史之一，世謂之蜀大字本。"玉縉案：今官本無校語，誤衍譌奪處亦同，惟錢道戢傳與宋本合。

魏書一百十四卷

今所行本爲宋劉恕、范祖禹等所校定，恕等序錄謂隋魏澹更撰後魏書九十二卷，唐又有張太素後魏書一百卷，今皆不傳，魏史惟以魏收書爲主，校其亡逸不完者二十九篇，各疏於逐篇之末。然其據何書以補闕？則恕等未言。　收以是書爲世所詬厲，號爲穢史。

陸氏儀顧堂續跋宋槧明修本跋云："不題魏收銜名，前有臣攽、臣恕、臣燾、臣祖禹序，攽者劉攽，恕者劉恕，燾者梁燾，祖禹者范祖禹也。眉山刻七史之一，修至嘉靖十年止，卷三、卷十二、十三、十四、十五、十七、十八、十九上、卷二十五、卷三十、三十三、卷八十二、八十三上下、八十四、八十六、八十七、卷九十、九十一、九十二、卷一百一、一百二、一百五、一百六皆有校語，序所謂各疏於卷末者是也。汲古本同，改作雙行小字，惟八十二校語云：'收書列傳七十亡'，汲古本亡譌終。卷八十七校語云：'魏收書節義傳亡’，汲古本譌作列傳七十五終。北監本卷三、卷二十七、卷二十五、卷八十七校語缺，餘皆同，乾隆官本則列入考證矣。卷十六道武七王傳，缺第十六頁，嘉靖九年補刻空格一頁，北監本‘諡曰哀王’下注‘闕一板’三字，汲古本留黑板十行，卷末無諸臣校語，嘉祐時不缺可知，其缺當在宋以後嘉靖以前矣。韋閬傳末‘又有武功蘇湛’云云者，言又有武功人蘇湛也，此史家附傳通例，‘又有武功’四字，宋本在第十頁第十四行之末，‘蘇湛’二字在十五行之首，校刻北監本者誤以‘蘇湛’爲提行別起，而以‘又有武功’四字連屬遵弟囂傳燕郡太守下，則不可通矣。卷三十八刁雍傳附其子纂、遵、紹、獻、融、肅，肅後復敍遵事，而後敍遵之子十三人，汲古本遵傳末注云，遵字疑皆作肅，謬甚。然可見收書於附傳諸人本不提行，其提行者，嘉祐諸人校刊之失也。”玉縉案：官本蘇湛提行，此可正其誤。　傅增湘藏園羣書題記宋眉山本魏書跋云：“魏書自明以來缺有二葉：一爲列傳卷四第十六葉廣平王傳內文，一爲志卷十四第十二葉樂志五永平三年劉芳奏疏文，檢此本仍屬闕如，非得宋代初印殆不可復覯耳。”　張穆有魏延昌地形志，劉文淇青溪舊屋文集代人所作序云：“魏收所撰魏書，地形志二卷，簡略太甚，其敍州郡，不述太和全盛之規，轉錄武定分裂之制，識者病之。平定張君穆著有延昌地形志一書，其大旨謂魏收書乃東魏之志，與北魏無涉，於道武、太武建國之模，孝文、宣武栁垂之業，一字不紀，而徒貢諛高齊，自來志書，無此荒謬。乃博采旁稽，重事釐訂，凡古書及金石遺文有涉及魏事者必詳采之，西北陂唐堰澤，中尉紀敍最詳，今幷考其興廢及見今情形，冀後來者有所取法。收志譌字甚多，以酈氏水經注及各地志訂其譌脫，有總圖，有各州郡圖，載每卷之首，余略爲繙閱，洵爲實事求是之書。其中尤精確者，如幷州上黨郡之石井關，收志沿班志上黨郡有天井關之文，不知漢上黨郡南逾陽阿，魏上黨境南不過元氏，乃改繫之建興郡高都下。幷州平陽郡之禽昌縣，云卽漢、晉之北屈，不知漢、晉北屈縣在今吉州東，北魏禽昌在今平陽東、洪洞東南，相距絕遠，斷非一地，並推詳其致誤之由。永安郡平寇縣有雞頭山神祠，謂卽今忻州繫舟山之支阜，繫舟、雞頭，聲轉最近。浮陽郡章武縣有大家姑祠，或云厤姑神，據寰宇記清池縣有厤姑城，而水經濁漳水注清河又東北逕紵姑邑南，俗謂之新城，俗說厤姑，蓋卽由傳會紵姑之名而起，紵、厤義相通。又此書雖爲魏志而作，兼爲讀水經注者示其表噣，故凡與酈注相涉者每不憚詞費，然亦不意存左袒”云云。　譚廷獻復堂日記一 二五。云：“恩倖傳首列王叡，其子椿，卽收之姑夫。並云魏撫兄子收，情同己子，乃不以舊恩曲回史筆，直道如此，猶蒙穢稱，豈不惜哉！”又云：“僭僞傳措詞失當，其過爲六朝族史之尤，諸方並起，互相長雄，不獨南邦不應附傳，卽西北羣雄豈可不以鄰國禮之。”　李慈銘桃華聖解盦日記辛集第二集 六五。云：“錢竹汀氏謂魏書於宗室子姓遺落甚多，余謂收書本已多闕，未必其舊如此，惟其成書當高洋大誅元氏之時，滅絕者十之九，僅有存者微弱已甚，諸房譜牒，搜訪不全，又意媚高氏，復黨尒朱，故於元氏諸王多加醜詆。卽以臨淮王彧之名德，中山王熙之雅望，章武王融之死節，亦俱致貶辭，此其所以爲穢史也。”又荀學齋日記議其王慧龍傳任情汚衊，李寶家傳信口抑揚，以爲於趙郡李氏多爲佳傳，於隴西諸傳多致不滿，收之穢史誠可惡。　翁方綱復初齋集跋隋滎澤令常府君墓志云：“其稱魏明帝遷崤函因家焉，此卽西魏孝武帝也。魏書於本紀書曰：‘出帝平陽王脩’而不著孝武之號，此碑稱明帝，則當存以考異者也。當隋文之世，本有魏澹所撰西魏書九十二卷，其書亡佚，愚嘗謂今所行魏收之書宜稱東魏書，而西魏典故文物邈焉無聞爲可惜也。”玉縉案：收書有西魏孝武帝紀等，安得但稱東魏書？

北齊書五十卷

今所行本，蓋後人取北史以補亡，非舊帙矣。今核其書，本紀則文襄紀沓集宂雜，文宣紀、孝昭紀論辭重複，列傳則九卷、十卷、十一卷、十四卷、十五卷、二十六卷、二十七卷、二十九卷至四十卷俱無論贊，二十八卷有贊無論，十二卷、四十六卷、四十七卷、四十八卷、四十九卷有論無贊。又史通引李百藥齊書論魏收云：“若使子孫有靈，竊恐未挹高論。”又云：“足以入相如之室，游尼父之門，志存實錄，詆訐姦私”，今魏收傳無此語，皆掇拾者有所未及也。至如庫狄干傳之連及其子士文，元斌傳之稱齊文襄，則又掇拾者刊削未盡之辭矣。

十七史商榷六十六云:"文襄帝澄紀卷末跋云:'臣等詳文襄紀,其首與北史同,而末多出於東魏孝靜紀,其間與侯景往復書,見梁書景傳,其所序列尤無倫次,蓋雜取之以成此書,非正史也。'愚考此跋既稱臣等,則必宋仁宗時校書官也。校者但知文襄紀非李百藥北齊書元文,其實北齊書缺落甚多,不止此篇。如文宣帝洋紀九錫文、册文、即位告天文、大赦改元詔文皆全載,北史無之,而其餘亦多不同。後半篇述洋淫凶慘虐之行,則北史甚詳而北齊書無之,蓋李百藥因舊史諱之,可知彼是元文,其餘各紀大率皆非元文,後人取北史充入者也。知者李延壽雖盡依各書元文,但加删削,然如齊高祖神武帝歡紀,全篇皆同,竟不加删,則無此事。餘惟文襄紀下半篇,雜取諸文,故不同,而各紀則亦皆同,可見只有文宣紀尚存百藥元文,餘紀皆延壽北史之文也。又延壽稱謚,高歡爲神武,高洋爲文宣,百藥則稱其廟號爲高祖、顯祖,此南北史各朝體例與諸本書皆不同者,今北齊書各紀各列傳,凡稱神武、文宣及無論贊者皆非百藥作,皆北史也。又有取北史諸傳而無其本貫者,北史自承上祖父言之耳,乃竟失補,此說王先生懋竑已發之,妹壻錢少詹大昕亦嘗以語予,予考之信然。北齊書中亦有稱神武、文襄、文宣、武成者,如酷吏傳之類,而亦有取北史補北齊而仍爲補某郡縣人如崔季舒之類者,又不可拘。" 陸氏儀顧堂續跋宋刊明修北齊書跋云:"'次行題隋太子通事舍人李百藥撰',行款格式與宋書同,紹興十四年眉山刊七史之一,修至明嘉靖止。本紀第三末有校語云:‘臣等詳文襄紀’云云。本紀第五、第七,列傳第二、第四、第六、第七、第二十五、第二十六、第二十七卷末有云:‘此卷牽合北史而成。’第二十一卷末云:‘此卷雖北史而無論贊,尙非正史。’卷二十九末云:‘此傳與北史同而不序世家,又無論贊,疑非正史。’愚案以上各條,皆嘉祐時校刊諸臣所記,與陳書、南齊書同,曾鞏陳書序所謂特疏於篇末者是也。萬曆南監本尙仍其舊,至汲古閣本始盡去之,錢氏廿二史考異以卷三校語爲嘉祐諸臣所記,餘皆明人所記,良由未見蜀大字本故耳。李延壽之撰北史,百藥之撰此書,皆不能憑空結撰,必取材於王劭之齊志,崔子發、杜臺卿之齊紀,百藥書又成於延壽前,愚意與北史同者,難保非延壽用百藥書修,其與北史大同小異者,當皆本之王、杜、崔三家。若謂殘缺之後,後人以高氏小史補綴,則校魏書者旣屢引高氏小史爲證,校此書者何獨引北史而不及小史乎?其非以小史補綴有必然者。惟崔、杜、王三家之書北宋已亡,非若宋時館本魏書有白簽可據,以非正史三字渾言之耳,錢氏以書中無序贊而與北史異者,爲出高氏小史,愚未敢謂然。文宣紀之末,汲古閣本脫‘乘駞駞牛驢’至‘飮酒麯糵’三百五十六字,列傳二十一李繪傳‘未幾遂’下,奪‘通急就章’至‘袁狎曰’三百四字,而羼入高隆之傳‘啓出爲北道行臺’至‘冒’字止三百餘字。蓋毛氏所據之本,與此本同,而殘缺更甚,卷四缺第三十二頁,卷二十一缺第三頁,而以卷十八之第十三頁當之,無怪文義之不續矣。惜此本亦多明修之版，又多斷爛之文，不能逐一校正。百藥結銜之誤，宋本已然，錢氏蔽罪明人，寃矣。”玉縉案：今官本止載文襄紀末校語。又丁氏藏書志有宋刊明修本，其解題襲此說。

周書五十卷

今考其書，則殘闕殊甚，多取北史以補亡，又多有所竄亂，而皆不標其所移掇者何卷？所削改者何篇？遂與德棻原書，混淆莫辨。今案其文義，粗尋梗概，則二十五卷、二十六卷、三十一卷、三十二卷、三十三卷俱傳後無論，其傳文多同北史，惟更易北史之稱周文者爲太祖，韋孝寬傳連書周文、周孝閔帝，則更易尙有未盡。至王慶傳連書大象元年、開皇元年，不言其自周入隋，尤剽取北史之顯證矣。又如韋孝寬傳末刪北史“兄夐”二字，則韋夐傳中所云與孝寬並馬者事無根源，盧辯傳中刪去其曾事節閔帝事，則傳中所云及帝入關者語不可曉，是皆率意刊削，遂成疎漏。至於遺文脫簡，前後曡出，又不能悉爲補綴。蓋名爲德棻之書，實不盡出德棻，且名爲移掇李延壽之書，亦不盡出延壽，特大體未改而已。

陸氏儀顧堂續跋宋槧明修本跋云：“周書五十卷，大題在下，小題在上，次行題‘令狐德棻等撰’，前有臣燾、臣安國、臣希校上序，燾者梁燾，安國者王安國，希者林希也。列傳第二十二、二十三後有校語兩行，卷數以紀傳爲起訖，紹興十四年蜀眉山刊本，修至明嘉靖十年止。以汲古閣本校一過，毛本譌奪甚多，卷一‘韓軌’，韓不譌元，‘侯景之克臺城也’，克不譌充云云，凡无不作無，閤不作閣，謚不作謚，均勝毛本。周主之名如邕、毓等字，唐祖李虎之虎，皆以諱代，不書其名，蓋周史本有柳虬、牛弘二家，棻本二家而成書，邕、毓不書名，用柳史而改之未淨者。太清閣本，當出唐代流傳，李虎不書名，宋嘉祐以唐鈔付刊改之未淨者。梁燾等序不言有缺失，不應紹興眉山覆刊遽以北史補之，其與北史同者，安知非同採柳、牛二史乎？”玉縉案：此蓋隱駁提要說。 丁氏藏書志亦云：“世皆議是書殘缺，多取北史以補其亡，又多竄亂篇次，既非盡出德棻，亦非盡出李延壽之舊。然貞觀中修梁、陳、周、齊、隋五史，發議於德棻，而德棻專領周書，晁公武讀書志稱宋仁宗時，出太清樓本合祕閣本，又取夏竦、李巽家本，下館閣是正其文字，其後林希、王安國上之。仁宗時至紹興眉山重刻，爲時未久，何至殘闕若是？其言不可信也。案周史本有柳蚪、牛宏二家，安知德棻不采柳、牛二史以成之耶？”其說尤明顯，與陸氏相發。據晁公武郡齋讀書志，眉山重刊七史，惟後魏少十許卷，後得宇文季蒙家本，偶有所少，不言他史殘闕，則提要之不足信益見。

隋書八十五卷

瞿氏目錄有元刊本，云：“汲古本於經籍志最多譌字，今據是本全校之，如志第一類中‘書契已傳，繩木棄而不用’，不用誤一所，‘據龍圖，握鳳紀，南面以君天下者咸有史官’，握誤非，紀誤欲，南誤雨”云云，文繁不具錄。 李慈銘桃華聖解盦日記己集 六三。云：“隋書之誠節傳，即忠節傳也，此必本王劭隋書，因避文帝父忠之諱而立此目，唐代不應仍避隋諱,此魏徵輩之失檢。其中如皇甫誕傳云:'以無逸誠義之後',誠義即忠義也。何妥傳云:'若信有此言,威不從訓,是其不孝,若無此言,面欺陛下,是其不誠,不誠不孝,何以事君',不誠皆即不忠也。此類甚多,不可枚舉。"

四庫全書總目提要補正卷十四

正史類二

南史八十卷

宋人稱延壽之書，删煩補闕，爲近世佳史。顧炎武日知錄又摘其李安民諸傳，一事兩見，爲紀載之疎。

十七史商榷五十三云：“延壽只是落想佳，因南北八代，合有鳩聚鈔撮之功，而延壽適承其乏，人情樂簡，故得傳世。其書疵病百出，不可勝言，新唐書云：‘頗有條理’，愚則謂其甚少條理。又云：‘删錄釀辭’，愚則謂其删落處不當而欠妥者十之七八，若云過本書遠甚，則大謬不然。”又云：“南北史增改無多，而其所以自表異者則有兩法，一曰删削，二曰遷移。夫合八史以成二史，不患其不備，惟患其太繁，故延壽一意删削，每立一傳，不論其事之有無關係，應存應去，總之極力刊除，使所存無幾以見其功。然删削雖多，仍其位置，則面目猶未換也，於是大加遷移，分合顛倒，割截搭配，使之盡易其故處，觀者耳目一新，以此顯其更革之驗，試一一核實而考之，删削遷移皆不當，功安在乎?"又五十九卷歷舉其以各家爲限斷,不以各代爲限斷之失,文繁不錄。 李慈銘桃華聖解盦日記云:"譜系之學,唐後遂絕,南北史多以一家合傳,自緣六季亂離,譜牒散逸,故於國史存世本之意,深爲有識。新唐書宰相世系表雖考據甚疏,其法不可非也。"玉縉案:此說與王相反,當以王爲正。 瞿氏目錄有元刊本云:"大德丙午年刊本,間有嘉靖元年修板,終有勝於他本處。如謝瀹傳,'瀹嘗與劉悛飲,悛曰:"謝莊兒不可云不能飲",瀹曰:"苟得其人,自可流湎千日",悛甚慚。'案悛爲劉勔子,流湎音與劉勔同,瀹以悛斥其父名,故引張景陽七命之文以報之,是以悛慚。汲古刻本譌流爲沉,遂致不解所謂矣。又王儉傳,'昇明二年,爲長兼侍中','長兼'者,未正授之稱,晉時多有此職,如王績、劉隗俱爲長兼侍中,孔愉爲長兼中書令是也。汲古本長下衍一史字,豈知長史必繫本府名,如司徒長史、太尉長史、輔國長史之類,並無單稱長史者,其爲校書人妄增可知"云云,餘不具錄。陸氏儀顧堂題跋云:"長兼者,猶唐之檢校,宋之權判,本朝協辦署理也。"餘大率襲瞿說。 趙翼廿二史劄記十云:"一人立傳,而其子孫、兄弟、宗族,不論有官無官、有事無事一概附入,竟似代人作家譜,則自魏收始。收謂中原喪亂,譜牒遺逸,是以具書支派,然當時楊愔、陸操等已謂其過於繁碎,乃南北史仿之而更有甚者。魏書一傳數十人,尚只是元魏一朝之人,南北史則幷其子孫之仕於列朝者俱附此一人之後,遂使一傳之中,南朝則有仕於宋者,又有仕於齊、梁及陳者，北朝則有仕於魏者，又有仕於齊、周、隋者，每閲一傳，卽當檢閲數朝之事，轉覺眉目不淸。且史雖分南北，而南北又分各朝，今旣以子孫附祖父，則魏史內又有齊、周、隋之人，成何魏史乎？宋史內又有齊、梁、陳之人，成何宋史乎？又如褚淵、王儉爲蕭齊開國文臣之首，而淵附於宋代褚裕之傳內，儉附於宋代王曇首傳內，遂覺蕭齊少此二人，劉宋又多此二人，此究竟作史者之弄巧成拙，其後宋子京修唐書，反奉以爲成例而踵行之，其意以爲簡括，而不知究非史法也。”

北史一百卷

惟其以姓爲類，分卷無法，南史以王、謝分支，北史亦以崔、盧繫派，故家世族，一例連書，覽其姓名，則同爲父子，稽其朝代，則各有君臣，參錯混淆，殆難辨別。甚至長孫儉附長孫嵩傳，薛道衡附薛辨傳，遙遙華胄，下逮雲仍，隔越抑又甚矣。考延壽之敍次列傳，先以魏宗室諸王，次以魏臣，又次以齊宗室及齊臣，下逮周、隋，莫不皆然，凡以勒一朝始末，限斷分明，乃獨於一二高門，自亂其例，深所未安。至於楊素父子，有關隋室興亡，以其系出弘農，遂附見魏臣楊敷傳後，又魏收及魏長賢諸人，本非父子兄弟，以其同爲魏姓，遂合爲一卷，尤爲舛迕。觀延壽敍例，凡累代相承者皆謂之家傳，豈知家傳之體，不當施於國史哉？

十七史商榷六十八云：“后妃分上下二卷，上卷皆魏后妃，下卷則齊、周、隋三朝后妃，共爲一卷，非其類而強相毗附，眞成笑端。至如魏書有長孫嵩傳，周書有嵩之五世孫儉傳，而北史遂以儉入嵩傳，魏書有于栗磾傳，周書有栗磾之六世孫謹傳，而北史遂以謹入栗磾傳，魏書有封懿傳，北齊書有懿之族玄孫隆之傳，而北史遂以隆之入懿傳，如此之類甚多。方敍魏人，忽入隋事，欲觀周傳，偏涉齊朝，使讀者左顧右盼，顛倒迷惑，且似將齊、周、隋人皆提入魏，魏太飽，齊、周、隋太飢，殊非著述之體，其病正與南史同。”瞿氏目錄有宋刊殘本，云：“取與汲古本相校，善處甚多。如文成元皇后傳，‘時守庫者’，時不誤持，弘德夫人傳，‘任生丹陽王’，陽不誤楊，常山王遵傳，‘長子可悉陵年十七，從太武獵，逐一猛獸，陵遂空手搏之以獻，帝曰：‘汝才力絕人，當爲國立功立事亦如此也’，陵遂不誤隣遂，亦如不誤勿如”云云，文繁不具錄。又有元大德間刊本，云：“匡、恆字皆減筆，蓋出自宋本，較明監本、汲古本自勝。如魏本紀一，‘帝乃告諸大臣爲與魏和親計，四十二年，遣子文帝如魏’，是歲魏景元二年也，監本、汲古本魏皆改晉，豈知景元爲曹魏元帝年號，時晉未受禪也，此本與魏收書同，足正諸本之誤。書中虎字概作武字，如‘畏將軍如武’、‘武牢’、‘武幡’之類，別本俱有改易，而改之不盡，轉致體例不一。他若‘涼武昭王’，不譌涼爲梁，‘長城大狩’，不譌大狩爲太守，信舊本之足貴也。”儀顧堂題跋亦稱其魏不改晉，涼不誤梁，大狩不誤太守。續跋宋印建本跋，又歷舉毛本之誤，以爲南北監本、官本大都與宋刊同，遠勝毛本。惟皇族胏腑二字，多爲妖變之妖，撰定碑文之撰，回擊大破之回，封郯城子之郯，直而有用之直，諸本譌與毛本同，賴此正之。

舊唐書二百卷

瞿氏目錄有宋刊殘本，云："明聞人詮刻本即從此出，校讎不苟，今以此本覈之，尚有脫譌處"云云，文繁不具錄。玉縉案：所存祇六十一卷，而歷舉脫譌已有十葉之多，使得全書大可觀覽也。

新唐書二百二十五卷

陳振孫書錄解題曰："舊例修書，止署官高一人名銜，歐公曰：'宋公於我爲前輩，且於此書用力久，何可沒也'，遂於紀傳各著之，宋公感其退遜。故書中列傳題祁名，本紀、志、表題修名。"

陸氏藏書志有北宋杭州刊本二百五十卷，題"曾公亮奉勅提舉編修，歐陽修奉勅撰，宋祁奉勅撰"，各冠以銜名。卷末有"唐書凡二百二十六篇，總二百五十卷，二十一帝本紀，一十篇，一十卷；十三志，五十篇，五十六卷；三表，十五篇，二十二卷；列傳一百五十篇，一百六十卷；錄二卷"等字，凡五行。案今江南圖書館藏嘉祐刊小字本，與此正同，不特與今本異，亦非振孫所見本也。其儀顧堂題跋，歷據此本，以正汲古閣本之譌脫，文繁不錄。又儀顧堂集有元刊是書二百二十五卷跋云："目錄下題'曾公亮奉勅提舉編'，本紀、表、志題'歐陽修奉勅撰'，列傳題'宋祁奉勅撰'"云云，此則當出於振孫所見之本。瞿氏目錄有宋刊本云："如文宗本紀大和元年，監本、汲古本俱作太和，則與魏、晉、後魏年號雷同，潛研錢氏嘗據唐石刻辨新、舊史之失，豈知宋本原不誤也。又曆志'策實百一十一萬三百四十三'，不作'一十三萬'；小注'凡四分一爲少，凡爲太'不作'分爲大'；地理志嚴州常樂郡，不作長樂，足訂諸本之誤。"又提要所據係內府刊本，考乾隆四年校刊本附董衝釋音二十五卷，不解提要何以不及之？十七史商榷六十九云："胡三省通鑑注自序云：'唐書之竇苹、董衝注，吾無取焉'，考董衝釋音，汲古閣無，明南監板有，此出宋人手，便覺空疏，誠如胡說，不及何超晉書注，其竇苹注則亡矣。羅泌路史國名記第四卷辨萊蕪縣地名，餘論第十卷論濟水，各引竇苹說一條，殆即唐書注文。又戰國策高誘本宋刻第二十一卷趙策'盡歸中山之新埊'，無名氏校注云：新唐書、集韻皆云武后所製字，竇苹作唐史釋音，乃云古地字，見戰國策，抑別有所據？"玉縉案：吳曾能改齋漫錄卷三引竇苹音訓曰："唐人讀半千姓，皆作運。"

新唐書糾謬二十卷

今觀其書，實不免有意掊擊。如第二十門字書非是一條，至歷指偏旁點畫之譌以譏切修等，大都近於吹毛索瘢。

十七史商榷六十九云："只就一部書中搜求，吳自言寡聞固矣，然并舊書亦絕不一參對爲太省事耳，其指摘卻亦有精當處。"又八十六云："新武后紀，長壽二年一月，殺內常侍范雲仙，后妃傳則云：監門衞大將軍范雲仙，吳縝以爲必有一誤。案舊職官志，內侍省內常侍六人，左右監門衞大將軍各一員，二者雖其職不同，然方是時，宦官之兼十六衞將軍名號者多矣，內常侍乃其本職，監門衞大將軍則其兼官也。紀傳雖宜畫一，然互見之亦可，吳所糾太覺苛碎。”又云：“糾謬第一篇自序云：‘紀、志、表則歐陽公主之云云，故紀有失而傳不知。’自注云：‘如膠東郡公道彥等，紀書降封縣公，而傳乃郡公之類。’案本紀武德九年八月太宗即位，十一月庚寅，降宗室郡王非有公者爵爲縣公，渾而言之，不顯道彥名，膠東郡王道彥傳，但言太宗即位降封公，幷不言是郡公、縣公。惟道彥既是郡王而云降封公，則自是郡公，而紀中僅失落一字，若云郡、縣公即得之，吳所糾似太苛。又裴光庭舊傳凡二十見，皆作庭，新傳中三見，則作廷，其宰相年表凡四見，仍作庭。木刀溝之戰，正爲討叛逆之王承宗，李光進助戰有功，而光進傳乃云承宗希朝表光進爲都將，吳皆失糾。”

舊五代史一百五十卷目錄二卷

玉海引中興書目云：開寶六年四月戊申，詔修五代史，七年閏十月甲子書成，凡百五十卷，目錄二卷，爲紀六十一，志十二，傳七十七，多據累朝實錄及范質五代通錄爲稾本。　惟明內府有之，見於文淵閣書目。

案中興書目爲紀六十一上，有“凡記十四帝五十三年”句，王氏十七史商榷云：“似連友珪數之，歐史則十三帝。據五代會要載周廣順中，張昭修實錄，以友珪簒弒居位，奏請依宋書劉劭例，書爲元凶友珪，今永樂大典鈔出者仍歸列傳。”王說足補提要所未及，友珪傳亦引會要，而永瑢等進書表，稱居正以一百五十卷之書，括八姓十三主之事，則非薛旨也。　陸氏儀顧堂續跋重輯舊五代史原稾跋云：

"乾隆中，館臣從大典輯出，主其事者餘姚邵二雲學士晉涵，此即學士家底本，其與官本不同者每條皆注出處，其出大典及册府元龜者皆注明某卷，出於通鑑考異及通鑑注者皆注明某紀。卷一太祖紀第一下有小注云：'案薛史本紀，永樂大典所載俱全，獨梁太祖紀原帙，已散見於各韻者僅得六十八條，參以通鑑注所徵引者，又得二十一條，本末不具，未能綴輯成篇。册府元龜閏位部所錄朱梁事蹟，皆本之薛史原書，首尾頗詳，按條採綴，尚可彙萃。謹依前人取魏澹書、高氏小史補北魏書闕篇之例，采册府元龜梁太祖事，編年按日，次第編排以補其闕，庶幾略存薛史之舊，仍於條下注原書卷第，以備參考焉。'案此條今載官本凡例中，而删節過半，此外案語，亦比官本爲多，雖半已採入考證，而此較詳。"又明鈔職官分紀跋云："所采五代史職官志，爲薛史舊文，邵二雲輯薛史時，僅校內職一條，其餘尚未詳校。"玉縉案：邵輯原稟本，近劉氏嘉業堂已刊行。　俞正燮癸巳存稾八云："舊五代史輯自永樂大典，而以册府元龜補之，底本俱注明，嘗以大典史文校册府元龜，多不同，知册府元龜非全用薛史，元注應存也。梁紀太半出閏位部，王建傳全出僭僞部，此其尤多者，至五代會要，則全采薛史。薛史外國列傳二，'昆明部落，其俗椎髻跣足，酋長披虎皮，下者衣氈，于闐其俗好事妖神'，底本注云：'八千五百二十'；'占城本地，鳥之大者有孔雀'，注云：'八千四百三十九'；'牂牁蠻，其國法劫盜者三倍還贓，殺人者出牛馬三十頭乃得贖死'，注云：'五千一百五十。'籤云:'昆明、占城、牂牁僅存數語,今仍其舊。'細檢其文,乃是四國有于闐也。于闐在會要二十九卷,云'其俗好事妖神',牂牁、昆明、占城之文在會要三十一卷,占城多'獸之奇者有犀牛'七字耳。今薛史刊本,目錄已補于闐,然不應次於昆明、占城之中,宜依會要次序。" 錢熙祚刊續世說跋云:"續世說於南北朝取李延壽,於唐取劉昫,於五代取薛居正,今薛史從永樂大典重輯,有數條可轉據此書補之,惜邵學士分纂時未見也。" 玉縉案:薛史黃宗羲尙有藏本,南雷文定附錄有吳任臣致渠書,向借薛史事,十國春秋凡例所列徵引書目,亦明有薛史。近人汪允中又以所藏金承安四年南京路轉運司刊本薛史售於粤估,其貨書記云:"予得之金刊,較今舊五代史不特篇第異同甚多,卽文字亦什增三四,至梁太祖記一篇,今日舊五代史與薛史全然不同"云云,汪本未知見歸何許也?

新五代史記七十五卷

唐以後所修諸史,惟是書爲私撰,故當時未上於朝,修殁之後,始詔取其書付國子監開雕,遂至今列爲正史。大致褒貶祖春秋,故義例謹嚴,敍述祖史記,故文章高簡。惟其考證之疎則有或不盡知者,故具論如右,俾來者有所別白。

十七史商榷九十三云:"玉海藝文門引中興書目云:'五代史記,歐陽修撰,徐無黨注,紀十二,傳四十五,考三,世家及年譜十一,四夷附錄三,總七十四卷。修殁後,熙寧五年八月十一日,詔其家上之,十年五月庚申,詔藏祕閣。'考歐公文集附年譜,但言其修唐書,不及五代史,而淳熙間所進四朝國史本傳云:'奉詔修唐書紀、志、表,自撰五代史記',然則薛所監修者係官書,歐則私撰也。"又云:"史家自班、范斷代爲史,體裁已定,百世不易,陳氏志三國,逐國各斷,未嘗幷合,則南北史亦宜逐朝各斷,而李延壽乃合之。其實南北諸朝各自爲代,何可合也?薛居正五代史,力矯延壽之失,梁、唐、晉、漢、周仍各自爲一書,極是,乃歐陽永叔又大反故轍,各帝紀總敍在前,次將各代后妃、皇子類敍爲家人傳,次將專仕於一代者類敍爲梁臣、唐臣、晉臣、漢臣、周臣傳,次死節傳,次死事傳,次一行傳,次唐六臣傳,次義兒傳,次伶官傳,次宦者傳,然後將歷事累朝者臚列爲雜傳。又其次爲司天、職方二考,又其次爲世家,又其次爲世家年譜,又其次爲四夷附錄。乍觀之,壁壘一新,徐思之,五代各自爲代,乃錯綜紀載若合爲一代者然,此何說乎?即如晉臣止三人,周臣止三人,太覺寂寥,已爲可笑,況彼時天下大亂,易君如置棊,安所得純臣而傳之?晉三人中,桑維翰唐同光中已登進士第,景延廣梁開平中已在行間,而吳巒唐長興中爲大同軍節度判官,又爲唐守城,已非純晉,況周王朴漢乾祐中擢第解褐,授校書郎,非曾仕漢者乎?婦人屢嫁,以末後之夫爲定,援此爲例,則薛史以馮道入周極妥,反嫌他傳未能如此畫一耳,何必別題作雜傳,若以其失節而別題之,則似各代之臣爲賢於雜傳中人,而其實專仕一朝者其中姦佞亦多,歐公已自言之,豈不進退失據。且唐明宗不但與莊宗非一家,幷即是莊宗之叛臣,廢帝別姓王氏,又係弑愍帝自立者，而其臣歷事各主者概入唐臣，則與名爲雜者何異。其所以錯綜紀載，豈非欲效史記乎？史記意在行文，不在記事，況上下數千年，貫串數十代，自不能斷代爲之，若五代仍薛史舊觀可矣，何必改作。”翁方綱石洲詩話三云：“觀歐公答劉廷評詩，蓋嘗以五代史資原父訂證，不獨集古錄與有功也。”新五代史殿板晉紀，出帝開運二年正月，契丹陷秦州，三月庚戌，馬全節克秦州，甲寅，杜威克滿城，乙卯克遂城，杜重威傳，引兵攻秦州，破滿城、遂城。俞正燮癸巳存稾八云：“秦州屬隴西道，時契丹不得越河、越隴、越夏而攻秦也，馬全節傳則云克泰州，虜二千人，降其守將晉廷謙，是晉紀、杜傳秦州俱應依馬傳改作泰州”云云，引證甚詳，今不具錄。張宗泰所學集有論是書十則，其書梁本紀第一云：“天祐元年六月，遣朱友恭、氏叔琮、蔣元暉等行弑，昭宗崩，案此下當書曰：‘蔣元暉矯詔立輝王祚爲皇太子，又矯皇后令太子於柩前卽位，是謂昭宣帝’，情事方備，不然，下文屢言天子，所謂天子者爲誰？下卷封唐主爲濟陰王，唐主又爲誰？乾化二年六月，郢王友珪反，徐注：‘反非一朝一夕，不能得其日，故反者皆不日。’案通鑑紀事本末，郢王篡弑下云：‘友珪於六月戊寅，易服微行入龍虎軍，伏於禁中，中夜斬關入，遂弑帝’，則戊寅卽其反日也，玆所謂不得其日皆不日者，亦效𩔳公、穀而失之。”以上第一則。其書本紀及家人傳云：“廿二史考異謂梁祖之父名誠，䛒、承同音，故改翰林學士承旨爲奉旨，其說當矣。予謂梁家人傳博王友文下，‘遣受旨丁昭溥'，受旨卽承旨，當亦以避嫌名而改。又唐本紀天成二年，'隨州刺史西方鄴取夔、忠、萬州'，廿二史考異據鄴本傳作拜夔州刺史，疑隨州爲夔州之訛，亦自有見。竊以鄴拜夔州刺史，亦如袁建豐之遙領鎮南軍節度使，係預爲授之，不然，旣爲夔州刺史矣，又何以取夔州乎？唐太祖家人傳：太祖四弟克讓、克修、克恭、克寧，皆不知其父母名號，案太祖之父國昌，其四弟自與太祖同父，謂不知其母之名號則可，豈得謂不知其父之名號乎？疑父字爲衍文。廿二史考異疑克讓、克修、克寧非國昌之子，又引唐書孟方立傳，謂克修爲克用從父弟，亦可備一說。"以上第四則。其書世家云："吳越世家：'天福二年，武勇右都指揮使徐綰，左都指揮使許再思叛，焚掠城郭，召田頵於宣州，錢鏐使其子元璙隨顧全武如廣陵，楊行密以女妻元璙，亟召頵還。'據吳越備史，田頵與徐綰、許再思同歸宣州，歐史於起事之後，絕不言其歸宿處，於史筆爲疎。閩世家：'鏻婢春燕有色，其子繼鵬烝之。'案左氏傳桓十六年，'衛宣公烝於夷姜'，杜注，'夷姜宣公庶母，上淫曰烝'，孔疏，'晉獻公烝於齊姜，惠公烝於賈君，皆是淫父之妾'，知此亦是妾，故曰庶母，是烝之爲字，取以下淫上之意。春燕爲閩主鏻之婢，特女奴耳，雖曲禮有自世婦以下皆稱曰婢子，春秋時穆姬、懷嬴，均自稱爲婢子，然不過自謙之詞，並不得以婢子爲夫人若妾也，歐史於春燕亦以上烝爲文，失之。"以上第八則。其總跋云："韓建傳：'王重盈死，諸子珂、珙爭立'，案王珂傳，珙，重盈子，珂，其兄重簡子，爲其弟重榮後，此似並以珂爲重盈子矣。尹暉傳：'弓箭庫使沙守沙奔宏進'，前不言宏進何如人？且亦不著其姓。四夷附錄第一云：'契丹分爲八部，其一曰但皆利部'，案契丹國志：契丹國初興始末，作祖皆利部，云一本作徂，則但當作徂，以字形相近而訛。至東都事略遼國上，作但利皆，訛其字並倒其文矣。又云：'以其所居橫帳地名爲姓曰世里，世里譯者謂之耶律'，廿二史考異謂世與耶聲不相近，疑世當爲也字，也里與耶律正相轉，予案世有涉音，與耶亦可相通轉也。"以上第十則。餘不錄。

五代史記纂誤三卷

俞正燮癸巳存稾八云："薛居正所纂梁、唐諸史，本謂之梁書、唐書、晉書、漢書、周書，各自爲部，其稱五代史者，以十志言之。檢隋書志亦本名五代史志，以兼梁、陳、周、齊四朝制度，幷入隋書，因謂之隋志。薛則五書以十志並行，因從志謂之五代史，歐陽修則自別名之曰五代史記。徐度却埽編、李心傳建炎以來朝野雜記、周密齊東野語、癸辛雜識，並言劉道原子羲仲作五代史糾謬，朝野雜記又言范季方作五代史記正誤，王明清揮麈錄言蜀人吳縝作五代史纂誤，蓋劉、范、吳各爲一書，今惟吳書存。據陳氏書錄解題，以宇文時中刻之，其板由吳輿入國子監，故宋史藝文志惟有吳書。實則此書應名五代史記纂誤，若用今名，似是糾薛史矣。"

宋史四百九十六卷

其總目題本紀四十七，志一百六十二，表三十二，列傳二百五十五。然卷四百七十八至卷四百八十三,實爲世家六卷,總目未列,蓋偶遺也。 自柯維騏以下屢有改修。

案世家本在列傳內,總目所題,並非遺漏,提要未細考。王士禛分甘餘話二云:"虞山錢先生跋東都事略,述歸熙甫、湯若士、王損仲三家刪宋史始末甚詳。云'熙甫未有成書,止別集有宋史論贊一卷,若士閱宋史,朱墨塗乙,某傳宜刪,某傳宜補,某人宜合某傳,某某宜附某傳,皆注目錄之下,州次部居,釐然可觀。天啓中,損仲起廢籍爲寺丞,過余邸舍,必商宋史。時李九如少卿藏宋宰輔編年錄及王祕閣偁東都事略三百卷,損仲從臾余傳寫,幷約購宋李燾續通鑑長編以蕆此書,今損仲草稾及臨川宋史舊本皆在吳興潘昭度家'云云。余昔在京師所見,卽臨川手筆,所謂朱墨塗乙者是也,余曾鈔其目錄。祥符草稾,則不可得而見矣。" 瞿氏目錄有明刊本,云:"此書雖成於元,而藏諸內府,未列學官,海內稀有其本。明成化間,廣督桂陽朱英,得鈔本於漳浦陳布政,爲序而刊之,經始於成化辛卯十月,刻成於庚子四月。"玉縉案:遼、金二史皆有元刊本,瞿氏此語,蓋謂刊本藏在內府耳。 陸氏儀顧堂續跋元槧本跋云:"至正六年,中書省行浙江行省刊版,是書初刊祖本也。孝宗紀'四川制置使應'下,比成化朱英刊本、萬曆南北監本多'黎州邊事隨宜措置'云云三百八十字。蓋成化本卽以元刻翻雕,進表咨文、總裁官、修史官、提調官、行省提調、校勘銜名皆全,惟所據本卷三十五缺第八頁,以第九頁爲第八頁,複出卷三十三之第十一頁

'措置營砦檢視沿江守備'至'九月己酉楊存中'之存字止四百字，爲第九頁。南北監本即據成化本付梓，而去其進表咨文及總裁、修史、提調、校勘諸人銜名。行款既改，以卷三十五複出之頁'楊存'二字，與下文不屬，改'楊存'爲'地震'以泯其迹，致缺文複出之處，形迹更難推求，若非此本僅存，則文義終不可通，疑團終不可釋矣。"玉縉案：今官本不缺不複，惟諸銜名皆削去，陸氏備載其文，今略之。

遼史一百十六卷

至正三年四月，詔儒臣分撰。

案宋、遼、金三史，皆於是年詔修，天曆二年，趙世延所作陸游南唐書序云："余前忝史館，朝廷嘗議修宋、遼、金三史而未暇，"據此，則修史之舉蓋已遲至十餘年矣。陸氏儀顧堂續跋元槧本跋云："首行小題在上，大題在下，次行題'都總裁臣脫脫奉勅修'。玉縉案：原載全銜。今從略。前有至正三年三月十四日、二十八日聖旨二道及脫脫進表，及修史官都總裁脫脫、總裁官、纂修官、提調官等銜名云云。明北監本削去聖旨及總裁、纂修官、提調官銜名，則此書似出脫脫一人之手矣，殊非事實。又移目錄、總紀、志、表、傳卷數於前，改大題在上，小題在下，證以此本，可見唐、宋以來史家舊式元人尚未改也。據脫脫進表，是書爲廉惠山海牙、王沂、徐昺、陳繹曾所分纂，案海牙字公亮，希憲從孫，延祐進士，官至翰林學士，知制誥，元史有傳。陳繹曾字伯敷，烏程人，諸經注疏皆能成誦，爲文汪洋浩博，其氣浩如，官至國子監助教，元史附陳旅傳。王沂字思魯，眞定人，延祐進士，官至翰林直學士，知制誥，著有伊濱集，惟徐昺無考。史雖言海牙預修三史，未必有秉筆之才，徐昺亦素無文名，是遼史之成，當出王、陳二人之手。史無沂傳，而繹曾傳亦不言其曾修遼史，亦元史疏略之一端也。” 又明鈔本跋云：“遼史四十六卷，題銜行款皆與元刊同，聖旨、進表、總裁、修史、提調銜名亦同，惟修三史凡例六條爲元刊所無，疑是元時付刊稾本，後印者缺凡例耳。”

金史一百三十五卷

金人肇基東海，奄有中原，制度典章，彬彬爲盛，徵文考獻，具有所資。卽如大金弔伐一錄，自天輔七年交割燕、雲，及天會三年再舉伐宋，五年廢宋立楚，至康王南渡，所有國書、誓誥、册表、文狀、指揮、牒檄，以載於故府案牘者，具有年月，得以編次成書，是自開國之初，卽已遺聞不墜。文藝傳稱元好問晚年以著作自任，以金源氏有天下，典章法制，幾及漢、唐，國亡史作，己所當任，時金國實錄在順天張萬戶家，乃言於張，願爲撰述，旣因有阻而止，乃構野史亭著述其上，凡金源君臣遺言往行，採摭所聞，有所得輒以片紙細字爲記，錄至百餘萬言，纂修金史，多本其所著。又稱劉祁撰歸潛志，於金末之事多有足徵，是相承纂述，復不乏人。且考托克托等進書表稱，張柔歸金史於其前，王鶚輯金事於其後，是以纂修之命，見諸敷遺之謀，延祐申舉而未遑，天曆推行而弗竟，是元人之於此書，經營已久，與宋、遼二史取辦倉卒者不同。故其首尾完密，條例整齊，約而不疎，贍而不蕪，在三史之中獨爲最善。　至昌本之南走，施宜生之泄謀，宇文虛中之訕謗，傳聞異辭，皆未能核定，亦由於祗據實錄，未暇旁考諸書。

李慈銘荀學齋日記云："金史文辭鄙僿而支蔓，雖多本之元遺山野史亭槀本，而纂修時又有歐陽原功諸人，乃絕不見史裁佳處，至多不成句讀，蓋當日記載，皆俚俗之詞，無能爲之潤色也。"又云："后妃傳及忠義、文藝、孝友諸傳頗有法，敍贊亦皆簡潔，文藝傳大抵本遺山也，其他傳亦間有佳者。"　陸氏儀顧堂續跋金史施宜生傳跋云："傳載宜生正隆四年冬云云，此言皆取之岳珂桯史，不足據。蘇滋溪集卷三，'施宜生，邵武人，本名逵，宋政和間擢上舍第，爲潁川敎授，汴陷南走。建賊范汝爲作亂，宜生從之，賊敗，復北走齊，上書陳伐宋之策，爲議事官，齊廢，仕金，累官翰林侍講學士。正隆四年冬，借移剌闢離剌使宋，宜生自陳昔逃難脫死江表，誼難復往，力辭不許。蓋是時海陵謀伐宋，故以宜生往使，以繫南士之心，與用蔡松年爲相之意固同。宜生旣歸，以闢離剌至宋不遜，不卽以聞，被杖。五年除翰林學士，次年中風疾，大定二年致仕，三年六月卒，年七十三。此見於世宗實錄及蔡珪所述宜生行狀可考，桯史乃云宜生使宋漏言被誅，小說傳聞，不可信。'愚案滋溪之言確有證據，元好問中州集亦不言宜生不以善終，則岳珂之妄可知。金史不據實錄及蔡珪行狀，而反采敵國小說之言，非信史矣。"　玉縉案：提要以爲祗據實錄，而不知其實本桯史，此跋足正其誤。

欽定遼金元三史國語解四十六卷

以滿洲語正金史，凡十二卷。

俞正燮癸巳存稾書金史國語解後云："金史國語解'諸乣詳穩'一條云：'邊戍之官，乣卽軍字，詳穩卽長官，見遼史。'案此館臣誤也，應云乣卽糺字，亦爲糺，軍名也。遼國語解云：'糺轄，糺軍名，轄者，管束之義'，此糺字、轄字俱不得爲遼、金國語，惟詳穩爲金國語耳。遼有遙輦糺、永興諸宮分糺、十二行糺、黃皮室糺，諸糺中有正丁、蕃漢、轉丁、騎軍諸目，軍則名糺，軍官則名都乣，乣轄，亦爲招募新兵，亦爲戍兵。金史兵志則東北部二路五乣，西北西南二路乣軍十，其本義取糺聚，如元以諸部族兵爲探馬赤軍，募集兵爲答剌罕軍。又別有遼東乣軍、女直軍，則糺軍歷三朝，不得謂乣卽軍字也。"

明史三百三十六卷

蓋康熙十八年始詔修明史，並召試彭孫遹等五十人入館纂修，以記載浩繁，異同歧出，遞相考證，未遽定也。又曰："我世宗憲皇帝重申公愼之旨，載詳討論之功，臣等於時奉敕充總裁官，率同纂修諸臣，開館排輯，十五年之內，幾經同事遷流，三百餘卷之書，以次隨時告竣"，蓋雍正二年詔諸臣續蕆其事，至是乃成書也。　蓋康熙中，戶部侍郎王鴻緒撰明史稾三百十卷，惟帝紀未成，餘皆排比粗就，較諸家爲詳贍，故因其本而增損成帙也。其間諸志，一從舊例，而稍變其例者二，曆志增以圖，以曆生於數，數生算，算法之句股面線，今密於古，非圖則分刌不明。藝文志惟載明人著述，而前史著錄者不載，其例始於宋孝王關中風俗傳，劉知幾史通又反覆申明，於義爲允，唐以來弗能用，今用之也。表從舊例者四，曰諸王，曰功臣，曰外戚，曰宰輔，𠛬新例者一，曰七卿，蓋明廢左右丞相，而分其政於六部，而都察院糾核百司，爲任亦重，故合而七也。列傳從舊例者十三，𠛬新例者三，曰閹黨，曰流賊，曰土司。蓋貂璫之禍，雖漢、唐以下皆有，而士大夫趨勢附羶則惟明人爲最夥，其流毒天下亦至酷，別爲一傳，所以著亂亡之源，不但示斧鉞之誅也。闖、獻二寇，至於亡明，勦撫之失，足爲炯鑒，非他小醜之比，亦非割據羣雄之比，故別立之。至於土司，古謂羈縻州也，不內不外，釁隙易萌，大抵多建置於元而滋蔓於明，控馭之道，與牧民殊，與禦敵國又殊，故自爲一類焉。

王士禛分甘餘話云："康熙己未，開明史館，其後總裁及纂修官遷轉、病假不一，屢易其人，最後乃增孝感相國熊公青嶽賜履。未幾，熊以老病乞歸，允解閣務，令居京師，以備顧問，久之，復求歸田，允之，遂自進明史若干卷，命付內閣參詳，其書熊自撰進，卽同爲總裁數公亦不得而見之也。內閣參詳覆旨云何？余甲申歸田，無從而知矣。"陸以湉冷廬雜識六云："王鴻緒明史稾，明史定爲三百三十二卷，并目錄四卷，爲三百三十六卷。本紀建文帝改稱惠帝，列傳據元史裕宗、睿宗之例，改稱懿文太子爲興宗孝康皇帝，興獻皇帝爲睿宗興獻皇帝，別爲一卷。表增功臣、外戚，列傳增閹黨，周延儒、溫體仁改入姦臣列傳。本紀、列傳，俱增贊語，其餘各有增減改易。”吳氏拜經樓藏書題跋記云：“明史稾列傳先君子跋云：‘萬季野先生所撰史稾，方望溪侍郎以爲四百六十卷，諸志未成，全謝山庶常以爲五百卷，今此僅列傳二百六十七卷，雖似未全，蓋華亭開雕時亦尚有删併也。周松靄大令云：“此書即查東山之罪惟錄，故有朱康流、張待軒傳及海寧俞子久事”，然予未見罪惟錄，不敢懸斷，識之以俟知者。’”

四庫全書總目提要補正卷十五

編年類一

竹書紀年二卷

然反覆推勘，似非汲冢原書。

丁晏尚書餘論王肅私造古文書條云："杜氏春秋後序，述紀年之文，案汲郡紀年，晉初之僞書也。紀年，帝舜三十三年，命夏后總師，即依附古大禹謨'三十有三載總朕師'之文。又帝舜三十三年春正，夏后受命于神宗，即依附大禹謨'正月朔旦，舜受命于神宗'之文。又帝仲康五年秋九月庚戌朔，日有食之，命胤侯帥師征羲、和，即依附胤征'乃季秋月朔辰弗集于房'之文。又小乙六年，命世子武丁居于河，學于甘盤，武丁元年丁未，王即位，居殷，命卿士甘盤。三年，夢求傅説得之，六年，命傅説卿士視學養老，即依附説命'台小子舊學于甘盤'之文，皆古文書也。是時僞書競出，紀年亦太康時僞撰，杜預輩誤信之耳。"玉縉案：此説蓋以汲冢原書即是僞書，無論後來竄亂之本。

王鳴盛十七史商榷三云："其書起自黃帝軒轅氏，於五帝三王紀事皆有年月日，立年、崩年，歷歷言之，可謂妄矣，必是束皙僞撰也。司馬子長見黃帝以來牒記，又見世本，而不敢著其年，安得此書若是之歷歷明審。又晉書云凡十三篇，記夏以來至周幽王，今起黃帝，則今本恐幷非元本，必又遭後世妄人增益。又有沈約注，約傳幷不言有此注，亦出流俗附會。胡三省通鑑注自序，乃言紀年是魏國史記，脫秦火之厄而晉得之，子長不及見，又可謂愚矣。”玉縉案：畢亨九水山房文存三皇五帝篇云："紀年本魏一國之史，故託始殤叔，其兼載夏、商、周者，晉人之僞作，兼載黃帝、顓頊、帝嚳、堯、舜，又宋人之僞作也。”下糾相居商邱、相土遷商邱及寒浞殺羿使澆居過之謬。吳人驥壽光志序，引其壽光縣名所自始考，又歷辨西伯發伐黎諸事，詳阮元小滄浪筆談卷四。均足補提要所未及，文繁不錄。錢大昕十駕齋養新錄則以爲明人所葺，與提要鈔合諸書如十六國春秋類之說合，而所引又有出提要外者並宜參也。李慈銘荀學齋日記癸集上四三。云："竹書紀年，雖始出時事已難信，今本又屢經竄亂，非唐以前人所見之本，然如所載春秋以後事：威烈王六年，晉夫人秦嬴賊幽公于高寢之上；十二年，於越子朱句伐郯，以郯子鴣歸；十七年，田悼子卒；安王九年，晉烈公卒，子桓公立；十五年，晉太子喜出奔；二十三年，於越遷于吳；二十六年，越人殺太子諸咎，越滑，吳人立孚錯枝爲君，此等皆足以補正史表。其以赧王爲隱王，蓋赧非謚，史記赧王名延，延、赧一聲之轉，隱其謚也。”玉縉案：史記夏紀集解，"案汲冢紀年曰:'有王與無王,周歲四百七十一年矣',"又殷紀集解,"湯滅夏以至於受,二十九王"云云,此二條在附注中,裴駰在沈約前,不應預見,以此決爲後人裒輯無疑。 劉寶楠愈愚錄云:"竹書紀年,昔人皆言其僞,其最謬者,'成王十三年夏六月,魯大禘於周公廟','二十一年,周文公薨於豐。'周公於成王二十一年薨,斷無未薨立廟之事,此一謬也。魯於成王時已有禘,而又載'平王四十二年,魯惠公使宰讓請郊廟之禮,王使史角如魯諭止之。'郊廟卽郊禘,又似魯惠公前無禘祭,不自知其矛盾,此二謬也。呂氏春秋當染篇,'魯惠公使宰讓請郊廟之禮於天子,桓王當作平王。使史角往,惠公止之,其後在於魯,墨子學焉。'高注訓止爲留,其後,史角之後,紀年說卽本呂覽,然呂覽所云止之,謂魯止史角,非周令史角止魯郊廟也,此三謬也。劉恕通鑑外紀,'魯惠請郊廟,王使史角至魯止之',羅泌路史又云:'王不許,而魯自用郊',此等謬說,皆出竹書。又路史言郊不及廟,與呂覽諸書皆不合,尤非是。"郝懿行曬書堂文集竹書紀年校正序云:"紀年,晉書束晳傳十三篇,隋經籍志十二卷,題云汲冢書,並竹書同異一卷,卷卽篇也,汲冢書,卽紀年之舊本,其竹書同異一卷,似是校書者之附著也。隋之十二與晉之十三蓋不殊,以同異一卷,別在外故也。唐藝文志十四卷,題云'汲冢書',無同異一卷,蓋後之編書者雜入紀年中矣。宋藝文志三卷,題云'荀勖、和嶠編',其卷數幾減三倍於前,蓋由後人以意合之,今本又止上下二卷,不知復誰所合也?而晉、隋、唐篇卷之舊，遂泯然無蹤跡可尋，懿行病此久矣。然三卷、二卷，既合乎其所必不可合，今之此本，仍分乎其所不得不分，非好異也，以存古也。自黃帝至帝舜一卷，古遠文略也。帝禹至帝相一卷，治亂之次也。帝少康至帝廑一卷，備興衰也。帝孔甲至帝癸一卷，皆季世也。殷商成湯至雍己一卷，明繼聖之難也，太戊至陽甲一卷，存商也。盤庚至庚丁一卷，存殷也。武乙至帝辛一卷，殷終也。周武王至康王一卷，致太平也。昭王至孝王一卷，始衰也。夷王至幽王一卷，西周之終也。平王至貞定王一卷，春秋之終也。考王至烈王一卷，六國之勢成也。顯王至隱王一卷，東周之終也。凡十四卷，欲以少存晉以來篇第之舊，而與晉之十三篇不合者，彼不數黃帝至帝舜一篇也。杜預左傳後序言'紀年起自夏、殷、周'，束皙傳亦言'紀夏以來至周'，則與今本絕異，而史記集解荀勖曰：'和嶠云：紀年起自黃帝，終於魏之今王'，則又與今本同。然四子並晉初人，於是竹書方出，列在祕書，四子既親讀，何得同時所見便爾乖張，而勖獨被詔撰次，或預、皙未覩全篇，勖、嶠既同撰次，自宜以起自黃帝者爲定也。郭璞亦晉人，其注山海經、爾雅、穆天子傳，每見援摭，而黃帝之篇曰：'昌意降居若水，產帝乾荒'，顓頊之篇曰：'帝產伯鯀，是維若陽，'海內大荒經注引之。葛洪亦晉人，引汲郡冢中竹書，言'黃帝既仙去，其臣有佐徹者，削木爲黃帝之像，帥諸侯朝奉之'，見太平御覽。是洪、璞所見本亦即起自黃帝，勖、嶠所編者也。故曰預、皙所見，未是全篇，信矣。然今本雖同起自黄帝，而燼簡斷札，殘缺實多，以唐、宋人援引此書者校之，因脱隨補，卽缺繕完，亦以存古也。而新唐書劉貺傳，引'齊人殲于遂，鄭棄其師'，劉知幾史通，引'執我行人，鄭棄其師，隕石于宋五'，諸如此句，並直錄春秋經文，而'執我行人'句，似有缺脱。又開元占經，亦多引紀年，其言或怪異，又所引皆不見於今本及佗書，此類疑皆好事者爲之也。至汲冢得書之年，杜預、束晳俱當時親見，杜云太康元年，束晳傳則作二年，不同者，杜欲述平吳之事故遠繫元年，傳據得書之實故指言二年也。而史記周本紀正義曰：'汲冢書，晉咸和五年，汲郡汲縣發魏襄王冢，得古書册七十五卷。'夫以太康爲咸和，自晉歷唐數百年間已成巨錯，況古書茫昧，閱數千年，科斗失眞，魯魚踵謬，文字是非，又孰從而正之？"又竹書紀年通考云："今校正竹書紀年上下二卷，其卷不知誰所分？紀年之書古本亡，今本蓋經後人補綴而成也。其書牴牾甚多：如黄帝之篇，而稱昌意產帝乾荒，據乾荒黄帝孫，黄帝尚存，卽乾荒不應稱帝，證以顓頊之篇，書產伯鯀，帝堯之篇，書放子朱，二文互勘，失其義也。尙書載堯命舜，首咨四岳，此云帝使四岳錫虞舜命，是爲與書不合。五帝學曰成均，此云入學用萬，本夏小正之文，是爲與記不合。夏后帝相，旣已稱帝，旣書居于斟灌，不應復去帝號也；羿、浞繼簒，仍用夏年，卽書世子少康生，不應更復稱夏也；殷商一代，通不稱帝，卽書帝乙、帝辛，不應更襲帝號也。而帝舜囚堯，帝啓殺益，太甲殺尹，諸與經傳不合。周公未薨而書魯大禘于周公廟，且禮云不王不禘，魯既自禘矣，而平王之四十二年，又書魯惠公使宰讓請郊廟之禮，而王猶使史角如魯諭，孰謂成王賢君而令魯得禘於周公廟也。東遷已還，事雜言哤，尤多踳駁，周王皆書名，襄王已後，更不書名。諸侯皆書卒，平王已前，又雜書薨。惠王元年，書王如成周，謂周王也，顯王已下，凡書王者又爲魏王矣。而梁惠成王元年，方稱韓共侯，旋稱韓懿侯，周隱王元年之鄭宣王，卽顯王三十八年之鄭威侯，俱一人而有兩稱，甚無謂也。杜預春秋後序云：'紀年皆用夏正建寅之月爲歲首'，今案成王三年，書'夏四月初嘗麥'，平王四十一年，書'春大雨雪'，此爲用夏正無疑，而平王五十一年，書'春二月乙巳，日有食之'，景王十三年，書'春有星出婺女'，此二事具見春秋經傳，魯隱公三年春二月及昭公十年春正月。若用夏正，則周之春當爲夏之冬，周之二月當爲夏之十二月，而五十一年當爲五十年，十三年當爲十二年矣。蓋紀年古本，俱用夏正，今本平王已後，改用周正，所以其書前後多舛誤也。杜預言紀年起自夏、殷、周，和嶠言起自黄帝，不應同時所見乖異若此，疑其書古有二本也。隋書經籍志有竹書同異一卷，其紀年止云十二卷，唐書藝文志復云十四卷，較多於前者，疑同異一卷或經後人羼入各卷中，今已不能具詳，而其中顯然爲後人補綴者，如夏世子少康生，注云：'丙寅年'；少康自有仍奔虞，注云：'乙酉年'；伯靡伐浞，汝艾殺澆，注云：'甲辰年'；伯杼滅戈，少康歸夏，注云：'乙巳年'，此四條，與本書體例不合，疑據左傳事實而補成之者。穆王之篇云：'王北征，行流沙千里，積羽千里'，又云：'征犬戎，取其五王以東'，又云：'西征于青鳥所解'，又云：'西征還，履天下億有九萬里'，此四條俱附於十七年秋八月遷戎于太原之下，疑據山海經、穆天子傳注所引而誤附之者。又烈王二年，書'秦胡蘇帥師伐韓，韓將韓襄敗胡蘇于酸水'；顯王三十一年，又書'秦胡蘇帥師伐鄭，韓襄敗秦胡蘇于酸水'，注云：'不知何年？附此。'三十五年，書'楚吾得帥師及秦伐鄭，圍綸氏'，注云：'不知何年？附此。'又十六年書'秦伐韓，閼與惠成王使趙往破之'，注云：'不知是何年？'又隱王七年，書'翟章救鄭，次于南屈'，注云：'此年未的'，此四條並是校書人附著之者。又云：'成、康之際，天下安寧，刑措四十餘年不用'，李善文選注及太平御覽皆引作紀年，而史記周本紀亦有此語。又云：'韓昭侯之世，兵寇屢交'，史記韓非列傳索隱，亦引作紀年，而今書不載此二條，亦皆校書人所附著者。至於夏之末篇，書自禹至桀，商之末篇，書成湯滅夏以至于受，周幽王之末篇，書武王滅殷以至幽王，並記王者世數以及歷年多少之數，此三條裴駰史記集解亦俱引作紀年。又夏帝泄十六年，書'殷侯微以河伯之師伐有易，殺其君緜臣'，注中殷侯子亥四十三字，郭璞大荒東經注復引作竹書，已上四條，蓋皆此書中舊注語也。而今紀年本，並題沈約附注，然約傳既不言注是書，又約梁朝人，而晉葛洪著抱朴子，引汲郡冢中竹書，言'黃帝既仙去，其臣有左徹者削木爲黄帝之像,帥諸侯朝奉之',見太平御覽所載,今其文故在注語中,葛在沈前,證知今注非約所爲。蓋此舊本有注,故葛洪、郭璞、裴駰互皆引之,而世徒見今注多與宋書符瑞志相亂,便疑是約所爲,乃不知今注此類,蓋皆後人羼入之,亦或符瑞志即據紀年注爲之,要其非約所爲亦明矣。今雖仍存其注,而各附辨證於下,以深明其不然。又紀年正文,經後人羼入者亦復不少,新唐書劉貺傳云:'貺嘗以竹書紀年序諸侯列會,皆舉謚,後人追修,非當時正史,如齊人殲于遂,鄭棄其師,皆孔子新意,知按春秋經傳而爲也。'劉知幾史通惑經篇云:'觀汲冢所記,多與魯史同符,執我行人,鄭棄其師,隕石于宋五,諸如此句,多是古史。'今案二書所引紀年,恐非也,杜預雖稱其著書文意大似春秋經,然無直用經文者,今略舉三事證明之:一則襄王二十年,書'周襄王會諸侯于河陽',春秋經書'天王狩于河陽';一則匡王六年,書'晉靈公爲趙穿所殺',春秋經書'晉趙盾弑其君夷皋';一則簡王十三年,書'晉厲公卒',春秋經書'晉弑其君州蒲',此其書法不同之尤者。若如前書所引,並直錄經文,不更一字,與本書之體亦不合,疑皆經後人所羼也,今本既不載,因不復補入。又開元占經亦多引紀年,其引晉定公二十五年云:'西山女子,化爲丈夫,與之妻能生子,其年,鄭一女生四十人,二十死',又引周烈王六年云:'晝晦',又引顯王十四年云:'邯鄲四曀,室多壞,民多死',又引今王四年云:'碧陽君之諸御產二龍',此四條今書亦不載,因不復補入之。其餘凡是唐已前書所引，皆據補，並資考訂焉。”

漢紀三十卷

文獻通考載宋李燾跋曰：“悅爲此紀，固不出班書，亦時有所刪潤。” 是書考李燾所跋，自天聖中已無善本，明黄姬水所刊亦間有舛譌。

十七史商榷二十八云：“其書蓋專取班書別加銓次論斷之，而班書外未嘗有所增益，翫自序可見，而其間或與班書亦有小小立異者，在悅似當各有所據，若班書傳刻脫誤處，藉此校改者，亦間有之，然已僅矣。自序四百有一十六載，本傳無一十兩字，據高祖元年未即眞之元年數起。數至獻帝庚辰，恰四百有六載，一十兩字，後人誤加之。據嘉靖戊申黄姬水刻。其篇首當言十一世十二帝，通王莽二百三十年，今云云者，亦皆誤。悅自言志不能盡，而其實於志文亦往往摭入，非但取紀傳者。” 瞿氏目錄有影鈔宋本，云：“末有‘右通直郎時添差充紹興府會稽縣丞莊革校正’一行，當是從紹興間錢唐刻本影寫者。案此書祥符、天聖中皆有刊本，昔人每謂不若紹興本之善，明黄姬水亦得宋本以刊，相較則此本爲勝。如高祖紀‘武臣自號爲武信君’，黄刻誤君爲軍；‘今卒少惰矣’，誤卒爲年；‘別將梅鋗功多封萬戶侯’，誤萬爲舊；‘漢即挑戰，愼勿與戰，勿令得東而已’，脫下勿字；‘吾乃今日知爲皇帝之貴，拜通爲奉常’，誤奉爲泰，皆足訂正。” 張宗泰所學集有是書跋三則，其一云：“論者謂辭約事豐，論辨多美，是則然矣，然亦有敍次不明之失。如高祖紀‘陳王以陳人武臣爲將軍，張耳、陳餘爲校尉，北徇趙地，下趙十餘城，武臣自號爲武信君，進軍圍范陽，蒯通爲其令徐公説武信君'云云，'武信君乃以侯迎徐公'云云，此前一時事也。'既而張耳、陳餘聞諸將爲陳王徇地還者，多以讒毁誅，乃説武信君自立爲趙王'，此後一時事也。漢紀乃没去自立爲趙王之文，而下文忽云耳、餘與趙王謀，又云趙王略地燕界，使不睹漢書者讀之，知此所謂趙王者爲何如人也？"其二云："漢紀以漢書紀傳爲根據，而十志、八表，各擇取其切要者依世代編入，所附論斷亦洞達政體，昭晰物情，非苟作也。其間有可議者，如文帝與南越王趙佗書，佗上文帝書，楊惲與孫會宗書，刊落十之六七，精華盡去。又如高祖欲易太子，周昌曰：'臣期期不奉詔'，寫事之妙，全在兩期字，乃删去其一，若不知昌爲口吃者，令人意興索然。武帝時，郭舍人與東方朔射覆曰：'朔中之，榜臣百，不能中，賜臣帛'，全以三字句見生趣，乃改作不中賜臣帛，便淡然無味矣。王莽初始八年，謂'琅邪女子呂母爲子報仇，黨衆浸多，至數萬人，號曰赤眉。'考漢書王莽傳，琅邪呂母爲子報仇事，在前一年，赤眉力子都、樊崇等以饑饉相聚，起於琅邪事，在後一年，兩事各不相蒙，呂母之黨，雖亦起於琅邪，而未嘗赤其眉以爲號，當是約略其辭，以爲想當如是，故誤以爲一事。"其三云："漢書南越傳，'南海尉任囂病且死，召龍川令趙佗，即被佗書行南海尉事，囂死，秦已滅，佗即擊幷桂林象郡，自立爲南粤武王'，此一事也。淮南人間訓曰：'秦王使尉屠雎發卒五十萬，三年不解甲弛弩，以與越人戰，殺西嘔君譯呼宋，而越人皆入叢薄中，莫肯爲虜，置桀駿以爲將，可夜攻秦人，大破之，殺尉屠睢'，尉者其官也，屠睢其名也，此又一人一事也。但以佗、屠聲近之故，漢書伍被傳誤牽合爲一，而漢紀武帝元狩元年云：'使尉佗逾五嶺攻百越，佗知中國勞極，乃止王南越'，此因仍班史之文不能糾正其謬也。漢書百官公卿表，'文帝後元年，開封侯陶青爲御史大夫，景帝二年，御史大夫陶青爲丞相，武帝建元四年，武強侯嚴青翟爲御史大夫，元狩五年，太子少傅嚴青翟爲丞相。'漢紀未考陶青、嚴青翟爲二人，於文帝後二年曰：'開封侯陶清翟爲御史大夫，三年陶清翟爲丞相，'並二人爲一人，而誤合其姓名曰陶清翟，且以清爲青，此又其失於審定者也。"

後漢紀三十卷

是書前有宏自序，稱"嘗讀後漢書，煩穢雜亂，聊以暇日撰集爲後漢紀。其所綴會漢紀、謝承書、司馬彪書、華嶠書、謝沈書、漢山陽公記、漢靈獻起居注、漢名臣奏，旁及諸部耆舊先賢傳凡數百卷。前史闕略，多不次序，錯繆同異，誰使正之？經營八年，疲而不能定，頗有傳者。始見張璠所撰書，其言漢末之事差詳，故復探而益之"云云，蓋大致以漢紀爲準也。

十七史商榷三十八云："其著述體例及論斷，全仿荀悅前漢紀爲之，但悅書在班之後，全取班書宜也，宏書則在范之前，然亦皆范書所有，范所無者甚少，何邪？宏自序云云，據此，則宏所採者亦云博矣，乃竟少有出范書外者。然則諸書精實之說，范氏摭拾已盡。" 李慈銘荀學齋日記辛集上六七。云:“陳、竇之禍,范書言河南尹劉祐黜歸,卒於家,明年,大誅黨人,幸不及禍,而袁紀於建寧二年誅黨人中有大司空此字誤,當作農。劉祐,不知何所本也?又竇武使侍中劉瑜奏誅曹節等時,范書言長樂五官史朱瑀盜發武奏,袁紀作節等竊發瑜奏,節曰:‘前先帝宮人嫁,武父子載取之,各且十餘人,此大罪也,身自不正,何以正人’,此數語亦范書所無。”張宗泰所學集有論是書三則,其一跋文空泛不錄,其二、其三論後漢紀編次之失云:“其書非率爾操筆,而偶然失檢處亦往往有之。如范史何敞傳云:‘昔武姜之幸叔段,衞莊公之寵州吁,愛而不教,終至凶戾。’故其下文云:‘叔段、州吁將生於漢也。’袁紀卷十三,和帝永光元年,但云‘鄭莊不防叔段之禍’,而節去州吁云云,下文州吁二字,不額外添設乎?又永光十五年,‘廣陵人王渙爲洛陽令’。案范史循吏傳,王渙廣漢郪人,下文言‘喪還鄉里新安道以西,道旁會聚設祭’,則正由洛陽歸廣漢之路,袁紀作廣陵人,誤。卷十六,安帝永初四年,‘初,都護任尚嘗致王鳳馬,及尚坐事,檻車徵,鳳懼其及己,私屬中郎馬融宜在臺閣,事發覺,鳳先自首。’案范史鄧禹傳,‘騭子侍中鳳嘗與尚書郎張龕書,私屬中郎馬融宜在臺閣’,其事在前。又‘中郎將任尚嘗遺鳳馬,後尚斷盜軍糧,徵詣廷尉,鳳懼事泄,先自首於騭’,此事在後。今袁紀夾雜混敍一處,反若屬馬融在臺閣,使之陰爲受馬地也者,令讀者不明矣。卷十九,‘順帝永和六年春正月丙子,征西將軍馬賢討羌,到射姑山迴。’案范史西羌傳,

'且凍，分遣種人寇武都，馬賢及二子皆戰歿'，則是馬賢於此役實隕身疆埸，不知此何以云到射姑山迴也？而其後漢安元年十二月則云：'封故征西將軍馬賢孫承先爲列侯，以賢死王事也'，前後竟未及一爲覈對，亦疎忽之甚矣。"玉縉案：以上爲第二則。"卷二十六，獻帝初平二年，荀彧謂父老曰，'密雖有固，可避小寇，不足以扞大難。'案范史荀彧傳，'同郡韓融將宗親萬餘家避亂密西山中'，故彧語云云，上文不曾敍明韓融避亂事，而突曰可避小寇，令讀者茫然不知所謂，密雖有固，亦疑是完固之譌。桓帝延熹二年，'上得雲奏，大怒，送雲黄門北寺，弘農五官掾杜衆，傷雲以忠獲罪，上書願與同日死，帝愈怒，遂下廷尉。'又范史臧洪傳，'袁紹殺臧洪，洪邑人陳容少親慕於洪，起謂紹曰："今日願與臧洪同日死，不與將軍同日生"，遂復見殺。'陳容之義，何異杜衆，乃於杜衆同死事則載入，而卷二十八獻帝興平二年陳容同死事則沒而不書，不知其於表揚之義何以異致也？卷二十九，獻帝建安二年，荀彧曰：'夫此四勝，仗義征伐，誰敢不從，紹以四失，背忠自專，強何能爲。'案紹有十敗，公有十勝，通鑑備載其事，此僅舉其四何也？又如'賈逵母常有疾，帝欲加賜，以校書例多，特以錢二十萬，使潁陽侯馬防與之，謂防曰："賈逵母病，此子無人事於外，屢空則從孤竹之子於首陽山矣。"''謂防曰'以下，皆章帝體念賈逵之語，故曰其恩厚若此，而後漢紀於建初八年，易'謂防曰'三字爲'賈讓曰'，若以此一段爲賈逵推讓不受之詞，不知何以舛誤至此？又班超立功西域，范史稱爲一時之志士，亦酌其所處時勢而言。後漢紀於和帝永光十三年，謂班超立功西域，爲王道所不取，更不免腐儒迂滯之習矣。”玉縉案：以上爲第三則。又有建安十八年省併州郡考云：“後漢紀建安十八年，省幽州、幷州，以其郡國併屬冀州，省司隸校尉，分屬豫州，省梁州，以其郡國併屬冀州，此漢末省十四州併爲九州也。考胡三省通鑑注云：‘割司州之河東、河內、馮翊、扶風及幽、幷二州皆入冀州也’，此說未爲詳備。省司隸校尉以其郡國分屬豫州者，是以司州之弘農、河南入豫州也，謂省梁州以其郡國併入冀州者則非是，乃是省涼州所統及司州之京兆入雍州也，於冀州無涉。而梁州亦涼州之譌，當日十四州中，有涼州無梁州也。胡注又言交州併入荆州，此則不曾說及。又三國志注引獻帝春秋，謂省兗州併荆州、益州其說亦未核，當日併十四州復爲九州，兗州不在省併之列。考十四州之數，爲司、豫、冀、兗、徐、青、荆、揚、梁、當作涼。益、雍、幷、幽、交，省去司、涼、幽、幷，故云復禹貢之九州。胡氏又謂是時曹操自領冀州牧，欲廣其所統以制天下，故有此舉。而予更以爲十四州之中，益州自屬蜀漢，交州屬孫吳，荆州分屬吳、蜀，均不在魏氏所統轄之內，此不過欲張大其事，如後代之遥領化外州郡耳。”玉縉案　省梁州併屬冀州，梁、冀二字，當屬刊本之誤。

元經十卷

其書始晉太熙元年，終隋開皇九年，凡九卷，稱爲通之原書。末一卷，自隋開皇十年迄唐武德元年，稱收所續。　自魏太和以後，往往數十年不書一事，蓋又非阮逸僞本之全矣。

張宗泰所學集有是書跋二則，其一云："其書始晉惠帝太熙元年而終隋末，義例祖春秋，斷制則取法公、穀。經列大綱於前，用頂格寫，傳低一格寫，逐條分解之，敍述詳明，所採晉、宋兩代史事，亦多可備觀覽。惟宋自孝武帝孝建以後殊爲簡略，每一帝下不過虛列年號，事蹟特略見而已。晉、宋兩代，以正統歸之南朝，宋以後則黜齊、梁、陳而以正統歸之魏孝文帝。蓋以東、西魏分篡於周、齊，隋又篡周而有天下，王仲淹爲隋之臣子，宜於隋有內辭，故爲是變例以明是書之出於仲淹，此作僞者之巧也。"其二云："王仲淹好爲大言，作僞者卽竊仿其意以行其進退予奪之私，故元經一書，有學士輕儇之風，有文人弔詭之習，當分別觀之。如人君卽位，必隨其年月謹書之，以示人有考，今元經於晉之懷帝、愍帝、明帝、成帝、哀帝、廢帝，宋之文帝，或前數月卽位，或前一月卽位，各有不同，而均改歸次年之春正月書卽位，云取春秋正始之義，此果足以爲信史耶？又謂簡文帝前爲丞相，不能制桓溫之跋扈，後雖踐阼，亦未盡善，故不書卽位。案通鑑，簡文於咸安元年十一月卽皇帝位，則實行卽位之禮，元經乃欲沒之耶？又如賈后於永康元年，趙王倫廢爲庶人，元經於八年之前，卽書曰：'賈庶人弑太后'，賈后誠不道，果誰庶人之耶？元康三年，經曰：'作互市'，傳曰：'公卿賄賂交通，更相薦託，有如市易焉，故曰互市。'案編纂之體，當據事直書，可以擬似之蹟，摭作實錄耶？九年，賈庶人殺太子及其母謝太后。案愍懷太子未嘗爲天下君，謝淑妃未嘗母儀天下，顧以哀死之故，推而進之曰太后，不妄作否？建興五年，大旱胡蝗，傳曰：‘石勒侵奪民稼，時人語謂之胡蝗。’案此等輕佻之詞，例當附見，可列爲大綱耶？太興二年，將軍祖逖討石勒，戰於浚儀，傳曰：‘不書敗者，嘉祖逖之志不欲其敗也。’案不欲其敗，即不書敗績，倘不欲其克敵，即不書其戰勝耶？又周顗、戴淵，亦一時人望所歸，而元帝永昌元年傳，謂其不能善謀討賊，乃與王敦並稱之曰賊，則可謂無是非之公矣。永和十年，桓溫與苻雄戰於白鹿原，王師敗績，檢通鑑，白鹿原之戰，溫兵不利，死者萬餘人，秦太子萇等又追敗溫軍，則王師實未敗績也，而傳乃不言溫之敗，而曰萇敗退，豈非顛舛耶？孝武帝太元八年，經云：‘堅爲慕容垂所敗。’案苻堅自以志驕氣盈，爲謝玄、謝石所敗，若慕容垂者，志在興復故國，刻不忘心，謂垂潛貳於堅則可，謂堅爲垂所敗則非事實矣。姚萇嘗委身苻堅，苻堅敗奔，乃執而殺之，此悖逆不道之亂賊，乃未減其罪，謂姚萇殺苻堅，情同常人，不足深論，安得此等偏駁不公之論耶？至慶氏之改爲賀氏，自以漢安帝父清河王慶之故，若宣帝則初名病已，後改爲詢，不名慶也。天子躬耕藉田，而庶人助以終畝，此藉字一義也；孟子‘殷曰助，助者藉也’，是借民力以耕公田，此藉字又一義也，傳乃牽合而一之，又其筆墨之小誤矣。”

大唐創業起居注三卷

浙江巡撫採進本。

光緒乙巳，繆氏藕香零拾本跋云："向有祕册、津逮、學津三刻，脫誤均同。癸未，得黄蕘圃藏影鈔宋本，復得章碩卿藍格鈔本，兩取學津本校之，如卷上'以此擊胡，將何以濟'，何以作求天；'其或者殆以畀予'，畀不作俾；'和親以使之'，以不作而；'咸謂似其所爲'，似不作以；'獲其特勤'，'特勤'，突厥官名，後訛爲特勒，此錄中有之，先輩未嘗拈出。'兵馬討捕'，捕不作掩；'天其以此使促吾，吾當見機而作'，未脫第二吾字；'幸勿多言'，勿下無有字；'景寅'不作丙，丙是唐諱，下亦無而字；'若知其去'，其下無戳字；'共其勞苦'，共下不脫其字；'世子仍爲太原郡守'，仍不作乃。卷中'參佐'，佐不作左；'示宜行以惠，綏撫以德'，行下未脫以字，惠下未衍知字；'仍自筆注'，筆字不脫；'眞草自如，不拘常體'，未脫自如二字；'簡遣羸兵'，簡字不脫；'可爲吾立祠廟也'，廟不作廣；'辛巳且發引'，且不作且；'賞授無過此也'，賞不作嘗；'華所部至于數千'，于不作餘；'將相邀襲'，將不作時；'乃於濼水上流'，乃不作及；'王家失鹿，遂使孤同老狠'，孤不作狐；'五原、平涼、安定諸郡'，涼不作源；'涿郡太守羅藝'，羅字不脫；'呂紹宗任瓌'，瓌不作懷；'西北天火照龍山'，山下不衍照字；小注'蜀郡衛元嵩'，不作大字；'欲作常人，恐難以免'，不脫'人恐難'三字。餘所疑尙多，無別本可校。"玉縉案：陸氏儀顧堂題跋，舉祕册本譌舛處，與此有異同，蓋所據別一鈔本也。

資治通鑑二百九十四卷

宋司馬光撰，元胡三省音注。光以治平二年受詔撰通鑑，以元豐七年十二月戊辰書成，奏上，凡越十九年而後畢，光進表稱精力盡於此書。其採用之書，正史之外，雜史至三百二十二種，其殘稾在洛陽者尙盈兩屋，旣非掇拾殘賸者可比，又助其事者：史記、前、後漢書屬劉攽，三國、南北朝屬劉恕，唐、五代屬范祖禹。又皆通儒碩學，非空談性命之流，故其書網羅弘富，體大思精，爲前古之所未有。　元袁桷淸容集載先友淵源錄，稱三省天台人。

十七史商榷一百云："通鑑有神宗御製序，前明刻本皆佚去。光進書表及謝賜序表，俱載傳家集第十七卷，而諸刻但有進表，史炤通鑑釋文開卷卽釋神宗序，但此書摘取一句半句釋之，故不可屬讀。餘姚盧學士文弨始從宋板捜得全篇，刻入羣書拾補中，今已行世，好事者宜以此序合謝表並刻補入，方爲完美。"據此，則是書有宋神宗序而提要不言。曾國藩書札六與羅少村云："司馬公資治通鑑，其論古皆折衷至當，開拓心胸。如因三家分晉而論名分，因曹魏移祚而論風俗，因蜀漢而論正閏，因樊英而論名實，皆能窮物之理，執聖之權。又好敘兵事所以得失之由，脈絡分明，又好詳名公巨卿所以興家敗家之故，使士大夫怵然知戒，實六經以外不刊之典也。"　商榷又云："胡三省自序云：'世運推遷，文公儒師，從而凋謝，吾無從取正，或勸北學於中國，嘻！有志焉，然吾衰矣'，此未嘗仕元者也。"又云："浙江通志文苑傳，但言終於朝奉郎，不詳其歷官本末，蓋但據其通鑑自序，雖言所著又有竹素稾一百卷，想已久佚，事迹零落，不可得而詳也。進士出身後，游宦淮上，當是簿尉之流，從軍既以不合罷，似道不肯拔擢，故所得朝奉郎而已。宋史，朝奉郎正七品。至自署天台身之父，淵源錄亦云天台人，而通志則云寧海人。又有三省之姻友四明陳著者，撰本堂先生文集，稱三省字曰景參。然則三省音注，雖成於入元後而未嘗仕元，依提要例，不應題爲元人，又不言其所官，亦非通例。全祖望鮚埼亭集外編有胡梅磵藏書窖記，言胡注通鑑本末甚詳，雖本於袁而足與袁相發。”鄭翼謹案：胡氏與劉莊孫、舒岳祥皆寧海人，同寓四明袁氏。而袁桷撰莊孫墓志稱天台人，元史戴表元傳亦稱天台舒岳祥，故全謝山藏書窖記並稱天台三宿儒。疑天台猶言台州，以台州得名自天台山也。

陸氏儀顧堂續跋明嘉靖仿宋本跋云：“以元刊胡三省注本校一過，知胡本頗多奪落而此本不奪。卷四周赧王紀，‘烈女不更二夫’下，不脫‘齊王不用吾諫，故退而耕於野’十二字。卷五‘秦武安君伐韓’下，不脫‘拔九城，斬首五萬，田單爲趙相，五十二年，秦武安君伐韓’二十二字”云云，其文甚繁，不具錄。　張宗泰魯巖所學集胡三省注通鑑賈相館之三十年條云：“三省注自序云：‘咸淳庚午，從淮堧歸杭都，延平廖公見而韙之，禮致諸家，廖轉薦之賈相國。德祐乙亥，從軍江上，言輒不用，既而軍潰，間道歸鄉里。丙子，浙東始騷，避地越之新昌。’計三省與似道庚午始相識，至乙亥歸里，中間纔五六年耳，安有賈相館之三十年事乎？”玉縉案：先友淵源錄，‘賈相館之’句，‘釋通鑑’句，‘三十年兵難’句，‘稾三失’句，本未言其館之三十年,張氏誤會,恐後人爲所惑,特錄而辨之。 所學集通鑑歸併年月條云:"齊明帝建武元年,自正月至七月,所稱南朝之主者,鬱林王也,八月、九月,則海陵王也,十月以後,蕭鸞纂弑,始改元建武,書法不容相假也。而通鑑削去鬱林、海陵之元,於歲首卽冠以建武之號,試思此九月中,凡有條敎政令敷布於國中,所大書特書者,鬱林、海陵之元乎?蕭鸞之元乎?且此九月中,問其年號則建武也,至其稱帝則仍然鬱林、海陵也,不名實之交紊乎?又如晉高祖天福元年,由正月以至十月,猶是潞王之天下也,乃於潞王有天下之日,卽降稱唐主,潞王不自降,石敬瑭又不得而降,而通鑑降之,此何說也?且不以敬瑭卽帝位之日爲天福之元,而以敬瑭卽帝位之前十月爲天福之元,何其待潞王者刻以薄,而待晉祖者優且厚乎?溫公此等裁制,似失事理之平,且類於奬篡逆,不可不辨。" 李詳媿生叢錄云:"後漢書李固傳,'槃旋偃仰,從容冶步',謂行步姚冶,如顧影自憐之比,通鑑引作'治步',胡注,'治步猶修飾容儀,行步中規矩',若此,自是莊容,何爲胡粉飾貌搔頭弄姿也?胡沿其誤解之,非是。" 顧廣圻思適齋集與鄧澥泉書,議通鑑"布軍敗走江南,上令別將追之,又云:漢別將擊英布軍洮水南北",爲重複倒錯,失史、漢之意,胡注不加訂正,謂洮水在江南,引羅含湘中記"零陵有洮水"云云之誤,文繁不具錄。惟徐廣注,洮水在江淮間,顧未知當今何水?考全祖望經史問答云:"蓋九江之沘水,沘與洮相似而譌。" 又通鑑刊誤補正序云:"史家此書,空前絕後，然有三誤：溫公就長編筆削，不復一一對勘元文，遂或失於檢照，一也；梅礀雖熟乙部，間有望文生義，乃違本事，二也；所據興文署本，並非梅礀親所開刊，故於正文有未審溫公之指而錯者，於注有未識梅礀之意而舛者，三也。”

資治通鑑釋文辨誤十二卷

通鑑釋文，本南宋時蜀人史炤所作，淺陋特甚。時又有海陵所刊釋文，稱司馬康本，又蜀廣都費氏進修堂版行通鑑，亦以注附之，世號“龍爪通鑑”。三省既自爲通鑑音注，復以司馬康釋文本出僞託，而史炤所作譌謬相傳，恐其疑誤後學，因作此書以刊正之。

陸氏藏書志有宋刊通鑑釋文三十卷，並載張金吾云：“自辨誤行而此書遂微，然地理之學，史不及胡，音訓之學，胡不及史，其書亦有不可沒者。”又自爲案語云：“已刊入十萬卷樓叢書。”玉縉案：十七史商榷亦以史書爲非無足取。又云：“炤之學誠不及胡，所辨大抵皆是，但胡注通鑑，取史語甚多，旣攘取之，又攻擊之，隱善揚惡，用心私曲，卻所不免。”凡舉十數事，文繁不錄。瞿氏目錄有宋刊資治通鑑殘本，云：“胡景參釋文辨誤載海陵本、費本各條；核此本音義，知卽爲蜀廣都費氏進修堂本，世所謂‘龍爪本’者也。音義與史炤釋文微有異同，魏紀中‘闞’字，史作‘苦濫切’，此作‘苦浪’，‘頎’字史作‘渠希切’，此作‘渠斤’，史爲不誤。‘曹爽挾彈到後園中’，注，‘彈徒案切’，‘挾弓以行園’，史本‘園’作‘也’字，則似此本爲優。”陸志亦有北宋刊大字殘本，其儀顧堂題跋云:“如胡身之釋文辨誤所引,卷十七,‘三年,鄠杜令欲執之’,費本注曰:‘鄠杜古杜伯國,京兆邑’云云,與此本皆合,則爲蜀廣都費氏進修堂本無疑。”瞿氏目錄云:“專辨史氏釋文地理之誤，凡已見音注者不載。自序極辨海陵本公休注之爲僞託,謂其蹈襲史釋。至以烏桓爲烏元，宋諱欽宗名桓，公休以溫公薨而毁卒,不得豫爲欽宗諱,然公休本刻於海陵郡齋，已在靖康後，諱桓爲元，或刻時改之，未可遽以致疑。司馬伋編通鑑前例自序,有‘欲與音釋並行’一語,伋卽公休之孫,不當有誤,迺謂伋未傳家學,而爲妄人所誤,亦出臆斷。況直齋書目明載公休釋文二十卷，又謂史因公休舊注而附益之,伯玉與見可，其時相距不遠，當非無據。若謂序中未嘗言及祖述,公休此序出他人手,非若自序之不當諱言也。”陸氏儀顧堂題跋云:“其書力證司馬公休海陵本釋文之僞,案范祖禹太史集卷四十一,有直集賢院提舉西山崇福宮司馬君墓誌銘，載公休卒於元祐五年九月,述所著書,祇有孟子解二卷,文集十卷,並無通鑑釋文,可爲身之得一塙證。司馬季思旣不辨其僞而刊之,陳直齋書錄解題亦不辨其僞而錄之，誠可笑也。”其儀顧堂續跋又云:“范太史集司馬公休墓誌,不言有通鑑釋文,故馮時行序云:‘通鑑之成殆百年，未有釋文’，海陵郡本乃或竊史炤書，託公休名以欺司馬伋，伋信之,遂於乾道二年丙戌刊於海陵郡齋。直齋謂史本公休書而附益之,已誤。阮亨瀛舟筆談謂炤書本是康作，譏胡三省以詆史者詆康，幾於黑白不辨矣。"

通鑑地理通釋十四卷

是書以通鑑所載地名異同沿革最爲糾紛，而險要阨塞所在，措置得失，亦足爲有國者成敗之鑒。

十七史商榷一百卷云："雖題曰通鑑，實是泛考古今地理，不專釋通鑑。大略亦本通典，要足與胡三省互參。"

資治通鑑目錄三十卷

此書亦與通鑑同奏上，卽進書表所謂略舉事目以備檢閱者也。　書錄解題稱光患本書浩大難領略，而目錄無首尾，晚著通鑑舉要曆八十卷。其槀在晁說之以道家，紹興初，謝克家任伯得而上之，今其本不傳。

絳雲樓書目有宋板資治通鑑，陳景雲注云："東都事略溫公傳，著資治通鑑二百九十四卷，目錄三十卷，蓋行狀所云三百二十四卷，乃合目錄言之也。頗疑今所傳目錄，出後人依託，而南宋刊本已有之，則原書之逸久矣。"玉縉案：此說頗有見，但書目又有宋板資治通鑑目錄，惜已一炬，不能取對以驗陳說之是非。　張氏藏書續志有淳祐本資治通鑑綱目五十九卷，幷載紹興四年胡安國序云："輒因餘暇，略用春秋條例，就正本、目錄、舉要三書修成若干卷，名曰資治通鑑舉要補遺，以成公願忠君父稽古圖治之意"，是胡氏又有舉要補遺一書，今亦不傳。

通鑑釋例一卷

胡三省通鑑釋文辨誤序謂光沒後，通鑑之學，其家無傳，後因金使問司馬光子孫，朝廷始訪其後之在江南者，得從曾孫伋，使奉公祠。凡言書出於司馬公者必鋟梓行之，蓋伋之始末如此。

案此書釋文辨誤序謂之通鑑前例。十七史商榷一百云："三省以爲時人附會而作，不足信，三省此言太過，恐未可泥，觀與范帖文集亦收則可知。至云伋是公之從曾孫，似必有據，而其上文又以爲公休之孫，據伋跋稱曾大父溫國文正公，又自署曾孫，恐三省所考亦未的，疑伋眞公之曾孫。"說與提要合，惟提要既引胡序，而於前例之異稱，從曾孫之衍字，概未之及，似疏。張氏藏書志有鈔本云："分三十六例，行間多注闕字，皆與伋跋語合，蓋猶是溫公原本，未經後人竄改者。"瞿氏目錄亦有舊鈔本，與張本同。

稽古錄二十卷

是書則上溯伏羲，下訖英宗治平之末，爲書不過二十卷。

錢大昕養新錄云："陳少章云：'溫公是書，於古人姓名犯國諱者往往易以它字，如王匡作王輔，石朗作石明，敬翔作恭翔之類是也。或二名減一，如尹玄慶作尹慶，張玄遇作張遇，崔玄暐作崔暐，張敬達作張達，錢弘佐作錢佐，劉彥貞作劉彥之類是也。或以字易名，如秦朗作秦元明，謝玄作謝幼度，王殷作王允中之類是也。'然其中如劉弘、桓玄、徐圓朗、許敬宗、敬暉、馬殷、朱守殷、李匡威、樂彥貞之類，又直書不避，而李敬玄作李敬貞，於聖祖、翼祖諱一避一否，尤不可曉？殆編纂匆遽，或點竄未至耶？末卷書仁宗建儲事，於英宗廟諱皆稱諱，而卷中陳曙一人凡三見，恐出後人擅易，非本文矣。”玉縉謂：遇國諱祇有書敬避二字最妥，且可一律。

通鑑外紀十卷目錄五卷

其先世京兆萬年人，祖受爲臨川令，葬於高安，因家焉。恕欲與司馬光採宋一祖、四宗實錄、國史爲後紀，而摭周威烈王以前事蹟爲前紀，會遭憂遘疾，右肢痺發，知遠方不可得國書，後紀必不能就，乃口授其子義仲以成此書，改名曰外紀。

案宋史文苑傳：劉恕，筠州人，今提要以爲萬年人者，蓋據光所作外紀序及恕自署。十七史商榷一百云：“北宋筠州，爲今江西瑞州府高安縣，即府治，臨川縣則今撫州府治，與高安亦相近。若萬年縣者，恕自署云京兆萬年，乃今陝西西安府治，若今江西饒州府亦有萬年縣，則係明置，非此萬年也。”王說甚分晰，提要於下文亦引宋史本傳，而置筠州不言，殊爲疏漏。恕欲作前、後紀，即本自序，但其序前云斷以包犧至未命三晉爲諸侯爲前紀，後言自周共和元年庚申至威烈王二十二年丁丑，四百三十八年，見於外紀。今其書實始包犧，商榷所謂臨終昏亂語多參錯也。今提要一仍其參錯而不加是正，尤謬。又案：施元之注蘇軾送劉道原歸覲南康詩，載恕事頗詳，亦稱筠州人。張宗泰所學集有是書跋二則：其一云：“其書不引據經傳，惟以國語爲主，而雜採諸家說以附益之，於國語割併翦裁有未愜人意者。如國語卷十七，‘楚莊王使士亹傅太子審，問於申叔時，叔時曰：敎之春秋而爲之聳善而抑惡’云云，一一分疏其所以然之故。外紀乃摘錄其文曰:‘教之春秋、世詩、禮樂、令語、故志、訓典’,而令語、故志等字,茫然不知其所謂?倘曰有國語原文在,則無取乎著此書矣。國語又曰:‘明施舍以道之忠’,凡十二語,外紀乃合併其文曰:‘道之忠信義禮孝事仁文武罰賞’,獨錄其末一語曰:‘明齊肅以耀之臨’,任意去取,漫無體例。又國語云:‘君知士貞子之帥志博聞而宣惠於教也,使爲太傅’云云,又‘知祁奚之果而不淫也,使爲元尉’云云,共十一人,先舉其所長,而後命之以官。外紀簡王十三年,於士貞子諸人第舉其所長,而概沒其所授之官,末總爲一語曰:‘使爲太傅下至贄僕’,荒疏草率,肆意合併,尤爲可異。又國語昭王問於觀射父篇,‘民之精爽不懈貳者,又能齊肅衷正,其知能上下比義,其聖能光遠宣朗,其明能光照之,其聰能聽取之,如是則明神降之,在男曰覡,在女曰巫。’外紀删去‘又能齊肅衷正’以下數語,徑以‘精爽不懈貳’屬之覡巫,其於古人立言之旨失之遠矣。”其二云:“外紀第一卷末,力辨三皇五帝之說出於後儒,持論謹嚴,乃其書駁雜舛錯,壘見於冊。如謂西伯陰謀行善修德以傾商政,文王果若是乎?武王瞋目而撝之曰:‘余任天下,誰敢害吾意者’,此豈武王所言?以黃鉞斬紂頭懸之太白之旗,此豈武王所爲?知史記子貢一出存魯、亂齊、破吳、强晉、伯越之說爲華而不實,而不知說齊、說吳、說越、說晉一切詭誕傾詐之詞決不出於子貢,乃泛然登載,不能持擇,何也?又有前後失於參考處,如成王四年,‘賜魯重祭,外則郊社，內則大禘嘗’，而平王四十八年又云：‘魯惠公使宰讓請郊廟之禮於天子。’又襄王二十四年，晉虜孟明視等三將，中間並未敍明孟明視復歸於秦，二十七年春正月，又言孟明視伐晉。景王十八年，引世本曰：‘夷昧生光而及僚’，隔三頁又云：‘光者王諸樊子也。’敬王二十年，‘事君者諫過而薦可，章善而替否’，國語原文是‘諫過而賞善，薦可而替否。’又惠王十一年，‘子公文遂除立’，公文是文公。襄王十六年，‘安其壞土，’是壤土。簡王十一年，‘魯叔孫僑如晉’，當作僑如如晉。十三年，‘使呂宣子將下軍’，將是佐字；‘右行卒’，卒是辛字；‘荀會文敏’，會當作禬。靈王十年，‘侯伯子男’，侯是自字。二十年，‘而知國倫’，知是以字。景王二十三年，‘剛戾忍詢’，詢是訽字；‘光嘉乃客舍員’，嘉是喜字。敬王二十六年，‘而辱軍士寇令’，原文是使寇令，使字不可删。三十年，‘何曰以來’，曰是日字；‘令其子孫’，令是今字。三十六年，‘追迹三伐之禮’，伐是代字。四十一年，‘梁險而在境’，原文是在北境。元王七年，‘衞褚師北等作亂’，左氏傳哀二十五年是‘褚師比’。考劉道原得年僅四十七歲，此書爲編次未定之本，故不免多所舛誤耳。”玉縉案：教之春秋、世詩、禮樂、令語、故志、訓典，無害文義。成王賜魯重祭，魯惠公請郊廟禮，自是兩事。文公作公文，壤土作壞土等，當是刊本之失。

四庫全書總目提要補正卷十六

編年類二

皇王大紀八十卷

陳振孫書録解題嘗譏其誤取莊子寓言及敍邃古之初，無徵不信，然古帝王名號可考，統系斯存，典籍相傳，豈得遽爲删削。至其採摭浩繁，雖不免小有出入，較之羅泌路史則切實多矣，未可以一眚掩也。

錢大昕日記鈔云："其三皇紀多敷衍皇極經世浮悠之説，殊無足取，唯乾西北、坤西南方位圖，系於伏羲，不系於文王，猶勝先天、後天之强生分别耳。" 黄式三儆居集讀胡氏知言云："大紀用編年之例，而采集孟子、荀子、莊子諸書，多至數卷，失編年體。所編之事，或闕略，或荒誕。"

中興小紀四十卷

克字子復，建陽人，孝宗時官至起居郎，兼直學士院，出知台州，事蹟具宋史文苑傳。

靜嘉堂祕籍志有明刊熊克北苑别録，幷載徐𤏡跋，考其出處著述甚詳。

續資治通鑑長編五百二十卷

文獻通考載其進書狀四篇，一在隆興元年知榮州時，先以建隆迄開寶年事一十七卷上進；一在乾道四年爲禮部郎時，以整齊建隆元年至治平四年閏三月五朝事蹟，共一百八卷上進；一在淳熙元年知瀘州時，以治平後至靖康凡二百八十卷上進；一在淳熙元年知遂寧府時，重別寫呈，幷舉要目錄，計一千六十三卷，六百八十七册上進。

陸氏儀顧堂題跋云："續資治通鑑長編撮要一百八卷，李燾編，宋刊本影寫補全。其書起建隆元年，迄英宗治平四年閏五月，凡一百八年，爲一百八卷，其事迹多者，一卷之中又分子卷，總一百七十二卷，以大典五百二十卷本校勘，節去十分之三，故曰撮要也。文獻通考載文簡進長編表四篇云云，案景定建康志書籍門所載長編，有節本，有全本，愚謂此本及二百八十卷本皆節本，一千六十三卷乃全本，故曰重別寫呈也。此猶宋時原本並子卷計之，實一百七十二卷，直齋以爲一百六十八卷，徐氏乾學以爲一百七十五卷，皆傳寫之譌，文獻通考又承陳氏之譌耳。"玉縉案：皕宋樓藏書志撮要作節要，節字是。四庫本起建隆至元符三年正月，其中缺治平四年四月至熙寧三年三月，又自元祐八年七月至紹興四年三月。光緒壬午，浙江書局刊本，用楊仲良長編紀事本末補之，楊書見阮元揅經室外集。

大事記十二卷通釋三卷解題十二卷

然所學終有根柢，此書亦具有體例，即如每條下各注從某書修云云，一一具載出典，固非臆爲筆削者可及也。通釋三卷，如說經家之有綱領，皆錄經典中要義格言，解題十二卷，則如經之有傳，略具本末而附以己見，凡史、漢同異及通鑑得失，皆縷析而詳辨之。又於名物象數，旁見側出者，並推闡貫通，夾注句下。朱子語錄每譏祖謙所學之雜，獨謂此書爲精密，又謂解題煞有工夫，只一句要包括一段意思。觀書中周愼靚王二年，載魏襄王問孟子事，取蘇轍古史之論，後孟子集注即引用其說，蓋亦心服其淹通，知非趙師淵輩所能望其項背也。

張宗泰所學集有論是書七則，大事記秦置南陽條云："大事記'周赧王四十二年，趙、魏伐韓華陽，秦魏冉、白起、客卿胡傷救韓，敗魏將芒卯於華陽，斬首十二萬，魏予秦南陽以和，以其地爲南陽郡。'解題云：'南陽卽河內之修武，非鄧州之南陽。'案解題以南陽爲河內之修武是矣，謂得南陽而置郡則非也。考通鑑，魏予秦南陽以和，在赧王四十二年，秦置南陽郡，在四十三年，胡三省注，晉南陽在修武，以在太行之南，大河之北也，秦置南陽郡，以在南山之南，漢水之北也。秦得韓之南陽而置南陽郡，謂魏予秦南陽以和，秦又置南陽郡，則是二年中秦兩置南陽郡，而初無彼此之分，有是事乎？且使秦果於修武之南陽而置郡，則必有所隸之邑，豈得兩漢之地理、郡國二志，均無一字及之，其爲誤牽二事爲一無疑也。又'周赧王五十二年，秦白起攻韓，取南陽，絕太行道'，解題曰：'河內修武也，昭王三十六年，嘗取南陽於魏矣，今歲又書取之韓，或者中間又屬韓也'，其說尤爲舛誤。案通鑑，'赧王五十一年，秦武安君伐韓，取南陽，攻太行道，絕之'，胡注，'韓之南陽，卽河內野王之地，五十三年，武安君伐韓，拔野王，上黨路絕是也'，戰國策，秦武王謂甘茂章，'宜陽，大縣也，上黨、南陽，積之久矣'，使韓而無南陽，魏之粟亦不當置之宜陽，大事記不知南陽地最廣，三家分晉，韓、魏各得南陽之地，而以在野王之南陽，認作在修武之南陽爲失考矣。"以上第一則。書大事記賈山上書言事後云:"大事記不肯依傍通鑑，亦時不足於孟堅，而獨推重史公不少置。至其徵事則仍兼取材於班、馬二史，賈山上書言事條下，先言聖王納諫之美，養老之殷，及周家寬民之力，裕民之財，次言秦皇帝富有天下，人與之爲怨，家與之爲讐，乃退誹謗之人，殺直諫之士，故繼之以詩曰:'匪言不能，胡此畏忌，聽言則答，譖言則退'，引詩之意，專爲秦皇發，非兼承周、秦言也。解題於秦之所以無道槪行删去，而所錄者皆周先王愛民之仁政，乃引詩之'匪言不能'以爲證，斯前後刺謬矣。"以上第三則。書秦遷免臣於南陽後云:"大事記'周赧王三十五年，秦赦罪人，遷之南陽'，當卽古者'五流有宅五宅三居'之意。而於四十三年置南陽郡，遷免臣居之條下，謂'免臣，秦之臣以罪免者，遷以守新邊，秦不信敵國之民，故徙其國人使錯居之。'案史記秦本紀，魏予秦南陽以和，在秦昭王三十三年，而三十四年秦與魏、韓上庸地爲一郡，南陽免臣遷居之。史記六國年表，赧王四十二年，當秦昭王三十四年，與大事記年月正合，其爲卽此事無疑，則是秦以所得韓之上庸地與魏而爲一郡，遷南陽之免臣以居之，大事記誤讀史記，而謂秦自遷其國之免臣於南陽，且以制伏南陽之民，失之。”以上第五則。總跋云：“其書於編年紀月之中，寓昌明正學之意，非苟作者。且於歷代事蹟之先後，地理之沿革，職官之廢置，多所考訂，足以補通鑑之所未及。又如讀史記十二表，能推尋史公言外微指，其用心之密，無以復加，宜乎朱子有深契也”云云。以上第七則。餘不錄。

建炎以來繫年要錄二百卷

心傳字微之，井研人，官至禮部侍郎，事蹟具宋史儒林傳。宋史本傳稱其重川蜀而薄東南，然如宋人以張栻講學之故，無不堅持門戶爲其父張浚左袒，心傳獨於淮西、富平之僨事，曲端之枉死，岳飛之見忌，一一據實直書，雖朱子行狀，亦不據以爲信，初未嘗以鄉曲之私稍爲回護，則宋史之病是書者殆有不盡然矣。　原本所載秦熺、張匯諸論，是非顚倒，是不待再計而刪者，而並存以備參稽，究爲瑕纇。

玉縉案：當云心傳有丙子學易編已著錄。　李慈銘荀學齋日記云：“李氏蜀人，或謂其書頗薄東南士大夫而右蜀士，提要已舉其言張德遠富平、符離之敗未嘗稍恕，以爲之辨，今觀其於李忠定之誅宋齊愈，雖引呂中大事記之言以爲太過，然引張栻私記，謂忠定誣陷齊愈，則引當日齊愈按款一一爲之辨析。又虞允文亦蜀人，其采石之功當時盛相夸飾，而備引揮麈錄諸書，言其事非實，則皆一代之公言也。惟於岳忠武郾城之捷，言之甚略，幷不及朱仙鎭一字，於韓、張諸人，亦屢言其短，於趙忠簡亦甚有微辭，蓋當日是非尙無定論，而朱仙鎭之戰亦多本之金陀粹編等書，不無增飾。蘄王當日亦頗恣橫，忠簡當高宗自海道還都吾越之時，金人北歸，諸將緣路邀擊，蘄王扼之北固，屢告捷音，呂忠穆力贊親征，進幸浙西，號召諸路，時烏珠師老憚暑，軍中虜獲不可勝計，人人意足，急於遄歸，高宗能一出師爲之聲援，正是極可乘之機會，而元鎭力沮其議，謂金人回師襲我，必不能支，且傾呂而奪之位，此其所失甚大，不得謂無罪也。至載岳自郾城奉詔班師，其下皆請還，岳亦以爲不可留，且恐金人邀其後，始傳令回軍，軍士應時皆南嚮，旗靡轍亂，岳望之口呿而不能合，良久曰：'豈非天乎？'似未免言之太過。其中小注，引朱勝非秀水閒居錄甚多，痛詆德遠、元鎭，幾無完膚，則當日朝局恩怨之詞，自不足憑，故李氏多加駁語。大抵每事博稽衆采，詳覈月日，平心折衷，於高宗一朝之事，繩貫珠聯，較之三朝北盟會編，尤覺條理精密矣。" 俞正燮癸巳類稾易安居士事輯條云："余素惡易安改嫁張汝舟之說，及見建炎以來繫年要錄，比其事爲文案，尤惡之，後讀齊東野語論韓忠繆事云：'李心傳在蜀，去天萬里，輕信記載，疎舛固宜。'又謝枋得集，亦言繫年要錄爲辛棄疾造韓侂胄壽詞，則所言文案謝啓事可知。"

宋九朝編年備要三十卷

馬端臨文獻通考載均編年舉要三十卷，備要三十卷，又有中興舉要十四卷，備要十四卷，今中興舉要、備要皆佚。此書前有紹定二年眞德秀序，稱皇朝編年舉要與備要合若干卷，則當時本共爲一書，今舉要亦佚，存者惟此編耳。

張氏藏書志、瞿氏目錄，並有影鈔宋本皇朝編年備要二十五卷，補刊編年備要五卷。瞿云："皇朝或作九朝，陳氏書錄亦作皇朝，幷列舉要三十卷，或疑舉要已佚，案伯玉云：'舉要爲綱，備要爲目'，似當時分爲二書，各編三十卷，今綱、目並列，出後人合幷，此本每卷標題'編年'下空二格，實卽舉要二字，可證其未亡也。況眞文忠序稱書名曰舉要備要，是非二書明矣。伯玉譏其去取無法，詳略失中，國朝小長盧叟則謂其簡而有要，勝於陳子經、薛方山之書。潛研錢氏謂書成南渡之世，故老舊聞，未盡散失，有可補正史之闕者。至其書雖依朱子綱目大書分注之例，而以宋人紀宋事，但據事直書，不爲褒貶之詞，自序中亦及之。錢氏譏其唐主景、北漢主鈞同爲敵國，而鈞書卒、景書死，同一高麗王，而徽與運書卒，容與俁書死，爲義例乖刺。竊意平甫未嘗寓褒貶於一字，偶爾紀載參差，不足爲病也。" 陸氏儀顧堂題跋云："皇朝編年綱目備要，題曰'壺山陳均編'，宋紹定二年刊本，前有眞德秀、鄭性之、林岊序及自序，性之序述均之言曰：'欲纂作二書，一舉其要，一備其目，庶幾於文公朱先生所修通鑑綱目之意，而非敢以自比焉。'德秀序述其言曰：'昔嘗讀朱文公通鑑綱目，歎其義例之精密，輒仿而依之，然文公所述前代之史，故書法寓褒貶，今所書則據事直書而已。'是其意本爲續綱目而作，而不敢居其名，證以眞西山序，'舉要備要合若干卷'，林岊序，'名曰皇朝編年舉要備要'二語，知舉要備要並非兩書，所謂舉要者，其大書之綱也，備要者，其夾注之目也，非備要存而舉要佚也。均既不敢居綱目之名，此書仍題綱目備要，恐初刊本名綱目，及就正於眞、鄭諸公，始改其名曰舉要，請列二證以明之：版刊於紹定二年，書進於端平元年，刻在前而進於後，刻名綱目，進曰舉要，其證一也。余又藏有影宋鈔本，每卷題名，綱目二字挖空，必挖去綱目，補刻舉要，版片經久，挖補舉要二字奪落，遂成空白，其證二也。均本鄉曲老儒，罔知忌諱，及質於中朝士大夫，遂改其名，亦可見好學不倦矣。"玉縉案：陳書舉要以代綱，備要以代目，一本編年下空二格，瞿、陸皆謂即舉要二字，其說甚覈。黃丕烈注百宋一廛賦云："三十卷本，編年下有空字二格，廿五卷本，稱皇朝編年綱目備要，列目止於廿五卷，後別爲一行云：'已後五卷見成出售'，二本版刻不同，今世通行傳鈔，改大小字而一之，又不復知有綱目之名，失之甚矣。"此足爲陸說初刊名綱目之證，陸氏又備詳均之事蹟，玆略之。

續宋編年資治通鑑十五卷

而書末附論一條，稱"理宗撐拄五十年而後亡，不可謂非幸"云云，其言乃出於宋亡以後，似非時舉原文。案舊本目錄後有書坊題識一則，稱"是編繫年有考據，載事有本末，增入諸儒集議，三復校正，一新刊行"云云，則書中所附議論，又元時刊書者所增入，非其舊矣。

張氏藏書志、瞿氏目錄並有元刊本，宋下多"中興"二字。

瞿云:“卷首題宋時職名,而書中有‘元太祖爲成吉思皇帝’一語,是入元後所作矣。上方有提要及中所錄議論,低一字別之者,乃刊書人附入,非劉氏原書也。” 陸氏儀顧堂續跋元餘慶堂槧本跋云:“每卷首行下有‘后集’二字,以學津討源刊本校一過,學津本卷二‘軍勢復振’下,脫四百餘字。卷四‘韓世忠敗’下,衍‘金人於宿遷縣擒其將牙合孛堇’十三字,脫‘僞齊兵於淮陽’云云五百餘字。卷五‘以高閎爲國子司業’下,脫五百餘字。卷八‘及用再拜二字未得穩當’下,脫五百餘字。此外字句之脫譌更難枚舉”云云。

靖康要錄十六卷

考書錄解題,又載欽宗實錄四十卷,乾道元年修撰洪邁等進,此必實錄既成之後,好事者撮其大綱以成此編,故以要錄名也。宋人雜史傳於今日者如熊克中興小紀、李心傳建炎以來繫年要錄之類,大抵於南宋爲詳,其詳於北宋者,惟李燾續資治通鑑長編,然長編已多佚闕,今以永樂大典所載補之,亦僅及哲宗而止,徽宗、欽宗兩朝之事遂以無徵。徐夢莘三朝北盟會編,起政和迄建炎,雖較他書爲賅備,而所錄事蹟、章疏,惟以有涉金人者爲主,餘則略焉。此書雖敍事少略,載文太繁,而一時朝政具有端委,多有史所不詳者,即以補李燾長編亦無不可也。

陸氏儀顧堂集有刻是書序云:“靖康要錄十六卷,不著撰人名氏,舊本題曰:‘孝慈淵聖皇帝要錄’,四庫本題曰:‘靖康要錄’,與書錄解題、文獻通考合。書錄解題曰:‘靖康要錄五卷，不著撰人名氏，自欽廟潛邸訖靖康元年十二月事'，文獻通考同，文淵閣書目亦著於錄，注曰二冊。恐謂書名孝慈淵聖皇帝要錄，直齋、貴與皆宋人，不應改題靖康之目，且陳所見本，訖元年十二月事，今本紀事、紀言至二年五月一日高宗即位止，多寡懸殊，起訖迴別，非一本也。提要云：'考書錄解題載欽宗實錄四十卷'云云，案歷代實錄，題名皆全載謚法、廟號，今以舊本題名證之，其爲實錄節本無疑，提要所言，誠定論也。文淵閣書目宇字號，別載宋朝要錄四十冊，注曰缺，恐當時每朝實錄皆有節本，今僅存靖康一朝耳。宋時當有刻本，近收藏家惟傳鈔帙，是本凡遇聖旨、聖慈、御札等字皆提行，桓字、構字皆注御名，當從宋本錄出，惜展轉傳鈔，譌奪幾不可讀，因取所藏三本互相讐校"云云。　李慈銘荀學齋日記庚集上三二。云："提要謂當是靖康實錄之節本，今觀其按日繫事，載及宰執、庶官遷罷，似近朝報，而紀事多有'一曰''又曰'云云，則又參以傳聞，其事多直敍不斷，詳略輕重亦頗有失當者。又是非混然，如以李忠定及先莊簡公謂皆蔡氏黨，紀眞定死事，不及知州李邈，皆顚倒失實，然其他紀載多詳盡，有裨史學不淺也。"

兩朝綱目備要十六卷

永樂大典本所紀，自宋光宗紹熙元年迄寧宗嘉定十七年事蹟。　或宋末山林之士不諳體例者所作歟？

張氏藏書志有影寫宋刊本中興兩朝編年綱目十八卷，云："起於建炎元年，訖於淳熙十七年，體例與皇朝編年備要同，玉縉案：即宋九朝編年備要。蓋以續陳氏書也。南宋編年之書，高宗一朝，有中興小紀、繫年要錄、十朝綱要，年經月緯，紀載詳核，孝宗一朝，則自劉時舉續資治通鑑、宋史全文外則無專書。是書紀高、孝兩朝之事，弘綱細目，視劉時舉所載加詳，宋史全文則即以是書爲藍本，考孝宗一朝之政治者是書其較備歟？"又有影寫宋刊本續編兩朝綱目備要十六卷，云："中遇'昀'側注御名，蓋理宗時人所撰也。紀光、寧兩朝之事，以續中興兩朝編年綱目，體例款式均與前二書同，蓋係宋時合刻者，四庫全書著錄本，從永樂大典錄出，此則原本也。"玉縉案：中興兩朝編年綱目，四庫未載，因此書係續彼書，特備錄之以見其原委。瞿氏目錄以體例與陳均書同，皆疑爲均作，陸氏儀顧堂題跋則以紀高、孝爲均作，記光、寧爲續均之書。

宋季三朝政要六卷

首題詞稱理宗國史爲元載入北都，無復可考，故纂集理、度二朝及幼主本末，附以廣、益二王事。其體亦編年之流，蓋宋之遺老所爲也。

陸氏儀顧堂續跋元餘慶堂槧本跋云："宋季三朝政要五卷，附錄一卷，前有目錄，目後有'皇慶壬子'四字，附錄題廣王本末，陳仲微述。學津討源本卷二淳祐七年'鄭清之'下，缺千餘字，而以'余玠斬王夔人皆寃之''夔'字改爲'薨'字接連之，蓋所據元本卷二缺十二、十三兩頁，而以十一頁與十四頁接寫，夔字爲十四頁第一字，張見與第十一頁末'鄭清之'文義不續，遂妄改爲'薨'字，豈知清之此時尚未薨乎？卽薨亦有何寃乎？其謬甚矣。卷六‘劉槃引兵出城衆戰不利乃以城降’下，脫‘通判郭君’云云八十六字，卷末至‘舍生而取義信哉’止，而缺‘蓋死者人之所難’以下三百餘字，守山閣錢氏以趙魏校本付梓，缺譌較少，惟卷首題識張本‘過北’譌‘過此’，錢本改爲‘載入北都，’衍‘過此’二字，殊謬。卷五‘知江陰軍鄭燸道遁’，鄭燸譌趙端，‘王良臣迎降其王宗洙’下，脫‘充大府寺簿續除兵部郞官奉使福建卽非王宗洙’云云二十字，皆與張刊同。又有據別本妄增者，蓋與張本伯仲間耳，均非善本也。”玉縉案：雜史存目載廣王、衞王本末一卷，宋陳仲微撰，其書載入宋季三朝政要中，後人鈔出別行，說固不誤，此處未加剖晰，似本末亦無名氏撰矣。　李慈銘桃華聖解盦日記庚集一九。云：“一至三爲理宗，四爲度宗，五爲少帝，六爲廣王、益王，不著撰人名氏，編年紀載。前有自序云：‘理宗國史載入北都，過此無復可考，故今將理、度兩朝聖政及幼主本末纂集成書，以備他日史官之采擇’云。卷六首又自序云：‘陳仲微咸淳爲侍左郞官，以言事切直罷，乙亥，除兵部侍郞，修國史，丙子從二王入廣，目擊當時之事，逐日鈔錄，崖山敗，流落安南，壬午歲，安南國使入覲，因言仲微之事而得仲微所著二王首末，重加編次，以廣其傳’，則其人似宋故臣而曾仕元者，故書中皆稱大元、大兵，卷末附論亦頗頌元德，其所紀旣簡略，而敍次俚俗，全無義法，惟一二遺事，多足補史所未及，是非褒貶，亦爲平允。其論謂‘宋太祖生於丁亥，以庚申歲建國，命曹彬平江南，以甲戌歲渡江，以乙亥、丙子而平，今大元世祖原刻誤作太祖。聖武皇帝亦生於乙亥，以庚申歲即位，命伯顏平江南，亦以甲戌歲渡江，乙亥、丙子而平，宋待柴氏最厚，事太后如母，撫幼君如子，大元待宋后、幼君禮意尤篤，是其初待柴氏之報也。宋於柴氏族屬，並無誅戮，崇義之封，終三百年如一日，今大元於趙氏族屬一無所問，亦其不殺柴氏之報也。宋以周顯德七年受禪，而幼君名顯，當作㬎，古顯字。改元德祐，合顯德二字'，此亦猶劉莊靖詩'路人笑指降王道，好似周家七歲兒'，報應之數，往往符合，不得以因果附會之說訾之也。是本案謂守山閣本。頗有誤字，錢氏校勘亦未精。"

宋史全文三十六卷

不著撰人名氏，原本題曰續通鑑長編，而以李燾進長編表冠之於前，是直以爲燾之長編矣。案燾成書在孝宗時，所錄止及北宋，此本實載南宋一代之事，其非出燾手明甚。檢勘此書，每卷標題皆有宋史全文四字，而永樂大典宋字韻內亦多載宋史全文，與長編截然二書。又此本目錄前有坊間原題，稱"本堂得宋鑑善本，乃名公所編，前宋已盛行，再付諸梓"云云，蓋本元人所編，而坊賈假託燾名詭稱前宋盛行耳。惟永樂大典所收之書，皆載入文淵閣書目，乃宋鑑多至六部，獨不見宋史全文之名，或亦楊士奇等編輯時因標題而致誤歟？又別本之末有商邱宋犖跋曰："宋李燾有通鑑長編百六十八卷，續長編集要六十八卷，續宋編年十八卷，今世藏書家往往求之甚渴，此三十六卷是元人所刊，卷首割去著書人姓名，卷末割去大元字，其爲元胡宏續通鑑長編無疑”云云，則又臆斷之語，未見其有確證也。　惟原本第三十六卷內度宗、少帝及益王、廣王事蹟，俱有錄無書。

張氏藏書志、瞿氏目錄，並有元刊本宋史全文續資治通鑑三十六卷，附宋季朝事實二卷。張云：“不著撰人姓氏，卷首題‘豐城游明大昇校正’，蓋刊書者姓名也。”瞿云：“無序跋，首冠以乾道四年李燾進續資治通鑑長編表一篇，又宋朝玉牒、宋朝傳授二圖，目錄前有刊書人題識一則云云，似三十六卷爲元人重刻宋本，其實靖康以前，即取諸李燾長編，高、孝二代，取諸留正中興聖政草及無名氏中興兩朝編年綱目，光、寧二代，取諸劉時舉續宋中興編年資治通鑑，惟後載度宗、少帝、益王、廣王事蹟，別名宋季朝事實者則爲元人專輯，書肆題語，謂前宋已盛行者似不足信，至宋牧仲謂即胡宏續通鑑長編一書，亦未知其何據也？”玉縉案：丁氏書目云：大昇正統間進士，則此當爲明刊，非元刊，但考明題名碑錄，正統無其人。　陸氏藏書志有明天順刊本，其標題與張志、瞿錄元本同，據此，是所題爲續資治通鑑，非續通鑑長編也。並知度宗等事迹在三十六卷外，不在卷內，提要殆誤。　張氏續志又有元刊本諸儒集議續資治通鑑三十六卷，附宋季朝事實二卷，不著撰人名氏。云：“是書初名諸儒集議續資治通鑑，無所謂宋史全文也，宋史全文，蓋重刊時所改耳。金吾初得宋史全文，以爲元刊，列之藏書志中，今得是本，乃知前所得者蓋明初重刊本耳。是本元刊、元印，卷三十一至末暨季朝事實，題增入名儒講議續資治通鑑，字畫與全書迥異，疑亦重刊本也。"陸氏儀顧堂集天順刊本跋云："月霄得元槧本，始疑爲明初翻本，亦不知大昇卽游明，天順時官福建提學也。偶檢江西通志，得大昇始末，書以志快。" 楊紹和楹書隅錄有元本三十六卷，附廣王衞王本末二卷。云："是書乃宋之遺民逸老入元後所作，因末卷多涉元事，故不著姓名序跋，而以李燾進長編表冠之於首，當時坊賈，或亦不無避忌，遂並詭稱前宋盛行耳，其爲元代刊本無疑，若明人重刻，當不如是。且永樂大典所載標題卽宋史全文四字，收之宋字韻內，更可證元代刊本未嘗別有書名，乃張月霄藏書志以題'諸儒集議'者爲元刊，此本卷中亦有'名儒集義'諸標目。題宋史全文者爲明刊，殊臆說也。至廣、衞二王本末二卷，署名陳仲微錄，則從宋季三朝政要中摘出，並非原書所有，當是重刻時綴補者，故永樂大典亦未之採錄也。四庫本缺度宗以下，此猶完帙。" 吳氏拜經樓藏書題跋記云："目錄題續資治通鑑長編，前冠以乾道四年李燾進書表，每卷首則題宋史全文續資治通鑑，三十卷後，每卷題增入名儒講義續資治通鑑長編，三十六卷末，又編度宗、少帝事，稱宋季朝事實，不著撰人名氏，惟列豐城游明大昇校正一行。" 據此，則度宗、少帝事蹟，並非有錄無書。

通鑑前編十八卷舉要三卷

凡所引經傳子史之文皆作大書，惟訓釋及案語，則以小字夾注附綴於後，蓋避朱子綱目之體，而稍變通鑑之式。

陸氏儀顧堂續跋元槧本跋云:"通鑑前編三十卷,舉要三卷,元刊、元印本。是書集經傳史子之文,按年編次曰通鑑,每年各爲表題曰舉要,雖名通鑑,實仿綱目之例,惟舉要低三格,通鑑皆頂格,此則小變乎涑水、紫陽之例者也。"玉縉案:元槧本亦十八卷,舉要則二卷而非闕卷,陸氏筆誤。　張宗泰所學集有是書跋四則,其一云:"通鑑前編於古事多所考訂,多所發明,遠非通鑑外紀所可及。又卷十七謂家臣欲抑私家而張公室,亦名義所在,而左氏多徇流俗之見。謂季桓子於衰敗之餘,藉孔子以振起,故降心相從,迨綱紀粗定,必以爲不利於己,其信任之意亦衰,孔子之行,不盡關乎女樂。謂衛靈公欲立公子郢,不命之朝廷之上,而言之郊野,此郢之所以力辭。皆能出意見於常解之外。然如齊侯、宋人、陳人、蔡人、邾人會於北杏,引胡氏曰:'書齊侯,與之。'晉侯侵曹,晉侯伐衛,晉侯入曹,書晉侯至再至三,而胡氏曰:'稱晉侯者,譏復怨也。'又楚子、蔡侯次於厥貉,胡氏曰:'書蔡侯,惡之。'同一書爵也,一以爲與之,一以爲譏之,一又以爲惡之,是直以己意進退諸侯也。謂鄭莊之於其弟,初意甚美,爲祭仲之說所動,意乃中變,說亦不然。以鄭莊梟雄之資,忍於其母,忍於其君,而何有於其弟,則不得謂其初意甚美也。又楚子伐陸渾之戎,觀兵於周疆,其不臣之心昭然如見,顧謂其問鼎無偪周之意,未免太爲楚子寬矣。於吳季札之遜國,引胡氏曰:'以其辭位,不成父兄之志,而終以致亂,故貶之。'案季子之辭位,亦自行其心之所安,亦有何可譏,至後嗣之爭國，此自僚與光之不肖，不得以是歸咎於季子。又如楚之僭號稱王，由來已久，左氏傳亦如其僭而王之，而金氏則盡削其王號，但稱其謚之一字，頗嫌不詞，而於王子圍之自立，則又改稱靈公，更爲舛矣。又謂圍之弑君，天下知之久矣，從其僞赴而書卒，天下益知其僞赴之不可誣，夫弑君惟魯書卒，爲國諱惡，於楚乎何有？知聖人決不從其僞赴也。”其二云：“詩小序七月陳王業也云云，公劉召康公戒成王也云云，此歷代相傳之舊說，不可易也，金氏以七月、公劉二詩編入后癸之二十二歲，而反復辨論，決其爲豳之舊詩，謂卽后稷、公劉之世所作，而卷七成王元年下案語，則云周公述先王之德，七月諸篇，極道衣食勤勞之事，而召公亦有公劉、卷阿諸詩之作，則仍以七月、公劉二詩爲周、召所作，蓋有心立異，未有不兩相違反者也。卷一定閏法，注云：‘日麗天而少遲，一日繞地一周無餘，而常不及天一度，月麗天而尤遲，一日常不及天十二度’，卷九丨月之交注曰：‘日月皆右行於天，一日一夜則日行一度，月行十三度十九分度之七，故日一歲而一周天，月二十九日有奇而一周天’，前一說謂日行遲月行尤遲，後一說謂日行遲月行疾於日，將以何說爲是乎？亦失於對照也。”其三云：“前編於平王四十九年以後強半取材於左氏傳，勢不能不有所去取，而傳中事蹟，有前既見刊削而其後有因他事牽連及之者，致令讀者茫不得其端緒，亦一憾也。如卷十蔡人殺五父而立陳厲公，五父卽陳佗，其桓五年殺太子免而代之未著於編，則蔡人殺五父之故未明也。卷十四箕之役，先軫不反命，而僖三十三年先軫免冑入狄師而死，未著於編也。胥童以胥克之廢怨郤氏，而宣八年胥克有蠱疾，郤缺廢之，前此不曾載入也。又同伐彭城，納宋魚石、向爲人、鱗朱、向帶、魚府，而簡王十年只書魚石奔楚，向爲人以下四人，見於成十年傳者均未詳其來歷也。卷十六兄弟爭室，爾罪一也，而鄭子南、子晳爭室事，見昭十年傳者不曾採入也。觀起之死也，其子從在蔡，而襄二十二年楚康王車裂觀起事，未見採入也。卷十七齊高彊曰：'我以伐君在此矣'，而高彊即子良，其昭十年遂伐虎門事未載入也。竊意此等處，當摘錄本事分注於下，令讀者展卷了然，則庶乎無遺憾矣。"其四云："前編有守舊說而未安者數事，如卷二引路史曰：'夏有箕伯，箕伯之後爲箕子'，案箕子爲紂諸父，安得爲箕伯之後，其說不得通也。卷六解'血流漂杵'云：史本作鹵，作杵聲誤，作楯尤非，當是血流而地鹵濕耳，果如所說，漂字又作何解釋也。卷七解椒聊之詩，謂首尾狀晉昭之微弱，中二句言曲沃之盛強，恐詩意不如是之參錯也。又本書於書、詩二經，多於登載，而小序於鄭之有女同車、山有扶蘇、籜兮、狡童均以爲刺忽而作，而卷十鄭忽出奔條下，不見採入，蓋猶守宋學之門戶也。卷十一楚使公子燮與子儀守，二子作亂，遂殺鬬克及公子燮，案鬬克即子儀，而失於注明。卷十七引荀子云：'子產誅鄧析、史何'，案定公九年傳，鄭駟歂殺鄧析而用其竹刑，其時子產之沒久矣，荀子之誤，亦未及刊正也。又論子路曰：'衛君待子而爲政'云云，子曰：'必也正名乎'，夫所謂正名也者，不過動之以父子之至情，以感發其天良，使之迎父復國而退就儲君之位，如其說不見聽，則不立其朝可也，而引胡氏說，謂正名爲先，必將具其事之始末，請於天王，告於方伯，命公子郢而立之，則是衛君以待夫子，而夫子反黜退衛君，攻伐衛君也，而謂其事可行否耶？"

通鑑續編二十四卷

舊本題元陳桱撰，桱字子經，奉化人，流寓長洲，後入明爲翰林編修，以附楊憲遷待制，見明史憲本傳，題元人者誤也。然大書分注，全仿綱目之例，當名之曰續綱目，仍襲通鑑之名，非其實也。

案是書成於至正十年，在未入明以前，舊本題元人蓋以此。陸氏儀顧堂續跋元槧本跋云："其書雖名通鑑而規模綱目，綱大字，目雙行，仍名通鑑者承金仁山前編而言之也。"又陳霆兩山墨談十二。云："通鑑續編，其面目儼然綱目也，獨惜其義例有未然者。李筠、李重進均之周臣，其起兵拒宋心迹頗同，而書筠以死節，書重進以謀反。北漢主繼恩被弑，實郭無爲授意而侯霸榮推刃也，乃書霸榮以行弑，書無爲以討賊。其他率庸臣外僚，多具階爵，而中國之勳賢忠亮者或否，蒙古雖其本朝，要之邊夷醜類也，而於其始事即進，凡此，皆其私心偏見。然則一家書耳，謂欲爲天下之公史則未也。"

編年類存目

五代春秋二卷

惟此一編，筆削頗爲不苟，多得謹嚴之遺意，知其春秋之學深矣。

十七史商榷九十八云:“此作全仿春秋，謬妄已甚，即如晉人、燕人、趙人、秦人、吳人、楚人等稱，此史家於敘事中間貪其文省用之則可，若以此摹效春秋筆法，動輒云某人伐某，某人敗某師於某地，豈非笑端。且如李克用、李茂貞不言姓名，而突書之曰晉人、秦人，後世讀者，知爲誰乎?唐莊宗已建尊號，國爲唐矣，而於梁事中稱爲晉人，是其意將奪唐而與梁乎？其他名號之進退，義例之出入，糾紛無定，蓋有不可知者矣。”玉縉案：王說是也。薛應旂宋元通鑑義例云:“春秋大義，炳如日星，而其微詞變例，美惡不嫌同辭，則有非淺近之所能推測者。後人修史，輒從而擬之，不失之迂妄則失之鄙陋”，足爲洙等箴砭。

少微通鑑節要五十卷

此本爲明正德中所刊，前有武宗御製序。考羅願鄂州小集，末載王瓚月山錄跋，結銜稱通鑑節要纂修官，疑正德時又爲重修，非復贄之舊本。

十七史商榷一百卷云:“通鑑節要五十六卷，宋江贄撰，贄之後人有名默者，遊晦菴先生門，以此書質之，先生深加賞歎。又有名淵者，附益潤色之，刻於嘉熙丁酉，有迪功郎邵武軍邵武縣南尉巡捉私茶鹽礬私鑄銅器兼催綱江鎔序。愚謂此抄掠剽擬之作，想晦菴必不賞歎及此，江序恐不足信。”玉縉案：王氏所舉，乃贄原本，凡五十六卷，提要所據，爲明人刪削本。至李東陽張元禎傳有通鑑纂要之稱，恐別爲一書，提要疑即節要，殆非確論。

續宋編年資治通鑑十八卷

考宋史藝文志及燾本傳，惟載所著續通鑑長編，無此書之名，此本目錄末有"武夷主奉劉深源校定"一行，亦不知爲何許人？書中所記皆北宋事蹟，體例與宋史全文約略相似，而闕漏殊甚，蓋亦當時麻沙坊本，因燾有續通鑑長編，託其名以售欺也。

陸氏儀顧堂續跋元餘慶堂槧本跋云："提要以宋志及本傳無此書之名，定爲麻沙坊託名，洵爲篤論，惟長編從大典錄出，缺徽、欽兩朝，又佚熙寧、紹聖七年之事，此本雖出依託，多取裁於長編，徽、欽兩朝紀錄頗多，尚可考見於百一也。"

增節音注資治通鑑一百二十卷

唐老，會稽人，淳熙中進士第一。　首有總例云：學者未能徧曉出處，則於詞賦一場未敢引用，足以見其大旨矣。

錢大昕竹汀日記鈔云："淳熙紀元十六年，五舉進士科，未有陸姓作狀元者。"又十駕齋養新錄云："周益公省齋文集有回姚狀元穎啓，回第二人葉狀元適啓，回第三人李狀元寅仲啓。魏了翁鶴山集有回蔣狀元重珍、蔡狀元仲龍、趙狀元發三啓，於蔡則云擢亞倫魁，於趙則云名列魁三。又嚴州淳安縣狀元坊二，一在儒學，以淳祐丁未邑人黃蛻爲大對第二建，一在邑東新橋，以邑人方逢辰爲大對第一建，見新定續志。是第二、三人皆可稱狀元也。陸唐老蓋亦第二三人矣。"據此，則提要謂淳熙中進士第一，未免望文朊說。　陸氏儀顧堂續跋宋蔡氏家塾槧陸狀元通鑑跋云："陸狀元集百家注資治通鑑詳節一百二十卷，題曰會稽陸唐老集注，卷一爲看通鑑法，卷二爲通鑑總例、通鑑圖譜，卷三、四、五爲通鑑舉要曆，卷六至十二爲通鑑君臣事實分紀，卷十三至十六通鑑外紀，卷十七起至百二十資治通鑑。其書以外紀、通鑑爲本，而略有删節，故曰詳節。所采議論有胡曰者，胡致堂讀書管見也。呂曰者，東萊大事記也。林曰者，林拙齋通鑑論斷也。戴曰者，戴少望通鑑鈔也。陳曰者，陳君舉止齋論祖也。而姓氏中漏刊止齋名，音訓則用史炤釋文，每條皆注出處，每卷後附考異，體例尚善，勝於奉綱目爲春秋者。惟每卷各列人名，有一人而十數見者，未免兔園册習氣耳。案陸唐老，諸暨人，紹熙元年進士。提要所據之本題'增節音注資治通鑑'，蓋與此本不同。"又宋麻沙刻本跋云："舉要曆末，家塾本'宋興億萬斯年'，此本則云'聖宋億萬斯年'，卷百二十周世宗紀下，語及宋太祖皆提行，宋諱有缺有不缺，麻沙坊刻多如此。"

通鑑綱目測海三卷

末有大德丙午自跋曰："朱子作綱目續春秋，然其間書法可商略者猶多，閒附己意輯成綱目測海三卷示兒輩"云云，蓋不知綱目出趙師淵之手，猶誤以爲朱子書也。　晉主重貴發大梁一條中，謂宜書北遷，不知朱子宋人，避二帝北遷之事，變其文也。

沈濂懷小編云："總目譏何中誤以綱目爲朱子書，後又云不知朱子宋人云云，是仍以綱目爲朱子書。"玉縉案：當云師淵宋人。

明大政記二十五卷

此本爲萬曆中應天周時泰所刊，其中禮所輯者至武宗而止，僅二十卷。

李慈銘祥琴室日記云："其書編年敍次，有正書，有分注，略如綱目之體，頗便於觀覽，而其詳略多不一例，往往鉅細失倫，其正書又好用書法，亦時淺俗可笑。尙書當嘉靖末，任工部，督三殿大工有勞而明史無傳，此書於隆慶二年九月書云：'工部尙書雷禮引疾乞休，許之'，注云：'禮言本部上供錢糧已經奉詔節省，而爲太監滕祥所持，危言橫索，事事掣肘，嫌隙旣成，事體相悖，乞早賜罷，以全國體，上覽疏嘉允，令致任去。禮在先朝，以文學政事正直顯，上初卽位，忌之者甚衆，及是自知不理於衆口，故屢疏急退，遂以著述行世，亦昭代名臣之一也。'所紀正德朝事，於王文成自兵部主事謫龍場驛丞，自驛丞遷廬陵知縣之以後歷官，孫忠烈自刑部郎中爲大理寺丞之以後歷官，皆一一記之。蓋尙書江右產，深知二公之功大，故特載其始末，而於文成至贛後所施設載之尤詳，可以知其恉矣。"玉縉案：下文又論嘉靖大政記載九年十二月董玘削籍，隆慶大政記載元年二月賜謚原任吏侍董玘爲文簡，及四年六月大學士李本奏復呂姓，六年三月禮部尙書潘晟乞致仕事。息荼庵日記又論所載弘治十年七月禮部尙書徐瓊劾太常寺卿崔元端疏請太常寺不屬禮部事，今略之。

宋元資治通鑑一百五十七卷

朱彝尊靜志居詩話嘗譏其孤陋寡聞，如王偁、李燾、楊仲良、徐夢莘、劉時舉、彭百川、李心傳、葉紹翁、陳均、徐自明諸家之書，多未寓目，幷遼、金二史亦削而不書，惟道學宗派特詳爾。

案錢大昕譏其年月率不可信，如綦崇禮由翰林出知漳州，據李心傳繫年錄，乃高宗建炎四年十月事，而誤書於徽宗崇寧四年。陳師道之卒，據魏衍撰彭城陳先生集記，乃建中靖國元年，而繫之元祐二年。詳十駕齋養新錄。張宗泰所學集有是書跋云："宋元通鑑，於宋、元兩代人物，其卒也必羅列其生平言行，抱道自重之士，報國不貳之臣，固表揚不遺餘力，即或行誼未純，亦必分著其瑕瑜不掩之實，至立心頗僻不軌於正者，則指斥不相假借，最足以昭千載是非之公。又歷朝開科，必曰是科共若干人，得士有某某，一以示國家科名之盛，一以見名賢之不可多得，其記載亦殊爲不苟。惟其中有一事最爲紕繆者，宋太宗蕩平太原，劉繼元歸命，當休兵息民數年之後，再作撻伐強敵之計，乃不勝其得隴望蜀之私，竊欲效伐虢取虞之計，高粱河一戰，大崩敗績，以萬乘之尊幾陷於不測，從此燕、雲十六州，永作化外之民，此數百年安危之大機括也，乃概行刊削，竟若開國之初，不知有此一戰也者，將百代信史之謂何矣。"

四庫全書總目提要補正卷十七

紀事本末類

通鑑紀事本末四十二卷

始於三家之分晉，終於周世宗之征淮南，包括數千年事蹟，經緯明晰，節目詳具，前後始末，一覽了然。遂使紀傳、編年，貫通爲一，實前古之所未見也。

十七史商榷一百云："分通鑑爲二百三十九事，一事爲一篇，頗便下學，覺綱目不作無害，而此書似不可無。"張氏藏書志、瞿氏目錄，並有宋寶祐刊本。瞿云："是書初刻於淳熙乙未，爲嚴陵小字本，編二百九十卷，此大字本，迺汴趙節齋與簒重併卷第，刻於寶祐五年，後延祐六年，節齋之孫明安賓之嘉禾學宮，遞有修板。"玉縉案：陸氏儀顧堂續跋，淳熙嚴州本、淳祐湖州大字本均有跋，謂小字本遠勝大字本，趙與簒以爲多譌，殊不足信。惟小字本亦稱四十二卷，與瞿說異，俟考。又顧廣圻思適齋集題宋嚴州小字本云："大字本之板，前明尚在南監，故外間印本不少，小字本則僅有宋印。"

蜀鑑十卷

然考端平三年文子所作序，中稱"燕居深念，紬繹前聞，因俾資中郭允蹈緝爲一編"云云，則此書爲資州郭允蹈所撰。

案嘉熙丁酉文子跋云："余與資中士友郭允蹈居仁，既爲蜀鑑一編"云云，則允蹈是字，其名居仁，論提要例，當稱名不當稱字。又有淳祐五年別本跋，稱郭湛溪，知郭又字湛溪也。　瞿氏目錄有影鈔宋本，云："較明初蜀本爲勝，如光武建武元年，'延岑屯杜陵，與赤眉逢安戰，大破之'，蜀本與誤輿。'漢中王嘉，亦與赤眉將廖湛戰於谷口，大破之'，蜀本脫口字。'南陽今鄧州'，蜀本鄧誤登。'峽州長楊縣有古扞關城尙存'，蜀本脫尙字。此類不可勝舉。"

炎徼紀聞四卷

其論田州之事，歸咎於王守仁之姑息；論黃竑之事，歸咎於于謙之隱忍，亦持平之議，不蹈門戶之見。

李慈銘祥琴室日記云："所紀當時黔、粵間苗事，於越人若陶莊敏諧、陳中丞克宅，皆極致詆斥，於田州事，尤貶王文成，謂其姑息受降。蓋田嘗與翁萬達共事，頗好殺喜功名，幸依藉萬達，稍得一二自效，遂敢爲大言，其褒貶不足據，而所論諸土司形勢情狀則事多目擊，往往較史爲詳，文筆亦頗簡潔，惟好潤以古語，則明人習氣也。"

宋史紀事本末二十六卷

惟是書中紀事旣兼及遼、金兩朝，當時南北分疆未能統一，自當稱宋、遼、金三史紀事，方於體例無乖，乃專用宋史標名，殊涉偏見。至元史紀事本末，邦瞻已別有成書，此內如蒙古諸帝之立，蒙古立國之制諸篇，皆專紀元初事實，即應析歸元紀之中，使其首尾相接，乃以臨安未破，一概列在宋編，尤失於限斷。

張宗泰魯巖所學集有論是書二十二則，其總跋云："宋史紀事本末，排比得倫，足爲讀史之助，然亦不無可議者。王全斌與劉光毅分道伐蜀，全斌克劍州，次魏州，孟昶請降，遂入成都，後十餘日，光毅始至，則平蜀之役全斌首功也，而孟昶饋兩軍及犒師並同，詔書頒賚兩軍，亦無等差，由是兩路主帥不協。俄詔發蜀兵赴闕，全斌等不時宣行，蜀軍憤怨思亂，遂有全師雄之叛，則其合爲增入也。金世宗雍寬仁愛人，和好旣成，三十年無寸兵尺鐵之用，歲飢，輒命所在開倉賑濟，戶口殷繁，北人稱爲小堯舜，爲北朝第一令主，則世宗雍之賢一篇宜補入也。金人立劉豫篇云：'韓世忠擒撻不野等'，以下並未言撻不野逃歸或放歸，忽又云撻不野爲右都監屯河間。蒙古取汴篇云：'蒙古主鐵木眞殂於六盤山'，以下並未言窩闊台嗣立，而屢曰蒙古主云云，此皆史筆失於照管處。蒙古陷襄陽篇，'丁巳，元伯顏至溧水'，據南宋書，此咸淳十年十月事，而仍蒙上九月之文，亦於歲月未合。"

元史紀事本末四卷

特是元代推步之法，科舉、學校之制，以及漕運、河渠諸大政，措置極詳，邦瞻於此數端，紀載頗爲明晰。

張宗泰所學集有論是書五則，其科舉學校之制條云："科舉學校之制一篇，本元史成文，缺略如故，今特據四庫提要集部、顧嗣立元詩選小傳、朱笠亭金華詩錄爲訂正之。元自仁宗延祐二年三月始廷試進士，賜護都沓兒張起巖等及第出身有差，而是科得人爲最盛，如馬祖常、楊載、黄溍、歐陽玄、陳泰、許有壬、王士元、偰哲篤，皆是科進士也。延祐五年再開科，進士則有汪澤民。英宗至治元年辛酉，有泰不華、宋无、吳師道。泰定帝泰定元年丁卯，丁卯乃四年。有李黼、宋褧、楊維楨、呂思誠、黄清老、薩都剌、胡善。文宗天曆元年戊辰，有林泉生及雅琥。至順元年庚午，有李裕、王文曄、劉聞。三年壬申有錢璧，見輟耕錄。順帝元統元年癸酉，有月魯不花、余闕、李齊、李祁、宇文公諒。至元五年己卯，有盧摯。志謂至元二年詔罷科舉，六年詔復科舉，疑有誤。至正二年壬午，有盧琦、胡行簡。五年乙酉有張士堅、高明。八年戊子有張泰、昂吉。十四年甲午，有陳高、李貫道、唐元嘉，又邁里古思，至正甲午進士及第，見輟耕錄卷十。至正十七年丁酉有李選本。二十年庚子有童梓。案順帝至正年間，有遲至五六年始一開科者，疑尙有所脫漏，自二十年以後，寇變日深，想不暇爲此修文之事矣。陶宗儀輟耕錄卷一，引元好問撰廉訪使楊奐墓碑云：‘太宗卽位之十年戊戌，開選舉，特詔宣德課稅使劉用之試諸道進士，公試東平，兩中賦論第一’，則有元科舉之端已肇於此，合補入此篇中。又輟耕錄卷十五弔四狀元詩，有云‘元舉何如秉善死’，元舉，王宗哲字也，至元戊子三元進士。至元有丙子、戊寅，無戊子，疑，檢陶錄。而元詩選三集昂吉下謂至正八年登張泰榜進士，則又疑是科狀元爲張泰,疑莫能明,姑兩存之。”鄭翼謹案:輟耕錄,王宗哲至正戊子三元,非至元,元史順帝紀並同,然則張泰、昂吉非戊子矣。又元統元年進士錄,四庫未收,詳錢竹汀跋。

綏寇紀略十二卷

是編專紀崇禎時流寇,迄於明亡。分爲十二篇:曰澠池渡,曰車箱困,曰眞寧恨,曰朱陽潰,曰黑水擒,曰穀城變,曰開縣敗,曰汴渠墊,曰通城擊,曰鹽亭誅,曰九江哀,曰虞淵沈。每篇後加以論斷,其虞淵沈一篇,皆記明末災異,與篇名不相應。考朱彝尊曝書亭集有此書跋云:“梅村以順治壬辰舍館嘉興之萬壽宮,輯綏寇紀略,久之,其鄉人發雕是編,僅十二卷而止,虞淵沈中、下二卷,未付棗木傳刻。明史開局,求天下野史,盡上史館,於是先生是本出,予鈔入百六叢書,歸田之後,爲友人借失”云云,意者明末降闖勸進諸臣子孫尙存,故當時諱而不出歟?此本爲康熙甲寅鄒式金所刻,在未開史局之前,故亦闕虞淵沈中、下二卷,而彝尊所輯百六叢書爲人借失者,雖稱後十八年從吳興書賈購得,今亦不可復見,此二卷遂佚之矣。

全祖望結埼亭集外編有跋云:“陳令升曰:‘梅村綏寇記略不類其集,疑非梅村所爲,然舍梅村亦莫能當此者’,令升蓋心疑之而不敢質言也。及見林太常𥳑菴所答先贈公帖子,謂此書原名鹿樵野史,出一遺老之手,梅村得之,遂以行世。然其中爲不肖門生鄒漪竄改十五,遂無完本,太常每以爲吾同譜鄒木石,何不幸生此無賴也,專爲輾轉降附之張縉彥出脫。案漪所作明季遺聞,以出脫縉彥曾被蕭覆參糾者也。而萬季野則謂其中亦有可節取者，今觀其議論附見綏寇紀略者又頗爲李明睿粉飾，盛稱其請南遷之疏，同符吉水，幾得施行，而爲光時亨所阻，亦子虛也。三垣筆記，'明睿在本朝嘗爲禮部，擬進懷宗謚法，尋罷官南歸，呈身阮大鋮幕中'，其人蓋不足稱，故閻百詩謂鄒漪生平之壞，坐受縉彥之賄，明睿之囑。"玉縉案：林不知偉業別號，故以鹿樵野史爲別一人作，而全誤信之。　施閏章學餘堂集致金長眞書云："梅村樵鹿紀聞一編，鄒流騎以故人子弟之義，賣屋爲任剞劂，一備放失舊聞，一以表章前輩著述，良爲勝事，但不合輕借當時名流姓氏參評，致有此舉。蓋懲前史之禍，案此謂南潯莊氏史獄。不得不申明立案，非有深求於鄒也。聞書中絕無觸犯，惟凡例所列，有大事記，似爲蛇足，今拘繫赴解，舉家號哭，悉焚他書，笥槖爲空，毘陵士大夫莫不憐之。鄒既貧且老，莫爲援手，萬一決裂，不特鄒禍不測，且恐波及梅村遺孤，惴惴巢覆是懼。夫束天下文士之手，寒先輩地下之心，或亦當世大賢所不忍爲也。"玉縉案：據此，則是書亦幾興大獄。吳氏拜經樓藏書題跋記有綏寇紀略三卷，云："先君子云：'以上三卷，俱未有刊本'，綏寇紀略原十五卷，又名鹿樵紀聞，予有原鈔本，十五卷俱全。太倉唐孫華有讀梅邨先生鹿樵紀聞七律六首，見東江集。"又有鹿樵紀聞十五卷舊鈔本，云："始鶉首火，迄虞淵沈，下末一卷爲附紀，起漳、泉海寇，訖湖南各賊。"玉縉案：張海鵬照曠閣重刻鄒本，復改正五十餘字，并刊補遺二卷及附紀一卷，補遺二卷卽虞淵沈中、下二卷也。　又云:"讀史紀要,梅村先生手鈔本,先君子以示黃蕘圃主事,云的係先生親筆,因出先生手寫綏寇紀略共觀,與此筆跡無異。"玉縉案:此亦一證。　張宗泰所學集有論是書六則,書澠池渡後云:"此篇紀流寇事,依年編次,先自崇禎元年敍起,至六年後又分秦寇及寇入晉、畿南被寇、豫寇四段,眉目較清,而前後亦頗有參錯不合處。如第十二頁云:神一元四年正月五日破保安,副將張應昌、左光先與戰,大敗之,神一元死,而其前第七頁則作四年二月神一元陷保安,神一元死。又第十四、五兩頁云:四年五月,賊點燈子退屯石龍縣之烏龍寺康家山,十八日夜,孫守法渡河襲之,點燈子出不意,裸身提刀欲戰,降丁賀思賢識其聲,直前砍之,乃斃,而其後二十三頁云:點燈子越山北逸,九月,乃於康家山就擒伏誅。且同一點燈子也,前云卽趙四兒,名勝,初起於清澗之解家溝花牙寺,而其後附錄云:'清澗有書生孟長更,於本處石油寺,日則讀書,夜則點燈鈔寫,後倡衆作亂,衆因號爲點燈子。'寺名、人名俱不同,未及細爲訂正,不免疏舛矣。"書卷二、三、四後云:"車箱困云:'癸酉冬十一月,賊掠南陽府之南召、鎮平、南內鄉、唐縣',案南陽府所屬有南陽、南召,無單以南字名縣者,南內鄉之南當衍,否則南下或脫去陽字。又南陽府所屬有淅川縣,無淅水縣,則'內鄉接壤鄧州淅水'句之水字,亦誤也。七年十一月癸巳,陷陳州、靈寶,案陳州與靈寶遠不相及,疑當爲陝州之譌,檢虞淵沈補遺,八年十月,混十萬、老狪狪等從靈寶至陝州，大雪登城，知州事史記言被執，罵賊死。此係之十年，十字當作七，或上文七年當作十，俟考。疑亦有誤也。朱陽潰云：'九年九月十五日，埽地王授首'，而前澠池渡篇於四年十二月已有埽地王授首語，豈埽地王有二耶？抑失於參考而複出耶？虞淵沈卷下三十九頁又云：'降將埽地王張一川擊獻賊被擒，賊冎之'，則埽地王又爲忠良死義之臣，更歧出不一矣。"書轂房變後云："紀略以李重鎮與祖寬、倪寵並推爲楚、豫宿將，案重鎮之爲將，豫撫陳必謙遣之援密，以五日有半行一百三十里，比至，圍已解，促之追勦，去賊營僅十里，兩日不動，又自郾城至汝寧，以六日走百八十里。其後復逗留恇怯，與按甲不動之邊兵，同有跂踵思歸之心，並見朱陽潰篇所記。又豫撫陳益吾疑卽陳必謙。與許霞城書云：'李重鎮一賊不殺，而舊樞貪其重賄，屢疏代爲鋪張'，則重鎮乃一闒冗無能之人，乃與倪、祖並推爲宿將，恐重鎮當之泚顔矣。"書開縣敗後云："紀略謂知綿州陸遜之罷官歸川，撫遣之按行營壘，過石砫土司秦良玉，良玉冠帶佩刀出見，左右列男妾十餘人，然能馭其下，視他將加肅。案靜志居詩話謂夔州李吉士長祥，力爲秦氏辨誣，謂陸遜之按行諸營，良玉爲設饗禮，酒數巡，論兵事，遜之誤曳其袖，良玉引佩刀自斷之，則良玉嚴正自持，凜然有李氏引斧斷臂之風，而此所記或傳聞失實也。"總跋云："洪承疇、孫傳庭潼關原之捷，秦賊遂盡，李自成從七人遁去，此轂房變所述也。而通城擊則云：'自成盡亡其卒，以十八騎潰圍走'，轂城變下，以馬光玉爲老狍狍，通城擊下，又以馬守應爲老狍狍，前後不合，未及考證，使歸於一。通城擊云：'河身改徙杞縣、唐邑、亳州以入於淮'，案今河流所經，無所謂唐邑，當爲鹿邑之誤。鹽亭誅云：'張獻忠破樊城返而破當陽、郟縣'，案郟縣屬豫，與當陽邈不相及，疑亦字之譌也。虞淵沈下云：'新城知縣邱茂爲袁賊破城而死'，案豫無所謂新城，此文上記南陽府死事諸人，下記泌陽縣死事諸人，則新城當爲新野之誤。又魯山知縣楊呈芳云云，城陷，皆爲李自成所殺，檢魯山縣志大事記，'崇禎十五年四月初十日，土兵鼓譟，楊公急登南城樓好言撫之，賊懼其紿，竟刃楊公，其弑公者，即十三年公勦詹黨未盡之餘孽也。'案十三年六月二十五日城守譬詹思鸞鼓譟搶掠，楊公祕謀擒其首惡，逆黨盡誅。據是，則楊公自死於土寇，當時邑人聞見最眞，而此謂爲李自成所殺，亦未確也。"其再書開縣敗後，空論不錄。　俞樾壺東漫錄云："太倉黃侃字孝直，有鹿樵紀聞序曰：'此書何爲而作乎？蓋憫明室之淪喪，歎神州之陸沈，歷敍寇禍，起於戊辰，訖於甲申，僦攙內江，於十七年中與思廟相終始者也。書凡十二卷，作者自稱舊史氏，每卷末有總論，有附記，其事核而詳，其文練而達，其於人材邪正之間，軍國安危之際，未嘗不三致意也。其曰鹿樵紀聞者，定、哀之際多微詞，危之也，亦隱之也。予於作者舊廁門牆之末，竊窺削稾，頗了大意，自夫己氏取付殺青，或割截篇章，或點竄字句，而作者之志荒矣。予憫夫贋鼎之盛行而後世幷眞本而棄之也，於是乎書。'案此序所謂贋鼎者，似指吳梅村之綏寇紀略，鹿樵紀聞其即綏寇紀略之藍本乎？然吳梅村作玉京道人傳，稱鹿樵生，則鹿樵之號固梅村所以自寓也，記此更核之。” 玉縉案：紀聞自序稱婁東梅村野史，則鹿樵即梅村無疑，末有鎮洋山人跋云：“鄭成功之亂，敍及鄭氏之亡，則在康熙二十二年，梅村卽世久矣，疑是篇當止‘代領其衆’，下‘甲寅春耿精忠叛’至篇末，當是後人續之。又獻忠屠蜀篇載縣令吳繼善降賊授僞官，一日，寫祭天文，其紙中接，賊見之，怒曰：‘若不欲我一統乎？’立剮之，與梅村集中志衍傳異，疑傳據志衍歸時所述，而此晚年所紀，當得其實”，此語頗有理，而孫毓修跋云：“吳兔牀拜經樓題跋以爲即綏寇紀略之別稱，今以照曠閣刊本與此書對勘，則截然不同，所題梅村野史，當另是一人，非必定是駿公”，則未見黃序“割截點竄”語而臆爲之說也。

明史紀事本末八十卷

故紀靖難時事，深信從亡、致身諸錄，以惠帝遜國爲實，於滇、黔游蹟載之極詳。又不知懿安皇后死節，而稱其青衣蒙頭，步入成國公第，俱不免沿野史傳聞之誤。　每篇後各附論斷，皆仿晉書之體，以駢偶行文，而遣詞抑揚，隸事親切，尤爲曲折詳盡。考邵廷采思復堂集明遺民傳，稱“山陰張岱嘗輯明一代遺事爲石匱藏書，應泰作紀事本末，以五百金購請，岱慨然予之。”又稱“明季稗史雖多，體裁未備，罕見全書，惟談遷編年、張岱列傳，兩家具有本末，應泰並採之以成紀事。”據此，則應泰是編取材頗備，集衆長以成完本，其用力亦可謂勤矣。

紀昀灤陽消夏錄三十五。云：“昔建文行遁，後世方且傳疑，然建文失德無聞，人心未去，舊臣遺老，猶有故主之思。燕王稱戈纂位，屠戮忠良，又天下之所不與，遞相容隱，理或有之。”張宗泰所學集有論是書十九則，其總跋云：“卷後附駢體文一首，惟親征漠北、設立左衞、俺答封貢三篇無之。其東林黨議，用倪元璐文，梃擊、移宫，用夏允彝文，不皆所自作也。論者謂其書排比纂次，詳略得中，是誠然矣，然亦有偶爾失檢者。如出外有封章白事一條，既見太子監國，又見仁、宣致治；地方多一事一條，既見江陵柄政，又見礦稅之弊，此兩篇中複見者也。高煦之叛，永樂二年，封高燧趙王，國彰德，十三年三月又云：改趙王高燧封國於彰德，此一篇中複見者也。仁、宣致治篇，時征交趾失利，上問英國公張輔云云，不云詳安南叛服，而云詳議棄交趾，亦誤也。平河北盜云：攻破寶縣，當是寶豐縣。平鄖陽盜云：置鄖陽府，統鄖及竹山、竹溪、鄖西、上溪六縣，所敍不足六縣之數，當脱房縣。據洪亮吉乾隆府廳州縣志，上溪是上津之譌，當改正。李福達之獄云：妖人李福達坐死，而福達未嘗見法。更定祀典云：宋姚燧曰云云，姚燧元人，非宋人也。楊嗣昌之死，張獻忠下以爲自縊，李自成下又以爲飲藥，亦未畫一也。李自成之亂，自成攻郏縣，知縣李貞云云，綏寇紀略補遺、明詩綜卷七十均作李貞佐，則佐字當補入。”再跋云：“是書每篇後論斷，借前代史事論明朝人物，比例親切，遣詞精當，極爲史家所推許，然隸事既多，亦不免小誤。如胡、藍之獄云：

‘綰、豨伏鑕’，檢漢書陳豨傳，豨被誅，盧綰逃入匈奴，死胡中，未嘗伏斧鑕也。‘張敖不軌，逼漢祖於柏人’，檢張耳傳，貫高等複壁置人謀弑高帝，張敖實不與聞知，且張敖孱弱，亦不當硬坐以不軌之罪。此亦文人死事活用之法，然傳誦既久，豈不厚誣古人。削奪諸藩云：‘長安君入質於秦’，檢戰國策趙太后新用事篇，是長安君入質於齊，非秦也。安南叛服云：‘勃、貂多魚，特儆漏師’，檢春秋傳，僖公二年，齊寺人貂始漏師於多魚，於晉之勃鞮無與也。王振用事云：‘絳侯更溺死灰’，檢史記韓長孺傳，安國坐法抵罪，獄吏田甲辱之，安國曰：‘死灰不復然乎？’田甲曰，‘然，卽溺之’，則韓安國事，非周勃也。平鄖陽盜云：‘晉、楚遂築京觀’，檢春秋宣十二年傳，潘黨請收晉尸以爲京觀，楚子曰：‘非爾所及也’，此當云‘荆楚遂築京觀’，不當牽入晉人。平河北盜云：‘鼾寢臥榻’，案宋太祖謂徐鉉曰：‘臥榻之側，豈容他人鼾睡’，此當云‘鼾寢臥側’，不得云臥榻。誅岑猛云：‘衞燬廬漕，坐觀齊亂’，檢左氏傳，閔公二年，狄入衞，宋桓公立戴公申於漕，立未踰年卒，又立文公燬。斯時救死扶傷不給，安能救齊亂，況齊亂在僖公十七年，時衞遷楚邱久矣，不當復云廬漕也。庚戌之變云：‘韋弦荀息’，檢僖三十三年傳，鄭商人弦高以乘韋先牛十二犒師，此不云弦高而云韋弦，亦記憶偶疎也。”三跋云：“是書論斷中有字句失於檢點者數事：如‘彈丸黑子’，語見宋史，蓋指下國小邑言之，以堂堂京都之大，而北伐中原篇乃云彈丸孤城乎？昏義，‘天子后立六宮’，諸侯不得比天子也，羅顧內宮問云:'諸侯宮半天子',禮曰:'卜三宮之夫人、世婦之吉者充之',梁王備位蕃服,而太祖平滇篇乃云'六宮出走'乎? 誅岑猛云:'貽謀者索賄之盛應期,貽謀者索賄之張佑',兩貽謀字,並疑爲貽誤之譌。庚戌之變云:'朝有殺戮則損其武',損亦當爲益字。三案云:'文昇之調護在先,而可灼之救援已劇',案崔文昇下通利藥,上一晝夜三、四十起,尙何調護之有? 當作'文昇之峻瀉在先。'又宋室北狩之禍,前之死事者,有傅察、劉鞈,後之死事者有程振、梅執禮、陳知質、安扶,不惟李若水一人,而壬午殉難云:'靖康之難,死僅侍郎',雖語本前人,然亦失實矣。"玉縉案:損其武,損義爲長,不得改益。 周壽昌思益堂日札二云:"案鄭莒畦今水學略例內有云:'曩從朱竹垞先生遊,一日語予曰:"吳興經史學稱極盛,六朝、唐、宋、元、明說經者林立,廿一史中,撰本居三,明史槩亦不媿作者,谷氏紀事本末,徐蘋邨著,蘋邨諸生時爲谷識拔,故以此報之,然谷以私撰受累,蘋邨得脫然,幸矣。"'近見明倪文正公年譜,有門下士徐倬跋云:'倬後入谷霖蒼學使幕中,命倬同張子壇爲明史紀事本末,其於崇禎治亂一篇,載公奏疏最多,紀事體製,每篇俱綴一論,獨於東林黨議一篇,不復作論,祇掇公數語於其後,以倣司馬遷紀秦以賈誼過秦論爲贊,其竊取之義,固有在矣'云云,是此書係徐、張兩人手筆,而谷特主其事者也。蘋邨是徐倬號,本字方虎,德清人,康熙癸丑進士,禮部侍郎。張子壇,殆卽張岱之號也。" 莫友芝郘亭書目云:"姚際恒云:'此書乃海昌士人談遷所作，後論則杭州諸生陸圻作也。'" 玉縉案：姚說蓋因邵說而誤傳之，惟後論係陸作，每篇酬以十金，見讀書脞錄。鄭翼謹案：葉廷琯吹網錄紀是事有云："谷以私撰受累事，竹垞未及詳言，提要亦不著一字，此當更從昔人紀載中求之"云云。

繹史一百六十卷

通行本。

閻若璩古文尚書疏證云："鄒平馬公驌字宛斯，當代之學者也。司李淮郡，後改任靈璧令，余以癸丑東歸，過其署中，秉燭縱談，因及尚書有今文、古文之別，公不覺首肯。余曰：'公著繹史引及尚書處，不可不分標出今文、古文'，公曰：'然'，今繹史有今文、古文之名者，自余之言始也。" 王士禛分甘餘話一云："康熙四十四年聖駕南巡，至蘇州，一日，垂問故靈璧知縣馬驌所著繹史，命大學士張玉書物色原版，明年四月，令人賫白金二百兩至本籍鄒平縣購版進入內府，人間無從見之矣。"案提要未及此事，又不以內府藏本著錄，未知何故？ 俞樾茶香室續鈔云："今行繹史，無今文、古文之別，潛邱所見之本，惜不傳也。往年戴子高嘗爲余言，'繹史中所載僞古文尚書，宜删去之'，蓋不知有是說。" 玉縉案：閻氏古文尚書疏證云："今繹史有今文、古文之名者自余之言始"，張穆所爲閻氏年譜云："今行繹史本，更無今文、古文之別。"又附何秋濤案語云："中所引尚書，惟舜典篇首二十八字，下注云：'今文無此二十八字'，餘皆不注今文、古文，則此爲未改定之本無疑。潛邱明言今本繹史有今文、古文之分，是改定本，潛邱嘗見之，乃今日反罕覯者，案分甘餘話云：'康熙四十六年，聖駕南巡至蘇州，一日，垂問繹史，命大學士張玉書物色原版，明年四月，令人齎白金二百兩至本籍鄒平縣購版進入內府，人間無從見之矣。'是改定之本，藏於內府，所以不著也。"據此，則所謂通行本者，當非內府本，但提要於他書屢稱內府藏本，何以此書不以內府本著錄？

别史類

逸周書十卷

文獻通考所引李燾跋。 惟舊本載嘉定十五年丁黼跋。

案李跋即載丁本，元至正甲午黄玠覆刻本亦如此，提要離而二之，非是。 左暄三餘偶筆九云："李巽巖疑逸周書爲戰國處士私相綴續，託周爲名，孔子亦未見，然據緇衣所引，則固曾見是書矣。玉縉案：上文據困學紀聞以緇衣引葉公顧命云云，謂三語見逸周書祭公解，乃祭公顧命，葉當作祭。又此書不獨禮記引之，左氏文二年傳，狼瞫曰：'周志有之，勇則害上，不登於明堂。'杜注，'周志，周書也，今其文見大匡解。'又襄二十六年傳，'國子賦轡之柔矣'，杜注，'逸詩，見周書，今太子晉解載其詩曰："馬之剛矣，轡之柔矣，馬亦不剛，轡亦不柔，志氣麃麃，取予不疑"，'是此書在春秋時列國諸大夫皆嘗肄業及之，而亦聖人之門所從事於斯者也。昭德晁氏謂是孔子刪採之餘，諒哉！"

東觀漢記二十四卷

今謹據姚本舊文，所增者幾十之六。

張澍養素堂文集二十書東觀漢記後云:"仍多挂漏,暇當鈔太平御覽以補之。" 李慈銘荀學齋日記云:"隋書音樂志下卷,牛里仁等議樂,引東觀書馬防傳,大予丞 案今本譌作太子丞。 鮑鄴等上作樂事,凡一百八十二言。一字爲一言。今東觀記輯本,止防上言聖人作樂云云五十四言,而後漢書馬防傳惟'是冬始施行十二月迎氣樂防所上也'一語。又引順帝紀云:'陽嘉二年冬十月庚午',至'作樂器如舊典',共四十九言,而今本東觀記乃無一字,知掇拾遺落,蓋亦多矣。馬防傳云云,續漢書律曆志注引作薛瑩書,其文較隋志尤詳而微異,知里仁等所引,實出東觀記也。薛瑩晉散騎常侍,撰後漢記一百卷,見隋、唐志。"又辛集上七十。云:"高似孫史略載東觀記中鄧禹傳序、吳漢傳序兩首,文甚完美,可補入四庫輯本,又可證東觀記以論爲序也。史通云:'班固曰贊,荀悅曰論,東觀曰序,謝承曰詮,陳壽曰評,王隱曰議,何法盛曰述。'" 又桃華聖解盦日記戊集 七七。云:"其末載不知時代者二十八人,案馮模即馮魴,楊喬見范書孟嘗傳,桓帝時人。"

建康實錄二十卷

其積算年數,迄唐至德元年丙申而止,則肅宗時人也。 其間如晉以前諸臣事實,皆用實錄之體,附載於薨卒條下,而宋以後復沿本史之例,各爲立傳,爲例未免不純,又往往一事而重複牴牾。至於名號稱謂,略似世說新語,隨意標目,漫無一定,於史法尤乖。

十七史商榷六十四云:"第四卷末識云:'吳大帝黄武元年

壬寅至唐至德元年丙申，五百三十五年’，第十卷末又識，晉元帝太興元年至至德年數，此當是其成書之歲。此書用意，亦李延壽之流亞，延壽取八代爲一書，嵩又取吳、晉、宋、齊、梁、陳爲一書，已覺蛇足，乃其手筆體裁，又不如延壽遠甚。吳、晉用編年體，髣髴荀悅、袁宏，宋以下忽分紀傳，吳、晉無論贊，宋以下忽用論贊，吳、晉、齊、陳末無總論，宋末忽自造總論一篇，約二千餘字，文皆排偶，意則舊史已具，梁末襲取魏徵總論，而去其下半篇。其傳率爾鈔撮，紀載寥寥，如宋之劉穆之、徐羡之、傅亮、謝晦、范蔚宗、謝靈運皆無傳，反有譚金、童太一，而又次序顚倒，如沈攸之反在前，沈慶之反在後，種種不合。各朝皆無外國，獨於齊敍魏及百濟等國，皆不可解？梁元帝只七八十字，敬帝反一千五六百字，侯景傳乃位置於梁各帝之末，蕭詧後周書、北史皆有傳，梁書與南史無，而此乃附於梁，稱其尊號，其麤疏紕漏不可勝摘。但千餘年舊物，業已流傳，未可覆瓿，且其人生唐玄、肅間，尙見古書，如宋末詳述裴子野宋略體例，則於宋事大約必參取宋略。又小字夾注中援引古書，多亡佚已久者，此則大可寶貴，所以此書不可廢。” 朱緒曾開有益齋集有是書跋云：“是書用編年體，吳、晉諸臣，某年某人卒，其傳即附，宋、齊、梁、陳則帝紀終，其諸臣另敍，各成體例。宋書用裴子野，並載其論，子野書賴此以傳。余初得張海鵬照曠閣本，尾有宋衔名一葉，吳後主分豫章、廬陵、長沙下，奔走兵勢下，宋文帝元嘉九年下，齊明帝十一男遙光下，俱有闕文，後借鈔文瀾閣本，闕亦同，後見汪氏士鐘宋刊本，亦有脫葉，即張海鵬所從出也。唐時去六朝不遠，許嵩多據古書，證以目見，故一一確指其所在，如某年某人建某寺，注去城若干里，是其足跡所涉而知也。”玉縉案：陸氏儀顧堂續跋影宋本跋云：“張本不盡照宋本，如卷四缺第十、第十九兩葉，計各二十行，張本第十葉留空白十九行，十九葉留空白十八行。卷八第十二葉，小注‘石勒滅劉氏’，張本劉譌趙，‘壐入僞趙冉閔’，入下衍屬字，又缺第十六葉，計二十行，張本留空白十八行。卷末‘龍神衞四廂都指揮使永州防禦使荆南軍軍府事兼管內勸農營田使主管荆湖北路安撫使公事馬步軍都總管王瑋’，張本龍下缺神字，使下缺永州二字，荆譌闕，軍下缺軍府事三字，勸下缺農營田三字，事下缺馬步軍三字，王下缺瑋字。蓋張氏以顧千里校汲古宋本付梓，宋本有每行二十一、二字者，張本統改每行二十字，又未得影宋本勘對，故雖留空白而行數不合。汲古宋本有破損有模糊處，見顧千里跋，故王瑋銜名不全。”

隆平集二十卷

晁公武讀書志摘其記太平御覽與總類爲兩書之誤，疑其非鞏所作，今考鞏本傳，不載此集。曾肇作鞏行狀及韓維撰鞏神道碑，臚述所著書甚備，亦無此集。據玉海，元豐四年七月，鞏充史館修撰，十一月，鞏上太祖總論，不稱上意，遂罷修五朝史，鞏在史館首尾僅五月，不容遽撰此本以進，其出於依託，殆無疑義。

瞿氏目錄有明刊本，云：“讀書志疑其書出依託，非南豐所撰，然趙伯衞序，謂其爲左史日撰集以進，且云曾大父昔典宗正嘗授此書，又似無可疑者，序作於紹興十二年，其曾大父當亦元祐間人也。今通行本多謬誤，此江西曾氏刻本差勝。”

古史六十卷

以今考之，如於三皇紀增入道家者流，謂黄帝以無爲爲宗，其書與老子相出入。於老子傳，附以佛家之説，謂釋氏視老子體道愈遠而立於世之表。於孟子傳，謂孟子學於子思，得其説而漸失之，反稱譽田駢、愼到之徒，又謂其爲佛家所謂鈍根聲聞者。班固論遷之失，首在先黄、老而後六經，轍所更定，烏在其能正遷耶？朱子語録曰：“伯恭、子約宗太史公之學，某嘗與之痛辨，子由古史言馬遷淺陋而不學，疏略而輕信，此二句最中馬遷之失，伯恭極惡之。古史序云：‘古之帝王，其必爲善，如火之必熱，水之必寒，其不爲不善，如騶虞之不殺，竊脂之不穀’，此語最好，某嘗問伯恭，此豈馬遷之所及，然子由此語雖好，卻又有病處，如云帝王之道，以無爲爲宗之類，他只説得箇頭勢大，然下面工夫又皆空疎”云云，蓋與吕祖謙議論相激，故平日作雜學辨以攻轍，此時反爲之左袒，然其混合儒、墨之失，亦終不能爲之掩也。

胡仔苕溪漁隱叢話後集三十七云：“子由古史云：‘二世屠戮諸公子殆盡，而後授首於劉、項’，余案史記，二世爲趙高所殺，子嬰立，降漢王，漢王以屬吏，項王至，斬之，則授首於劉、項者乃子嬰非二世也。又云：‘陸遜之於孫權，高熲之於隋文，言聽計從，致君於王伯矣，而忮心一起，二臣不得其死，可不哀哉！'余案吳志，陸遜上疏諫孫權不宜易太子，權不聽，因憤恚卒。又案北史煬帝以高熲謗訕朝政，誅之，二人非孫權、隋文所殺，其牴牾如此。子由譏司馬遷淺近而不學，疎略而輕信，故因遷之舊而作古史，乃反若是，寧不畏後人之譏乎？"

通志二百卷

至於六書七音，乃小學之支流，非史家之本義，矜奇炫博，泛濫及之，此於例爲無所取矣。

案鄭樵自序，詆訶前人，高自稱許，而書則諸多紕繆，馬端臨文獻通考已議之，提要此語，與馬說相出入，論理當入存目，今著於錄者，殆以乾隆中內府與杜、馬二書同刻，不敢稍異耳。陸氏儀顧堂續跋元板本跋云："前有自序及至治二年吳繹手書序，又有至治元年吳繹募疏，或以爲進書疏者非也。是書雖於淳熙中經進，宋時並未版行，故郡齋讀書志、直齋書錄解題皆不得見，至宋季而二十略始有刊本，亦不分卷，見文獻通考。元有南服，始牒行省刊版福州郡庠，而流傳未廣，至治二年，知福州吳繹捐俸募印五十部，散之江北諸郡，明初，版歸南京國子監，而後書乃通行，實是書祖本也。明惟二十略有刊本，全書無重刊者，乾隆中始與通典、通考同刻，雖祖元本，而吳繹序、疏均不存矣。"玉縉案：通考止載二十略，不載全書，明人亦止刻二十略，可見是書不盡足取，今則不學者利其空疏，學校中往往以此爲課本，其推行幾在杜、馬二書之上，何樵之多幸也。

東都事略一百三十卷

宋王偁撰。　如康保裔不列於忠義，張方平、王拱辰不諱其瑕疵，皆具史識。　近時汪琬復謂元修宋史，實據此書爲稾本，以今考之，惟文藝傳爲宋史所資取，故所載北宋爲多，南宋文人寥寥無幾。其餘事迹異同，如符彥卿二女爲周室后，而宋史闕其一。劉美本姓龔，冒附於外戚，事略直書其事，宋史採其家傳，轉爲之諱。趙普先閱章奏，田錫極論其非，而宋史誤以爲羣臣章奏必先白錫。楊守一以涓人補右班殿直，遷翰林副使，而宋史誤作翰林學士。新法初行，坐倉糴米，吳申等言其不便，宋史誤以爲司馬光之言。至地名、謚法宋史尤多舛謬，元人修史，蓋未嘗考證此書，琬之言未得其實也。

張宗泰所學集，有論是書九則，其書王繼英、周瑩傳後云："王繼英、周瑩等傳，碌碌無所短長，不過曰今日進某官，明日拜某職而已，此而可傳，又孰不可傳者？此後世之史所以冗且繁也。" 以上第二則。補張先傳云："東都事略據歐陽修文爲石延年立傳，據王安石文爲王令立傳，至於張先子野，則以爲有文名而逸其事，不知歐公所作張先墓誌固載集中也，玆特據爲補傳"云云。以上第五則。跋東都事略云："太宗本紀，淳化四年春正月癸酉，命李繼隆討李繼遷，夏四月，李繼隆克夏州，擒趙保忠以獻。案本書國錄夏國下，李繼捧賜姓名趙保忠，李繼遷賜姓名趙保吉，其事略相先後，且繼遷賜姓名在前，太宗命李繼隆進討在後，乃於李繼遷仍書原姓名，李繼捧則書賜姓名，是史筆疏處。若至道三年靈州大營大破李繼遷，在削所賜姓名後仍書原名，則不誤也。神宗元豐八年，皇弟封遂寧王，哲宗紹聖三年，皇弟封端王，兩處所書皇帝，皆謂徽宗也，王偁爲宋之臣子，例諱其先君之名，非有脫漏。然予謂皇弟一再封王，又見於徽宗本紀，則此兩處並當刪去，以省繁複。又李煜傳上太祖章奏，文筆冗沓，揆以史裁，亦當略爲刪潤。”以上第七則。再跋云：“趙安仁傳，‘虜使至，首命安仁接伴，其詞見儀制。’據此，則王偁修史時，亦欲仿漢書作諸志而未及就，觀陳觀傳坐降一官，云‘見秦王世家’亦其類也。寇準傳，‘勁弩射殺其貴將撻覽’，宋史紀事本末及契丹國志並在眞宗未渡河以前，此書於眞宗御城門之後，失其先後之序矣。王陶傳，‘陳升之爲樞密副使，陶與趙忭、唐介交章論奏，不報，遂出知衞州，明年復以諫官召。’案上文並未言某宗某年號，則明年竟不知爲何年？檢仁宗本紀，陳升之拜樞密副使在嘉祐五年，則明年嘉祐六年也。朱諤傳，‘除給事中御史中丞，上言天縱陛下，將大有爲。’上文未嘗言諤爲某宗時人，則此陛下果何所指？沈括傳，‘括請城永樂，命徐禧、李舜舉計議邊事，遂城永樂。’案宋史紀事本末西夏用兵論曰：‘横山築城，議發沈括，徐禧贊之，及至延、鄜，又忽變計，遂城永樂’，則是沈括請城者横山，而徐禧乃決計城永樂也。又附錄五，夏國下，‘母米氏族人山喜謀殺元昊，事覺，元昊殺其母，而山喜之族皆沈於河。’案下文元昊凡七娶，一曰母米氏，則母米氏乃元昊妻而非母，疑元昊殺其母爲元昊殺母米氏之誤筆也。" 以上第八則。三跋云:"邢昺儉邪,本傳未著其事,傳後與晁迥、孫奭均以淳德碩儒稱之爲失考矣。王曙傳,'寇準,鹽鐵判官熙寧壻也。'熙寧字不知所謂?疑有誤。朱諤傳,'時壽星數見,諤言禮記月令"八月中氣,日在軫,命有司祭壽星於南郊。"'今月令是'仲秋之月,日在角,昏牽牛中,旦觜觿中',亦無祭壽星於南郊之文。周堯卿傳,'知江安、寧化二縣,提點刑獄楊紘入境,有被刑而耘苗者。'竟不知耘苗者爲江安事?爲寧化事?又穆修以鄆人而徙洛陽,傳堯俞以鄆人而徙濟源,乃堯俞傳仍署舊籍,穆修傳訛洛陽爲汝陽,而鄭文寶爲襄陽人,本傳失載其邑里,亦筆墨之小誤也。又案宋詩紀事以鄭文寶爲寧化人,俟再考。"玉縉案:提要於鄭文寶江表志下,亦作寧化人。陸氏儀顧堂續跋宋槧本跋云:"元修宋史,北宋事不盡藍本此書,提要已詳言之,事略有計用章,而宋史無之,亦一證也,稱之名,提要作偁,此本及明覆本皆作稱,俟考。"

路史四十七卷

皇古之事,本爲茫昧,泌多採緯書,已不足據。至於太平經洞神經、丹壺記之類,皆道家依托之言,乃一一據爲典要,殊不免龐雜之譏。

朱琦小萬卷齋文稾路史補箋序云:"鴻荒世次,杳渺難詳,長源若可按日而記,雖未必盡鄉壁虛造,而其不爲典要者多矣。大騩、泰逢,既稱上代帝王,迺大騩則黃帝訪之,泰逢則夏后遇之,數千百載,猶在人間,蓋惑於神仙謬悠之說。山海經中山經,"又東二十里曰和山,吉神泰逢司之",案玉篇有䧺字,云神名。廣韻云:"諺,大黄蕡山神,能動天地氣,昔孔甲遇之,卽秦逢也。"蓋山之神,而非古帝王。至以有巢氏爲有二,而援據晏子春秋,前後分屬,自相矛盾,莫此爲甚。然其辨少昊爲青陽之子,足正高誘、宋衷、皇甫謐之誤,辨虞幕以下非出黄帝,質之漢劉湛所書呂梁碑相合,此可洗二女同姓尊卑爲婚之疑。諸如此類,堪供考稽。其子苹之注,頗爲簡略,間或臆斷,不衷於是。如謂倕非卽垂,而別引列仙傳赤松子輿,究屬何據?引宋世家云:'箕子紂之親戚,蓋外親也。'然舜本紀言二女事舜親戚,正義以爲弟象妹顆手等,不得云外親可知。因黄帝時有史官孔甲,遂謂夏之孔甲無因以爲名,以之駁左氏傳,果可憑信乎哉?" 李慈銘孟學齋日記云:"四庫書目謂其無益經術,有裨文章,誠爲篤論。其引證浩博,議論爽勁,雖多用緯書、通書奇詭之説,而要歸於正理,蓋病在喜出新意,而佳處亦卽在此。精鋭之識,時足以匡正前賢,惟好用僻辭古語,頗近於虬戶銑谿,又枝説雜出,時失著書之體,謬悠不根之談,亦往往而有,此學無師法之故也。"

契丹國志二十七卷

忽而內宋,則或稱遼帝,或稱國主。忽而內遼,則以宋帝年號分注遼帝年號之下,既自相矛盾。

案卷首載乾隆四十六年諭云:"甚至大書遼帝紀元於上,而以宋祖建隆等年號分注於下,尤爲紕繆",竊謂書既名契丹國志,則以遼紀年,卽公羊"地從主人"之例。提要於此處,但議其矛盾,不斥其紕繆,頗見斟酌。

大金國志四十卷

舊本題宋宇文懋昭撰，前有端平元年進書表一通，自署淮西歸正人改授承事郎工部架閣，而不詳其里貫。表中有“偷生淮浦，少讀父書”等語，亦不知其父何人也？書中取金太祖至哀宗九主一百十七年事迹，裒集彙次，凡紀二十六卷，開國功臣傳一卷，文學翰苑傳二卷，雜錄三卷，雜載制度七卷，許亢宗奉使行程錄一卷，似是雜採諸書排比而成。所稱義宗即哀宗，金史謂息州行省所上謚，而此則云金遺臣所上，與史頗不合。又懋昭既降宋，即當以宋爲內詞，乃書中分注宋年，又直書康王出質及列北還宗族於獻俘，殊爲失體，故錢曾讀書敏求記嘗稱爲無禮於君之甚者。然其可疑之處尚不止此，詳悉檢勘，紕漏甚多。如進書表題端平元年正月十五日，而金亡即在是月十日，相距僅五日，豈遽能成書進獻？又紀錄蔡州破事如是之詳，於情理頗不可信。又端平正當理宗時，而此書大書宋寧宗太子不得立，立其姪爲理宗，於濟邸廢立，略無忌諱，又生而稱謚，舛謬顯然。又懋昭以金人歸宋，乃於兩國俱直斥其號，而獨稱元兵爲大軍，又稱元爲大朝，轉似出於元人之辭，尤不可解？又開國功臣傳僅寥寥數語，而文學翰苑傳多至三十二人，驗其文，皆全錄元好問中州集中小傳，而略加删削。考好問撰此書時，在金亡之後，原序甚明，懋昭更不應豫襲其文。凡此，皆疑竇之極大者。其他如愛王作亂等事，亦多輕信僞書，冗雜失次，恐已經後人竄亂，非復懋昭原本，故牴牾若此。然其首尾完具，間有與金史異同之處，皆足資訂正，所列制度服色，亦能與金史各志相參考，故舊本流傳不廢，今亦著其僞而仍錄其書焉。

李慈銘荀學齋日記癸集下十六。云："此書前人多疑之，余謂實僞作也，宇文懋昭之名，亦是影撰。蓋是宋、元間人鈔撮諸紀載，間以野聞里說，故多荒謬無稽，複沓冗俗，而亦時有遺聞佚事爲史所未及。其載世宗之荒淫，章宗之衰亂，世宗有元悼太子允升，因謀害晉王允猷，事發叛亡，章宗誅鄭王允蹈，後其子愛王大辨以大通節度使據五國城以叛，屢敗國兵，及章宗母爲宋徽宗子鄆王楷之女，又有鄭宸妃，爲宋華原郡王鄭居中之曾孫女，皆委巷傳聞，絕無其事。又載明昌二年三月，拜'經童'爲相，'經童'者，僧童也，是不知胥持國由'五經童子科'出身，但聞當時有'經童作相監女爲妃'之說，妄以'經童'爲僧童，尤作僞之顯證。至謂元爲韃靼，其先與女眞同類，皆靺鞨之後，別有曚骨國，亦曰蒙兀，在女眞東北，人不火食，夜中能視，金末漸強，自稱祖元皇帝，其後韃靼乃自號大蒙古國，然二國居東西兩方，相望凡數千里，不知何以合爲一名？其語尤爲荒謬。蓋是南人全不知東北邊事者謠傳妄說，所云曚骨，似即俄羅斯也。其言愛王搆兵與北朝通，定約以國家初起之地，及故遼封疆自溝內以北歸之於北，溝南則爲己有，累歲結謀用兵，愛王無分毫得也，章宗太和四年六月，愛王發疾卒，其子雄三大王立，北朝約以進兵，雄畏懼而從。疑當日西北有假鄭王子孫之名，嘯聚擾邊，蒙古陰與之通，覘釁而發，故一聞衛王之立，遂致興兵入犯，此書與張希顏南遷錄所以異說滋紛耳。"

續後漢書四十七卷

以昭烈帝爲正統，作帝紀二卷，年表二卷，列傳十八卷。以吳、魏爲載記，凡二十卷，又別爲音義四卷，義例一卷。於蜀志增傳三十二，廢傳四，移魏志傳入漢十，吳志廢傳二十，魏志廢傳八十九，多援裴注以入傳，其增傳亦皆取材於注，間有注所未及者，建安以前事則據范書，建安以後則不能復有所益，蓋其大旨在書法，不在事實也。然其義例精審，實頗得史法，如魏、吳諸臣，本附見二國載記之後，而中有一節可名如孟宗、陳表等，則別入孝友傳，杜德、張悌等，則別入忠義傳，管寧、吳範等，則別入隱逸、方技傳，其體實本之晉書。又曹操封魏公加九錫等事，陳志皆稱天子命公，而此乃書操自爲云云，則本之范蔚宗後漢書本紀。其他筆削，亦類多謹嚴，惟陳志先主傳稱封涿縣陸城亭侯，而常於昭烈紀但云封陸城侯，陳志建安十四年魏延爲都督，而常則云拔魏延爲鎮遠將軍，裴注槩無此語，不知常何所本？然常之所長，不在考證，殆偶然筆誤，非別有典據也。

李慈銘桃華聖解盦日記云："蕭氏學識未精，不能如陳氏作書之意，其所采亦不出原書及注，而於吳、魏人事，務從刊落，曹氏尤爲簡略。其以陳登、袁渙、邴原、陸績四人爲未嘗忘漢，拔冠列傳，在諸葛忠武之前，然陳、袁猶爲有說，邴、陸既未與昭烈交，而邴仕曹氏，累居右職，陸仕孫吳，官至將軍，強爲漢臣，殊非史體。其末附音義四卷，頗彙訂陳氏之誤，亦有可采，而音詁多疏。間附議論，且自明其書法，尤近迂腐，惟其大恉自正，文筆亦潔，其法班氏，以論爲贊，亦頗能自抒所見。如昭烈吳后贊，譏昭烈事勢，與晉文公在秦時異，不得援懷嬴爲口實，以法正爲逢君之惡，而以趙雲不肯娶趙範之嫂相形。諸葛贊，全載廣漢張栻之論，以不能諫立吳后，且爲之持節册詔，又不能輔後主行三年之喪，且未踰年而改元，爲識有餘而學不足。崔林贊，譏其議駮魯相秩祀孔子之請，以爲蔑師侮聖，與唐歸崇敬之請東面祀孔子，其妄正同，而舉宋藝祖不拜相國寺浮屠像，獨至國學北面再拜，爲足垂法百王。王肅贊，譏其請號漢獻爲皇而不帝，以爲妄貶舊君，曲學阿世爲無忌憚之小人。皆義正詞嚴，有裨名教。他若以趙雲通達治體，於關、張諸將中爲最優。以魏延之請由褒中出子午谷攻關中，爲奇策必可得志，而武鄉不用爲失事會。以華歆之牽后壞壁，郗慮之奏收孔融，爲死黨於操，皆名德自居，而梟獍其行。以鍾繇、陳羣之議復肉刑，爲助操殺人。以辛毗之爲袁譚使曹操，而陳說二袁之必亡，爲賣主以圖己進身之基。以東京爲亡於賈詡，以司馬溫公稱荀彧爲仁，其謬同於范史。皆識斷獨優，多前人所未發。四庫提要舉其昭烈紀所云封陸城侯，與陳志云封陸城亭侯異，不知其所本？則蕭氏於音義首一條，已據漢書王子侯表言之甚明，案班表中山靖王子貞封陸城侯，固無亭字，而地理志中山國下有陸城縣，則貞之爲亭侯、縣侯，固未可定？蕭氏去之，是也。封陸城侯者爲昭烈之先世，提要不分晰言之，幾似爲昭烈之封矣，顧亭林、錢竹汀皆據西京無亭侯之說。"

春秋別典十五卷

前有虞畿自序，不署年月，稱"嘗閱往牒，見春秋君臣往迹不下千事，散見百家，皆三氏所未錄，間或微掇其端而未究其緒，存其半而不採其全，因不自度，略仿左例，分十二公以統其世，稽三傳人名以繫其事，凡十五卷"。末又有其弟虞賓跋，稱"先仲氏輯春秋別典，未脫稾而不幸下世，不無挂甲漏乙年代倒置之病，故特廣閱博搜，參互考訂，世懸者更，數殊者析，刪其繁複者十一，苴其闕略者十三"云云，則此書乃虞畿兄弟二人相續而成也。舊無刊版，此本爲朱彝尊家所藏，有康熙辛巳十月彝尊題字，惜其鈔撮具有苦心，惟各條之末不疏明出何書，明人之習大都若是，所譏誠中其病，然網羅繁富，頗足以廣見聞，要亦博洽之一助也。

李慈銘桃華聖解盦日記云："依左傳十二公世次，采輯史子各書之事涉春秋者條錄件系，其凡例謂國語、公、穀、檀弓以既列於經而不錄，管、晏二子以太繁而略刪，莊、列諸家以寓言而節取，體例頗有斟酌，蒐舂亦云繁富。後有朱竹垞跋，言鈔撮具見苦心，而惜其各條之末不疏原書，爲明人之積習。金山錢氏謂其所采約六百餘事，說苑一書，居三之一，其餘雜出於大戴記、韓詩外傳、逸周書、戰國策、史記、吳越春秋、列女傳、家語、孔叢子、管子、晏子春秋、墨子、莊、列、韓非、呂覽、淮南、春秋繁露、新書、新序、抱朴子諸書，而誤收晉語二條，編次亦有先後倒置及脫漏舛錯，然其用心可謂勤矣。因爲之逐條補注出處，有一條而兼取兩書或三書者，依文之節次一一注之。有事與書同而文句小異者，或別有所據，或以意增損，則注云某書文小異。其顯然謬誤者，則附案於下。薛氏此書，雖所采無奇祕之籍，然有益於學者不淺，錢氏注之，更爲完密。竊謂此與孫淵如孔子集語兩書，當並梓之家塾，爲讀經者所必需也。”

歷代史表五十三卷

惟晉書既補功臣世表，則歷代皆所當補，十六國如成、趙、燕、秦既有將相年表，則十國如南唐、南漢、北漢、閩、蜀不當獨闕。又魏將相大臣中不載上大將軍，五代諸王世表獨闕後漢，注謂後漢子弟未嘗封王，然考承勳追封陳王，與後周郯、杞、越、吳諸王事同一例，何以獨削而不登，是皆其偶有脫略者。

十七史商榷一百云：“序稱六十卷，而今刻止五十三，疑尚有未脫藁、未付梓者。竊謂史之無表固宜補，有有表而尤不可以不補者，如宰相有表，而中葉以後相權分於翰林學士，當時謂之內相，此亦當表。禁軍以宦官掌之，不但朝政盡爲所撓，幷廢立皆出其手，則左右神策中尉亦當表。至方鎮有地無人，尤屬缺事，說已見前。”案前云：“嘗勸友人諸廷槐表之，尚未脫藁”，見卷八十三，今未見傳本。又云：“熊方後漢書年表，惟有同姓王侯、異姓諸侯、百官三目，季野於同姓王侯與熊方略同，而異姓則分外戚、功臣、宦官爲三，百官則分將相大臣與九卿爲二，季野之分析俱無不可，所嫌者未見熊書也。熊氏槩言將軍，季野則分驃騎大將軍、建威大將軍等，案原文頗繁，以等字括之。建武二十七年改官制後，至獻帝又有更易，一一具列之，較熊爲密。季野於功臣但取雲臺諸臣，所附益不過馬援以下中興之著者，熊於異姓諸侯，下至建安、延康，雖熊氏獨表一代取其周備，季野通表十七史毋庸泛列，兩者義各有取，然季野別作漢季方鎮年表入之三國，今計漢末惟州牧、刺史爲重，封侯反在所輕，季野之理較長。"又云："南齊諸王世表，高帝子首嶷、次映、次晃、次華、次嵩、次鏘、次鑠、次鑑、次鋒、次鋭、次鏗、次銶、次鉉，據史，銶在鑠前，鏗在鋒前，鉉在鋭前，三人序次皆誤。又嶷之子子廉封永新侯，而此云未封卒，亦誤。"錢大昭後漢書補表條例云："斯同於後漢有雲臺功臣表，但取二十八將，附以馬援一人，疏漏淺率甚矣。外戚、宦者二表，從可概見。"又云："萬氏分將相與九卿爲二表，已非史例，而將相大臣中，又濫取不當置之強弩、虎牙、建威、建義等雜號將軍，視熊表更自鄶無譏矣。"

後漢書補逸二十一卷

惟不著所出之書，使讀者無從考證，是其所短。

丁氏藏書志有鈔本謝氏後漢書補逸五卷，乃孫志祖以其中謝承書四卷重加纂錄。凡姚采者，悉著其出處，誤者正，略者補，復以范書參訂同異，其未采者，別爲續輯一卷。

尚史一百七卷

康熙中，鄒平馬驌作繹史，採摭百家雜説，上起鴻荒，下迄秦代，仿袁樞紀事本末之體，各立標題，以類編次，凡所徵引，悉錄原文，雖若不相屬，而實有端緒，錯是編以驌書爲槀本，而離析其文，爲之翦裁連絡，改爲紀傳之體。 至於晉逸民傳中，列杜蕢、狼瞫、鉏麑、提彌明、靈輒；逆臣傳中列趙穿而不列趙盾；亂臣傳中列郤芮、瑕呂飴甥；嬖臣傳中列頭須詹；列女傳中列施氏婦，予奪多所未允。

徐時棟煙嶼樓讀書志一四云："李鍇纂繹史作尙史，以史記世紀合之尙書作舜本紀，其敍舜年，舍堯典而取世紀，是又失之眉睫者矣。"

別史類存目

歷代帝王纂要譜括一卷

不著撰人名氏。

絳雲樓書目有此書，陳景雲注云："二卷，宋孫應符撰。"鄭翼謹案：直齋書錄解題四載是書二卷，應符字仲潛，餘姚人。

徵吾錄二卷

曉初撰吾學編，記當時之事，又縷分條析，爲今言三百四十餘條，復刊汰二書，撮其指要以成是編，體例略與紀事本末相近，凡三十一篇。然事迹本繁而篇帙太簡，荀悅删班固之書，尙不能不至三十卷，而欲以寥寥兩卷包括一朝，此雖左氏、司馬之史才，恐亦不能綜括也。

明史朝鮮傳："萬曆三十六年十月，封琿爲國王，四十三年十一月，表賀冬至，因奏買回吾學編、弇山堂別集等書，載本國事與會典乖錯，乞改正。禮部言野史不足憑，今所請恥與逆黨同譏，宜憫其誠，宣付史館，報可。"玉縉案：逆黨似指石星、沈惟敬事，據理奏，吾學編有之，此錄未知刊汰否？惜未得其書一勘之。

藏書六十八卷

贄書皆狂悖乖謬，非聖無法，惟此書排擊孔子別立褒貶，凡千古相傳之善惡，無不顚倒易位，尤爲罪不容誅，其書可燬，其名亦不足汚簡牘。特以贄大言欺世，同時若焦竑諸人，幾推之以爲聖人，至今鄕曲陋儒，震其虛名，猶有尊信不疑者，如置之不論，恐好異者轉矜𥿄獲，貽害人心，故特存其目，以深暴其罪焉。

玉縉案：顧炎武日知錄卷十八有李贄條，補提要所不及言，學者當參閱之以爲戒。

南宋書六十卷

是編以宋史繁冗，故爲删薙，然所刊削者不過奏疏及所歷官階而已，別無事增文省之處，亦不見翦裁鎔鑄之功。又去姦臣、叛臣之例，仍列於衆人之中，案隋書以前，姦臣、叛臣本不別傳，新唐書始另列之，後來作者，多仍其例，亦足見彰癉之公，今併而一之，殊失示戒之意，未足以言復古。至所增鄭思肖數人列傳，亦疏略不詳。

李慈銘荀學齋日記癸集下八云："詮綜雜糅，求簡而無義例，所附傳諸人，往往不成文法。"

四庫全書總目提要補正卷十八

雜史類

國語補音三卷

明人刊本，又散附各句之下，間多脱誤，蓋非其舊。

丁氏藏書志有明初刊本國語二十一卷，補音三卷，云："補音前有序，目録後案云：'又題號諸篇，較若畫一，並不著卷字，但曰某語第幾，惟一國有一篇或二篇，則加上中下以别之'，此本悉合。每半葉十行，行二十字，當爲明成、弘間所刊，出自宋公序之舊也。"又有明刊大字本，云："每葉二十行，行二十字，殆明正德翻宋刻本。"瞿氏目録亦有正德刊本，云："尚存宋本之舊。"陸氏儀顧堂題跋有宋刊元修本云："每頁二十行，每行二十字，宋文憲據其宗人同年緘本，取官私所藏十五、六本校正魯魚，附以補音，卽此本也。公父文伯飲南宫敬叔條，'魯大夫辭而復之'，天聖、明道本作'魯夫人辭而復之'，當以此本爲長。補音提要云：'惜其前二十一卷全佚，僅存此音'，是未得此本。提要所舉公父文伯條注之誤，此本及天聖本皆同，未知孔本出於何本也?"

戰國策注三十三卷

其點勘頗爲精密。

顧廣圻思適齋集戰國策札記後序云:"戰國策傳於世者莫古於此本,然就中舛誤不可讀者往往有焉。考劉向敍錄云:'皆定以殺青,書可繕寫',是向書初非不可讀者,高誘即以向所定著爲之注。下迄唐世,其書具存,故李善、司馬貞等,徵引依據,絕無不可讀之云。逮曾南豐氏編校,始云疑其不可知者,而同時題記,類稱爲舛誤,蓋自誘注僅存十篇,而宋時遂無善本矣。伯聲續校,總四百八十餘條,其所是正,亦云多矣。但其所萃諸本,旣皆祖南豐,又旁採他書,復每簡略,未爲定本,尙不能無劉原父之遺恨耳。厥後吳師道駁正鮑注,用功甚深,發疑正讀,殊有出於伯聲外者矣。"又云:"廣圻於是書尋繹累年,最後於敍錄所云'臣向因國別者略以時次之,分別不以序者以相補,除複重得三十三篇'者,恍然而知戰國策實向一家之學,與韓非、太史公諸家牴牾,職此之由,無足異也。"

鮑氏戰國策注十卷

趙與旹賓退錄曰:"戰國策舊傳高誘注,殘闕疎略,殊不足觀,姚令威寬補注,案。補注乃姚寬之兄姚宏所作,此作姚寬殊誤,謹附訂於此。亦未周盡,獨縉雲鮑氏校注爲優。雖間有小疵,不害大體,惟東、西二周一節,極其舛謬,深誤學者,反不若二氏之說。"

陸氏藏書志有元至正所刊吳師道重校本,內有上章執徐仲冬朔日姚寬序，師道云："此序題姚寬撰，有手寫附於姚注本者，文皆與宏序同，特疏列逸文加詳，考其歲月則在後。乃知姚氏兄弟，皆嘗用意此書，寬所注者今未之見，不知視宏又何如也"云云？據此，則趙說似未盡誤，李氏惜陰軒重刻本同。　方苞望溪文集。書刺客傳後云："余少讀燕策荊軻刺秦王篇，怪其序事類太史公，秦以前無此，及見刺客傳贊，乃知果太史公文也。彼自稱得之公孫季功、董生所口道，則非國策之舊文決矣，意國策本無是文，或以史記之文入焉。"　吳汝綸吳摯甫文集記太史公所錄左氏義後云："昔者常怪子長能竄易尚書及五帝德帝繫姓之文成一家言，獨至戰國策則一因仍舊文，多至九十餘事，何至乖異如是？及細察國策中若趙武靈王、平原君、春申君、范雎、蔡澤、魯仲連、蘇秦、荊軻諸篇，皆取太史公敍論之語而并載之，而曾子固亦稱崇文總目有高誘注者僅八篇，乃知劉向所校戰國策亡久矣。後之人反取太史公書充入之，非史公盡取材於戰國策決也。"

貞觀政要十卷

考舊唐書曹確傳，載確奏，"臣覽貞觀故事，太宗初定官品"云云，其文與此書擇官篇第一條相同，而唐志所錄別無貞觀故事，豈卽此書之別名歟？　書中之注，爲元至順四年臨川戈直所作。又採唐柳芳、晉劉昫、宋宋祁、孫甫、歐陽修、曾鞏、司馬光、孫洙、范祖禹、馬存、朱黼、張九成、胡寅、呂祖謙、唐仲友、葉適、林之奇、眞德秀、陳惇修、尹起莘、程奇及呂氏通鑑精義二十二家之說附之，名曰集論。

十七史商榷八十八云:"舊書吳兢傳,絕不言其作貞觀政要,新書於其歷官及事蹟大有不同。且舊云天寶八年卒,年八十餘,而新去其八年,且但云年八十,不云餘,今無以核其是非,只可兩存。但舊傳三百餘字,新則增至一千八百八十字,而仍不言貞觀政要。此書凡十卷,四十篇,今世多有之,新書魏徵之五世孫謩傳,亦言文宗讀貞觀政要思徵賢云云,不知史於兢傳何以不言?"玉縉案:此書見於藝文志,故本傳不言。據謩傳,則政要與故事當爲二書,提要疑爲别名,殆非。瞿氏目錄有明刊本云:"題唐衛尉少卿兼修國史修文館學士吳兢撰,陳氏書錄云:'新、舊書列傳,兢未嘗爲此官,而書亦不記歲月。案舊唐書兢傳實載此官,惟不載是書耳。元合魯合剌解嘗爲之解以進,見危太樸合魯武惠公家傳,今亦不傳,是本注文,爲至順間臨川戈直伯敬所作。"

五代史闕文一卷

晁公武讀書志曰:"凡十七事",此本梁史三事,後唐史七事,晉史一事,漢史二事,周史四事,與晁氏所記合,蓋猶舊本。王士禛香祖筆記曰:"王元之五代史闕文僅一卷,而辨正精嚴,足正史官之謬。如辨司空圖清眞大節一段,尤萬古公論,所繫非眇小也。如敍莊宗三矢告廟一段,文字淋漓慷慨,足爲武皇父子寫生,歐陽五代史伶官傳全用之,遂成絕調。惟以張全義爲亂世賊臣,深合春秋之義,而歐陽不取,於全義傳略無貶詞,蓋即舊史以成文耳,終當以元之爲定論也"云云,其推挹頗深。今考五代史,於朱全昱、張承業、王淑妃、許王從益、周世宗、符皇后諸條，亦多采此書，而新唐書司空圖傳，卽全據禹偁之說，則雖篇帙寥寥，當時固以信史視之矣。

李慈銘桃華聖解盦日記丁集八六。云："元之闕文僅十七事，而敍述嚴整，深明褒貶，以視介立，何啻霄壤。"

五代史補五卷

岳字介立，潯陽人。　此書雖頗近小說，然敍事首尾詳具，率得其實，故歐陽修新五代史、司馬光通鑑多采用之。其間如莊宗獵中牟，爲縣令所諫一條，云"忘其姓名"，據通鑑則縣令乃何澤。又楊行密詐盲一條，云"首尾僅三年"，考行密詐盲至殺朱三郎，實不及三年之久。又王氏據福建一條，云"王審知卒，弟延鈞嗣"，據薛史、通鑑，延鈞乃審知之子。又梁震裨贊一條，云"莊宗令高季興歸，行已浹旬，莊宗易慮，遽以詔命襄州節度劉訓伺便囚之。季興行至襄州，心動，遂棄輜車南走，至鳳林關已昏黑，於是斬關而去，是夜三更，向之急遞果至。"通鑑考異辨莊宗當時並無詔命遣急遞之事，岳所據乃傳聞之誤。凡此之類，雖亦不免疎失，然當薛史旣出之後，能網羅散失，裨益闕遺，於史學要不爲無助也。

陸氏儀顧堂題跋云："岳，湖南新陽人，第進士，與寇萊公同年，仕至職方員外郎，贈刑部侍郎。子碿，宋史有傳，見山谷集陶君墓誌及范公偁過庭錄。"　李慈銘桃華聖解盦日記丁集八六。云："介立識趣卑陋，所記皆小事，雖有一二可采，無當大體。又文筆拙俗，以其爲楚人，而馬殷又諂事朱溫,故大指惟尊僞梁、頌武穆耳。”

咸淳遺事二卷

核其詞意,疑宋之故臣遺老爲之也。

案卷首開端云:“景定五年甲子春二月辛未,雨土,行都大火,時大元世祖皇帝之至元元年也”,似非宋故臣遺老語氣。且元本稱蒙古,至元八年十一月始改國號曰元,疑元人偶得當時邸報排比之。其後二年皆缺,提要云不知何時散佚?實則原書或本無此二年事。粵雅堂本伍崇曜跋,疑爲絕筆,又引通鑑輯略、宋史紀事本末、兩浙名賢錄諸書以糾其闕略,似皆失之。

大金弔伐錄四卷

永樂大典所載未分篇目,不知原本凡幾卷?今詳加釐訂,析爲四卷,著於錄。

瞿氏目錄有舊鈔本二卷,云:“上卷始天輔七年至靖康元年,下卷始靖康元年至天會七年,此明長沙李文正公家藏本,卷中朱筆塗改,自注據宋本,皆公手筆也。”據此,則原書爲二卷。

錢塘遺事十卷

第九卷全錄嚴光大所紀德祐丙子祈請使行程。

吳氏拜經樓藏書題跋記云:“己卯,管君芷湘以是書見眎,屬校,因取家藏鈔本校勘一過,頗見其善。是本乃綠飲丈手校,彌足寶貴,且卷九祈請使行程記,多十一、十二、十三三日事,余家本亦缺,惜無題識,未詳從何校出耳?”

平宋錄三卷

紀至元十三年巴顏下臨安及宋幼主北遷之事，與史文無大異同。惟元世祖封瀛國公詔、巴顏賀表諸篇，及追贈河南路統軍鄭江事，爲史所未備。

案錢大昕養新錄及日記鈔，載平宋錄二卷，始丞相賀平宋表，終至正四年渡江官員，非卽此本。

弇山堂別集一百卷

是書載明代典故，凡盛事述五卷，異典述十卷，奇事述四卷，史乘考誤十一卷，表三十四卷，分六十七目，考三十六卷，分十六目。世貞自序云："是書出，異日有裨於國史者十不能二，耆儒掌故，取以考證，十不能三，賓幞酒筵，以資談謔，參之十，或可得四，其用如是而已。"然其間如史乘考誤，及諸侯王百官表、親征、命將、謚法、兵制、市馬、中官諸考，皆能辨析精覈，有裨考證。

玉縉案：朝鮮國王李琿奏稱，載本國事，與會典乖錯，詳徵吾錄條。李慈銘荀學齋日記癸集上七三。云："其盛事述中紀南直隸之盛，至幷明代帝王數之，殊爲非體。其載親王名下一字，皆左右參差書之，蓋明制不得直書親王名也。"

雜史類存目

避戎夜話一卷

晁公武讀書志列金人背盟錄七卷，圍城雜記一卷，避戎夜話一卷，金國行程十卷，南歸錄一卷，朝野僉言一卷，總注曰："皇朝汪藻編。記金人叛契丹，迄於宣和乙巳犯京城，圍城雜記等五書，皆記靖康時事。"其意蓋謂金人背盟錄以下六書，皆靖康時人所作，藻合而編之耳。而其文義混淆，似乎六書皆出於藻，故有引是書爲汪藻作者，其實書錄解題載朝野僉言爲夏少曾作，南歸錄爲直祕閣沈琯作，此書爲茂良作，各有主名也。況汪藻未從北行，安得有金國行程乎？

玉縉案：晁志列背盟錄六書，後又列圍城雜錄一卷，云皇朝王養正錄靖康末女眞再犯都城事，此乃袁本所有，而衢本反無者，提要得見袁本，不應遺之，而但引書錄解題所載三種也。

孤臣泣血錄一卷

舊本題宋太學丁特起撰，所紀自欽宗靖康元年十一月五日起，至高宗建炎元年五月一日卽位止，載汴京失守二帝播遷之事。

瞿氏目錄有舊鈔本靖康紀聞一卷，云："題'武陵孤臣丁特起編集'，前有自序，謂'靖康元年，在京師爲西樞門下客，頗得其事，繼趨函關，與同舍郎講問尤詳悉，懼天下後世或失其傳，因列日以書之。起元年十一月，至明年五月九日，目擊親聞，罔敢違誤'云云，疑卽此書，俟考。"丁氏藏書志云："南昌彭元瑞謂所載爭立異姓事，專歸秦檜而不及馬伸，未爲直筆，若范瓊則悖逆暴亂，越數年方伏誅，以葬顧收、高伯振爲高義，其紀徐揆上書亦不詳。至李忠愍初名若冰，出使時，欽宗惡其與弱兵同音，改之，乃以若冰爲其兄，且指爲他人之誤，亦失核。"

靖康蒙塵錄一卷

所載宋徽、欽二帝北狩事，與世所傳南燼紀聞文多相同。

丁氏藏書志於靖康紀聞云："紀聞所載，全與泣血錄相同，大約輾轉鈔傳，或更名爲靖康蒙塵錄，名雖三而實則一也。"

南渡錄二卷竊憤錄一卷

此必南、北宋間亂臣賊子不得志於君父者，造此以洩其憤。

丁氏藏書志有傳是樓傳鈔本南渡錄四卷，云："前有大略一篇，卷一、卷二爲南燼紀聞錄上下，卷三、卷四爲竊憤錄，續錄，附阿計替傳。目錄後云：'是編皆記徽、欽二帝北狩之事，乃宋遺民張氏自虜中南渡攜來，其書卷不一其名，故直名曰南渡錄，觀後阿計替傳可見，非以高宗之南渡名書也。'此二書所載，語並相似，舊本或題無名氏撰，或題辛棄疾撰，皆僞託，周密齊東野語曾指其妄，謂靖康間不得志者之所爲。今其書編年舛謬，金國改元，亦多不合，趙后、趙妃，俱無影響，且以徽宗抑釋，多爲緇流作快辭，蓋南渡後釋子爲之也。朱述之有題詞五首最佳。"玉縉案：梁啓超中國歷史研究法云："辛棄疾南燼紀聞錄、竊憤錄所采阿計替筆記，此考證宋徽、欽二宗在北庭受辱情狀之第一等史料"，乃梁氏好異之言，不足據。

使金錄一卷

世傳宋高宗泥馬渡江，即出此書所記磁州崔府君條下，蓋建炎之初，流離潰敗，姑爲此神道設教以聳動人心，實出權謀，初非實事。

潘永因宋稗類鈔："高宗至磁州，宗忠簡假神道以止之曰：'此有崔府君廟，甚靈，可以卜珓，有馬更顯應。'遂入燒香，其馬御車輦等物，塞了去路，遂止不往。一日，北使來，秦檜出接，少憩廊廡，上告以故，檜曰：'余以爲功，今都歸功於神，恐不便'，即日毁之。"

襄陽守城錄一卷

萬年時爲幕僚，詳錄其事。

張氏、陸氏藏書志並有舊鈔本，題"門生忠訓郎鄂州都統司同副將特差兼京西北路招撫使司準備差遣趙萬年編"，是萬年實爲趙淳新門生也。

南遷錄一卷

又稱章宗被弑，磁王允明立爲昭王，磁王又被弑，立濰王允文爲德宗，德宗殂，乃立淄王允德爲宣宗，與史較，多一代，尤不可信。至金史鄭王允蹈誅死絶後，不聞有愛王大辨其人，所稱天統、興慶等號，金史亦無此紀年。舛錯謬妄，不可勝舉，故趙與旹賓退錄、陳振孫書錄解題皆斷其僞。

錢大昕日記鈔云："其書世宗年號曰興慶，興慶四年，世宗晏駕。章宗號曰天統，天統四年，誅鄭王允蹈。而泰和至十四年，泰和之後，有天定，皆與金史不同。又稱章宗與磁王允明皆被弑，濰王允文嗣立五年而殂，淄王允德繼之，乃南遷汴，與正史全不相應，直齋亦稱其歲月牴牾，想是宋人僞造也。"玉縉案：丁氏藏書志有舊鈔本金國南遷總略一卷，即是書。載有大德丙午泖西梅隱浦元玠識語四則云："從張升之結忘年交，談宋、金廢興始末，出一編曰：'此大金祕書省文字，我家祖父之所傳也。'於是假鈔以爲寶玩，後因金志刊行，與此書較，事語頗同。而年號各殊，未審孰是？以元玠推之，想當時南遷，張祕書親隨乘輿，晨夕執筆，而其所紀，豈有舛誤，金志非本國史，出於南官進宋之書，中間或誤，未可知也。”提要及錢記皆未辨浦說，豈所見本無之耶？

皇元聖武親征錄一卷

不著撰人名氏。又譯語譌異，往往失眞，遂有不可盡解者。

錢大昕養新錄云：“其書載烈祖神元皇帝、太祖聖武皇帝謚，考元史，烈祖、太祖謚，皆在世祖至元三年，則至元以後人所撰，故於睿宗有太上皇之稱，然紀太宗事而加太上之稱於其弟，所謂名不正而言不順者矣。所紀多開國時事，而於平金、取夏頗略，元史察罕傳，仁宗命譯脫必赤顏，名曰聖武開天記，其書今不傳，未識與此錄有異同否？雖不如祕史之完善，而元初事迹亦可藉以考證。其譯語之異者，如王孤部，即汪古也；博羅渾那顏，即博爾忽也；闊拜，即沈白也；暗都剌蠻，即奧魯合剌合蠻也；兀相撒兀，即吾圖撒合里耶律楚材賜名。也。”

庚申外史二卷

所紀皆元順帝即位以後二十八年治亂大綱，時順帝猶未追謚，以其庚申年生，故稱之曰庚申帝，又元史亦尙未修，故別名曰史外見聞錄。所言多與元史相合，於宮庭搆煽盜賊縱横之事，皆能剖析端委。至於順帝誅博囉，原作孛羅，今改正。與秀才徐思舂謀之，博囉誅，思舂不受賞逃去，及危素為權臣草詔諸事，皆他書所不載。惟其中稱順帝為瀛國公子一條，最為無稽，厥後袁忠徹著之於文集，寧王權載之於史略，程敏政又選忠徹之文入明文衡，錢謙益又引余應之詩證實寧王權之說，其端實自此書發之。蓋元之中葉，宋遺民猶有存者，因虞集草詔，有託歡特穆爾非明宗之子一語，遂造此言以洩其怨，明人又讎視元人，遂附合而盛傳之。核以事實，渺無可據，實爲荒誕之尤，非信史也。

玉縉案：趙翼廿二史劄記三十三— 庚申帝條，歷引宋遺民錄諸書，末云："以上皆野史所載，未必盡可信，然元史本紀，文宗至順元年，以順帝乳母夫言明宗在日，素謂長子非己子，命翰林書其事於史館，明年，復詔奎章閣學士虞集作詔播告中外，順帝登極，以此事撤去文宗廟主，詔曰：'文宗私圖傳子，乃搆邪言，謂朕非明宗子，俾出居遐陬'，虞集傳亦見此事，是順帝之非明宗子，當時已播人口，故文宗崩後，皇后布達實哩 舊史名卜荅失里。寧立明宗次子寧宗，而不立順帝，迨寧宗夭而順帝始立，則遺民錄等書所載未必無因也。案至元十三年，瀛國公降，年六歲，至元二十五年，瀛國學佛於土番，年十八歲，延祐七年，順帝生之歲，瀛國公年五十，計其年歲，亦不懸殊，作史者縱不便確指其故，而於明宗后邁來的傳，何妨略見其由。瀛國公歸於明宗之源委，所謂疑以傳疑也，乃並不書，豈以其不經耶？然南史梁武帝納東昏妃，七月生豫章王綜，亦未嘗不書也。"吳翌鳳遜志堂雜鈔庚集，亦以余應詩爲不誣，提要駁之者，殆以高宗事而有所諱歟？ 南宋雜事詩沈嘉轍"遊北傳聞皆丙子"一首，注引陳汝錡甘露園短書云："順帝卽瀛國公稱合尊時所生之子，元世祖以庚申立，立十五年而取宋，順帝即以庚申生，生十三年而取元。”又云：“初，文宗欲立順帝爲皇太子，順帝乳母言非帝子，又言明宗亦自謂非其子，遂謫居靖江。”又沈氏自加案語云：“謂之庚申帝者，微詞也。案通鑑博論，寧王奉太祖詔編次，直書爲瀛國外婦之子，綿延宋末，六更之讖，果其然歟？”李慈銘籀詩擘疋之室日記八云：“文筆俚拙，其稱韓林兒爲小明王，劉福通爲劉太保，蓋以明祖初奉林兒之故。至稱明玉珍爲明元帥，而亦不名，則不知何故矣？順帝正后宏吉剌氏，此作車必氏，二皇后奇氏，此作祁氏，其餘諸臣姓名亦多有與史異者。又於察罕脫脫父子多加貶辭，反以田豐之殺察罕爲義，彌乖正論。”

姜氏祕史一卷

是書於故案文集，搜輯遺聞，編年紀載，至於地道出亡等事，則未嘗載及，紀錄頗見精核。案明史稾例議，辨野史所載建文元年二月燕王來朝，行御道，登陛不拜，爲御史曾鳳韶所劾，以爲必無之事，而是書載鳳韶劾燕王事，云本吉安府志，又證以南京錦衣百戶潘瑄貼黄册，內載“校尉潘安三月二十三日欽撥隨侍燕王還北平陸坐”云云，據此，則來朝明矣。第不知所云潘瑄貼黄者，果足徵信否也？又世傳王艮於成祖入城前一日，與胡靖、解縉集吳溥舍，靖、縉陳説慷慨，艮流涕而已，其後獨艮死節。是書載其事而辨之，以爲艮家譜載艮以建文辛巳九月卒，上遣黄觀諭祭，未嘗及成祖之來也，其言似乎可據。然革除之際，誅鋤異己，凡効忠於建文者皆禍及子孫，安知王氏家譜非爲宗族之計，諱其死難以自全？

未必遽爲定論，明史艮傳仍用前說，蓋必有所考也。

玉縉案：淸字源甫。朱彝尊曝書亭集三十二史館上總裁第四書云："明太祖之崩，在洪武三十一年五月，遺詔諸王各於本國哭臨，不必赴京，踰月而訃至燕，燕王抵淮安，敕令歸國，斯太祖實錄史臣曲筆，謂用事者矯詔卻還，當在是年秋也。時方執周王橚，廢爲庶人，是冬，齊王榑有罪，召入京，留之，燕王方慮禍及，歸國恐後，因簡壯士爲護衞，迨齊王之入，燕且益懼，焉肯以次年來朝，身犯危地。而且傲慢無禮，由皇道入，登陛不拜，致監察御史曾鳳韶、戶部侍郎卓敬，一劾王大不敬，一請徙封南昌，建文帝不報，而燕世子及弟高煦，適以三月至京師。譬之虎離其穴，盡將虎子深入坎窞陷穽中，縛之一二獵夫力爾，雖至愚者勿爲，而謂智慮絕人之燕王爲之乎？且燕世子之來在三月，則是時燕王猶未反國，野史稱文皇遣之來，誰寔遣之？姜淸祕史據南京錦衣衞百戶潘暄貼黃册，內載校尉潘安二十三日欽撥隨侍燕王還北平，以爲來朝之驗，似若可徵，然稽之實錄，靖難師駐龍潭，帝顧望鍾山，愴然下淚，諸將請曰：'禍難垂定，何以悲爲？'帝曰：'吾異日渡江，卽入京見吾親，比爲姦惡所禍，不渡此江數年，今至此，吾親安在？瞻仰孝陵，是以悲爾！'然則太祖崩後，燕王未嘗入朝可知已。"玉縉案：明史稾例議蓋卽本此。又曝書亭集四十五有是書跋云："書成於致身錄未出之前，顧猶信程濟爲有其人，則亦非信史矣。福藩稱制，無一善政可紀，惟追贈壬午殉難諸臣，贈官賜謚，差快人意。第易名多至十人，未免太濫，然程濟、史仲彬不及焉，其勝於刊勝國逸書者多也。”

明良集十二卷

或騮等付梓時，增入北征記歟？

丁氏藏書志有嘉靖刊本八卷，云：“此卷無北征錄，猶原刻也。”

革除遺事節本六卷

李慈銘荀學齋日記己集下八一云：“其於建文之出，云上闔宮自焚，遂出走，蓋以存疑詞，而文不可通矣。其後又載或曰：‘高皇帝匣授髡緇之具事，及賦新月“誰將玉指甲點破碧天痕”一詩’，又載正統末自滇南歸京師，賦‘影落江湖四十秋’一詩，皆不失矜慎之意。其於建文、呂太后、馬皇后、皇太子文奎、懿文、江都長公主、駙馬都尉耿璿，皆云不知所終？又載永樂二年三月之詔，直斥建文之名，謂‘允炆幼沖嗣位，顛覆舊章，戕害骨肉，社稷幾墜’，又云：‘允熥、允熞弗知省躬，自生疑懟，免爲庶人’，亦可謂直筆矣。”

議處安南事宜一卷

不著撰人名氏。

丁氏藏書志有明鈔本，云：“卷角有‘國朝典故九十三’七字，當爲明時彙錄之册。”

遜國逸書七卷

所錄書凡四種，一曰拊膝錄，稱玉海子劉琳撰，琳不知何許人？所記皆建文君臣事迹，分紀傳三十餘篇；一曰從亡隨筆，稱程濟撰；一曰致身錄，稱史仲彬撰，皆敍建文帝出亡之事。

王士禛蠶尾續文集跋史西村集云:“集中有曾祖文質府君行狀,祗言洪武中縛貪吏詣闕事,無一語及靖難,而吳文定爲明古表墓,止云曾祖彬,亦無一語及遜國。則致身錄之作,果不足信,然當時何爲而有此說?遂傳千古之疑。”香祖筆記同。同治蘇州府志雜記類卷六,引楊復吉夢闌瑣筆云:“乾隆丁卯間,邑人某重修吳江縣志,逸史仲彬致身錄一事,刊就後,邑士紳公憤,具呈邑令,不能屈,卒錄原文編入,其呈詞云云。致身錄之作,大抵其子若孫僞造以實之者,事業勳名,半多附會,遂開指摘之端,是仲彬之行,反爲致身錄所晦也。從亡之眞,斷無可疑,致身錄之僞,亦斷無可疑。朱欠庵曰:‘致身錄出於萬曆時人,疑爲史氏之後妄作’,然予聞嘉善池彎沈氏,其先史壻也,家有建文帝篆小雅堂額,自史移至,懼禍,鏟其末款。沈石田集有登小雅堂哭史彬詩,石田詩在萬曆前,謂史彬始見於致身錄之傳誣,其說非矣。”

先撥志始二卷

是書江南通志作六卷,此本乃僅二卷,然首尾無闕,或卷數有分合耶?所記皆明末遺事,上卷起萬曆訖天啓四年,下卷起天啓五年訖崇禎二年,如妖書、梃擊、紅丸、移宮、三案以及魏忠賢亂政、崇禎欽定逆案之類,靡不詳載。自序謂首紀國本,著門戶之所由始也。終以逆案,著貞佞之所由判也。名曰先撥志始,所謂辨之於早也。

李慈銘祥琴室日記云:“是書上下兩卷,專紀萬曆至崇禎初國本黨禍，始末較他書特詳。如憂危竑議、續憂危竑議、東林點將錄、欽定逆案，皆全載其文，不遺一字，於諸人附閹情狀，臚列尤悉。蓀符東林子弟，事事皆所睹聞，其言亦頗平允，無激烈之談，可與其烈皇小識並傳。”又云：“會稽余武貞縱預要典，自爲正人，晚節堂堂，一死尤烈，蓀符亦列之逆案漏網，蓋未料其後振之奇也。” 朱彝尊曝書亭集史館上總裁第六書云：“先曾祖太傅文恪公，廉節自勵，中立無黨，以禮部左侍郎攝本部尚書事，請冊立東宮，公私疏凡七十上，流傳二十餘篇，存之史館。其言最切直者，劾鄭國泰，大致謂明外戚不預政事，冊立非國泰所宜言，當時貴妃親懿，咸爲側目，其後冊立旨下，儀注皆先公預定，出諸袖中。且上言國朝冊立東宮，無謁謝貴妃四拜之禮，宣德、嘉靖舊儀，與今有別，故實錄特書‘是年禮臣悉從裁革，不敢援故事以請。’而郭文毅公遺先公書，以先公議禮疏誾誾侃侃，百折不回，比之中流砥柱。顧先公諸疏，世或移置他人姓名，若吳人文秉撰先撥志始一書，凡涉冊立事，纖悉並錄，獨於先公劾國泰暨裁革貴妃四拜禮，皆削而不書，無他，以先公名不入東林黨籍也。秉爲文肅公子，文肅固先公所取士，雖淵源有自，而秉一字不以假人，其待中立者且然，況與東林樹敵者乎？即此一家一事言之，黨人之是非，公乎不公，閣下可以審察矣。”

東林始末一卷

蓋意在齊、楚、浙三黨勝負之間，餘非所詳，然諸案正諸人之假以攻擊者，既以楚案著沈、郭搆釁之由而不及諸案，則遺漏孔多。中如記顧憲成之援李三才，徐石麒之讐吳昌時，一著其受欺之由，一著其畏禍之故，頗無隱諱。而延儒通曹化淳以復相，由張溥之力，乃歸其事於丹陽監生賀順及應城之侯氏，未免曲筆。至吳昌時之改吏部，由交通周延儒，乃歸其事於鄭三俊，與延儒若無預者，尤非事實矣。

玉縉案：錢大昕養新餘錄中一六有齊、楚、浙三黨一條，歷引明史夏嘉遇傳等，頗詳備，又明了，當參觀也。

平寇志十二卷

舊本題管葛山人撰，不著姓名，前有序文，題曰："龍湫山人李確著"，以著之一字推之，疑即出於確手。案海鹽縣志，"李天植字因仲，前明崇禎癸酉舉人，甲申後遯跡龍湫山中，改名確，字潛初"，當即其人也。

案彭孫貽客舍偶聞末載李繽祖識語云："四庫目有平寇志十二卷，疑爲海鹽李確，殆非也。余家有平寇志十二卷鈔本，題管葛山人彭孫貽著，蓋即羡門之從兄弟，羡門名孫遹，海鹽人。"玉縉案：明史藝文志雜史類平寇志十四卷，亦作彭孫貽撰。

詔令奏議類

兩漢詔令二十三卷

虙字德祖，吳郡人。

案虙，福建福清人，祖槩，父旦，伯父希，宋史皆有傳，希、旦始居蘇州之戴城橋。虙紹聖四年進士，官至開封府左司錄,陸氏儀顧堂題跋西漢詔令跋,考其事蹟頗詳。

政府奏議二卷

分治體、邊事、薦舉、雜奏四類,凡八十五篇,皇祐五年,韓琦爲河東經略安撫使,始序而行之,稱輯之者爲寺丞君,謂仲淹子純仁也。宋史藝文志載仲淹奏議十五卷,與此本不同,考琦序,稱奏議十七卷,政府論事二卷,所謂十七卷者,當卽宋志所載,特宋志荒謬,誤七爲五,所謂二卷者,當卽此本,特名曰論事,不名曰奏議,然陳振孫書錄解題有范文正公奏議二卷,則其名奏議久矣。

陸氏儀顧堂續跋元槧本跋云:"後有'元統甲戌褒賢世家歲寒堂刊'篆文方長木記,分治體、邊事、薦舉、雜奏四類,凡七十九篇,或作八十五篇者,非元本也。魏公序稱公有奏議十七卷,政府論事二卷,論事卽此書,奏議十七卷,今佚。凡見於宋刊諸臣奏議、永樂本歷代名臣奏議、通鑑長編而爲此書及文集、別集所無者,皆十七卷中之文也。"

包孝肅奏議十卷

案宋志載拯奏議十五卷,今此本爲拯門人張田所編,自應詔至求退,分三十門,止有十卷,田序亦稱十卷,與史志不合。然宋志顚倒悖謬,爲自來史家所未有,不可援以爲據,殆誤衍五字歟? 序又云:"如劾罷張方平、宋祁三司使,而奏議不載,豈包氏子孫所不欲以示人者耶?"案史稱拯攻去張方平、宋祁,朝廷遂以拯代祁爲三司使,歐陽修有蹊田奪牛之奏,拯家居避命者久之,應辰所云,蓋指此事。然拯之剛正,豈逐人而覬其位者，修雖有此奏，特宋人好爲議論之習，拯之心迹，天下後世皆可諒之，遽諱而削其槀，反若拯實有此短者，此張田編次之無識，非拯志也。

辨志文會初集有費德宗書後云："張公載所編凡三十一門，提要云：'門分三十'，豈其誤合明體、明禮爲一乎？今合肥李氏刊本，明禮門目錄亦誤體，集中不誤。又曰：'田序亦稱十卷'，據以駁宋志之誤，不知陳伯玉書錄解題亦作十卷，則其誤固顯然也。前明正統、嘉靖、萬曆時凡四刻，皆有序與跋。正統丙辰，豫章胡儼序；嘉靖乙卯，滁陽胡松序；豐城雷逵跋；萬曆己丑，溫陵朱天應跋；甲寅閩漳戴燝序。史稱公數請立皇嗣，及陳敎養宗室之法，今考集中僅錄一疏，豈尙有遺漏未編歟？使有遺漏，田氏之編又誤矣。"

盡言集十三卷

不知何人所編？　至朱子作名臣言行錄，於王安石、呂惠卿皆有所採錄，獨以安世嘗劾程子之故，不載其一字，則似乎有意抑之矣。

張氏、陸氏藏書志並有明刊本，並載淳熙五年梁安世序云："先生曾孫孝騫，自連山來訪，出其家藏盡言集十三卷，因命工鏤版，置之郡齋"，是淳熙間已有刻本。又紹興六年王綯序，有"建炎丁未，過同寮直舍，傳公諫草盡言集者，就觀之"云云，是建炎間早有傳本，或卽孝騫所編也。近王氏畿輔叢書本，卽提要所見本，後載王、梁兩序，當是王氏據他刻附之。　黃式三儆居集讀劉氏嶺外軼事云："有盡言集十三卷，朱子作名臣言行錄，意主廣采，獨不采盡言集，豈以其劾伊川程子乎？抑偶失之也。” 案朱錄采安世二十餘事，提要說非，詳名臣言行錄下。

諸臣奏議一百五十卷

浙江巡撫採進本。

張氏藏書志有宋淳祐刊本，云：“是書除此本外有明會通館活字本，謬誤不可枚舉。如卷四十六，謝泌論宰相樞密接見賓客疏；卷六十一，傅堯俞再論朱穎士、李允恭疏，此本俱存上半篇。卷一百廿四，蘇轍乞募保甲優等人刺爲禁軍疏，存首二行；呂陶論保甲二弊疏，存下半篇；卷一百三十三，范仲淹論元昊請和不可許者三，大可防者三疏，存首三頁，活字本俱删去，猶可曰以其殘闕而去之。最可異者，如卷廿六，司馬光論任人賞罰要在至公名體禮數當自抑損疏，‘恩雖至厚而人不敢妬者何也衆人’下此本闕兩頁，活字本於衆人下，竟直接傅堯俞上慈聖皇后乞還政疏‘誠贊翊援皇帝於藩邸以繼大統。’卷一百廿四，范純仁乞揀閱保甲疏，‘乞並結盤纏赴闕委殿前’下，此本闕兩頁，活字本於殿前下竟直接王巖叟乞免第四等、第五等保丁冬教及罷畿內保甲第二疏‘釋然放之也。’不思字句之不貫，不顧文義之隔絶，藉非宋本尚存，奚從訂正其誤？” 玉縉案：提要所錄未知何本？以其有勘正處，特及之。陸氏藏書志亦有宋刊本，即引張說。其儀顧堂集有跋云：“所錄北宋九朝章奏，凡趙普至任伯雨原跋歷舉其人，今以至字該之。二百三十六人，奏議千餘首，搜羅不可謂不富，惟置胡澹菴封事不收，反錄秦檜爲太學丞時上邊機三事，去取殊爲未當。忠定在日，曾鋟木蜀中，後毁於兵，其孫必愿帥閩，重刊未就，眉山史季溫繼成之。前有宗室希瀞及淳祐庚戌福建提刑史季溫序"，闕葉與藏書志所記同。

歷代名臣奏議三百五十卷

明永樂十四年，黄淮、楊士奇等奉敕編。

絳雲樓書目陳景雲注云："此書乃皇太子奉敕令儒臣編類者，及書成進覽刊布，旣無御製序文，又不列修書諸臣職名，蓋是時太子方監國南京，正危疑之際也。"

四庫全書總目提要補正卷十九

傳記類

東家雜記二卷

錢曾讀書敏求記曰:"壬戌冬日,葉九來過訪草堂,云有宋槧本東家雜記,因假借繕寫。此書爲先聖四十七代孫孔傳所編,首列杏壇圖說,記夫子車從出國東門,因觀杏壇,歷級而上,顧弟子曰:'玆魯將臧文仲誓師之壇也',覩物思人,命琴而歌,其歌曰:'暑往寒來春復秋,夕陽西去水東流,將軍戰馬今何在?野草閒花滿地愁。'考諸家琴史俱失載,附錄於此。詳其語意,未知果爲夫子之歌否也"云云?

瞿氏目錄有宋刊本二卷,云:"首列紹興甲寅三月辛亥四十七代孫孔傳序,有杏壇圖及說與琴歌,壇作三重,核諸敏求記所載悉合,即遵王所見之書也。案世文自序,與祖庭廣記附刻者字句稍異,而作序歲月亦不同,此本作'紹興甲寅三月辛亥',廣記作'宣和六年甲辰三月戊午',又署銜此作'朝議大夫知撫州',廣記作'朝散大夫知郱州',蓋世文先作祖庭雜記,南渡後復作此書,廣記所採者乃祖庭雜記也。”陸氏儀顧堂題跋云:“傳自序與祖庭廣記附刻者字句稍有異,而作序歲月亦不同,初頗不解,旣而思之,乃得其故。蓋是書先刊於北宋宣和六年,時傳官朝散大夫知郴州,徽、欽北狩,傳隨高宗南渡,紹興甲寅,階朝議大夫,官知撫州,版亡於金,乃改序年月而重刊之,元措入金,所據者宣和六年北方所刊之本,此則據紹興刊本所影寫也。”玉縉案:陸說爲長。胡珽琳琅祕室叢書翻宋本亦二卷,云:“讀書敏求記著錄三卷,蓋合卷首數頁而言,四庫全書作二卷,係經後人删節,今則杏壇圖說果列於首,下載北山移文等篇,其實本書止有二卷,前乃附錄耳。”玉縉案:錢大昕日記鈔所載亦二卷,云:“卷首杏壇圖說,與錢遵王所記正同。”又丁氏藏書志有影宋鈔本二卷,云:“上卷九類:曰姓譜,曰先聖誕辰諱日,曰母顏氏,曰娶亓官氏,曰追封謚號,曰歷代崇奉,曰嗣襲封爵沿改,曰改衍聖公告,曰鄉官;下卷分八類:曰先聖廟,曰杏壇,曰前後殿,曰廟柏,曰廟中古碑,曰廟外古跡,曰齊國公墓,曰林中古碑。前有紹興甲寅孔傳自序,卷首載杏壇圖並說,孔稚圭北山移文,石守道擊蛇笏銘,元祐黨籍後附至聖四十六代孫宗翰、四十八代孫孔端朝家譜序,又有五十代孫孔擬跋,皆後人附入,非孔傳原本所有。是書四庫所收,與此不同,當是別有一本,此本與錢曾敏求記所載合,惟二卷錢作三卷,當是記憶之誤也。”孔元措祖庭廣記首載祖庭雜記舊引云云,董金鑑重刊胡氏琳琅祕室本附補校云:“東家雜記載此序,篇首標題‘祖庭’二字作‘東家’,

又十二行'孔氏祖庭'四字亦同。案雜記一書當日蓋有兩本，刊於南渡者名東家雜記，據原序在紹興甲寅，即今所傳者是也。刊於北方者名祖庭雜記，乃其孫瓌所重編，元措據以作是書，即因祖庭之名改稱廣記是也。其實皆孔傳所作，非有異同。"

晏子春秋八卷

劉向、班固俱列之儒家中，惟柳宗元以爲墨子之徒有齊人者爲之，其旨多尙兼愛，非厚葬久喪者，又往往言墨子聞其道而稱之。薛季宣浪語集又以爲孔叢子詰墨諸條，今皆見晏子書中，則嬰之學實出於墨，蓋嬰雖略在墨翟前，而史角止魯，實在惠公之時，見呂氏春秋仲春紀當染篇，故嬰能先宗其說也。　漢志、隋志皆作八篇，至陳氏、晁氏書目，乃皆作十二卷，蓋篇帙已多有更改矣。此爲明李氏綿眇閣刻本，內篇分諫上、諫下、問上、問下、雜上、雜下六篇，外篇分上下兩篇，與漢志八篇之數相合。若世所傳烏程閔氏刻本，以一事而內篇、外篇複見所記大同小異者，悉移而夾注內篇下，殊爲變亂無緒。

譚廷獻復堂日記四云："晏子春秋宜從漢志入儒家，柳子厚之言不足依據。畢刻出孫伯淵校本，所撰音義平正可觀，伯淵繼得元刻，頗合劉子政校錄之舊，以貽吳山尊，山尊屬顧千里刻行，兩本皆據善本。杭州書局新刻音義本，吾友定海黃以周元同撰校勘記二卷，視音義尤審密。"玉縉案：顧廣圻思適齋集重刻是書後序，有訂正問上篇第十二章，問下篇第十五章、第十九章，脫誤處，今從略。　黃以周儆季文鈔一云:"晏子之爲書,孫伯淵力表章之,不復贅言,然外篇有不合經術,內篇亦多及身後之事,晏子一書,信非平仲手撰也,或說出於齊之春秋,或說其賓客裒集成之,斯言當有所據。班氏漢志從劉向說,列之儒家,晁氏讀書志又從柳宗元論入諸墨家,四庫簡明目錄謂書中皆述晏嬰遺事,實魏徵諫錄、李絳論事集之流,改隸傳記,可以息羣喙矣。近管異之又晉晉於是書,據史記管晏傳,以薦御者、脫越石父爲軼事,今書有是文,遂斷漢人所言晏子不傳已久,世所有者,其文淺薄,六朝後人爲之,蓋異之於劉向之敍錄未之細讀也。向之言曰:'所校中書晏子十一篇,臣向謹與長社尉臣參校讎太史書五篇,臣向書一篇,參書十三篇,凡中外書三十篇。'中書者,所謂禁中之祕書也,言中者,以別於外,向書一篇,參書十三篇,所謂外書也,凡中、外書三十篇,除複重者二十二篇,定著八篇,是中書十一篇,外書十四篇,皆有複重也。漢太史亦藏書,所藏晏子五篇,蓋最初之本,其書無複重,又不及薦御者、脫越石父諸事,太史公所見者,太史書之五篇也,故作管晏傳詳敍二事以補太史書之軼,而劉向校書,遂附此事於五篇之末。然則世所行之晏子,即劉向校定之本,而劉向所校定之八篇,其文雖增,而前五篇之章節,大判仍太史書最初之本也。管異之謂漢時晏子不傳固未覈實,以其文爲淺薄,亦可謂不知言,柳氏之論,前儒闢之已力,近無識之徒,又翕然宗異之言,甚矣文人難與道古,而世之溺於文者又好耳食也。" 徐時棟煙嶼樓讀書志十云:"管子眞僞錯出，晏子則諫上、諫下二篇當是眞本，問篇以後，則鈔左傳、鈔孟子、鈔國語、鈔墨子、鈔韓非、鈔呂覽，大約戰國時人極推重管、晏，好事者取其書更易補苴，以傳於世耳。” 案徐氏又議孫星衍音義，據管子以“轉附朝儛”爲“猶軸轉斛”之誤，蓋欲如軸轤轉載斛石，以爲以石斛自載，殊覺難通，非但孟子之“吾欲觀於”四字萬不可解也。其說良是。轉附朝儛，今之之罘成山也，詳焦循孟子正義。 陸氏儀顧堂續跋元槧本跋云：“晏子八卷，前有總目，目後有劉向奏，每卷有目，連屬篇目，每葉十八行，每行十八字，與吳山尊重摹影元鈔本同。惟吳刊版心分八卷，此本卷一至卷四，版心刊晏子上，卷五至卷八，刊晏子下，稍有不同。卷八末章‘公曰’章下，此本注‘缺’，吳本有‘吾失晏子’云云，與御覽九百三十五引同。吳勉學本分七篇二百三章，缺十二章，萬曆子彙本，以卷七重而異者，雙行注於內篇各條之下，卷八至第十七章止，缺第八章。經訓堂本出沈啓南校刊，本分爲七卷，以外篇七、八兩篇合爲一卷，卷八第十八章‘公曰’章下，多百餘字，與御覽所引及吳刊不同，與治要同。外篇每章皆注其著於此篇之故，當是劉向舊文，各本無之，均不如此本之善。子彙本有濟菴子識云：‘今刻本分諫、問、雜上下六篇，重而駁者二篇，每章復括大義爲標目，甚有次第’云云，則周氏刊子彙時所見亦此本也。是書元本流傳尙多，孫淵如作音義時所見，盧抱經作羣書拾補時所見，皆與此本同。卷八第十八章‘公曰’章下，皆注‘缺’字，何以淵如所贈山尊影鈔本獨全，與御覽一字不異，竊疑黠者以御覽補完，僞作影元本以愚淵如，淵如以贈山尊，山尊遂以梓行耳。然其文固見御覽，非僞也。”玉縉案：烏程閔氏刻本似卽從子彙出，續跋有子彙跋，據孫繼皐宗伯集，有吏部侍郎諡文恪儆菴周公行狀，中有“子彙則所自編輯”語，定爲周子義所刊。子義，嘉靖乙丑進士，附識於此。

魏鄭公諫錄五卷

故於徵諫爭之語，摭錄最詳，司馬光通鑑所記徵事，多以是書爲依據，其未經採錄者亦皆確實可信，足與正史相參證。

案提要於續錄云：“王氏所輯諫錄，僅據其所見聞，未能賅備”，前後自相矛盾。王先謙虛受堂集有是書後序云：“方慶自序云：‘採聽人謠，參詳國典，以成此錄。’案唐百官志，‘貞觀初，每仗下議政事，起居郎記錄於前，史官隨之，後復置起居舍人，秉筆隨宰相入殿’，故貞觀時事記錄獨詳，方慶得據國典以求其實，其與政要、通鑑、册府元龜間亦文同事異，詳略互殊，則傳聞各別耳。新傳云：‘孅人言徵嘗錄前後諫爭語示褚遂良，帝不悅’，通鑑亦以爲言者如是。舊傳則謂‘徵自錄示史官’，曾子固據之，書公傳，言‘以是益知公賢，而太宗怒之，薄其恩禮，失終始之義’。余謂當時旣有仗下記錄，則諫爭必衆見之，奚煩自錄示人，且此迺後世近名之爲耳，公烏有是哉？”李慈銘荀學齋日記云：“文貞不足稱純臣，其諫錄事難盡信，然有益於政治甚大，故此書與貞觀政要，皆爲後世人君必讀之書，荀子所謂法後王者，此類是也。”玉縉案：是書并續錄，有思賢講舍刊王先恭校注本，先恭又輯魏文貞故事拾遺三卷，附新、舊唐書本傳合注一卷。

李相國論事集六卷

今一卷之本未見，而此爲七卷之殘本，乃有偕序，豈後人以游跋更正歟?

張氏藏書志有文瀾閣傳鈔本，云:"原七卷，今佚一卷，從歷代名臣奏議補錄四條附後。又卷六上言德宗朝事條'卿等當悉之'下，脫七十餘字；論邊事條'選擇公忠淸'下，脫二十字，俱從名臣奏議校補。"瞿氏目錄有舊鈔本六卷，補錄一卷，云:"今於各書中補錄十有一篇附於後。"

金陀粹編二十八卷續編三十卷

珂別業在嘉興金陀坊，故以名書。編首自序，稱"況當規恢大有爲之秋，魚復之圖，穀城之略，豈無一二可俎豆於斯世，檢其所當行，稽其所可驗，而勿視之芻狗之已陳"云云，殆開禧敗衂之後，端平合擊以前，時局又漸主戰，故珂云爾也。其書歲久散佚，元至正二十三年重刻於江浙行省，陳基爲之序。

陸以湉冷廬雜識四云:"吾郡金陀坊，宋岳珂故里，珂金陀粹編自序，謂'先王佩佗綬於鄂，不肖幸紹封舊封'，則'金佗'乃因封爵取義，後遂以名其居。案爾雅釋訓，'委委佗佗'，孫炎謂'佗佗長之貌'，佗綬之佗，意蓋本此，今俗皆作金陀，似誤。"案自序稱"嘉定著雍、攝提格"，爲十一年戊寅，時金主遣使求和，不納，故珂爲是語，提要云云，近蹈空。至陳序，則錢大昕潛研堂集跋云:"陳敬初序，謂

'孝宗受禪，珂始以籲天辨誣錄詣闕訴上，由是詔賜墳廟，復爵位，頒封謚，錄遺孤'。今考孝宗受禪，在紹興三十二年壬午，忠武得昭雪復官，由於太學生程宏圖之上書，而倦翁之進籲天辨誣，乃在嘉泰四年丙寅，相去四十五載。又二十八年至端平甲午，倦翁尚里居無恙，然則孝宗受禪時倦翁恐猶未生，安得有詣闕上疏之事？本書所述年月，前後分明，易於尋檢，陳何不考至此。"

象臺首末五卷

又其書作於宋理宗時，安得載及元、明人詩文，殆必其後人所竄亂，非知柔之舊矣。

丁氏藏書志有舊鈔本五卷，附錄一卷，題"嗣孫胡祿重編刻，桂陽州學正順德簡欽校正。"云："十一世孫桂陽訓導祿，更以舊編重雕，幷增附錄元、明人詩文諸作，因此輯入，祿有後跋，而羅洪先特序其卷端。此許氏鑑止水齋鈔本，當時館臣僅見知柔原本，故謂其編次無法耳。"玉縉案：提要本有元、明人詩文，非原本，但亦非祿本。

古列女傳七卷續列女傳一卷

隋書經籍志雜傳類載列女傳十五卷，注曰："劉向撰，曹大家注"，其書屢經傳寫，至宋代已非復古本，故曾鞏序錄稱"曹大家所注，離其七篇爲十四，與頌義凡十五篇，而益以陳嬰母及東漢以來凡十六事，非向本書然也。嘉祐中，集賢校理蘇頌始以頌義編次，復定其書爲八篇，與十五篇者並藏於館閣"，是鞏校錄時已有二本也。又王回序曰："此書有母儀、賢明、仁智、貞順、節義、辨通、孽嬖等目，而各頌其義，圖其狀，總爲卒篇，傳如太史公記，頌如詩之四言，而圖爲屏風。然世所行向書，乃分傳每篇上下，併頌爲十五卷，其十二傳無頌，三傳同時人，五傳其後人，通題曰向撰，題其頌曰向子歆撰，與漢史不合，故崇文總目以陳嬰母等十六傳爲後人所附。予以頌考之，每篇皆十五傳耳，則凡無頌者宜皆非向所奏書，不特自陳嬰母爲斷也。向所序書多散亡，獨此幸存，而復爲他手所亂，故併錄其目而以頌證之，删爲八篇，號古列女傳。餘十二傳，其文亦奥雅可喜，故又以時次之，別爲一篇，號續列女傳。"又稱"直祕閣呂縉叔、集賢校理蘇子容、象山令林次中各言嘗見母儀、賢明四傳於江南人家，其畫爲古佩服，而各題其頌像側"，是回所見一本，所聞一本，所删定又一本也。錢曾讀書敏求記曰："此本始於有虞二妃至趙悼后，號古列女傳，周郊婦人至東漢梁嫕等，以時次之，別爲一篇，號續列女傳，頌義、大序列於目錄前，小序七篇散見目錄中間，頌見各人傳後。而傳各有圖，卷首標題，'晉大司馬參軍顧愷之圖畫'，蘇子容嘗見江南人家舊本，其畫爲古佩服，各題其頌像側者與此恰相符合，定爲古本無疑"云云。此本卽曾家舊物，題識印記並存，驗其版式紙色，確爲宋槧，誠希覯之珍笈，惟蘇頌等所見江南本，在王回删定以前，而此本八篇之數與回本合，古列女傳、續列女傳之目，亦與回本合，卽嘉祐八年回所重編之本，曾據以爲江南舊本，則稍失之耳。其頌本向所作，曾鞏及回所言不誤，而晁公武讀書志乃執隋志之文，詆其誤信顏籀之注，不知漢志舊注凡稱師古曰者，乃籀注，其不題姓氏者，皆班固之自注，以頌、圖屬向，乃固說，非籀說也。考顏氏家訓稱列女傳劉向所造，其子歆又作頌，是謂傳頌爲歆作，始於六朝，修隋志時，去之推僅四五十年，襲其誤耳，豈可遽以駁漢書乎？續傳一卷，曾鞏以爲班昭作，其說無證，特以意爲之，晁公武竟以爲項原作，則舛謬彌甚。

玉縉案：曾家舊物，當即余氏勤有堂本，阮元有仿刻本，又顧之逵重刻本無圖，其序云："劉向列女傳，考顏黄門家訓，則曹大家注本已有羼入者，至蘇頌、王回，又出己意更改，厥後蔡驥遂散頌入傳，而建安余氏勤有堂所刊，彙逸去頌義、大序及魯師氏母一傳，迥非劉氏之舊矣。余本凡八卷，上方有圖，首題虎頭將軍畫，然據王回序，則呂縉叔等所見圖，乃止母儀、賢明二傳，後并無從更得，今此圖蓋余氏所補繪耳，無容贅爲摹刻也。"案據思適齋集，此序爲顧廣圻代撰，以圖爲余氏補繪，似肊爲之說，惟所附考證甚精。

高士傳三卷

此本所載，乃多至九十六人。此外子州支父、石戶之農、小臣稷、商容、榮啟期、長沮、桀溺、荷蓧丈人、漢陰丈人、顏斶十人，皆御覽所引嵇康高士傳之文。惟披衣、老聃、庚桑楚、林類、老商氏、莊周六人，爲御覽此部所未載，當由後人雜取御覽又稍摭他書附益之耳。考讀書志亦作九十六人，而書錄解題稱今自披衣至管寧惟八十七人，是宋時已有二本，竄亂非其舊矣。

張宗泰所學集有書是書後云："高士傳上、中、下三卷，共七十八人，與書錄解題合，而解題謂終於管寧，此本則終於焦先也。其書大旨薄視富貴，崇奬節義，喜言恬退，不尚進取，雖不盡合於聖賢中正之道，然以救人世奔競之風，則一副清涼散也。惟是堯讓天下於舜，舜讓天下於禹，此夫人而知之者，乃云堯讓天下於許由，又讓於子州支父，舜讓天下於善卷，又讓於子州支父，又讓於石戶之農及蒲衣子，何多讓也，將毋借以寫高士之襟期，故曼延其說歟？又林類底春披裘，拾遺穗於故畦，不知春月有何遺穗可拾也？謂陳仲子將妻子適楚，居於陵，而於陵故縣在今長山縣南二十里，本齊地，而此似以爲楚地也。馬驌繹史年表，秦始皇帝十九年，王翦滅趙，而樂臣公傳謂趙爲秦昭王所滅，何也？後漢書夏馥傳，張儉等亡命，經歷之處皆被收考，辭所連引，布徧天下，馥所以頓足而歎，謂一人逃死，禍及萬家者此也，乃刪去儉等亡命數語，則馥語爲無來歷，此亦節錄之未得其當者也。"玉縉案：味故畦二字，蓋謂拾去秋所遺之穗。

春秋列國諸臣傳三十卷

所傳凡一百九十一人，各以贊附於後。

瞿氏目錄有舊鈔本三十卷，云："晁氏讀書志、陳氏書錄俱作五十一卷，與宋志合，此本止三十卷，而一百三十有四人之數與晁氏合，蓋後人省併卷第以刻之者。"玉縉案：張氏藏書志有舊鈔本新刊標注蜀本王學士當春秋臣傳三十卷，題"王當撰，直學省元曾𡷊之、學諭省元邱聞之同校正"，當是坊刻。

廉吏傳二卷

樞字伯樞，成都人。自序題宣和乙巳，蓋作於宋徽宗末年，前有辛次膺序，稱其以藝學中高第，其仕履始末則無考也。

陸氏儀顧堂題跋云：“樞，廣都人，祖求，熙寧進士，官止眉山令，樞亦登進士第。紹興十六年，以左朝散郎知歸州，見繫年要錄一百五十五卷。”玉縉案：樞亦必廉吏，觀其拒旅館主婦美少新寡事可以知之。

紹興十八年同年小錄一卷

宋代同年小錄，今率不傳，惟寶祐四年榜，以文天祥、陸秀夫、謝枋得三人爲世所重，如日星河岳，亙古長留，足以搘拄綱常，振興風教，而是榜以朱子名在五甲第九十，講學之家，亦自相傳錄，得以至今。明弘治中，會稽王鑑之重刻於紫陽書院，改名曰朱子同年錄，夫進士題名，統以狀頭曰某人榜進士，國制也；標以年號曰某年登科小錄，亦國制也，故以朱子傳是書可也，以朱子冠是書，而黜特選之大魁，進綴名之末甲，則不可；以朱子重是書可也，以朱子名是書，而削帝王之年號，題儒者之尊稱，則尤不可。鑑之所稱，蓋徒知標榜門戶，而未思其有害於名教，今仍以原名著錄，存其眞焉。

徐時棟煙嶼樓讀書志十三云：“明人重刻紹興十八年同年小錄，改名朱子同年，提要極斥之，謂其標榜門戶，有害名教，陳義甚正。而宋代同年小錄祗存二本，體例無所分別，提要於寶祐四年題登科錄，此則題同年小錄，不解作何區別，或亦兩錄原名本互異耶？抑又有可疑者，提要於此錄云：‘宋代同年錄’云云，其於寶祐錄云：‘三人並以孤忠勁節'云云，語氣抑揚過甚。紀文達不喜宋儒，時亦不滿朱子，乃故於筆端上下其手，亦可已而不已。"玉縉案：彼錄以三忠而傳，此錄以一人爲講學家而傳，事實如是，並無軒輊。至褒揚忠節，體例應爾，提要於忠義等之人與事無不表章者，別集類尤夥，徐氏以此疑其抑朱，並疑及兩錄之名稱，豈眞不可已耶？總之，紀氏固或不滿朱子，而此則無所謂上下其手也。恐其導後學於偏刻一路，特辨之。　瞿氏目錄有舊鈔本，云："世以是錄因朱子而重，故明初有刊本，又有石刻在滁州歐梅亭，明人張安道所刻，惟朱子名字三代鄉貫全載，其餘僅書名及本貫州縣，此從明初本傳錄，猶同宋時舊帙也。是榜徐履以南省第一人而殿五甲，張荃翁貴耳錄謂履因功名之念太重，遂有心恙之疾，殿試卷子寫一枝竹，題曰：'畫竹一竿，送上試官'，朝廷亦優容之。此本附錄云：'時相秦檜欲妻以女，因陽狂，廷對不答一字，乃附第五甲末'，其說不同，各記所傳聞耳。"丁氏藏書志云："履附五甲之末，以視狀元王佐等三人對策之語皆附會和議，爲何如耶？"

名臣言行錄前集十卷後集十四卷續集八卷別集二十六卷外集十七卷

前集、後集，並朱子撰，續集、別集、外集，李幼武所補編。乃編中所錄，如趙普之陰險，王安石之堅僻，呂惠卿之姦詐，與韓、范諸人並列，莫詳其旨？明楊以任序，謂是書各臚其實，亦春秋勸懲之旨，非必專以取法。又解名臣之義，以爲名以藏僞，有敗有不敗者，其置詞頗巧。然劉安世氣節凜然，爭光日月，盡言集、元城語錄今日尚傳，當日不容不見，乃不登一字，則終非後人所能喻。

顧廣圻思適齋集，代洪賓華重刊宋本名臣言行錄序云："名臣言行錄一書，凡五朝名臣言行錄十卷，三朝名臣言行錄十四卷，皇朝名臣言行續錄八卷，四朝名臣言行錄上十三卷，下十三卷，皇朝道學名臣言行外錄十七卷，五朝謂開國至英宗，三朝則英宗以後至徽宗也，皆朱子撰。四朝謂中興以後，皆朋溪李幼武士英撰。"玉縉案：此語致爲明晰。又顧氏後序，歷舉宋本之誤，皆一一改正，文繁不錄。魏源古微堂外集書是錄後云："乾隆中，修四庫書，紀文達公以侍讀學士總纂，文達故不喜宋儒，其總目多所發揮，然未有如宋名臣言行錄之甚者也。曰：'茲錄於安石、惠卿皆節取，而劉安世氣節凜然，徒以嘗劾程子，遂不登一字，以私滅公，是用深憾。'是說也，於茲錄發之，於元城語錄發之，於盡言集發之，又於宋如珪名臣琬琰錄發之，於清江三孔集發之，於唐仲友經世圖譜發之，昌言抨擊，詑再詑四，昭昭國門可懸，南山不易矣。雖然，吾未知文達所見何本也？茲錄前集起宋初，後集起元祐，而劉公二十餘事在焉。羔羊之節，曾、史之行，明夷之貞，凜然起懦夫，炳萬禩，故南宋黃震日鈔品騭茲錄諸人，亦廁劉公於王巖叟、范祖禹間，次第脗符，是宋本、今本五百年未之有改也，吾未知文達所見何本也？且朱子於劉公也，推其剛則視陳忠肅爲得中，劾伊川非私心，述折柳必非妄語，養氣剛大，殁致風雷，嶠然秋霜烈日相高焉，而謂其百計抑之，終不能磨滅，然耶否耶？尋其由來，文達殆徒睹董復亨繁露園集之瞽說，適愜其隱衷，而不暇檢原書，遂居爲奇貨。夫董氏不學固無論，即其以蘇黨及禪學二事爲劉公所以不登之由，則錄中取二蘇言行不下二十餘事，而所臚宋初諸公雜禪學者又十而七，何耶？矧是書成時，朱子悔黄魯直之孝友篤行而遺之，則即四科不列曾氏，尚未足爲記者闕失，矧未見顏色而言乎？夫忠定與文公皆百世師，原非後人所能一吝增嶽，一蠡損渤，而文達方以記醜言辯尸重名，余恐耳食者流，或眩其信仰前哲之心而靡從之，則是益重文達過也。” 李慈銘荀學齋日記云：“文達誠不喜宋儒，書目中於通鑑綱目、伊雒淵源錄、小學集注等書，亦或有言之小過者，然皆循其終始，反覆折衷，雖至語類諸編最爲蕪雜，亦深求其編輯之先後，去取之是非，未有不檢其書而輕肆詆諆者。蓋名臣言行錄傳刻者多，衆本雜出，四庫所收，或非足本，今考提要，於史部傳記類載宋名臣言行錄，但云於安世不登一字，而載趙普、王安石、吕惠卿等終所未喻，並無‘以私滅公，是用深懲’之言。史部奏議類載盡言集，子部雜家類載元城語錄，皆無是語。宋如珪名臣琬琰錄並無其書，蓋是杜大珪名臣碑傳琬琰集之誤，然提要惟以朱子之取安石、惠卿，例大珪之載及丁謂諸人，未嘗言安世也。亦見史部傳記類。清江三孔集提要，無一語及之，惟於孔平仲珩璜新論，略言平仲與安世、蘇軾皆不協於程子，未嘗及朱子之言行錄也。亦見子部雜家類。至慶元黨禁，亦在傳記類。提要本高宗御題詩章以趙汝愚爲開門揖盜，因謂'黨禁諸人，聲氣交通，賢奸雜糅，釀成門戶，遂使小人乘其瑕隙，蘭艾同焚，國勢馴至於不振，春秋責備賢者，不能以敗亡之罪獨諉諸韓侂胄'，其言最爲平允。龜山集在集部別集類。提要謂時受學於程子，三傳而及朱子，開閩中道學之派，其東林書院存於無錫，又爲明季講授之宗，乃盛推其淵源廣遠，身繫學統，並無再屋明社之言。要之，官書自有體裁，況四庫總目稟承高廟睿鑒，朱子之學，國朝所尊，豈有任肊放言，攻擊先哲，如文士私家著書之比。默深亦未嘗喜宋學，集中偶有一二推闡理學之言，皆掇拾皮毛，裝點門面，以自附於眞儒，而其譏彈朱子，不可枚舉。此不過自知考據非其所能，嫉忌近世漢學諸家，乘間肆詈，學問自有公言，無取妄詆也。"

名臣碑傳琬琰集一百七卷

起自建隆、乾德，訖於建炎、紹興，大約隨得隨編，不甚拘時代體製。要其梗概，則上集神道碑，中集誌銘行狀，下集別傳爲多，多採諸家別集，而亦間及於實錄、國史，一代鉅公之始末，亦約略具是矣。

陸氏儀顧堂題跋宋本名臣碑傳琬琰之集跋云："三集所錄，多取之隆平集，惟姑溪居士李之儀所撰范公行狀，今載忠宣集中，此本未錄。南宋祗錄張浚行狀、劉珙行狀、劉子羽墓誌碑銘、李顯忠行狀、虞雍公守唐事，而於李忠定綱、种忠憲師道、宗忠簡澤、趙忠簡鼎、呂忠穆頤浩、胡忠簡銓、岳武穆飛、韓忠武世忠、朱文公熹、呂成公祖謙、趙忠定汝愚誌狀不登一字，亦缺典也。"

慶元黨禁一卷

題曰："滄洲樵叟撰"，蓋與紹興正論均出一人之手，序稱淳熙乙巳，則作於宋理宗十八年也。

案紹興正論提要云："舊題湘山樵夫撰"，非滄洲樵叟，乃以爲一人，未詳所據？　陸氏藏書志有舊鈔本慶元黨禁，並載淳祐乙巳滄洲樵川樵叟序。案淳祐乙巳，爲理宗二十一年，非十八，若淳熙乙巳，則孝宗二十三年也。

寶祐四年登科錄一卷

首列御試策題一道及詳定編排等官姓名，其覆考檢點試卷官爲王應麟，故宋史文天祥傳載考官王應麟奏其卷，稱"古誼若龜鑑，忠肝如鐵石，敢爲國家得人賀"也。其一甲第九人爲王應鳳，卽應麟之弟，蓋當時法制猶疎，未有回避之例耳。五甲第一百八十九人朱喇以下，原本脫去二十四人，今檢錄中四甲二百二十七人趙與溥下，注兄與鎮同榜，而錄無其名。又括蒼彙紀有趙時、陳堅，衡州府志有羅雷春，萬姓統譜有趙良金，並稱寶祐四年進士，而此錄亦無之，則皆在所闕內矣。

徐時棟煙嶼樓讀書志十三云："提要一卷，今以策問及考官姓名等爲卷首，以全榜題名爲一卷，文山對策及御賜詩、文山謝詩表爲一卷，諸進士字貫三代爲一卷，三忠傳爲一卷，此提要似無之。共分四卷，而林佶等跋附焉。提要謂'考官王應麟奏文天祥卷，其一甲第九人王應鳳，卽應麟之弟，當時法制猶疏，未有迴避'。愚案厚齋先生實爲覆試檢點試卷官，後世科場條例雖密，似亦無因覆試外簾官而迴避已中舉子之例也。是科吾慶元府得十二人，四甲二百二十六趙必聰，錄但云本貫玉牒所，據寶慶四明志知慶元人。其中一人，五甲第三十三。錄但云本貫慶元府鄞縣字文轟，而脫其姓名。據寶慶四明志，始知爲章霆瑞，志在陳著之下，五甲十七。卓雲之上，五甲八十三。名次既與錄符，霆轟義尤相配，是可據志以補錄無疑也。又四明志尚有楊應霆等十八人爲錄中所無，案此錄五甲中姓名本貫盡脫者凡二十九人，八十二，又九十四，又百五，又百六，又百九十，至榜末二百十三，凡二十四人。又特奏進士全然未載，此十八人或在二十九人之中，或係特奏名，均不可知？提要祇言括蒼彙紀、衡州府志、萬姓統譜三書所稱寶祐四年進士，爲此錄所無者，皆在所闕之內，而不及寶慶四明志，似亦偶然疏忽矣。延祐四明志與寶慶志全同，二志並著錄提要中。”李慈銘荀學齋日記丙集上云：“共五甲六百一人，末缺二十四人，後附一甲第一人廷對策，其格式皆與今登科錄同，惟每人下有字、有小名、小字，且有號，有行第，有具慶下，亦作雙侍下，雙愛下。嚴侍下，慈侍下，偏侍下，蓋生母也。永感下，有生之月日時，有外氏某，有治某經或賦幾舉，有兄弟幾人，有娶某氏，三代有官者皆書本貫，下有某鄉某里某爲戶，皆較今爲詳，而亦有缺不具者，蓋今以有齒錄及各人行卷履歷詳之也。是科一甲第一名文天祥，第九名王應鳳，厚齋之弟，其下注兄應麟，從事郎，而宋史言應麟是科爲覆考官，亦僅有事也。二甲第一名謝枋得，第二十七名陸秀夫，四甲第一百五名黃震，年四十四。五甲一百二十一名胡三省，其餘鮮表見者。而趙氏宗子至七十五人，皆貫玉牒所，或宗正寺，又有趙與秞、趙若琲、趙若琟、趙孟檦、趙若瑍、趙崇回、四甲二百一名有趙崇回，字國老，第千六，曾祖不懦，祖善得，父汝訓，本貫玉牒所。此在四甲二百五名，字希道，小字回老，第四十，曾祖不枯，祖善咝，父汝隋，本貫慶元府，僅隔三名而姓名同，恐有誤字。趙崇湁、趙若玤等八人，不言貫宗牒，而詳其名字及三代行次，實皆宗子也。當日偏安一隅，而進士之多如此，此外尚有特奏名及上舍釋褐者，復數百人，皆一例稱登科，以今視之，轉難數倍，蓋科舉之宂濫，關防之瑣碎，皆始於宋，而南渡以後尤甚也。此錄以文、謝、陸三公傳，而黄、胡二公，博洽為南宋冠，名皆在四五甲，文山年僅二十，東發年倍過之，名第後先，概不足據，且宋世登科錄傳者，惟此及紹興戊辰，此以第一人傳，彼以五甲中有朱子而傳，人豈系乎科名哉！第四甲二百三十八名有王剛中，台州寧海人，第五甲三十四名又有王剛中，字子潛，吉州太和人，此於孝宗初樞密王恭簡公剛中外，又有同姓名者二人，亦自來輯同姓名錄者所未及也。”鄭翼謹案：汪氏九史同姓名略宋有兩王剛中，一為恭簡，一景炎時知福安州降元，即寶祐進士，惟里貫無考，不知為浙為贛？又錄中有兩李會龍，一在一甲，莆田人，一在五甲，横州人。四甲兩楊夢斗，一第三名豐城人，一廿五名福州人。

京口耆舊傳九卷

書畫如米芾父子，雖皆著在史傳，而軼聞逸事則較史為詳。瞿氏目錄云：“有資史籍考證，如米芾卒年五十七，與宋史本傳年四十九不同。子友仁仕至工部侍郎，與宋史兵部侍郎不同。"

昭忠錄一卷

自紹定辛卯元兵克馬嶺堡，總管田璲等死節，迄於國亡徇義之陸秀夫、文天祥、謝枋得等，凡一百三十人。

粤雅堂本據黄氏所藏鈔本，未知即提要本否？伍崇曜跋云："内宋宗室趙崇源一條，恐有缺頁，俟覓善本訂正。"

唐才子傳八卷

永樂大典本。

日本佚存叢書有十卷本，大德甲辰自序云："傳成凡二百七十八篇，因而附錄不泯者又一百二十家，釐爲十卷。"

元朝名臣事略十五卷

此書記元代名臣事實，始穆呼哩，原作木華黎，今改正。終劉因，凡四十七人。

陸氏儀顧堂集有校元本名臣事略書後云："向讀事略至卷十一趙文正事略，與史不符，疑其中必有錯簡，今以元刊本校之，知今本奪落甚夥，卷首脫許有壬序三葉，王守誠跋二葉，卷二丞相楚國武定公事略，第一條'由子大'下脫九條，約一千二百餘字。卷九太史郭公事略，第十三條'且綏其言'下，脫五百八十餘字。卷十一趙文正事略，第九條'初我師取四川'以下，脫七條，約千六百餘字。其'十六年李梓發盗'以下，則賈文正事，而非趙文正事也。賈文正事略脫前十二條，約二千餘字。蓋今本所據之本，行款字數，當與元刊同而有缺葉，卷首缺五葉，卷九缺一葉，卷十缺二葉，卷十一缺六葉，重刊者既不覓善本補完，又改其行款而連綴之，故淆亂如此。趙文正事略之前半，與賈文正之後半既合爲一，並删其目以滅迹，若非原本僅存，則余之疑固不能明，恐讀史者又滋聚訟矣。其他字句脱落尚數百字，原本模糊而以意填補者亦數百字，悉依元本勘正。至元時譯語，與欽定國語解不同，姑注於旁，以存元本之舊。"

殿閣詞林記二十二卷

道南自正德辛巳改庶吉士，由編修歷官侍講學士，在詞垣最久，嫻習掌故，因集詞林、殿閣、宮坊、臺省諸臣舊事，分類記載，以成是編。　　彙六館者曰館學，晉詹事者曰宮學，屬春坊者曰坊學，屬弘文者亦曰館學。　　自卷九以下，標題皆作"國子監祭酒黄佐、侍講學士廖道南同編"。蓋道南採掇黄佐翰林記之文，不沒所自，猶有前輩篤實之遺，今亦仍從舊本並存其名焉。

李慈銘祥琴室日記云："所載至嘉靖時止，道南文筆簡潔，其諸學士傳末，多取同時人所作銘贊系之，亦多可觀。"玉縉案：明刊本，嘉靖乙巳道南自序，作"其彙六部者名曰部學"，今提要約舉此文，而誤爲"彙六館者曰館學"，並於下文加亦字，云"亦曰館學"，幾若原文明作六館及館學者，可謂紕繆之極矣。又自序稱"嘗讀中祕，與泰泉黄君佐纂翰林雜記六册"，則九卷以下所載翰林記之文明是同編，未必專事採綴也。

嘉靖以來首輔傳八卷

其所載始楊廷和訖申時行，皆以首輔爲主，而間以他人事蹟附之。

李慈銘祥琴室日記云："所載爲楊廷和、蔣冕、毛紀、費宏、楊一清、張孚敬、李時、夏言、翟鑾、嚴嵩、徐階、李春芳、高拱、張居正、張四維、申時行十六人。弇州以嘉靖以來，閣權益重，首輔之與次輔，高下益分，故著爲是書，事多目擊，曲折詳盡，較史爲備而可信。其最稱重者，新都、華亭，次則全州、掖縣、任邱、興化，而於鉛山則譏其晚節不終，巴陵則譏其權術自用。於永嘉雖譏其横，而稱其屏苞苴，折姦倖，明主威，蕩國蠹，爲功之首，於新鄭謂其剛愎強忮，雖有小才不足道，幸其早敗耳，皆持平之論。弇州受知於華亭，又與江陵素厚，而始困於分宜，後扼於新鄭，分宜之惡，不待一人之言，江陵功罪相平，而弇州頗不爲留餘地，但云居正申、商之餘習，尙能以法劫持天下，器滿而驕，羣小激之，身沒之後，名穢家滅，善乎夫子之言，'雖有周公之才之美，使驕且吝，其餘不足觀也已。'於華亭雖稱美之，而謂其小用權術，收采物情，識者不無遺恨。考弇州當隆慶初爲其父訟冤，而新鄭梖之，賴華亭周旋其事，僅得半卹，此書謂新鄭很於信州，即貴谿。而汰小未甚，亦可謂惡而知其美者。諸傳敍事亦有筆力，惟時有疵語及不典之稱，此染於二李習氣，故爲後人口實也。"

明名臣琬琰錄二十四卷續錄二十二卷

案丁氏藏書志有明刊本二十四卷，後錄二十二卷，續錄八卷，云："續集八卷，凡六十九人，前有嘉靖辛酉武進薛應旂序，而四庫目錄未之載，豈當時未見是編，而以後錄爲續錄歟？"

元儒考略四卷

大抵以元史儒學傳爲主，而旁採志乘附益之。

陸氏藏書志有毛嶽生鈔本，並載李兆洛手跋云："是書列元儒之能宗尚程、朱者，採摭頗備，蓋明儒學案之嚆矢，而宗尚醇實，不存門戶之見。惟寶子聲、劉夢吉、黃楚望諸人，刪取元史太略，或未得深詣所在。"

明儒學案六十二卷

宗羲生於姚江，欲抑王尊薛則不甘，欲抑薛尊王則不敢，故於薛之徒陽爲引重而陰致微詞，於王之徒外示擊排而中存調護。夫二家之學各有得失，及其末流之弊，議論多而是非起，是非起而朋黨立，恩讎轇轕，毀譽糾紛，正、嘉以還，賢者不免。宗羲此書，猶勝國門戶之餘風，非專爲講學設也。

李慈銘受禮廬日記下云："南雷於此書用力甚勤，誠有明一代道學之囊括，然其意專主陽明之學，故雖先時之薛河東、吳崇仁，同時之羅太和羣推爲程、朱嫡嗣者，亦致不滿之辭。然陽明功業文章自足照耀千古，其於理學，則提良知二字獨闢宗門，雖事由心悟，非取新異，且以救正末流，亦非無功，要成其爲一家之言則可，標以爲千聖之的則不可。前人論陽明，惜其多講學一節，固非定論，吾獨惜其口說之太多耳。"　又息荼庵日記云："黎洲於王氏一家之學，扶同抑異，翼蔽後先，可謂盡心，其於天泉證道無善無惡心之體一言，旣據楊晉庵東明之說，辨其論心非論性，而以龍谿爲誤會師旨。又據傳習錄陽明語薛中離侃云：'無善無惡心之靜，有善有惡氣之動'，又鄒東廓守益青原贈處記所載亦不同，而以龍谿之言爲誤記，至蘇秦、張儀竊見良知妙用之語，又以爲黃五岳省曾所誤增，非陽明本意。其他所載，如宋望之儀望，江西永豐人，隆慶中，官巡撫南直隸僉都御史。陽明先生從祀或問，胡廬山直，江西太和人，萬曆初，官福建按察使。與唐仁卿爭辨兩書，薛中離之辨禪學，尤西川時熙之紀聞，孟我疆秋與顧涇陽往復之語，發微闡幽，略無餘蘊，陽明之心術事功，軒然於日月之表，於王氏誠爲忠臣矣。然愚謂致良知之旨，不過爲下愚設敎，使知人皆可希聖賢耳，論者謂其高明之過，非也，高明必由博學，故孔、孟敎人，皆以積學漸致爲功，無一蹴而幾者。由陽明之敎，斯王心齋以不識字之人即可提倡天下，下至樵夫農父，一言有悟，已列儒林，於是越中之學，一變而爲周海門、陶石簣、陶石梁；太洲之學，一變而爲顏山農、何心隱、李卓吾，鬼怪狂禪，無所不有，此陽明門牆廣大之害也。而近時越之陋儒，又欲推徐文長爲王門再傳弟子，謂其私淑最奇，豈知文長所能者僅小詩粗畫，所讀者惟稗說佛經，蓋一江湖浮薄下才，全不知學，而行迹詭邪，性情險鄙，徒以俳言諧語，炫俗取名，激賞於袁宏道等一二淺人，而鄉曲愚孺，遂增造穢言，影飾故事，以委瑣爲風流，以狂愚爲解悟，至欲援之王學，以累先儒，不將爲陽明之重不幸哉!”“陽明治身治事萬無可議，其招徠後進，亦以自任天民之責，覺世牖人，絶非鶩門戶聲氣者比，而同時詆之者皆陰險小人，忌嫉狂噬。即講學之流，與爲異者，如湛甘泉柔鄙媚奸，等於鄉愿。李止修材矜愎自用，成爲妄人。崔後渠銑、黄泰泉佐頗知讀書，工議論而學識拘狹，不足名家。張甬川邦奇斤斤自守之士，學無所得。徐養齋問才略可稱，其功業文章皆不敢望陽明肩背。至唐仁卿伯元輩逞肊妄詆，更不足言。惟羅整菴欽順品節粹然，所著困知記一書，言多近道，而理氣支離，終亦出入無主。國朝之闢王氏者，孫退谷承澤虧節無恥，旣姚江五尺童子所羞稱。他若孝感熊氏，安谿李氏，柏鄉魏氏，平湖陸氏，語德業則高下懸殊，論學問則膚淺尤甚，徒以門戶歧異，横口詆誣，究何傷於陽明哉？梨洲時猶未聞退谷諸人之論，而釋疑辨嫌已若無所不至。蓋傳陽明之學者，在吾越惟緒山、彭山、陽和，張氏元忭。在江右惟東廓、南野、歐陽氏德。念庵，羅氏洪先。講求實學，稍有根柢，然念菴已不免訪異人，問丹訣，至趙大洲貞吉、羅近谿汝芳輩出，則終身以方外爲歸宿矣。夫吾學豈待他求，希聖必由博學，凡所謂箍桶之易，道士之圖，皆宋人依傍禪宗之故習，唐以前無是也。王學之直捷警悟，謂異於鉢傳棒喝，取弄機鋒，吾未之敢信也。故論諸儒之律身克己，淸明在躬，固非末學所能及，若謂其有功聖學，羽翼六經，則即此書所載，無非以心性理氣四字，紛紜傎倒，使聖賢大義微言，破碎淆亂，不知其統，卮言日出，莫知其紀，不得不歸俑於大、中之章句，太極之圓圈，示人以性與天通，不難家自爲說。於是粗識方圓，便移河、洛之位，能調這麼，可成語錄之編，爭辨狺狺，鼠門牛角，至死而不悟。自謂異於禪而轉入於禪，轉不如黃華翠竹，指點較眞，明鏡菩提，轉移卽是也。”“陽明之徒，若薛中離之貶，徐波、石樾之死，已爲可笑，方西樵獻夫、霍渭崖韜功過亦不能相抵，至黃久庵綰、陸元靜澄更何爲乎？梨洲頗爲之掩護，而聶雙江豹，尤王門之高坐也，故於楊忠愍疏參分宜冒功兵部議覆一事，力辨其誣，然徐存齋階一時名相，其表章陽明，力興講會，可謂有大功於王氏者矣，而梨洲詆其田連阡陌，鄉論雌黃，立朝大節，亦絕無儒者氣象。又徐珊者，梨洲之同邑先達也，嘉靖癸未赴會試，以策問譏心學，不對而出，王氏以爲干城，而梨洲直書其爲辰州同知，侵餉縊死，時人有‘君子學道則害人，小人學道則縊死’之謠。然則謂梨洲此書，純是門戶鄉曲之見者，非篤論也。東林之於陽明，離多而合少，梨洲列其父白安於東林，而其師蕺山雖別爲學案，要是東林同氣，故梨洲於此不免調停同異，出入其辭，究而論之，陽明之事功足冠有明，其講學可也，其倡宗旨而務攻新安，植氣類，則不必也。東林之氣節足風千古，其講學亦可也，其處山林而務持朝局，議公卿，則不必也。蓋有明一代士夫，不好學而好名，其始也借朝廷以合聲氣，其繼也藉聲氣以傾朝廷，故朝廷之黨可離，而山林之局不可破，身退而權益盛，官黜而體愈尊，不可謂非姚江肇其端，而涇陽成其禍也。觀是書所載，如緒山以削籍郎官，丁憂出都，而開講粵東，阜蓋呵導，李見羅材出獄遣戍，而仍用督撫威儀，赫奕道路，然則東林六君子之獄，閹黨劾繆西谿繡衣黃蓋，開館招賓，焉得謂之盡誣乎？”

東林列傳二十四卷

明萬曆間，無錫顧憲成與高攀龍重修宋楊時東林書院，與同志講學其中，聲氣蔓延，趨附者幾遍天下，互相標榜，自立門戶，流品亦遂糅雜。迨魏忠賢亂政之初，諸人力與搘拄，未始非謀國之忠，而同類之中，賢姦先混，使小人得伺隙而中之，於是黨禍大興，一時誅斥殆盡，籍其名頒示天下。至崇禎初，權閹既殛，公論始明，而餘孽尚存，競思翻案，議論益糾紛不定。其間姦黠之徒，見東林復盛，競假借以張其鋒，水火交爭，彼此報復，君子博虛名以釀實禍，小人託公論以快私讎，卒至國是日非，迄明亡而後已。是編所載一百八十餘人，蓋即東林黨人榜，及沈㴶、溫體仁等雷平、蠅蚋諸錄所著名者也。以節義炳著者彙載於前，餘亦分傳並列，臚敍事蹟頗詳，其中碩士端人固所不乏，而依草附木者實繁有徒。厥後樹幟分朋，干撓時政，禍患卒隱中於國家，足知聚徒講學，其流弊無所不至，雖刱始諸人，未必逆料及此，而推原禍本，一二君子，不能不任其咎也。此書仿龔頤正元祐黨籍傳之例，於諸人之姓名履貫，無不本末燦然，俾讀者論世知人，得以辨別賢姦而深思其薰蕕雜廁之所以然，前事不忘，後事之師，其亦千古炯鑑矣。

朱彝尊曝書亭集史館上總裁第六書云：“明自萬曆間，顧、高諸君子講學東林書院，士大夫嚮風景從，主持清議，久而漸成門戶，不得其門入者分鑣而馳，遷染之塗既殊，相爭如水火，當是時，中立不倚者寡矣。究之，東林多君子而不皆君子，異乎東林者亦不皆小人，作史者當就一人立朝行己之初終本末，定其是非，別其黑白，不可先存門戶於胸中，而以同異分邪正賢不肖也。大抵小人之交無所不比，而君子或有所不同，方宋盛時，晏殊爲相，范仲淹參知政事，杜衍爲樞密使，韓琦、富弼副之，可云同心輔政者矣，及趙元昊叛，仲淹主調發，弼不主調發；衍是弼議，殊是仲淹議，若不相能者，然既而退朝，語笑無間，唯其是非同異，一出於公，故能成慶曆之治。東林之君子則不然，一言之合，則以爲同道而信之終身，一言之乖，則斥爲匪人，懷惡而不復親比，居田間者遙制朝柄，而庠序之士立文社應之，轉相慕襲，膠結而不可解。異議者一發而不勝，乃樹援以爲敵，久而假宦寺之權以禍君子，未始不由君子之疾惡過激也。使克如晏、范、杜、韓諸老，和而不同，羣而不黨，寧有是哉？每見近時之論，其人而東林也，雖晚而從逆，必爲之曲解，攻東林者，殉國之難，人所共知，終以爲僞，執門戶以論人，是非之不公，其弊有不可勝道者已。”

入蜀記六卷

而於考訂古蹟，尤所留意，如丹陽皇業寺，即史所謂皇基寺，避唐玄宗諱而改。李白詩所謂新豐酒者，地在丹陽、鎮江之間，非長安之新豐。甘露寺很石多景樓皆非故蹟。眞州迎鑾鎭，乃徐溫改名，非周世宗時所改。梅堯臣題瓜步祠詩，誤以魏太武帝爲曹操。廣慧寺祭悟空禪師文石刻，保大九年，乃南唐元宗，非後主。庾亮樓當在武昌，不應在江州，白居易詩及張舜臣南遷志 鄭霙謹案：南遷志張舜民撰，提要作舜臣，誤。並相沿而誤。歐陽修詩"江上孤峯蔽綠蘿"句，綠蘿乃溪名，非泛指藤蘿。宋玉宅在秭歸縣東，舊有石刻，因避太守家諱毁之。皆足備輿圖之考證。

陸以湉冷廬雜識三云："湖北有西塞山，一名道士磯，湖州亦有西塞山，亦名道士磯，張志和漁父詞所云'西塞山前白鷺飛'，乃在湖州時作，而放翁入蜀記指爲湖北之西塞山，廣輿記等亦沿其誤。"玉縉案：湖北西塞山在黃州，余曾到過。

西使記一卷

元劉郁撰，郁，眞定人。　元史憲宗紀，"二年壬子秋，遣錫喇征西域蘇丹諸國，是歲，錫喇薨。""三年癸丑夏六月，命諸王錫里庫及烏蘭哈達帥師征西域法勒噶巴哈台等國。""八年戊午，錫里庫討回回法勒噶巴，平之，擒其王，遣使來獻捷。"考世系表，睿宗十一子，次六曰錫里庫，而諸王中別無錫喇，郭侃傳，侃壬子從錫里庫西行，與此記所云"壬子歲皇弟錫喇統諸軍奉詔西征，凡六年拓境幾萬里"者相合，然則錫喇即錫里庫，因元史爲明代所修，故譯音譌舛，一以爲錫喇，一以爲錫里庫，誤分二人，而憲宗紀二年書錫喇薨，三年重書錫里庫西征，遂相承誤載也。此記言常德西使，在己未正月，蓋錫里庫獻捷之明年，所記雖但據見聞，不能考證古蹟，然亦時有異聞。郭侃傳所載與此略同，惟譯語時有譌異耳。

玉縉案:時有兩劉郁,一字仲文,眞定人,卽此;一字文季,渾源人,乃著歸潛志劉祁弟。祁志,山西通志及渾源州志均著錄,余所見本,篇末有“中統四年渾源劉郁書”九字。李光廷漢西域圖考節錄西使記云:“壬子歲,皇弟旭烈兀統諸軍奉詔西征,凡六年,拓境幾萬里。”於壬子歲下,注“憲宗二年”,旭烈兀下,注“原本作旭烈”,六年下,注“元史總計八年。又云:“元史憲宗紀,二年壬子秋七月,命旭烈征西域素丹諸國,十二月,諸王旭烈薨,與紀同。而三年癸丑夏六月,命諸王旭烈兀及兀良合台等帥師征西域哈里發八塔哈等國。郭侃傳,壬子,從親王旭烈兀西征。憲宗紀,八年二月,諸王旭烈兀討回回哈里發等平之,則固旭烈兀事也。四庫全書總目以諸王表無旭烈名,定爲旭烈兀,而以旭烈薨句爲誤,今從之。”又云:“譯音旭烈作錫喇,旭烈兀作錫里庫。”

保越錄一卷

不著撰人名氏,載元順帝至正十九年明師攻紹興事,是時明將爲胡大海,禦之者張士誠將呂珍也。凡攻三月,卒不能下,乃還。是錄稱張士誠兵曰我軍,稱珍曰公,殆士誠未亡時紹興人所紀。其中稱明爲大軍,及太祖高皇帝字,則疑士誠亡後,明人傳鈔所改耳。

陸氏藏書志有舊鈔本原本保越錄一卷,題“元徐勉之撰”,有至正十九年自序。　丁國鈞荷香館瑣言云:“元臨川劉佶北尋私記,稱明兵爲紅賊,姚明經屺瞻有鈔本保越錄,紙墨極舊,中稱明兵爲紅兵,與刊本不同,蓋刊本爲錢蒙叟改去也，見棗林雜俎。又保越錄本徐勉之作，祝枝山野記謂出呂珍手，以自表守城之功，降後乃泯之者殊誤。四庫提要謂不知何人所撰？則又考之未審矣。”

傳記類存目

孔氏實錄一卷

不著撰人名字，末一條云：“大蒙古國領中書省耶律楚材奏准皇帝聖旨，於南京特取襲封孔元措，令赴闕里奉祀”，此書或即元措等所撰歟？

案黄丕烈祖庭廣記跋云：“今取證是書與之悉合，方悟向來藏書目所云孔子實錄、孔氏實錄即此孔氏祖庭廣記也。特所記册數、卷數多寡不同，或有完缺之異爾。”

三遷志十二卷

以呂元善舊志歲久漶漫，而國朝尊崇之典，及子孫世系，林廟增修，亦未纂錄成編，乃以次輯補，分爲二十一門。

案孫葆田有孟志編略十卷，其自序後案語云：“三遷志 剏修於前明嘉靖時沂州道僉事蒼谿史氏鶚，蓋取列女傳孟母三遷之義，原序以爲‘孟子作聖之功由於母氏蒙養之正’者是也。萬曆中，鄒縣令漢州胡繼先，以原書疏略，重加纂訂，易名孟志，其體例視舊爲善矣。嗣是而有呂氏元善三遷志，凡六卷，見四庫存目，提要云：‘紀載頗詳，而體例標目俱未能雅馴。’國朝孟衍泰與王特選、仲蘊錦等復增修爲十二卷，所分門類，及每類前四言贊一首，大率尚仍其舊，故四庫全書並附存目。今茲新加排纂，雖不敢謂辭歸雅正,然事增於前,文省於舊,亦庶幾乎史家之正軌云耳。"

孟子生卒年月考一卷

是編博引諸書,考孟子出處始末。初辨孟子所生之鄒,是邾非鄒,次考來往梁、齊、滕、宋之年月,中間旁及萬鎰、百鎰之數,與所以去齊不入燕之故,而於生卒年月,卒無的據。

案其書以孟子去齊,明云由周而來七百有餘歲,謂當在顯王四十五年丁酉,非赧王元年丁未。不知竹書紀年以武王有天下爲歲在辛卯,非己卯,自辛卯至赧王丁未止,七百三十有七年。又以仕齊中遭母喪歸鄒,喪畢復仕齊,終不合而去,謂當在顯王丙戌至丁酉十二年內。不知在愼靚王二年壬寅至赧王丁未六年內,通鑑綱目所載,最得其實。又泥史記以伐燕爲齊湣王十年丁未事,謂孟子此時去齊已久,安得見其取之與復畔,而以通鑑繫之宣王爲非。不知紀年於赧王丁未書燕子之殺公子平,不克,齊師殺子之,醢其身,史記六國表,亦於是年書君噲及相子之皆死,則伐燕爲赧王元年事,而孟子非於顯王世去齊可知,即伐燕爲宣王十九年丁未事亦可知。又欲移燕王噲五年乙巳讓國子之,七年丁未,噲及子之死後二年己酉,燕立太子平爲昭王五年事,置於宣王丙戌後、丁酉前,以合孟子遊齊之歲月,尤爲遷就湊合。左暄三餘偶筆辨之甚詳,左氏云:"大抵孟子去梁、適齊、去齊,當從通鑑綱目,伐燕爲宣王事,當從孟子、國策及通鑑綱目,伐燕事在赧王元年,當從史記、竹書紀年及通鑑綱目。閻氏總緣誤信史記惠王三十五年孟軻至梁，及以惠王改元後十六年爲襄王嗣位之年，又不能釋然於孟子七百有餘歲之語，輾轉附會，謬之又謬，其紛紛辨駁，終屬強作解事。”又云：“孟子在梁日少，而在齊日多，觀孟子書可見。通鑑綱目於顯王三十三年乙酉，書孟軻至魏，而於愼靚王二年壬寅，書孟軻去魏適齊，是孟子在梁未嘗爲臣，而淹留十八年，恐無是理。且孟子自言久於齊，以通鑑綱目所書適齊、去齊之年計之，亦僅得六年，而在梁乃有十八年則尤難徵信，故史記惠王三十五年孟軻至梁之說不可從。孟子至梁，必在惠王改元十餘年後，在梁不久，惠卒襄立，卽去之齊，其與在齊爲卿前後共有六年者異。”玉縉案：左氏所辨，大致本梁玉繩史記志疑，可互證也。

韓魏公家傳二卷

公武引陳瓘之言，謂魏公名德在人耳目如此，豈假門生子姓之間區區自列，其說當矣。

絳雲樓書目陳景雲注云：“邵伯溫頗不滿此書，言其記光獻垂簾事有失實者。”

韓魏公別錄三卷

其書讀書志作四卷，書錄解題載有語錄一卷，亦稱與別錄小異而實同。別錄分四卷，此總爲一篇，皆與此本三卷不合，其爲何時所併，不可考矣。

案瞿氏清吟閣書目，有王巖叟韓蘄王別錄遺事十四卷，注云四本。

三蘇年表二卷

然永樂大典所載，惟存蘇洵一卷，蘇轍一卷。

繆荃孫藕香零拾本蘇潁濱年表跋云："今不特原書失傳，卽大典本亦不見。昔年在館，從大典蘇字韻錄出，又失去老泉一卷。"據此，則蘇洵一卷恐將絕於天壤間矣。

君臣相遇錄十卷

丁氏藏書志有明刊本宋忠獻韓魏王君臣相遇家傳十卷，別錄三卷，遺事一卷，云："前有魏王眞像，王龜齡像贊，目錄題'宋丞相韓忠獻公家傳'。卷一之十，君臣相遇傳，卷十一別錄，卷十二遺事。萬曆甲寅王納諫原序云：茲錄特出其家祕，今侍御徐公因梓於治鹺行臺，而益以王巖叟、强至二編'，四庫總目祇存十卷，謂不知撰人名氏云云？殆別是一本，此本原傳，尙爲元、明間所刊。"

謝皐羽年譜一卷

嘗刊謝皐羽晞髮集，因復搜採遺事爲作是譜。

丁氏藏書志有舊鈔本謝皐羽年譜遊錄注，云："並注金華遊錄"，今提要未之及，疑別一本，抑略之歟？

漢末英雄記一卷

隋志著錄作八卷，注云"殘闕"，其本久佚，此本乃王世貞雜鈔諸書成之，凡四十四人，大抵取於裴松之三國志注爲多。

玉縉案：隋志又云："梁有十卷"，唐經籍志作十卷，稱"王粲等撰"。漢末作漢書，蓋傳刻之誤。姚振宗隋書經籍志考證云："郡國志會稽郡注，引英雄交爭記，言初平三年事，似卽此書本名英雄交爭記，後人省交爭字，加漢末字。又其中不盡王粲一人之作，故舊唐志題王粲等撰。"

南渡十將傳十卷

劉、岳、李、魏四傳,開禧二年表上,後六傳未上。

瞿氏目錄有元刊本重刻宋朝南渡十將傳,云:"此書卷一至卷四爲劉、岳、李、魏四將傳,題'史官章穎纂',其六將之傳不題撰人,蓋元人續纂也。案袁本讀書志有四將傳,無十將傳者,尙是章穎舊本。周香嚴所藏毛氏鈔本,先以种諤傳趙起撰,不分卷,亦無宋朝南渡十將傳字樣,是別一本也。"

草莽私乘一卷

舊本題明陶宗儀編。　疑好事者依託也。

陸氏儀顧堂題跋云:"草莽私乘一卷,題曰'南村陶宗儀鈔輯',所錄凡宋季元初忠臣、孝子、節婦傳序二十篇,龔開文集久佚,文信國、陸君實兩傳藉此以存,程敏政宋遺民錄不及此本之善。是書手稾,嘉靖中爲王弇州所藏,江陰李貫從王氏錄副以傳,此冊卽李如一鈔本。"玉縉案:據此,則非好事者依託,不過宗儀鈔輯,故孫作所撰小傳不及之耳。　又友人趙學南詒琛對樹書屋叢刻中有此書,前載錢謙益識語兩則,第二則云:"陶南村輯草莽私乘,手稾在王弇州,余訪之冏伯丈,則已化爲烏有矣。偶與江上李如一談及,如一云:'家有鈔本',欣然見借"云云,與陸跋合。後並附刻陳宏緒所撰信國文公傳,黃溍所撰陸君實傳後敍,可稱美善。

吳中往哲記一卷續吳中往哲記一卷續吳中往哲記補遺一卷

吳中往哲記,明楊循吉撰,續記、補遺,皆黃魯曾撰。循吉有蘇州府纂修志略，已著錄。魯曾字得之，吳縣人，正德丙子舉人。循吉書，見明史藝文志，卷數與此相符。記明初蘇州府人物，自勳德至冠衲，分七目，凡四十一人；續記自忠節至散逸，分十七目，凡四十人；補遺自審進至釋行，分十九目，凡三十一人。其補遺原目本一卷，此本分作二卷，又改其釋行第十七爲第一，則刊刻者之誤也。

玉縉案：補遺一卷，各本皆作三卷，今云此本分作二卷，二亦疑三字之誤。錢思元吳門補乘云："循吉只撰正編一卷，其續記一卷、補遺三卷乃黃魯曾撰，其書至今行世，名曰吳中往哲兩記。"

台學源流七卷

是書敍述台州先儒，自宋徐中行迄明方孝孺、陳選，凡三十八人，各爲之傳。

案是書近有台州叢書本，雖爲卷七，爲傳三十有八，實祇四十餘葉。

名臣言行錄前集十二卷後集十二卷

明徐咸撰，咸，海鹽人，正德辛未進士，官至襄陽知府。

丁氏藏書志有明刊本前、後集各十二卷，續集八卷，云："咸字子正，正德辛未進士，官至太常寺卿。"

列卿紀一百六十五卷

禮有六朝索隱，已著錄，是書臚列明代職官姓名，起自洪武初，終於嘉靖四十五年，凡內而內閣、部院，以至府、司、寺、監長官，外而總督、巡撫，皆以拜罷年月爲次，上標人名，而各著其出身里籍於下爲年表，又於年表之後附載其居官事蹟爲行實，年表但以次題名，不用旁行斜上之例，行實略仿各史列傳，而又不詳具始末，止書其事之大者而已。

案禮之仕履，提要載於明大政紀下，非在索隱下，是爲失檢。　李慈銘桃華聖解盦日記丁集云："雷禮列卿紀，共一百六十六卷，首題'柱國少傅兼太子太傅工部尚書豐城雷禮輯'，先有引，卽序也，又有略，卽凡例也。其書首中書省左右丞相、平章政事、左右丞、參知政事，次國初弘文館學士，次國初侍臣、四輔官，次國初殿閣大學士，次內閣元輔并閣直，次詹事府，次翰林院，次六部，次都察院、通政司、大理寺，次總督南京糧儲，次各總督、巡撫，次太常寺，次四夷館，次順天、應天府尹，次光祿、太僕、鴻臚寺，次國子監，次尚寶司詹翰及各部寺監，俱先以國初諸任官自爲一卷。詹事兼及少詹，翰林兼及諸學士，又以兼翰林院諸學士別爲一卷。六部兼及侍郎，而以總督倉儲附戶部，提督團營戎政附兵部，總督易州山廠附工部，又以行部別爲一卷。都察院兼及副都、僉都，而以明太祖先設御史臺御史大夫秩從一品，又有中丞，故先以大夫、中丞別爲二卷，猶內閣之先有中書省也。通政兼及左右通政及參議，又有謄黃通政，自爲一卷。大理兼及少卿及丞，太常寺、四夷館、光祿寺、太僕寺、鴻臚寺、尚寶司俱兼及少卿，順天府、應天寺俱兼及丞，國子監兼及司業。自詹翰以下，皆並載南京，惟四夷館爲南京所不設，鴻臚寺、尚寶司南京皆無少卿，故不著。每衙門皆先爲年表，次爲行實，年表止於萬曆十七年，行實止於嘉靖四十五年，其年表中皆書籍貫出身,謂防同名也,行實略如傳體,惟終於本職者詳載始末,其所歷之官則但分載其本任之事。自謂凡有美刺,一一書之,皆注明出於某書某錄,明非由愛憎之私,今所見是鈔本,盡去其注矣。惟尚寶司但有年表無行實。書首有'明善堂珍藏書畫印'記,又有'安樂堂藏書'記,蓋怡賢親王故物也。"又云:"雷尚書國朝列卿年表,前有秀水項篤壽序,僅有表而無行實,凡一百三十九卷,止於國子監司業而無尚寶司。有'謝在杭藏書'印,予前所購,有顧起元、徐鑾兩序,徐亦豐城人,官南直隸提學御史,書即徐所刻,而有所增刪,其增者,別注一增字以別之。明道堂所藏鈔本,前有尚書自撰略例,徐刻亦無。尚書史既無傳,其在世宗時,督大工,甚有幹濟,最被恩眷,故階至柱國少傅,兼太子太傅,而風節淸峻,非同阿說,范正己續大政記稱爲昭代名臣。然自隆慶二年告歸以至於歿,不聞有加官贈謚之事,蓋嘉靖朝之能臣,隆、萬改政以後,皆在所薄,此華亭、新鄭諸公所不能無遺議者也。其字古和,亦僅於項序見之。又明史七卿表書其加官至太傅,考明代尚書無加三太者,宰輔及身亦至少師而止,惟洪武初之李善長,萬曆初之張居正,皆至太師耳。此表及許重熙表皆作少傅,而各卷題銜亦俱云少傅,可知明史之誤。"

宰相守令合宙十三卷

是書序文題曰宰相守令合宙,而此本十三卷,乃有宰相而無守令,蓋非完書矣。　至於以李斯爲禮賢尚德,而以趙高附斯傳,尤爲乖舛。

錢泰吉甘泉鄉人餘稾跋吳氏伯與歷代宰相傳云:"今本失序而亦無守令,不知守令有刻本否?提要謂其以李斯爲禮賢尙德爲乖舛,今李斯傳中無此語,乃在季桓子傳中。季孫斯、李斯字形相近,想館閣諸公,未暇詳審,遂爾涉筆,幸見此書,爲之辨明,亦著書者之一快也。"

楚寶四十五卷

是書編錄楚中人物、名勝,分二十五門。

案是書有道光九年裕泰所序重刻本,由鄧顯鶴校勘,最善。鄧序云:"參以書傳記載舊文,訂其譌謬,仿朱子校正韓文之例爲考異,復徧采古書地理志所紀,删節綴拾爲增輯,統附各卷末,依類編次,以便省覽。其有目錄缺傳者,悉加補正,間附案語,以諗學者。"

勤王記一卷

則梓特編次頤浩之文,非所自撰也。

絳雲樓書目陳景雲注云:"記復辟事,不如同時王廷秀閲世錄中記明受之變一條爲詳。"

安祿山事蹟三卷

記述頗詳,世所傳祿山櫻桃詩卽出此書,葉夢得避暑錄話常摭以爲笑,其瑣雜可知矣。

丁敬身有是書題識云:"筆法明練,最足據依,蓋出同時有心人手,非掇拾悠謬之作也。"見吳昌綬輯勞氏碎金卷中所附。

僞豫傳一卷

傳中載豫阜昌八年遣宣義郎楊克弼乞師大金,克弼他辭,乃改差韓元美,克、堯字形相近,未知孰是也?

案繆荃孫藕香零拾所刻僞齊錄云:"阜昌八年,遣宣教郎戶部員外郎韓元英,迪功郎監南京草場游河,乞兵金虜,欲并力南寇,皆以王師進臨長淮爲辭",不言始遣克弼,改差元美,與此異。元美似亦當作元英。此錄本無撰人,繆氏云:"北盟會編以爲楊堯弼",則克爲堯之譌,解題外又得一證也。

史 鈔 類

兩漢博聞十二卷

侃,錢塘人,端拱中進士,官至集賢院學士,晚爲知制誥。避眞宗舊諱,更名大雅。然如四皓條下,引顏師古注曰:"四皓稱號,本起於此,更無姓名可稱,蓋隱居之人,匿蹟遠害,不自標顯,祕其氏族,故史傳無得而詳。至於皇甫謐、圈稱之徒,及諸地理書說,竟爲四人安姓氏,自相錯互,語又不經,班氏不載於書,諸家皆臆說,今並略棄,一無取焉"云云。明監本漢書注竟佚此條,惟賴此書幸存,則亦非無資考證者矣。

楊紹和楹書隅錄云:"侃字子正,錢塘人,避眞宗舊諱,更名大雅,歷官至諫議大夫,集賢院學士,知亳州卒。素好學,日誦萬言,所著有大隱集、西垣集、職林並行於世。"瞿氏目錄有舊鈔本,云:"今以是書校漢書顏注,可以正譌者,如第一卷引高帝紀,'蕭何立北闕',注'公車司馬亦在此焉',今漢書注'此'誤'北'。第二卷引文帝紀,'誹謗之木'，注'服虔曰：橋梁邊板柱頭也'，今漢書注'邊板'誤'交午'。宋本亦作"邊板"，與此合。第三卷引武帝紀，'跅弛之士'，注'不入俗檢而見斥逐者'，今漢書注'斥'誤'跅'。又引昭帝紀，'五年以前逋更賦未入者皆勿收'，注'因使住一歲一更'，今漢書注'使'誤'便'，或誤'更'。第四卷引景帝紀，'中六年取苑馬'，注'養馬三十萬頭'，今漢書注'頭'誤'匹'。又引成帝紀，'建始元年公主王主'，注'王主即翁主也'，今漢書注'即'誤'則'。舉此數端，略可推見其善，惜爲元質删削，恐已失楊氏之舊矣。"玉縉案：原書卷末載乾道壬辰胡元質題記，有"惜其傳之不廣，爰是正而芟約之，刻板於姑熟郡齋"語，故瞿氏云然。

通鑑總類二十卷

樞字持要，德清人，紹興間進士，官至太子詹事、光祿卿，謚憲敏。　二人皆博物君子，而冒以文章弁其首，殆以操觚數典，尙有一壺千金之用歟？

楊氏楹書隅錄云："憲敏字持要，安吉州人，其事迹不著於史，惟官華文閣學士，見周益公集。"　玉縉案：樓與樞爲故交，此序乃應樞子之請，周序又應都事錢逵之請，提要云云，殊無聊。江、浙行中書省，亦不得作浙江，且左丞蔣德明分省於吳，命郡庠重刊，稱浙江尤乖。瞿氏目錄有校宋本，云："是書即元刻，而爲明時印本，然轉有改正宋刻譌處者。如卷一治世門，德宗不尙玩好條，作'代宗'爲是。苛察門，周行逢善發隱伏條，'劉光委多安飲'，作'晏飲'爲是。卷五繼嗣門，太后欲以梁孝王爲嗣條，'景帝由此怨望梁王’，不脫‘望梁王’三字爲是。然全書相覈，明刻譌處，正復不少。季君菘耘曾爲余統校一過，如卷一苛察門，北魏置內外候官條，‘百官贓滿二丈’，‘丈’譌‘文。’天后爲學生求假發敕條，‘故左右丞徒以下不句’，‘句’譌‘拘’” 句勾本字。云云。其文頗長，今略之。

史鈔類存目

十七史詳節二百七十三卷

宋呂祖謙編。祖謙雖亦從事於講學，而淹通典籍，不肎借程子玩物喪志之說以文飾空疎，故朱子稱其史學分外仔細。附存其目，俾儒者知前人讀書必貫徹首尾，即所刪節之本，而用功之深至，可以概見。則此二百七十三卷者，雖不能盡諸史之全，而足以爲宋儒不廢史學之明證也。

瞿氏目錄有元刊本，云："世傳爲呂成公輯錄本，而公弟監倉子約所撰年譜不載。又樓宣獻祠堂記，詳言公所著，亦不及此書。其說實誤於明建陽愼獨齋劉宏毅刻本，概題爲東萊先生某史詳節。此本於史記則曰‘東萊先生增入正義、音注史記詳節’，於漢書則曰‘參附漢書三劉互注西漢詳節’，又曰‘諸儒校正西漢詳節’，於後漢書則曰‘諸儒校正東漢詳節’，餘皆曰‘東萊校正某書詳節’，其爲書賈假名以增重可知。且漢書中雜附致堂胡氏之論，即讀史管見中語。考致堂猶子大壯跋管見，謂書成刻於嘉定十一年，成公安得預見其書而採之耶？又書中有互注及每種前有世系、紀年、地里之圖，乃宋末時書肆所行纂圖互注之本，其非公所作明矣。”據此，則提要所言，殆皆夢囈。

漢雋十卷

案陳振孫書錄解題載此書，卷數與今相符，而注稱括蒼林鉞，處州府志亦載林鉞，此本則皆作林越，未詳孰是也？

陸氏藏書志有明刊本，題“括蒼林鉞輯”，並載元統元年揭傒斯序，亦稱林公鉞，當以“鉞”爲是。瞿氏目錄又有宋刊本，云：“自序林鉞，不作‘越’，可證延祐庚申袁桷刻本之誤。” 丁氏藏書志有明刊本，題“括蒼郡林鉞國鎮輯”，國鎮之字，尤與鉞名應也。

四庫全書總目提要補正卷二十

載記類

吳越春秋十卷

是書前有舊序，稱“隋、唐經籍志皆云十二卷，今存者十卷，殆非全書。”又云：“楊方撰吳越春秋削繁五卷，皇甫遵撰吳越春秋傳十卷，此二書今人罕見，獨煜書行於世，史記注有徐廣所引吳越春秋語，而索隱以爲今無此語。他如文選注引季札見遺金事，吳地記載闔閭時夷亭事，及水經注嘗載越事數條，類皆援據吳越春秋，今煜本咸無其文”云云，考證頗爲詳悉，然不著名姓。漢魏叢書所載，合十卷爲六卷，而削去此序，並注亦不題撰人，彌失其初。此本爲元大德十年丙午所刊，後有題識云：“前有文林郎國子監書庫官徐天祜音注”，然後知注中稱徐天祜曰者，即注者之自名，非援引他書之語，惟其後又列紹興路儒學學錄留堅、學正陳昺伯、教授梁相、正議大夫紹興路總管提調學校官劉克昌四人，不知序出誰手耳？

陸氏藏書志有元刊本，並載徐天祜受之序，凡隋、唐經籍志云云皆在其中，是序爲天祜所作甚明，不解提要同據是本，何以又作疑辭，豈其有缺葉耶？序又云：“過不自量，復爲之音注，併考其與傳記同異者附見於下”，是音注之爲天祜作，亦不待後有題識而始知也。張氏藏書志有明初刊本，云：“前有天祜序，題舊序，蓋明初刊本也。”並載前文林郎云云，疑提要所據乃明刊本，非元刊本，故其言如此。丁氏藏書志云：“天祜亦越州人，淩迪知萬姓統譜，‘天祜登進士第，德祐二年，以文林郎國庫書監召不赴’云云，是天祜本宋末人，入元不仕，其結銜乃追敍宋官耳”，此說足補提要之未及。瞿氏目錄有校宋本，云：“第一卷頗高子勾畢，宋本作‘勾卑’，與史記吳世家合。第九卷越女劍事，‘女郎捷末’下，宋本多‘袁公操其本而刺處女，女應即入之，三入，處女因舉杖擊之’廿三字，與文選注、太平御覽、藝文類聚所引合。元、明刻本皆遺之，宋本，嘉定中新安汪綱所刻。”玉縉案：顧廣圻思適齋集是書跋，亦舉越女劍事廿三字，謂其他佳處似無過此者。陸氏儀顧堂題跋元槧本跋云：“漢魏叢書本、古今逸史本皆幷爲六卷，仍用天祜注，不著其名，並削其序，最不足據。”續跋又詳考天祜仕履，今略之。李慈銘桃華聖解盦日記丙集云：“句踐入宦於吳事，萌芽於國語，然僅言爲吳王前馬，蓋因入朝而爲先馬，猶楚共王陽橋之役，蔡景公爲左，許靈公爲右也。而曰入宦三年，則或吳因入朝而留之，久始得歸國。左傳、史記俱不言有宦吳事，韓非子亦但云爲吳王洗馬，孟子以句踐事吳與太王事獯鬻並言，是不過以小事大之常。

趙長君東海陋儒，其撰吳越春秋，皆以鄉曲猥俗之言影撰故事，增成穢說。蓋誤會宦士於吳之言，而以爲身自入宦；誤會男女晐姓之言，而以爲夫婦入事；誤會范蠡爲質之言，而以爲蠡與句踐夫婦同囚石室。獨不思當日越提封千里，謀臣良將，任備內外，雖敗栖會稽，而觀諸稽郢行成之辭，大夫種五千人觸戰之說，其氣猶壯，故伍胥謂越非懾畏吾甲兵之強，夫差亦欲藉以春秋曜軍，則其負固不服，尚可想見。且王號未改，依然敵國，惟卑禮厚幣，以侈吳心而伺其間耳。長君乃又造爲吳更封越百里之說，且言越入胥門，子胥頭如車輪，目若二電，髮射十里，其鄙淺怪妄，齊東所不道，而古今信之，何哉？" 鄧氏羣碧樓書目云："元大德刻本，每半葉九行，行十七字，小字雙行同前，有徐天祜序，卷末有'大德十年歲在丙午三月音注，越六月書成刊板，十二月畢工'兩行。又'前文林郎國子監書庫官徐天祜音注，紹興路儒學學錄'云云五行。"據此，則所謂舊序，當卽天祜自序，豈提要所見本適闕序後一葉耶？提要所舉留堅等姓名，亦悉同，不過銜名略有刪併耳。

越絕書十五卷

書末敍外傳記，以廋詞隱其姓名，其云"以去爲姓，得衣乃成"，是袁字也；"厥名有米，覆之以庚"，是康字也；"禹來東征，死葬其疆"，是會稽人也。又云："文詞屬定，自于邦賢，以口爲姓，承之以天"，是吳字也；"楚相屈原，與之同名"，是平字也，然則此書爲會稽袁康所作，同郡吳平所定也。王充論衡案書篇曰:"東番鄒伯奇,臨淮袁太伯、袁文術,會稽吳君高、周長生之輩,位雖不至公卿,誠能知之囊橐,文雅之英雄也。觀伯奇之元思,太伯之易童句,案童疑作章。文術之箴銘,君高之越紐錄,長生之洞歷,劉子政、揚子雲不能過也。"所謂吳君高,殆卽平字,所謂越紐錄,殆卽此書歟?是此書在北宋之初已佚五篇。

李慈銘桃華聖解盦日記甲集云:"此書各叢書本皆殽亂譌脫,紛不可理,予嘗欲合諸本及各古籍所引,校正此書與吳越春秋,又輯錄謝承後漢書、虞預會稽典錄合而刻之,以見越中史學淵源之古,困於資力,不能成就。越絕字,近儒以爲是越紐之誤,案首篇外傳本事,首發絕字之義,兩云絕者絕也,謂句踐內能自約,外能絕人,故不稱越經書記,而稱越絕。末爲敍外傳記,又自比於孔子之作春秋,謂聖人歿而微言絕,聖文絕於彼,辯士絕於此,故題其文謂之越絕,其恉甚明,何得謂誤?又自記其姓名爲袁康,定其文辭者爲邑人吳平,而袁字隱語,乃曰'以去爲姓,得衣乃成',吳字隱語,乃曰'以口爲姓,承之以天',康爲建武時人,而以袁爲表,以吳爲吴,已大謬六書之恉。足見程邈隸行以後,俗字紛紜,漢時已不可究詰,如以劉爲丣金刀,以貨泉爲白水眞人,至見之圖讖,此許君說文所以不得不作也。" 文選七命注引越絕書,"伍子胥水戰兵法內經曰"云云,朱珔集釋云:"今越絕書無此語,亦無此篇名,惟太平御覽舟部引云:'闔閭見子胥,問船運之備,對曰:船名大翼、小翼、突冒、樓船、橋船,令船軍之敎,比陵軍之法，乃可用之。大翼者當陵軍之重車，小翼者當陵軍之輕車，突冒者當陵軍之衝車，樓船者當陵軍之行樓車也，橋船者當陵軍之輕足驃騎也。’洪氏容齋四筆又引水戰兵法內經曰：‘大翼一艘，廣一丈五尺三寸，長十丈。中翼一艘，廣一丈三尺五寸，長九丈。小翼一艘，廣一丈二尺，長五丈六尺。’提要謂北宋初已佚五篇，但洪氏引之甚具，不似有闕佚，而今文祗十五篇，較之崇文總目所云二十篇者，又闕其五。提要言今本爲大德丙午所刊，乃元成宗之十年，容齋四筆之成，在慶元三年間，中間相距已百年有餘，選注所引，必二十篇之本原有之，故洪氏得見，今本無之者，正在後闕五篇之內，然則此文實佚於南宋之末，非北宋之初也。特洪氏所言中翼、小翼之長，其丈數與選注不符，未知孰是？”玉縉案：嘉定庚辰丁黼跋，稱隋經籍志越絕紀十六卷，崇文總目則十五卷，是時距慶元三年祗二十四年，不應所見本絕異，且引崇文總目作十五卷，俟再考。瞿氏目錄云：“書多異聞，謂舜兄狂弟傲，舜之有兄，惟見是書。” 史記孫武傳，“孫武貶死”，集解引越絕書云云，索隱，“越絕書子貢所著，恐非也，其書多記吳、越亡後土地，或後人所錄。”正義，“七錄云：越絕十六卷，或云伍子胥撰。”玉縉案：本書外傳本事篇云：“賢者辯士，見夫子作春秋而略吳、越，又見子貢與聖人相去不遠，脣之與齒，表之與裏。”敍外傳記云：“聖人沒而微言絕，賜見春秋改文尚質，譏二名，興素王，亦發憤記吳、越，章句其篇章以喻後賢，賜之說也”，似子貢先有記吳、越之書，而此本之，隋、唐志因誤爲子貢撰歟？左暄三餘偶筆卷一云："越絶書或以爲子貢作，或以爲子胥作，或以爲吳、越賢者所作，今觀其書，有經有傳，曰內曰外，是不出一人之手，且言及秦始皇及漢高、文、景、武諸帝，又明是漢人語也。吳內傳，'武王發太倉之粟以贍天下'，外傳紀'吳王占夢，見前園橫索生樹桐樂府吹巧也'，案漢書高帝紀，'七年二月，蕭何治未央宮，立太倉'，禮樂志，'武帝定郊祀之禮，乃立樂府'，周時安得有太倉、樂府之名。江南通志云：'越絶書外傳記卷末有隱語云：'以去爲姓，得衣乃成，厥名有米，覆之以庚'，爲袁康二字，書爲袁康作也。康，臨淮人，字文術，或曰字文伯。其書有經，子貢作，有內傳，吳平作，其外傳與記乃袁康爲之'，此說庶幾近之。" 徐時棟煙嶼樓讀書志十云："周時有越絶一書，所謂或子貢、或子胥作者，今所傳越絶書，乃袁康所作，是越絶之傳，其後越絶亡，而越絶書獨存，書中本事篇明云：'何不稱越經書記而言絶乎？'謂此書何以不名越經、或越書、或越記而乃名越絶乎？下文詳釋所以稱絶之故，今此書儼然名越絶者，顯爲越絶之傳也。" 俞樾讀越絶書云："吳地記首云：'仲雍生季簡，季簡生叔達，叔達生周章'，則其敍世系宜首周章，以周章固武王所始封之君也，乃首周繇，疑誤。以後名號世系，均與史記絶異，壽夢見春秋甚顯，而此則云知濟，其云某人立之，文法甚古拙，而云姪、云堂弟，又甚俗，未知其何本也？"

華陽國志十二卷附錄一卷

又有嘉泰甲子李塈序,稱"呂刻刓闕,觀者莫曉,所謂嘗博訪善本以證其誤,而莫之或得,因摭兩漢史、陳壽蜀書、益部耆舊傳互相參訂,以決所疑。凡一事而前後失序本末舛迕者,則考正之,一意而詞旨重複句讀錯雜者,則刊而去之。"又第九卷末有塈附記,稱"李勢志傳寫脫漏,續成以補其闕,"則是書又於殘闕之餘,李塈爲之補綴竄易,非盡璩之舊矣。

玉縉案:廖寅有校刊本,其序云:"李塈本已經删改,故蜀志汶山郡與越嶲郡誤連,而少汶山屬縣,及漢嘉郡士女讚少巴郡第二。又三國志注引此書有李密陳情表,而今本無之,此類悉加補正,或附案語,以諗學者"云云。據顧廣圻思適齋集,此序爲顧代撰。又案:廖本固視舊本爲善,惟尙有佚文,詳金武祥粟香五筆。其曰華陽國志者,吳氏拜經樓藏書題跋記云:"程大昌演繁露云:'後漢傳贊注,梁州北距華山之陽,南距黑水,故常璩敍蜀事謂之華陽國志也。"廖序以爲此華在岐州北,與太華不同,亦似轇轕。郝懿行曬書堂文集有讀是書書後云:"是書意在甄表人物,詮敍英賢,乃其序志之篇,忽及黄門侍郎鄧通、卓王孫,二人非英賢也,或居佞幸,或在貨殖,而與魁壘耆碩,連翰垂文,不亦忝乎?且於二十人下自標注云:'其侍郎田儀、楊得意,無善事在中也。'案田儀爲人,見揚雄答劉歆書,得意狗監,見司馬相如傳,二人行誼,雖未足甄,然此旣標以無善不錄,未聞彼復以何善蒙書也。又序志云:'高士王廣,皓子,父爲公孫述所聘,自刎,廣逃匿,述破後,郡及州命察舉,皆不往,曰:'吾不能復讐,敢當世榮科也’，此人乃應標題孝節，何但目爲高士乎？又云：‘先生胥君安，見春秋傳首’，其梓潼士女志讚曰：‘春秋穀梁傳首敍曰成帝時議立三傳，博士巴郡胥君安獨駁左傳不祖聖人’，此人駁左，度亦不過門戶之習，何足獨當先生之目也。案韓詩外傳六云：‘先生猶言先醒也’，審如君安所駁，將從左者豈皆眊眊猶醉耶？凡此皆紀錄之失，略摘數條，以存梗概。”“劉先主志云：‘先主還沛解公使覘之’云云，案三國蜀志注引胡沖吳曆，以爲時閉門，將人種蕪菁，曹公使人闚門。裴松之謂曹公遣先主統諸將要擊袁術，非因種菜遁逃而去，然則披蒽之說，非事實明矣。又云：‘羽初隨先主，從公圍呂布於濮陽，時秦宜祿爲布求救於張揚’云云，此亦非事實，乘亂而納人妻，非義也；因獵而圖報怨，非直也；因此懷懼不安，非勇也；三者皆烈士所不爲，而謂關公爲之乎？裴松之蜀志注引蜀記亦載此事，而云與魏氏春秋所說異，是事屬傳疑，故駁之。”“大同志云：‘咸寧三年春，益州刺史王濬誅犍爲民陳瑞’云云，西州後賢志云：‘攀除滎陽令，進廷尉平’云云，凡此數條，濬、攀傳不見敍錄，應據以補晉書之缺略。濬、攀皆才略之士，晉書於濬傳已疎，而攀傳尤略，後賢志則詳矣。”“巴志云：‘周之季世，巴國有亂，將軍蔓子請師於楚’云云，南中志云：‘泰始七年，交趾破敗之後，功曹李祚見交趾殘害還’云云，序志云：‘後漢長沙太守任循，字伯度，成都人，少失父’云云，此與風俗通言龐儉得翁其事頗同矣。蜀志云：‘犍爲郡僰道縣有孝子隗通，爲母汲江裔水’云云，此與姜詩鯉躍、顏烏烏傷亦何異焉。又云：'江陽郡符縣，永建元年十二月，縣長趙祉，遣吏先泥和拜檄巴郡守，過成瑞灘死，案瑞，水經江水注及後漢書列女傳並作湍。子賢求喪不得，女絡，年二十五，迺分金珠作二錦囊繫兒頭下，案水經注，有二子五歲以還，後漢書，所生男女二人並數歲。此志迺字上似有缺脫，應據補。至二年二月十五日'云云，'人爲語曰：'符有先絡，僰道張帛。'案先絡，後漢書作叔先雄，搜神記亦同，其父之名唯水經注作泥和爲異。案張帛事，志中缺載。又志有郪之二姚，與先絡並列，而序志僅云廣柔長姚超，二女姚妣、饒郪人，亦未詳其事實。唯水經江水注載'郪縣民有姚精者爲叛夷所殺，掠其二女，二女見夢其兄，當以明日自沈江中，喪後日當至，可伺候之，果如所夢得二女之尸於水，郡縣表異焉。'此與蜀志所載，當即一事而小異也。廣柔長姚超，與縣民姚精，不容同時有此二人二事，必是傳聞之異，其妣、饒蓋二姚之名字，惜古書殘闕，其詳靡得而聞矣。水經注又引益部耆舊傳曰：'張眞妻，案序志眞作貞。黃氏女也，名帛，眞乘船覆沒，求尸不得，帛至沒處灘頭仰天而歎，遂自沈淵，積十四日，帛持眞手於灘下出也。'二事蜀志缺略，賴此補亡矣。序志又載姜詩妻龐行，後漢書止云龐盛之女，此補詳其名也。又載趙盛道妻媛，後漢書則云盛道妻，趙氏之女，字媛姜，與此不同，疑志有脫誤也。南中志云：'寧州刺史李毅薨，子釗任洛還赴'云云，此等皆孝忠盛節，英媛高行，摭存一二，庶敦薄俗，彙補史之闕文。"“南中志又云：'夷人大種曰昆，小種曰叟，案蜀志，劉璋遣從事張肅送叟兵三百人。皆曲頭木耳，環鐵裹結，案結與紒同。無大侯王’云云，巴志云：‘江州縣郡，治塗山，有禹王祠及塗后祠’，今案禹生石紐，娶於塗山，此地爲近，案蜀志秦宓傳，禹生石紐，今之汶山郡。是注引譙周蜀本紀曰：禹本汶山廣柔縣人也。許叔重以九江當塗屬之，地遠疑非也。又云：‘縣下有清水穴’云云，案水經江水注，引䳘暉作𪇰矐。又云：‘粉水亦謂之粒水也’，又云：‘涪陵郡巴之南鄙山’云云，案叉與釵同。漢中志云：‘南鄭縣有池水，從旱山來，入沔’，案旱山即詩云旱麓者也。蜀志云：‘江原縣出黃潤細布，有羌筒盛’，案左思蜀都賦‘黃潤比筒’，李善注引司馬相如凡將篇曰：‘黃潤纖美宜制禪’，揚雄蜀都賦曰：‘筒中黃潤，一端數金’，皆謂是也。又云：‘臨邛縣有火井，以家火投之，火焰出，以竹筒盛其光藏之，可終日不滅。井有二水，取井火煮之，一斛水得五斟鹽，家火煮之，得無幾也。’案水經㶟水注，武州川東火山上有火井，南北六七十步，廣減尺許，源深不見底，炎勢上升，常若微雷發響，以草爨之，則煙騰火發，以火從地中出，故亦名熒臺矣。火井東五六尺有湯井，廣輪與火井相狀，熱勢又同，以草納之則不然，皆沾濡露結，故俗以湯井爲目。據此，又一火井而有異。又云：井北有風穴也。又云：‘有古石山，有石鑛大如蒜子’云云，案蜀志汶山郡臺登縣山，有砮石，火燒成鐵剛利，與此頗同，禹貢梁州‘厥貢砮鐵’，謂茲二石矣。南中志云：‘牂柯郡廣談縣、毋斂縣，有剛火也’，案剛火未審作何狀？覽其嘉名，殆與弱水爭勝矣。凡此等類，綜其名義，摭其新奇，抑亦博雅所取資焉。”“或謂見蜀書後主評。諸葛孔明用蜀不置史官，此言非也，吾觀劉後主志，稱'大長秋南陽許慈，普記載籍，典掌舊文'，此卽史職也。又稱'景耀元年，史官言景星見，大赦改元'，此非孔明所置而何？又西州後賢志，'王化少弟崇，學業淵博，蜀時東觀郞，陳壽東觀祕書郞'，此皆蜀有史官之證。""昔人有言，君臣相遇，如此其難，非虛言也，吾於劉先主志見之矣。志云：'建安十九年，先主領益州牧，法正蜀郡太守，正旣領郡，睚眦之怨，一餐之惠，無不報復。或謂諸葛亮曰：'法正於蜀郡太縱橫，將軍宜啓主公'，亮曰：'公之在公安也，北畏曹操之强，東憚孫權之逼，內慮孫夫人興變於肘腋之下，孝直爲輔翼，遂翻飛翱翔，不可復制，如何禁正使不得行其志也。'章武二年，先主與吳人戰敗，委舟舫，由步道還魚復，改魚復曰永安，丞相亮聞而歎曰：'法孝直若在，必能制主上使不東行，旣復東行，必不傾危矣。"'噫！君臣之際若此之難也，得主如孔明而猶若是，况萬萬不及孔明者哉！"

鄴中記一卷

又鄴都故事，唐志雖稱肅、代時人，而史通書志篇曰："遠則漢有三輔典，近則隋有東都記，南則有宋南徐州記、晉宮闕名，北則有洛陽伽藍記、鄴都故事"，則鄴都故事在劉知幾之前，唐志所言，亦不足爲證。

案唐志故事類有裴矩鄴都故事十卷，其馬溫鄴都故事在地理類，提要所言，可謂知其一不知其二。　丁氏藏書志有盧抱經校聚珍本，云："抱經以崔鴻十六國春秋校正，首條稱石季龍，盧云：'本書定稱爲石虎，此由唐人所引，因避本朝諱而稱其字。'"

十六國春秋一百卷

舊本題魏崔鴻撰，實則明嘉興屠喬孫、項琳之僞本也。鴻作十六國春秋一百二卷，見魏書本傳，隋志、唐志皆著錄，宋初李昉等作太平御覽猶引之，崇文總目始佚其名，晁、陳諸家書目亦皆不載，是亡於北宋也。萬曆以後，此本忽出，莫知其所自來？證以藝文類聚諸書所引，一一相同，遂行於世。論者或疑鴻身仕北朝，而仍用晉、宋年號，今考劉知幾史通探賾篇曰："鴻書之紀綱，皆以晉爲主，亦猶班書之載吳、項，必繫漢年，陳志之述孫、劉，皆宗魏世"，喬孫等正巧附斯義，以售其欺，所摘者未中其疾。惟魏書載鴻子子元奏稱，"刊著越、燕、秦、夏、梁、蜀遺載，爲之贊序"，而此本無贊序。史通表歷篇稱"晉氏播遷，南據揚、越，魏宗勃起，北雄燕、代，其間諸僞十有六家，不附正朔，自相君長，崔鴻著表，頗有甄明"，而此本無表。是則檢閱偶疎，失於彌縫耳。然其文皆連綴古書，非由杜撰。

十七史商榷五十二云："此書隋志一百卷，唐志一百二十卷，至宋志則無之，蓋當五代及宋初而亡，故晁說之稱司馬溫公所考十六國春秋，已非鴻全書，文獻通考經籍考亦不載。明檇李屠喬孫遷之刻、賀燦然爲序者，亦爲一百卷，乃喬孫與其友人姚士粦輩，取晉書載記、北史、册府元龜等書僞爲之，非原本。浦起龍注史通中一條云：'屠欲起斯廢，毋假初名，毋襲卷數，顯號補亡可也，匿所自來，掩非己有，眞書悉變爲贋書矣。'或云杭本漢魏叢書所收十六短錄，故是鴻之舊，是說也，予猶疑之。”又云：“北史鴻本傳，所載鴻書之誤，如天興二年，姚興改號鴻始，而鴻以爲改在元年，此必鴻書本用魏年號紀年，而分書各僭號於下故耳。今屠氏刻本則直用各僭號紀年，即如鴻始元年，直敍姚氏事，未及魏事隻字，觀者亦何由而知其爲誤作改元在天興元年乎？即此考之，僞作顯然。”玉縉案：據史通探賾篇，鴻書以晉紀年，不以魏紀年，王氏蓋誤會本傳，但如今本直用各僭號，以劉說證之，益見其爲僞作矣。又云：“劉淵起事，國本號漢，歷劉和、劉聰、劉粲凡四主，皆如故也，直至劉曜，始改號趙，因石勒亦號趙，故又稱前趙，僞本自淵以下皆名前趙，則非。”此說甚是。又載劉裕伐南燕，已過大峴，乃至東莞，與晉書載記不合，蓋沿通鑑之誤。　吳氏拜經樓藏書題跋記云：“先君子條記云：‘浦起龍注史通云：‘十六國春秋，賀燦然序，有“晉紀流行鴻書汨沒”之語’，今此本無賀序。’又書養新錄一條上云：‘案喬孫等十六國春秋序，自謂輯錄陳編，原未嘗作僞欺人，如於陵子及天祿閣外史之比也。’又書云：‘嘗見毛斧季賣書與潘稼堂目錄，有十六國春秋，云此是崔鴻眞本，然則鴻眞本猶未作廣陵散耶？’”玉縉案：養新錄有明人好作僞書一語，故吳氏及之。　沈濂懷小編云：“十六國春秋，敍事多不相應，前秦錄王猛傳，‘桓溫請與俱南，猛還山咨師，師曰：“卿與桓溫，豈並世哉？”乃止’，是猛之不與溫俱南，從師命也。而薛強傳，‘王猛謂桓溫曰：“公求可以撥亂濟時者，友人薛威明其人也。”強來謁，與猛皆署軍謀祭酒，強察溫有大志而無成功，乃勸猛止，俄而溫敗'，是猛不從師，又以友勸而止矣。後秦鳩摩羅什傳，'一日忽下高座曰："二小兒登吾肩，欲障須婦人"，姚興以宮女進之'，是什之蓄室，出於己意也。而佛陀耶舍傳又云：'聞興逼以宮女。'及考後涼錄，'呂光見羅什年少，強妻以龜茲王女，飲以醇酒，同閉密室，什既被逼，遂虧其節'，是什早已虧節，強之者呂光也。蜀錄，'李期玉恆三年，漢王壽有威名，期及建寧王越等皆忌之，鴆殺壽養弟攸'，是攸之死，期殺之也。而李壽傳又云：'養弟攸，從成都病還，死道中，乃佯言越藥殺之'，則攸本病死矣。又西秦錄，乞伏熾磐后禿髮氏傳，'后密與虎盤謀殺熾磐，后妹爲熾磐左夫人，知其謀而告之，熾磐殺后等。'左夫人禿髮氏傳則曰：'譏殺其姊禿髮后'，因欲弒熾磐而被殺，豈得謂之譏殺？此皆史筆不相應處。"又云："西涼錄劉昞傳，'後蒙遜平酒泉，拜祕書郎中，築陸沈觀於西苑，躬往禮之，號玄處先生，北涼錄自有傳'，一人而兩史立傳，蓋有之矣，一手所成之史而分立兩傳，則他史所未有也。後秦錄韓延之傳云：'劉裕招延之，延之復書甚烈，見晉書'，言見晉書以省文，亦他史尠有之例。金史奚王回离保傳亦云事具遼史，張邦昌傳云宋史有傳云云，則已爲通例矣。"

別本十六國春秋十六卷

惟列僭僞之主五十八人。　豈好事者摭類書之語，以晉書載記排比之，成此僞本耶？

瞿氏目錄有舊鈔本，云："專錄僞主六十二人。馮已蒼以朱筆校過，跋謂此書向疑盡出太平御覽，及校對始知亦有異同也。"

蠻書十卷

綽爲幕僚，親見蠻事，故於六詔種族風俗，山川道里，及前後措置始末撰次極詳，實輿志中最古之本。宋祁作新史南蠻傳，司馬光通鑑載南詔事，多採用之。程大昌等復引所述蘭滄江，以證華陽、黑水之說，蓋宋時甚重其書。

胡渭禹貢錐指云："綽所案行者惟交趾地，目未窺滇，况梁與雍乎？故南詔改麗江曰金沙江，而綽遂與驃東入海之金沙江混而爲一。三危，雍州山也，而綽乃指南詔羅些城北一山，爲黑水所經之三危，此無異瞇目而道黑白。"

釣磯立談一卷

是書世有二本，此本爲葉林宗從錢曾家宋刻鈔出，後題"臨安府太廟前尹家書籍鋪刊行"，不著撰人名氏。前有自序云："叟山東一無聞人也。淸泰年中，隨先校書避地江表，始營釣磯於江渚，割江之後，先校書不祿，叟嗣守敝廬，不復以進取爲念。王師弔伐，時移事往，將就蕪沒，隨意所向，跡之於紙，得二百二十許條，題之曰釣磯立談"云云。別一本爲曹寅所刊，卷首佚其自序，又卷首有楊氏奄有江淮、趙王李德誠二條，其餘亦多異同，而題曰"史虛白撰"，蓋據宋史藝文志之文。考馬令南唐書，"虛白，山東人，中原多事，同韓熙載渡淮，以詩酒自娛"，不言其有所著述。觀書中山東有隱君子者一條，稱"與熙載同時渡淮，以書干烈祖，擢爲校書郎，非其所願，遂卒不仕。"又唐祚中興一條云："有隱君子作割江賦以諷，又有隱士詩云：'風雨揭卻屋，渾家醉不知'"云云，與虛白傳悉合，則隱君子當卽虛白，序中兩稱先校書，則作書者當爲虛白之子，宋志荒謬，不足爲據，曹氏新本，竟題虛白者，殊未考也。　其中徐鉉一條，稱鉉方奉詔與湯悅書江南事，慮鉉與潘佑不協，或誣以他詞，則亦雜史中之不失是非者也。

陸氏藏書志有舊鈔本，並載何煌手跋云："偶將曹氏新刻粗校，曹刻脫誤，不勝其多，開冊便缺二版兩行，又少一序，後此脫誤，版版皆是，不可枚舉。曹刻出於竹垞，卽此虞山、秀水之本，善惡立辨矣。"又載乾隆四十二年盧文弨手跋云："其自序云：'叟山東人'云云，書中有云：'山東有隱君子者，與韓熙載同時'云云，此殆卽其先人歟？是書於忠佞功罪之跡，可稱實錄，徐鉉等撰江南錄，誣潘佑之死以妖妄，叟雖未見其書，而疑其必有曲筆，爲書佑以直諫死，使後之人不信其謬悠，其用意亦何至也。序云得百二十許條，今計之，祇三十條，然要領已無不盡，且相傳止一卷，未必本書多於此三倍也。曹氏刻本多訛脫，此本爲何小山所傳，較完善，因傳錄之。"玉縉案：提要所據錢本，卽此本之所自出，惟提要云云，似皆本盧說而小變之，論徐鉉事，不及盧之明顯耳。　張宗泰所學集有是書跋云："提要謂是書原本二百二十許條，今祇存三十條，蓋不過十之一二耳。每條後各附以論斷，而於烈祖之勤政恤民，元宗之啓釁搆禍，咸詳切言之。且於元宗則稱其神彩精粹，後主則稱其天性喜學問，而以其亡國委諸天命之有所歸，其惓惓故國之思亦具見於言外。至於南唐諸臣，西平王周本之摧破強寇，高審思之功在壽春，高夢錫以直言獲譴，潘佑以直諫見殺，陳喬、朱令贇之捐生死國，則表揚必力，宋齊邱、邊南院晚節頹唐，則鄙夷不屑，惟馮延己、延魯兄弟，前則訾其誤國，後又躋諸豪傑之列，頗嫌自相違反。太祖討李重進條下，引左氏傳展喜卻齊師事，而牽及晉陰飴甥對秦伯之言，合兩事爲一事，則記憶之疏也。"

江南野史十卷

袞，爵里未詳？ 今觀諸傳皆敍次冗雜，頗乖史體。

絳雲樓書目陳景雲注云："袞字君章，江西人，江南野史中載歐陽觀事，頗以愛憎失實，爲王仲言所譏。"彭元瑞知聖道齋讀書跋云："袞，吉州人，今永新尚多龍氏。此書所紀多譌，如先主尊徐溫爲義祖，而以爲尊其父榮，樊若水量江面造浮橋，而以爲采石僧卓菴之類，至牛僧孺葬母永新唱歌，與李氏有國事何涉"云云。

錦里耆舊傳四卷

振孫又稱自平蜀後迄祥符己酉，朝廷命令，政事因革，以至李順等作亂之迹皆略載之，張約爲之序。延慶在開寶時，去祥符尙遠，似不能續記至是，而平蜀後事及張約序，此本亦無之。疑振孫所見，卽宋志八卷之本，出於後人所增益，此本四卷，或猶延慶之舊也。

瞿氏目錄有舊鈔本，云："原書八卷，前四卷已亡，作於開寶三年，起咸通九年，迄乾德四年。又案書錄解題有續傳十卷，蜀張緒所撰，朱竹垞跋即以延慶所撰爲續傳者誤也。陳氏又云：'李順、王均、劉旴作亂，亦略載之，惜太常博士張約序已亡矣'，並指續傳言，而朱氏即據之以跋此書，亦誤。"丁氏藏書志有舊鈔本四卷，並據卷後孫道明朱筆記云："錦里耆舊傳八卷，自洪武五年七月十五日寫起，至廿八日錄畢"云云，以爲此書在洪武時尚完好。吳氏拜經樓藏書題跋記云："張緒續記，通志作張彭，見崇文總目。"

五國故事二卷

未審其楊、李併爲一，抑孟、王併爲一也？

案當是孟、王併爲一，十七史商榷九十八云："末附朱文進諸人曰：'五國者，合前、後蜀爲一'，其說是也。"

蜀檮杌二卷

唐英字次功，自號黃松子，蜀州新津人，丞相商英之兄，熙寧中，官至殿中侍御史，事蹟附載宋史張商英傳。其書本前蜀開國記、後蜀實錄，仿荀悅漢紀體，編年排次，於王建、孟知祥據蜀事蹟頗爲詳備，歐陽修二蜀世家，刪削太略，得此可補其所遺。

陸氏藏書志有舊鈔本，原題及自序皆作汝功。瞿氏目錄亦云："是本題名下注曰字汝功。"丁氏藏書志有舊鈔本，題張汝功唐英，惟宋史作次功。鄭翼謹案：直齋書錄亦作次功，晁志則作次公。十七史商榷九十七云："自序云：'凡五代史所載者皆略而不書。'陸昭迴跋云：'得見此書，係英宗治平四年，歐史熙寧五年始出，亦但藏中祕，未行人間，則此序所稱乃薛史也。'然歐史蜀世家,與薛多同而較詳,詳觀檮杌所書,凡薛史所載者亦多有之,與自序不相應。下卷敍知祥初起甚詳,幷及其符瑞異徵,然但言爲郡衙吏而已,絕不云其先有貴顯者,豈此卽所謂五代史所載皆略而不書者邪?" 絳雲樓書目陳景雲注云:"溫公修通鑑,搜羅小說殆遍,獨未採此書,以其多舛也。"

南唐書三十卷

此本不載令自序,蓋偶佚也。

張氏藏書志有元刊本,陸氏藏書志有明嘉靖刊本,皆載令自序,凡二篇。

南唐書十八卷音釋一卷

元天曆初,金陵戚光爲之音釋。 錢曾讀書敏求記稱舊本遵史、漢體,首行書某紀、某傳卷第幾,而注南唐書於下。王士禛古夫于亭雜錄又稱其門人大名成文昭寄以宋槧本,凡十五卷,與今刻十八卷編次小異。今其本均不可見,所行者惟毛晉汲古閣本,刻附渭南集後者,已改其體例析其卷數矣。

案南唐州數,王鳴盛謂以歐、宋爲是,戚光不可用。戚有而馬無者,雄州、通州、雄遠軍皆不宜列入,南州當作漳州,其有一處但作空格,旁注一"攝"字者必卽歙州,因音近而誤,詳十七史商榷九十六。又瞿氏目錄有校宋本,云:"宋本卽光所刻,小題在上,大題在下,猶仍舊刻史書之式。汲古毛氏初刻此書,多脫譌處,如烈祖本紀,'保大十年放進士王克貞三人及第'下,脫文曰:'旋復停貢舉。

三月，以太弟太保馮延己爲左僕射，前鎮海節度使徐景運爲中書侍郎，及右僕射孫忌並同平章事。帝以南漢乘楚亂，據桂、宜等州，將取之，以知全州張巒兼桂州招討使。夏四月丙戌朔，日有食之。命統軍侯訓帥五千人，會張巒攻桂州，敗績於城下，訓死之，巒收餘衆保全州。周興順指揮使白進福以疾來歸。秋九月，召朗州劉言入朝。冬十月，劉言將王逵、周行逢攻潭州。壬辰，拔益陽寨，戍將李建期死之。丙辰，潭州節度使邊鎬棄城遁。辛丑，劉將蒲公益攻岳州，刺史宋德、權監軍任鎬棄城遁。十一月，劉言盡據故楚地，詔流邊鎬於饒州，斬宋德、任鎬於太社，斬裨將申洪泰、尹建於都門外。平章事馮延己、孫忌皆罷，延己左僕射，忌右僕射。十二月，雩都令趙暹奔周，洪州大都督楚王馬希萼來朝，留不遣。是歲大旱。以下提行。保大十一年春三月，以左僕射馮延己同平章事。金陵火逾月，焚官寺民廬數千間。復設貢舉。”下接夏六月云云。又宋齊丘列傳，‘若謂窺伺謀篡竊’下，脫文曰：‘則過也。特好權利，尚詭譎，造虛譽，植朋黨，矜功忌能，飾詐護前，富貴滿溢，猶不知懼，狃於要君，闇於知人，釁隙遂成，蒙大惡以死，悲夫！以下提行。論曰：“世言江南精兵十萬，而長江天塹可當十萬，國老宋齊丘機變如神，可當十萬，周世宗欲取江南，故齊丘以反間死。方五代之際，天下分裂大亂，賢人君子，皆自引於深山大澤之間，以不仕爲得，而馮道有重名於中原，齊丘擅衆譽於江表，觀其人，可以知其時之治亂矣。周師之犯淮南，齊丘實預議論，雖元宗不盡用,然使展盡其籌策,亦非能決勝保境者,且世宗豈畏齊丘機變而間之者哉?蓋鍾謨自周歸,力排齊丘殺之,故其黨附會爲此說,非其實也。予論齊邱事,盡黜當時愛憎之論而錄其實,覽者得詳焉。"'又三徐三王二朱胡申屠喬睦列傳,'烈祖喟然謂常夢錫曰:吾不意其'下,脫文曰:'捨匡舜也。夢錫與韓熙載素惡齊丘,每相語曰:'宋公謏識亞元,正可怪',久之,齊丘出鎮豫章,始表爲節度掌書記。保大中,召爲駕部郎中,知制誥,進中書舍人。周侵淮南,諸將無功,元宗議親率六軍拒之,匡舜上疏切諫,帝怒,坐以沮國動人心,流撫州,然亦卒不能親行也。後主嗣位,復起爲司農少卿,歷殿中監修國史,給事中,兼獻納使,知貢舉,放及第樂史輩五人,多久滯名場者,時稱得人,而少年輕薄子嘲之,謂之'陳橘皮榜'。遷刑部侍郎,老病乞骸骨,後主憫其貧,給俸終身,開寶五年卒,年七十五,謚曰貞。以下提行。睦昭符金陵人,不知所以進?保大中,爲常州刺史,州當吳、越之衝,屢交兵,城邑荒殘,昭符爲政寬簡,招納逋亡,未幾遂富貴。一日坐廳事,雷雨暴至,電光如金蛇繞案,吏卒皆震仆,昭符不慴,撫案叱之,雷電遽散,及舉案,惟得鐵索重百斤,昭符亦不變色,徐命舉案索納庫中。顯德五年,元宗既稱藩於周,秋八月,命昭符爲進奏使,置邸'下接大梁云云。又劉潘李嚴張龔列傳,'後主在東宮開崇文館'下,脫文曰:'以招賢士,佑預其間,後主嗣位,遷虞部員外郎,史館修撰。議納后禮,援據精博合指,遷知制誥。召草南漢主書,文不加點,後主咨賞,遷中書舍人，每以潘卿稱之而不名。佑酷喜老、莊之言，嘗作文一篇名曰贈別，其辭曰：'莊周有言，得者時也，失者順也，安時處順，哀樂不能入也，僕佩斯言久矣。夫得者，如人之生，自一歲至百歲，自少得壯，自壯得老，歲運之來，不可卻也，此所謂得之者時也。失之者亦如一歲至百歲，暮則失早，今則失昔，壯則失少，老則失壯，行年之去，不可留也，此所謂失之者順也。凡天下之事皆然也。達者知我無奈物何，物亦無奈我何，而不相干，故泛然之也，故浩然之也。其視天下之事，如奔車之歷蟻垤也，值之非得也，去之非失也。燕之南，越之北，日月所生，是謂中國，其間含齒戴髮，食粟衣帛者，是爲人，剛柔動植，林林而無窮者是爲物，以聲相命是爲名，倍物相聚是爲利，彙首而芸芸是爲事。事往而記於心，爲喜爲悲，爲怨爲恩，其名雖衆，實一心之變也。始則無物，終復何有，而於是強分彼我，彼謂我爲彼，我亦謂彼爲彼，彼自謂爲我，我亦自謂爲我，終不知孰爲彼耶？孰爲我耶？而世方徇欲嗜利，繫心於物，局促。"下接若轅下駒云云。玉縉案：陸氏儀顧堂題跋影宋本跋，亦歷舉汲古閣本潘佑傳之脫落，及徐鍇傳"大鐵篵"之誤作"蓯"。又云："古夫于亭雜錄云云，愚謂宋本目錄三紀與列傳十五卷，各爲起訖，汲古本則通計爲十八卷。恐漁洋未檢全書，但見卷末題列傳十五，而遂誤認爲十五卷耳，非與此本有異同也。"

吳越備史四卷補遺一卷

載錢鏐以下累世事蹟。 考陳振孫書錄解題，載錢儼之弟儼著吳越遺事，有開寶五年序。又謂備史亦儼所作，託名林、范。今是書四卷之末有跋二首：一"題嘉祐元年四代孫中孚"，一題"紹興二年七代孫休渙"。如據書中所記而言，則當從錢鏐起算，不當從錢俶起算，所稱四代、七代，顯據作書者而言，則振孫以備史爲儼撰，似得其實。

十七史商榷九十七云："歐史吳越世家，篇首但云錢鏐字具美，杭州臨安人，絕不及其先世，蓋其出本微，而備史第一卷，以鏐爲唐武德中陪葬功臣潭州大都督巢國公九隴八代孫，又歷敍其曾祖沛，唐宣州旌德縣令，父寬，威勝軍節度推官，職方郎中，守太府少卿，殆不可信。薛史世襲列傳，篇首亦不言鏐祖父，而敍至鏐貴後，父寬自言家世田漁爲事，未嘗貴達，見鏐車徒維盛，走竄避之，則知備史之誣。"玉縉案：宋史藝文志亦以此書爲錢儼託名，蓋本振孫。瞿氏目錄云："錢氏諱佐，凡左皆改爲上，書中所謂上右，乃左右也。" 張氏藏書續志有黃廷鑑校本四卷，幷載黃氏手跋云："吳越備史一書，敏求記云：'家藏舊本四卷，忠懿王自乾祐戊申至端拱戊子，終始歷然，無所謂補遺者。又如錦城被寇，命道士閭邱方遠建醮，及迎釋迦舍利建浮圖諸事，今本皆失載。'案所云今本，卽此刻本，明十九世孫德洪所刊也。聞陳子準藏有舊鈔善本，假以相勘，書四卷，無補遺，敏求記所舉今刻本失載數事，皆備載無遺。其書與刻本異同詳略處頗多，今皆一一校補，中如紀閭邱方遠之卒，下注方遠事迹及梁貞明詔敕，脫佚有至一兩葉者，不第如敏求記所云也。書中諸王名字皆闕而不書，卽嫌名劉字，亦以彭城二字爲代，其爲此書最先之本無疑。惟明刻本第四卷止乾祐戊辰，末載嘉祐丙申錢中孚、紹興壬子錢渙兩跋，知此書在宋時已有脱佚，非盡德洪刊刻之謬也。” 丁氏藏書志有鈔校本四卷，補遺一卷，云：“文獻通考，吳越備史九卷，陳氏曰：‘吳越掌書記范坰、巡官林禹撰。案中興書目云：“其初十二卷，盡開寶三年，後又增三卷，至雍熙四年”，今書止石晉開運，比初又闕三卷，只九卷。’又吳越備史遺事五卷，陳氏曰：‘全州觀察使錢儼撰，俶之弟也。其序云：“備史亦其所作，託名林、范，而遺文墜迹，殊文異見，闕漏未盡者，復爲是編，時皇宋平南海之二年，吳興西齋序”，蓋開寶五年也。儼以三年刺湖州。’康熙乙未吳焯云：‘案此編五卷，似與通考後一條合，而實非也。今以前一條所記之年考之，此編第三卷已盡石晉開運四年，依陳氏當止此，今第四卷盡開寶元年，陳氏所云闕者已全，豈散佚後復得耶？抑後人增補耶？陳氏云：‘又增三卷，至雍熙四年’，今補遺一卷，終俶之世。考宋史，俶卒於太宗端拱元年，即雍熙四年之明年，陳氏志其闕，今并仍其舊矣。今觀補遺卷首，原稱後人增補，因前補者既闕而後人重補之，第採本傳與家傳以足成此書耳。至第四卷末有錢中孚錄寫題名，錢渙又署跋尾，洵爲儼所撰原本，古今卷帙，或有歸併，第十二卷不應簡略如是，當求儼原序考訂也。” 又記云：“偶得吳越二十四世孫受徵刊本，其中小傳頗多删節，其後序題跋萬曆庚子，此本前有馬藎臣論，亦屬明嘉靖間定本，至萬曆時不知何以又有删削? 此鈔本爲當時林、范原撰本亦未可定也。據受徵刊本,武肅王二卷,文穆王、忠獻王、吳越國王各一卷,凡五卷,吳越補遺一卷,云是越中比部德洪所纂,則前有錢中孚跋尾者原是五卷,此鈔本標題誤也。卷帙雖合,稽之陳氏之論,究難定此本爲林、范原本,末附受徵輯吳越雜考一卷。”玉縉案:據此,則以補遺爲德洪撰者,萬曆受徵所刊本當屬可信,而敏求記以爲馬藎臣所續,殆以有藎臣論而譌也。 涵芬樓有影印吳翌鳳鈔本,起乙未乾符二年,訖戊子端拱元年,張元濟跋云:“陳振孫書錄解題有是書九卷,謂‘中興書目其初十二卷,盡開寶三年,今書止石晉開運,尚闕三卷。’案石晉開運至宋開寶凡二十餘年,卻當在後三年之數,是書實起唐僖宗乾符,提要稱爲起石晉開運前闕三卷云云,陳氏實無此語,然其書既僅存九卷,則亦與此不合也。此避武肅嫌諱,凡劉姓悉改彭城,又避忠懿諱,凡官名左者悉改上,又左右俱作上右,遇文穆、忠獻名俱空格,或作諱字,宋諱匡字有注名犯太祖諱上一字者,蓋所據爲成書後最初刊本矣。”

十國春秋一百十四卷

任臣以歐陽修作五代史,於十國倣晉書例爲載記,每略而不詳,乃採諸霸史、雜史以及小說家言,並證以正史彙成是書。

洪亮吉北江詩話一云:“搜采極博,然如前蜀安康長公主,見後蜀紀及徐光溥傳,僧醋頭,見僧智諲後蜀賈鶚、王昭遠等傳,而前蜀公主傳、後蜀僧衆傳不列及之,何也?”十七史商榷九十八云:“其爲書之體,每得一人,即作一傳，凡僧道及婦人之傳，每篇只一二行者甚多。乃徐鉉騎省文集三十卷，其前二十卷，皆在南唐時作，其中碑志，若岐王仲宣、馬仁裕、劉崇俊、陳德成、江文蔚、喬匡舜、韓熙載，志伊雖皆有傳，而徐所敍事蹟遺漏者已甚多。若賈潭、方訥、陶敬宣、周廷構、苗廷祿、包諤、趙宣轉、劉鄗皆有事蹟，而志伊皆無傳，潭、訥歐史一見其名，祇有一句，故不能措手，志伊以博爲事，竟未見騎省集矣。此書佳處在表，地理表與歐陽氏職方考參觀，則五代十國全局如見。至十國之官制，雖大抵沿唐，而一時增改亦已紛宂，不可爬梳，任臣爲作百官表，甚便考覽。若藩鎮表，以區區僭僞，僻陋一隅，而多立軍名，假稱節度，誠屬不成事體。要之，臚而陳之，亦稽核之一助也。” 陳撰玉几山房聽雨錄上五云：“任臣著十國春秋，當作吳越世家，爲武肅王贊，述其國政，有‘嚴刑峻法，厚取於民，以供輸中原’等語，旣屬稾，命繕書，書者頭腫目眩，不能握筆，輟筆，疾良已，再屬筆復然，如是者三，吳悟，因更之曰：‘雖竭東南之膏脂，以充中國之供賦，而使東南四十年不罹兵革之禍，王之功也。’更竟，付其人，振筆直書，絕無所苦。”玉縉謂此疑傳者之過，惟改筆頗勝，附錄之以見史法。 李慈銘桃華聖解盦日記己集云：“志伊采取極博，後之考据家多不能知其出處，然稍乏識斷，其好用書法之謬及主歐史，誤以南唐祖建王恪爲吳王恪，予已於丙辰年日記中詳論之。玉縉案：今本始咸豐癸亥，無丙辰日記。今略摘其小舛者。如楊渥追號爲烈宗，而誤作烈祖，不特通鑑諸書所載皆同，且使渥果號烈祖，南唐何以肯襲其號以尊先主，此必不然者也。後主分賜諸臣金，自首於曹彬者乃張洎，而誤以爲張佖，佖於後主始終不失臣節，安得有此。女冠耿先生，馬令言其事鄭文寶親得之徐率更，率更則目覩者，然但云元宗殂後，不知所終而已，其攝去宋太后與道士酣飲之事，惟陸務觀書載之，至爲無稽，或存之附注亦可，而竟入正文。徐鉉求見後主，遂以悔殺潘佑之言奏於太宗，此出宋人小說，蓋誣善之辭，鼎臣雖欠後主一死，而其拳拳舊君，自不容沒，觀所撰吳王碑文，婉而能直，亦是人所難能。且後主在宋，當時雖設禁防，而潘慎儀尚爲記室，張洎猶時往匃索，何獨鼎臣須請旨始見，吳氏亦直載之，不加考駁，皆爲失當。” 又荀學齋日記戊集上云：“志伊以杭人懷措大之見，內吳越爲故國，頗右錢氏而薄南唐，凡各國春秋，於他國君皆直稱姓名，惟遇吳越則稱某王，已自亂其例。於南唐從五代史記之謬說，以烈祖爲安祖吳王恪，三代之名，皆有司僞撰，予已於咸豐丙辰日記中論之，至引劉恕十國紀年，謂烈祖曾祖超，祖志，乃與徐溫之曾祖、祖同名，知其皆附會。案舊、新五代、馬、陸南唐書皆不載徐溫先世名，劉氏不知何所本？且其名果出僞撰，豈難別取二字，何必故同，以自彰其缺，當日君臣其拙至此，豈情理所有，此不辯而明者矣。” 又云：“閩下有章仔鈞及其妻練雋傳云：‘仔鈞先世居汴’云云，案吳氏自記所引書目，有章仔鈞族譜，此蓋即出章譜之文，陳氏仲魚撰續唐書因之，然所敍官爵，多不足信。劉宋時有七兵尚書，無兵部尚書，其時無汴名，亦無泉州，無南安縣，今之泉州南安縣，時爲晉安郡晉安縣，至隋時，始於今之福州置泉州，始改晉安縣爲南安縣，至唐睿宗時始置今之泉州。且劉宋時祇有刺史，無守名，仔鈞在閩，而高州在嶺外，屬南漢，何以得持節高州諸軍事。封爵有縣伯，無郡伯，唐制縣公上始有郡公，宋制始有郡侯，仔鈞止屯浦城，何以加西北面行營招討使，所云西北面者，何地之西北面？行營者，何處之行營？唐制、光祿大夫從二品，金紫光祿大夫正三品，歷五代至宋皆然，何以由光祿大夫贈金紫，皆明是後人不識官制、地理者所僞造。至唐自中晚以後至五季宋初，檢校官固極濫，然亦罕加三師者，仔鈞僅一戍將，亦無檢校直加太傅之理。邊鎬，昇州人，陸氏書云金陵人。王建封，上元人，皆南唐士民，未嘗入閩，且鎬起家爲烈祖通事舍人，終始文臣，未嘗爲軍校。蓋仔鈞名當從宋史，其事當從東都事略，最爲可據。以建州刺史屯浦城，卒後，其妻子居建州，當南唐之破王延政，所釋二校，適在行間，遂有反旗免屠之事。賢德夫人之封，或在南唐由其兩子貴時所得，其時如吳越武肅王夫人吳氏封貞德夫人，文穆王夫人馬氏封莊睦夫人，忠懿王母吳氏封順德太夫人，忠懿王妃孫氏封賢德順睦夫人，又梁朱溫封張全義妻儲氏爲賢懿夫人，則當時自有此制。至云宋宣和中，仔鈞追封琅邪王，謚忠獻，練追封越國夫人，則不可考矣。又言練氏本楊姓，則諸書皆不言，章氏世傳私譜，或有所據。仔鈞多子，必非練一人所生，譜言更有黃氏，或亦可信。至仔鈞祖父，皆以爲南唐官，則又後人誤加南字耳。其他宋人說部，若葉夢得石林燕語言'章郇公高祖母練氏，其夫均，爲王審知偏將，領兵守西巖'云云。胡錡耕錄稾言'章郇公得象之高祖，建州人，仕王氏爲刺史，號章太傅，其夫人練氏，智識過人'云云。沈括夢溪筆談言'王延政據建州，令大將章某守建州城，其妻連氏有賢智'云云。所敍釋將全城事大略相同，其名小異，出於傳聞，當以宋史及東都事略爲正。葉氏謂均十五子，五爲練氏出，郇公與申公，皆其後也。胡氏謂太傅十三子，其八子夫人所生也，及宋興，子孫及第至達官者甚衆，餘五房子孫無及第者，其後亦八房子孫出繼五房耳。"玉縉案：東都事略章得象傳，稱高祖仔，其敍釋二將事，不言一爲邊鎬，一爲王建封，宋史得象傳作高祖仔鈞，並不及釋將事，李氏皆引全文，故謂名當從史，事當從事略。又前引章氏譜牒，後引東都事略及宋史，考章氏家世，茲略之。又云："吳氏、陳氏不知別擇，據私譜而筆之書，彭氏雲棞、劉氏金門注五代史，偏采石林燕語諸說部，而不知引東都事略，皆失之疏"，此兼駁五代史注，特附之。又辛集上云："宋胡宿文恭集，有宋故左龍武衛大將軍李公墓誌銘，即後主弟從謙也。其中多可補十國春秋之闕，云'從浦字可大，本名從今本作初，四庫考證，以爲從字之誤，是也。謙'，陸氏南唐書誤謂從鎰改從浦，他書又皆作誧，亦不詳其字？其云'憲宗第八子，建王恪之後，南唐烈祖之孫，元宗之子。'文恭爲北宋人，與從謙父子同籍常州，又與從謙子友善，而此志明言憲宗子建王之後，則五代史諸書謂託於太宗子吳王恪者，皆風影無據之詞。又云：'後主友愛，異於他弟，開寶中受言奉幣，入貢誕節，後主嘗因置酒，惻然有勤望之勞，賦青青河畔草一篇，章末有"王孫歸不歸，翠色和春老"之句，當時士人莫不傳諷'，此他書皆未載。又云：'入宋後，授右神武大將軍，領漢東郡事，移江夏及同谷'，南唐書等皆作知隨、復、成三州，據此，則鄂州非復州也。云'卒年五十，男子七人，仲儀左班殿直，仲昕右班殿直，仲勖無祿，仲某三班借職，仲偃登進士第，歷踐省闈，今任尚書刑部郎中淮南轉運使，仲連右侍禁，仲荀郊社齋郎。三女，長嫁琅邪王祐之，次二女內寺出家爲尼，並賜紫方袍，善才號妙智大師，善聰號崇因大師。孫男九人，孝友剡縣尉，孝嗣試校書郎。'十國春秋僅載仲偃一人，止云舉宋大中祥符八年進士。又有故朝散大夫太常少卿致仕李公墓志銘，即仲偃也。言'仲偃字晉卿，進士丙科，歷知蘄春縣，大理寺丞，殿中丞，出知越州會稽縣，尚書屯田員外郎，通判台州都官員外郎，知眞州，召拜侍御史，遷司封員外郎，淮南提刑，入爲三司度支判官，除兩浙轉運使，賜紫，除工部郎中，判三司度支句院，假太常少卿，直昭文館，充契丹國信使，還，除刑部郎中，淮南轉運使。至和元年，以兵部郎中知蘇州，乞病，以本官分司南京，聽家武進，後四年告老，除太常少卿，致仕，嘉祐戊戌卒，年七十七。子孝嗣，秀州崇德令，孝直試校書郎，孫元規太廟齋郎。'蓋仲偃是江南李氏之顯者，仲偃之知會稽縣及爲兩浙轉運使，孝友之爲剡縣尉，吾越府、縣志皆失載。又故祕書王公墓表云：‘本匡姓，曾祖克模，祖建寧，俱仕南唐爲偏將，周師圍壽春，國主令建寧齎密詔至守將劉仁贍所，致命而還’，亦諸書所未及也。放翁南唐書謂從謙後不知所終，其時年代未遠，而不知其有子嘗令會稽，爲兩浙轉運使。且文恭四世掌誥，放翁亦未見其集，足見考古之難。案提要所見，蓋原刻本，乾隆間周昂重刻本，有拾遺一卷，備考一卷。桃華聖解盦日記己集云：“周氏昂所補者，各條下不系以出處，殊謬。” 李詳媿生叢錄云：“王西莊十七史商榷卷九十八，論吳任臣十國春秋云：‘志伊自言采薛氏舊五代史，恐實未見，虛列此目’。詳案：南雷文定附錄，載志伊與書云：‘拙著十國春秋，專竢薛居正五代史略爲校讎，遂爾卒業，前已承允借，今因仇滄兄之便，希慨寄儆齋，一月爲期，仍從滄兄處璧上，斷不敢浮沈片紙隻字，切禱切禱’。案南雷之有薛史，全謝山屢言之。見鮚埼亭集二老閣藏書記及移明史館帖子。夫南雷自定其文，既附吳札於後，必經借與吳者。謝山又云：‘吳任臣向之借，未肯借’，此特以意度耳，南雷不應至此。任臣既借得此書，豈可謂之虛張其目，西莊從乾隆時不見薛史，遂並疑吳，不知其有借札可證也。”

越史略三卷

特所列黎、阮諸王，無不改元者，而史家並未悉載，則必當時深自諱之，故中國不能盡知耳。書末又載陳日煚以下紀年一篇，但錄所僭謚號改元而不具事蹟。其中所稱太上者，以史按之，當爲陳叔明，其稱今上者，當爲陳煒，而史載日煚至煒十二世，此書乃僅得十世，未詳其故？

李慈銘桃華聖解盦日記庚集云："書凡三卷，上卷紀沿革，自漢趙佗至宋時黎氏，中下兩卷皆紀李氏，而稱曰阮紀者，以陳氏得國後，凡李氏宗族及齊民姓李者，皆令更爲阮姓，以絕民望。故此書於李公蘊稱太祖曰諱蘊，姓阮氏，然載其讖文，有'禾刀木落，十八子成，震宮現日，兌宮隱星'之言，則未嘗沒其實也。其國自丁部領以下皆稱皇帝紀元號，而宋、元史多諱略之，其紀年，亦著錄家如厚齋王氏、廣漢鍾氏及近時梁氏、葉氏多未采入，今略撮錄之"云云，文繁不具錄。計丁紀有太平，黎紀有天福、興統、應天、景瑞，阮紀有順天、天成、通瑞、乾符有道、四字號。明道、天感聖武、四字號。崇興大寶、龍瑞太平、彰聖嘉慶、龍彰天嗣、天貺寶象、以上並四字號。神武、太寧、英武昭勝、四字號。廣祐、會豐、龍符元化、四字號。會祥大慶、天符睿武、天符慶壽、以上並四字號。大順、天彰寶嗣、四字號。紹明、大定、政隆寶應、四字號。天感至寶、四字號。貞符、天資嘉瑞、四字號。天資寶祐、治平龍應、並四字號。建嘉、乾寧、天彰有道四字號。諸號。末附陳朝，有建中、天應政平、四字號。元豐、紹隆、寶符、紹寶、重興、興隆、大慶、開泰、開祐、紹興、大治、天定、紹慶、隆慶、昌符諸號。

載記類存目

晉史乘一卷楚史檮杌一卷

考王禕集有吾子行傳，記衍所著各書甚悉，中有晉文春秋、楚史檮杌二書之名，張習孔雲谷臥餘續亦云衍作，俱未嘗言衍得此二書。然則衍特捃摭舊事偶補二書之闕，原非作僞，傳其書者，欲以新異炫俗，因改晉文春秋爲晉乘，以合孟子所述之名，併僞撰衍序冠之耳。序文淺陋，亦決不出衍手也。

左暄三餘偶筆卷七云："乘、檮杌二書，於劉向校錄未之聞，班史藝文志無其目。後漢書班彪傳曰：'孟子曰：'楚之檮杌，晉之乘，魯之春秋，其事一也。'定、哀之間，魯君子左邱明論集其文，作左氏傳三十篇，又撰異同，號曰國語二十篇，由是乘、檮杌之書遂闇，而左氏、國語獨章'，則乘、檮杌之亡久矣。而近時二書刻本，載元武林吾衍題辭，謂二書不著作者名氏，觀其篇目次第與晏子春秋相似，疑出於一時，余近年得之，誠爲奇書，亦可怪矣。曾見陶宗儀輟耕錄云：'吾子行先生衍所著述，有楚史檮杌、晉文春秋'，則晉史乘、楚史檮杌，卽吾衍所輯，乃僞書非古書也。"玉縉案：旣是輯，卽非僞。

高麗史二卷

考明實錄，景泰二年，高麗使臣鄭麟趾嘗表進是書於朝，凡世家四十六卷，志三十九卷，表二卷，列傳五十卷，目錄二卷。朱彝尊曝書亭集有是書題跋，稱爲體例可觀，有條不紊。此本僅世系一卷，后妃列傳一卷，蓋偶存之殘帙，非完書矣。

張氏及陸氏藏書志有鈔本一百三十九卷，張云："前有景泰二年進書箋，景泰二年朝鮮恭順王珦名之元年也。凡世家四十六卷云云。高麗王氏，自梁末帝貞明四年代高氏有其國，建元天授，稱後高麗，傳三十二主，歷年四百七十五，爲其臣李成桂所簒，國亡。此書紀王氏一朝之事，治亂興廢，制度文物，粲然可考，亦可云高麗之良史矣。四庫存目有高麗史二卷，蓋殘帙，此則足本也。"案詳余所著未收書目續編。

唐餘紀傳二十四卷

其體例多學步新五代史。

陸氏儀顧堂題跋云："彭文勤知聖道齋跋尾，譏其全襲陸書，倒置前後，改竄名字，以博著述之名，是矣。愚謂更有删所不當删，增所不當增者，如陸書徐鍇傳，'薦於烈祖，未及用而烈祖殂，元宗嗣位，起家祕書郎，齊王景達奏授記室，時殷崇義爲學士，草軍書，用事謬誤，鍇竊議之，崇義方得君，誣奏鍇泄禁省語，貶烏江尉，歲餘召還，授右拾遺。'今改爲'夢錫得鍇之學於鉉，遂薦於朝，授右拾遺'，則事迹不合。傳末忽入'丱角女子夢巨簁篏物'云云數十言，則小說家言，不應入史。惟潘佑傳文與宋本陸書同，不若毛刻之脱落，'簁'字亦不作'蓰'，蓋所見猶宋本也。"

四庫全書總目提要補正卷二十一

時　令　類

歲時廣記四卷

元靚不知其里貫？　其書宋志不著錄，惟見於錢曾讀書敏求記，稱前列圖説，分四時爲四卷。今此本乃曹溶學海類編所載，卷首並無圖説，蓋傳鈔者佚之。

陸氏藏書志有明永樂刊本羣書類要事林廣記，題"西穎陳元靚編"。其儀顧堂續跋云："元靚仕履無考，當爲福建崇安人廣寒先生之裔，廣寒先生名字無考，墓在崇安，其子名遜，紹聖四年進士，元靚必遜之裔也。"又瞿氏目錄有是書鈔本四十二卷，云："書凡四十卷，前列圖説一卷，後有總載一卷，是書世所傳本僅有四卷，即敏求記所載前列圖説分四時爲四卷者，而曹倦圃輯學海類編則并其圖説佚之。此仁和胡君珽藏本，借得朱逌之司馬本鈔出，朱本出自天一閣范氏。案前四卷僅總載四時之景，以下皆分載良辰令節，五、六、七卷爲元旦，八卷爲立春，九卷爲人日，十至十二卷爲上元，十三卷爲月晦中和節，十四卷爲二社日，十五、十六卷爲寒食，十七卷爲清明，十八、十九卷爲上巳，二十卷爲佛日，廿一至廿三卷爲端午，廿四卷爲朝節、即夏至。天貺節，六月六日。廿五卷爲三伏節、立秋，廿六至廿八卷爲七夕節，廿九、三十卷爲中元節，三十一至三十三卷爲中秋，三十四至三十六卷爲重九，三十七卷爲小春下元，三十八卷爲冬至，三十九卷爲臘日交年節，十二月廿四日。四十卷爲歲除。惜第五卷全闕，六卷中亦有殘佚矣。" 玉縉案：據此，則四卷本非元覯之舊也。

御定月令輯要二十四卷圖說一卷

門目雖仍其舊，而刊除無稽之論，增補未備之文。

李慈銘荀學齋日記云："魏書趙逸傳云：'神䴥三年三月上巳，世祖幸白虎殿，命百寮賦詩，逸製詩序。' 又晉書涼武昭王李玄盛傳，亦載'玄盛居酒泉，上巳日讌於曲水，命羣僚賦詩，而親爲之序'。此兩事月令輯要俱未及收。"

時令類存目

日涉編十二卷

堦字升也，應城人。 前有康熙二十七年肇昌知府文安紀元重刊序，乃惜其列代事迹有關勸戒者尙未詳錄，非也，至謂其不載閏月爲疎漏，則所言當矣。

盧弼四庫湖北先正遺書札記云："案湖北通志，堦字升也，應城人，士元子，歲貢生。是書一名編日新書，提學周師旦爲梓於南畿，賀逢聖序之。康熙間，漢川歐陽景台得其手錄本，重加編次，序而刻之，名其書曰事類新編，見漢川志。”

地理類一

三輔黃圖六卷

程大昌雍錄則謂晉灼所引黃圖，多不見於今本。

案水經注引黃圖云：“神明臺上有九室。”又“棘門在橫門外。”又“柱南，京兆主之，柱北，馮翊主之，有令丞，各領徒千五百人，橋之北首，壘石水中，故謂之石柱橋也。”又“有船庫官，後改爲縣”，亦不見於今本。瞿氏目錄有校宋本一卷，云：“隋、唐志皆作一卷，明刻析作六卷，非舊第矣。毛氏扆嘗以宋本校正明刊本，顧氏廣圻從之傳錄，有跋曰：‘此毛斧季手校，內一處，構字作御名，是用南宋高宗時刻本也。首尾通爲一卷，社稷條注元始云云，乃後人采後漢書祭祀志添入者，此本無之。字句煩簡，亦往往合於玉海諸書所引者，足徵其本之佳矣。惟陵墓條無校字，其本似不載，亦未詳其意？’” 顧炎武日知錄三十一云：“漢西京宮殿甚多，讀史者殊不易曉，三輔黃圖敍次頗悉，以長樂、未央、建章、北宮、甘泉宮爲綱，而以其中宮室臺殿爲目，甚得體要。但其無所附麗者，悉入北宮及甘泉宮下，則舛矣。雍錄駁此書思子宮、萬歲宮隸甘泉之誤，而謂元書已亡，此出唐人所作，誠然。今當以明光宮、太子宮二宮別爲一條，爲長安宮異名，長門宮、鉤弋宮、儲元宮、宣曲宮別爲一條，爲長安城外離宮，昭臺宮、犬臺宮、扶荔宮、蒲萄宮別爲一條，爲長林苑內離宮，宜春宮、五柞宮、集靈宮、鼎湖宮、湖當作胡，見漢書揚雄傳。思子宮、黄山宮、池陽宮、步壽宮、萬歲宮、梁山宮、回中宮、首山宮别爲一條，爲各郡縣離宮。程大昌曰：思子宮在湖，萬歲宮在汾陽，今皆以隸甘泉，與史不合。别有明光宮，不知其地？附列於後。而梁山宮當并入秦梁山宮下，則區分各當矣。"

元和郡縣志四十卷

是書據宋洪邁跋，稱爲元和八年所上，然書中更置宥州一條，乃在元和九年，蓋其事爲吉甫所經畫，故書成之後又自續入之也。　此本又闕第十九卷、二十卷、二十三卷、二十四卷、二十六卷、三十六卷，其第十八卷則闕其半，二十五卷亦闕二頁，又非宋本之舊矣。篇目斷續，頗難尋檢，考水經注本四十卷，至宋代佚其五卷，故水名闕二十有一，南宋刊版，仍均配爲四十卷，使相聯屬。今用其例，亦重編爲四十卷，以便循覽，仍注其所闕於卷中以存舊第。

案舊唐書憲宗紀，"元和八年二月辛卯，宰相李吉甫進所撰元和郡國圖三十卷"，洪蓋本此。十七史商榷九十云："河南府河南縣中橋，咸通三年造成，咸通是懿宗號，三年上距吉甫之卒已四十九年，則此書後人附益者多，别見予所著蛾術編説錄門。"陸氏儀顧堂續跋影宋鈔本跋云："聚珍本仿宋人刻不全水經注之例，編爲四十卷，削去每卷之目，字句之間，亦多增損更易。"玉縉案：岱南閣本附拾遺二卷，爲嚴觀所輯，載通鑑地理通釋引"元和郡縣志，六合縣漢堂邑縣，屬臨淮，後漢屬廣陵"，而輿地紀勝引"六合縣本楚棠邑"，則嚴所未輯。又玉海引"八陣圖在奉節縣西七里。"亦未輯。　沈垚落帆樓文集與徐星伯論地理書云："滹沱水在眞定城南，自唐至今皆然，元和志'鎭州眞定縣，滹沱河南，去縣一里。'垚謂南字絕句，'滹沱河南'者在縣之南也，'去縣一里'者北至縣一里也。寰宇志改元和志之文曰'在縣北一里'，失吉甫之意矣。是書玉縉案：指戴震安瀾志案語。言'元史、方輿紀要及縣志皆言在縣南，吉甫所言，當指舊治，在今縣東南八里者而言，但唐初已移今治，何尙據舊說，想有所未考耳。'垚以此言觀之，初以爲已見不誤，蓋元和志於水在縣北者，往往曰某水北去縣若干里，水在縣南者，則曰某水南去縣若干里，若不將南北等字絕句，則方面互易，古人著書，必不錯誤如是。旣反覆思之，始歎已說之未的，徵引舊文，不加修改，李吉甫、樂史皆有此病，故云水北去縣若干里者，亦有不在縣北，水南去縣若干里者，亦有不在縣南，然則信爲引舊文而失於修改，而非如垚所云云矣。"玉縉案：李、樂二書，每多仍襲舊文，必知其意而方不爲其所誤，並詳寰宇記下。又沈氏有是書補圖，凡河西節度使圖三，北庭節度使圖二，頗精審。李慈銘桃華聖解盦日記丁集云："元和郡縣補志，凡補關內道一州，商州。河北道十州，景、幽、涿、瀛、莫、平、嬀、檀、薊、營。山南道一府江陵。十七州，峽、歸、夔、澧、朗、忠、萬、金、集、壁、巴、蓬、通、開、閬、果、渠。淮南道七州，揚、楚、滁、和、舒、壽、廬。劍南道二州，霸、乾。嶺南道三十七州。春、新、雷、羅、高、恩、潘、辯、瀧、勤、崖、瓊、振、儋、句萬安、句藤、巖、宜、瀼、籠、田、環、古、容、牢、白、順、繡、句鬱林、句黨、竇、禺、廉、義、湯、芝、句武峨。前有盧抱經序及子進自作例七則,其書不稱志補而稱補志已爲不辭,所采書目,不列於前,據其例言,據兩唐書、唐會要、通鑑、通典、通考、通志、玉海、寰宇記、九域志及史記索隱、正義、漢書、後漢書注、文選注、北堂書鈔、藝文類聚、初學記、白氏六帖、北戶錄諸書,今考此外所引者,太平御覽、胡氏通鑑注、王氏通鑑地理通釋三書尤多,而引括地志、十道志、元和郡國志諸佚文及本書佚文者,往往不記其所出。其諸引書,自御覽外,皆不記卷數,而每州縣下敍其沿革,俱首加一案字,不注其所引之書。自言援引既多,不能逐句備載,尤爲非體。其紕謬者,如幽州良鄉縣下云:'聖曆元年,因不從安、史之叛,改名固節,神龍元年,復名良鄉。'聖曆乃武后年號,神龍中宗年號,聖曆元年,安得有安、史之叛,此蓋拒突厥之譌。通州下云:'梁置萬州,後魏乾明二年改爲通州',西魏之得通州,在廢帝後,安得有乾明之號。揚州江陽縣下云:'邑有康令祠,咸通中,大旱,令以身禱赴水死,天即大雨',咸通乃懿宗年號,豈元和所及見。廬州巢縣下,'張魏公曰'云云,此乃通鑑地理通釋引張浚之語,子進因上稱郡縣志巢湖在巢縣云云,遂概認爲李氏原文。劍南道下小注云:'唐書地理志,是道內有保州,保州廣德二年沒於吐蕃,元和之際,不入版圖矣,是以未補',不知舊有後失之州,地志未有不載者。此書較之陳蘭森所補寰宇記自爲差勝,惜爾時如洪北江、錢十蘭諸公,稍後如徐星伯、張石舟諸君。皆湛精地理,又具文筆,未及將李、樂二書及九域志所闕之四京

第一卷，輿地廣記所闕之首二卷，一一補完以成全璧耳。”又云：“盧序見抱經文集，湖海文傳中亦載之，今補志所刊序下有盧氏自記歲月云：‘乾隆四十年青龍在乙未極且月’，極且月者，謂六月，是月建癸未也。以月陽配月名，自史記月在畢聚之文始，好古者多用之，王伯厚通鑑地理通釋序亦題曰：‘上章執徐歲橘壯之月’，謂八月月建乙酉也。嚴刻‘極且’誤作‘極旦’，其書中誤字亦不可勝指。”

太平寰宇記一百九十三卷

然是時幽、嬀、營、檀等十六州，晉所割以賂遼者，實未入版章，史乃因賈耽十道志、李吉甫元和郡縣志之舊，概列其名，蓋太宗置封樁庫，冀復燕、雲，終身未嘗少置，史亦預探其志，載之於篇，非無所因而漫錄也。史進書序，譏賈耽、李吉甫爲漏闕，故其書採摭繁富，惟取賅博，於列朝人物，一一並登。至於題詠古蹟，若張祜金山詩之類亦皆並錄，後來方志，必列人物藝文者，其體皆始於史。蓋地理之書，記載至是書而始詳，體例亦自是而大變，然史書雖卷帙浩博，而考據特爲精核，要不得以末流冗雜，追咎濫觴之源矣。原本二百卷，諸家藏本並多殘闕，惟浙江汪氏進本，所闕自一百十三卷至一百十九卷，僅佚七卷。又每卷末附校正一頁，不知何人所作？辨析頗詳，較諸本最爲精善，今據以著錄。

錢大昕養新錄云：“其書成於太平興國中，尚無十五路之分，故仍唐十道名目。幽、涿、雲、朔諸州，雖未入版圖，猶著於錄，亦見當日君臣志未嘗忘山前後也。是書體例，雖因李吉甫而援引更爲詳審，間采稗官小說，亦唯信而有徵者取之，有宋一代志輿地者，當以樂氏爲巨擘，竹垞有意貶抑，謂不若九域志、輿地記之簡要，豈其然乎？”玉縉案：提要‘史預探其志’一語，近於以小人之心度君子，錢說正大。此書金陵書局刻本，以乾隆癸丑崇仁樂氏祠堂本爲主，前有校例十七則，頗可繙閱。又黎庶昌使日本，知藏有宋刻殘本，因借摹舊闕一百十三至十七及十八之半卷凡五卷半，刊入古逸叢書中，然則是書今祇佚一卷半矣。

沈垚落帆樓文集與徐星伯論地理書云：“寰宇記雜錄前人成書，不加審正，往往州縣已移舊治而所載之山水土地名、里數方向，仍襲舊說，粗心人不細加研究，遂爲其所誤，知其誤者，又以其不合而棄之。其實樂史雖學疏多誤，而所錄皆六朝初唐人善本，信而有徵，讀者能思其致誤之由，則古書之藉是以傳者固可寶貴矣。如嬀州懷戎縣，本漢潘縣地，唐武德四年置北燕州，貞觀八年改曰嬀州，今宣化府保安州也。故城在州西南，長安二年，移嬀州及懷戎縣理清夷軍，則爲漢沮陽縣地，今懷來縣矣。史於懷戎縣下曰：‘雞鳴山在縣東北七十里，本名磨笄山’，案山在縣東北，乃初唐人輿地書據縣理漢潘縣故地而言，若據清夷軍言之，當言在西北，不得在東北也。又唐雲州雲中縣，本置在朔州北三百五十里之故盛樂城，貞觀十四年，始移於恆安鎮，則爲故平城縣地，而舊雲州城後改置單于大都護府。寰宇記雲州雲中縣下曰：‘君子津，冀州圖云：“雲中郡南有君子津，即大河之津”，桐過縣城，冀州圖云：“在郡西五十里，武進故城東百四十里雲中故宮，後魏所都築之,在故城東四十里陰山道。”案冀州圖云:‘雲中周回六十里,北去陰山八十里,南去通漠、長城百里,卽白道川也。南北遠處三百里,近處百里,東西五百里,至良沃沙土而黑,省功多穫,每至七月乃熟。白道川當原陽鎭北,欲至山上當路有千餘步,地土白如石灰色,遙去五百里卽見之,卽是陰山路也。從此以西及紫河以東,當陰山北者,惟此道通方軌,自外道皆小而失次者多。”此數條當皆列在單于大都護府金河縣下,不當列在雲州雲中縣下,樂史錄初唐人書,不知改正,故有此誤。然猶幸其能雜錄之也,倘不知審正,而又若後人之不肯雜錄以自表其審愼,則故蹟淪湮,後雖善讀書者,亦無由考而知之矣。”玉縉案:此說甚精,讀是書者,當以此推之。又集中尚有辨正數處,如趙州高邑縣下,引水經‘漢章帝北巡至高邑’云云,不知後漢高邑乃唐柏鄉縣,唐高邑乃漢房子縣,當引於柏鄉,不當引於高邑,見濟水考。平棘縣下引元和志‘槐水’云云,不知志言南去縣二十五里者,南字絕句,謂槐水在縣南,不得改作在縣北,見槐水考。恆州眞定縣下,引元和志‘滹沱河’云云,志言南去縣一里,亦南字絕句,今亦誤改爲在縣北,見滹沱水考。靈州下,引陸恭之風土記,‘朔方故城,太和十年改爲沃野鎭’云云,不知沃野於靈州無涉,當引陸說於天德軍下,不當引於靈州,見校唐述山房日錄。　李慈銘桃華聖解盦日記丁集三云:“太平寰宇記,乾隆末,南昌萬庭蘭芝堂所校刻,而桂林陳蘭森輯補其原缺河南道四及江南西道十一至十七共八卷。萬、陳皆不知學,妄改妄補,轉亂本書。又刊校粗疏,不明體例,譌脱顛倒,連行接牘,廷蘭至不知漢帝世次,以高帝至殤帝十三世爲誤。又以樂氏所上表云:‘職居館殿’,謂館殿當是指其遷職方郎時,非直史館時,其謬妄可笑如此。蘭森爲文恭公弘謀之孫,學似稍勝於萬。此刻前有洪穉存序,其補闕八卷,有王惕甫序,補闕全出陳手,序跋甚明,而王序述廷蘭子承紀之言,又以爲廷蘭所補綴,不可解也。”又戊集廿二云:“乾隆癸丑,其崇仁後人所刻,後有三十世孫斯盛跋,言其族叔之篪及斯盛子蘐賓所校刊,每卷之末,間附校勘數條,頗能依據羣書有所駁正,不知出何人之手?似較萬庭蘭爲勝,而文句譌脱,魚豕相仍,亦未遠過萬本。其首葉題籤有曰:‘詩集嗣出’,則世所稀見者也。”玉縉案:提要所見本,似即癸丑本所從出。

元豐九域志十卷

又有别本刊行,内多古蹟一門,故晁公武讀書後志有新、舊九域志之目。此爲明毛晉影鈔宋刻,乃元豐間經進原本。

丁氏藏書志有校鈔宋本新定九域志十卷,云:“晁氏讀書後志,載‘九域志有新舊二目,别本刊行者多古蹟一門’,此有之,殆别本歟?而四庫提要云:‘此爲毛晉影鈔宋刻,乃元豐間經進原本’,果爾,不當再列古蹟,孰新孰舊,當再考之。”玉縉案:經進本無古蹟,新定本有之,丁氏蓋未詳考存目所載新定本提要説耳。

方輿勝覽七十卷

書中體例,大抵於建置、沿革、疆域、道里、田賦、户口、關塞、險要他志乘所詳者，皆在所略，惟於名勝古蹟多所臚列，而詩賦序記所載獨備，蓋爲登臨題詠而設，不爲考證而設，名爲地記，實則類書也。

陸氏儀顧堂題跋宋槧跋云："其書首敍建置沿革，次爲事要，以白質黑文別之。事要之中，分郡名、風俗、形勝、山川、宮殿、宗廟、館閣、學校、井泉、堂亭、佛寺、道觀、祠廟、古跡、名宦、人物、題詠、四六各類，以黑質白文別之。王象之輿地紀勝亦成於理宗時，與穆同時，不相謀而相似，象之繁而和父簡，象之意在備作詩之用，故所採詩幾倍於和父，此則意在備四六之用，故所採四六倍於象之，觀李𡌴輿地紀勝序及穆自序可見也。提要謂名爲地理實類書，誠篤論也。"

明一統志九十卷

惟元岳璘等所修大元一統志，最稱繁博。國史經籍志載其目，共爲一千卷，今已散佚無傳，雖永樂大典各韻中頗見其文，而割裂叢碎，又多漏脫，不復能排比成帙，惟浙江汪氏所獻書內，尚存原刊本二卷，頗可以考見其體製。知明代修是書時，其義例一仍元志之舊，故書名亦沿用之。　如以唐臨洵爲漢縣，遼無章宗，而以爲陵在三河，金宣宗葬大梁，而以爲陵在房山，以漢濟北王興居爲東漢名宦，以箕子所封之朝鮮爲在永平境內，俱乖迕不合，極爲顧炎武日知錄所譏。至所摘王安石處州學記，"地最曠大山長谷荒"之語，則併句讀而不通矣。

瞿氏目錄載舊鈔殘本云："孛蘭肹、岳鉉等上進，其書分縣編次，紀載分明，不同明一統志之府縣合併。"倪燦補遼金元藝文志亦云："孛蘭肹、岳鉉等進本，有誤孛蘭肹爲卜蘭溪者，得吳氏藏本正之"，然則提要以鉉爲璘，以明志一仍元志，皆非也。 玉縉案：漢臧、陳二烈士不入揚州人物傳，列之淮安人物傳，陳琳於揚州人物傳曰廣陵人，又於淮安人物傳曰射陽人，朱士端彊識編亦議之。

吳郡圖經續記三卷

書成於元豐七年。

絳雲樓書目陳景雲注云："記祥符以後事，續李宗諤蘇州圖經，故名續記也。" 吳氏拜經樓藏書題跋記云："簡莊徵君以宋本校，卷三修撰程公師孟一條，上補'元豐四年資政殿學士太子少保元魏公絳正議大夫集賢殿'二十四字。" 玉縉案：簡莊，陳鱣字。

乾道臨安志三卷

其後淳祐間施鍔、咸淳間潛說友歷事編纂，皆有成書。今惟潛志尚存鈔帙，周、施二志，世已無傳，此本爲杭州孫仰曾家所藏宋槧本。

陸氏藏書志有舊鈔本淳祐臨安志六卷，並載陳鱣手跋云："提要作施鍔，杭董浦、厲樊榭咸淳志跋作施愕，今黃蕘圃與余定作施諤。"玉縉案：施諤淳祐臨安志，擘經室外集已著錄，惜止五至十凡六卷，然亦足補提要所未見。至孫仰曾所藏周志本，蓋從京師獲得，厲鶚、杭世駿均爲之跋，見吳氏拜經樓藏書題跋記。又張氏愛日精廬有鈔本，後歸桐城姚元之，姚任浙江學政時，屬海寧訓導錢泰吉以蔣光煦所藏陸香圃三間草堂鈔本、吳氏拜經樓鈔本手校一過，書尾有泰吉題識，近爲翁同龢所藏，見李慈銘桃華聖解盦日記。 又李慈銘云："卷一爲行在所，分宮闕、皇子府、宗廟、郊社、三省、臺閣、學校、經筵、宮觀、廟宇、苑囿、院、句所、句三衙、寺監、司、句倉、句場、句庫、句局、句府第、館驛、軍營二十三門。卷二紀州郡，分沿革、星野、風俗、州境、縣鎮、城廂、城社、戶口、廨舍、學校、科舉、軍營、坊市、界分、橋梁、物產、土貢、稅務、倉庫、館驛、亭、句堂、句樓、句觀、句閣、句軒二十七門。卷三爲牧守，自吳全琮至宋周淙共百九十人。其宗廟門附欑宮云：'安穆、安恭皇后欑宮，在錢湖門外三里修吉寺，莊文太子欑所，在錢湖門外二里寶林院'，安穆、安恭皆孝宗潛邸時妃，一氏郭，一氏夏，後改謚成穆、成恭者。吾越寶山無二后欑宮，觀此知其先時權厝之地，其後葬何所？則不可考矣。莊文太子，卽高宗太子旉也。其沿革門首曰：'大都督臨安府餘杭郡寧海軍節度治錢唐、仁和二縣'，其曰大都督臨安府者，南宋新加之名，時已升杭州爲臨安府，故不更標杭州之名。然餘杭郡爲隋、唐之制，當時已無此名，而此仍稱之者，以唐開元之制，州必兼繫郡名，汔宋相沿，南宋雖升爲府，但去州名而不去郡名，是升州爲府，非升郡爲府也。自晉、宋州鎮加將軍者稱府，隋始於雄要之郡置總管府，至唐有都督府，分上中下三等，而蜀郡號成都府，梁州號興元府，乃始有府名。宋時若開封、歸德、大名、襄陽以及臨安、紹興、平江、建康、建寧、嘉興、鎮江、隆興等，府名日多，皆都督府之府，非三公兩府之府，故此曰大都督臨安府也。唐時若以西京爲京兆府，洛州爲河南府，幷州爲太原府，荆州爲江陵府，皆即郡名爲府，不別立府名，宋時京兆、河南、太原、江陵、成都等府，皆仍唐制。元有總管府、散府之分，於是府名徧天下，而非以爲尊貴矣。嘗謂州之稱，至隋始小而地亦狹，府之名，至元始濫而位亦卑，今人皆不知稱府之爲何義？故附論之。終卷皆紀州治之事，故止著錢唐、仁和兩縣境，而不及屬縣。據直齋書錄解題，稱此志本十五卷，其卷四以下門類若何？不可考矣。牧守吳東安郡太守全琮下，即繼以唐貞觀中杭州刺史柳沖，至宋太平興國三年，以錢氏納土，除水部郎中范旻爲考功郎中，知杭州，後始稍可考。皆稱引史傳，詳載字籍官階及除授歲月，間亦附紀政績，體例最善。”

淳熙三山志四十二卷

凡分九門。

錢大昕潛研堂文集云：“梁克家三山志四十卷，宋史藝文志謂之長樂志，其實一書也。今本作四十二卷，其第三十一、第三十二兩卷進士題名，乃淳祐中福州教授朱貔孫續入，考目錄，本附於第三十之後，但云第三十中、第三十下，未嘗輒更舊志卷第，後人析爲四十二卷，又非貔孫之舊矣。志成於淳熙九年五月，而知府題名增至嘉定十五年，他卷間有闌入淳祐中事者，皆後人隨時儳入也。宋史本傳，於乾道罷相，以觀文殿大學士知建康府之後，即云淳熙八年起知福州，據志，克家於淳熙六年三月，以資政殿大學士宣奉大夫知福州，則傳稱八年者誤。志又書八年五月復觀文殿學士，此即史所載趙雄奏欲令再仕，降旨仍知福州事，是時克家涖任已滿二年，故有再任之旨，因復其職名。史誤以再任之年爲初任之年，則甫經到任，不當云再仕矣。且克家於罷相時已除觀文殿大學士，越數年，起知福州，止帶資政殿大學士，又二年，始復觀文殿學士，仍無大字，則知建康以後，必有落職奉祠之事，而傳皆闕之也。”玉縉案：陸心源嘗以舊鈔四十卷本校明萬曆刊四十二卷本，明本脱小注甚多，其儀顧堂集有跋詳言之。又云：“卷三十二科名門，淳祐十年方逢時榜，脱陳無咎至王同叔三十四人，而誤以淳祐四年劉夢炎榜周淼至張全二十七人羼入。”

吳郡志五十卷

是書爲成大末年所作，郡人龔頤、滕茂、鄭翼謹案：趙汝談序及書錄解題並作龔頤正、滕宬，提要脱正字，又誤宬爲茂。周南相與贊成之。時有求附於籍不得者，會成大歿，乃騰謗謂不出於成大手，遂寢不行，故至元嘉禾志序謂吳郡志以妄議不得刊也。壽朋又以是書止紹興三年，其後諸大建置，如百萬倉、嘉定新邑、許浦水軍、顧逕移屯皆未及載，復令校官汪泰亨補之，自謂仿褚少孫補史記例。然少孫補史記，雖爲妄陋，猶不混本書，泰亨所續，當時不別署爲續志，遂與本書淆亂，體例殊乖。

案邊實玉峯續志自序云：“石湖先生志吳郡，嘗與龔、滕、周三君子相詮次，有某人持其事求入志，不得，遂譁曰：‘志非石湖筆也’，石湖歎不辨”，是以騰謗爲在成大生時。實，淳祐間人，去成大未遠，較至元嘉禾志郭晦序文當可信。瞿氏目錄有宋刊本云:"汲古毛氏刻本,有脫佚處,如第十一卷末二葉牧守題名,吳淵下脫去鄭霖、余晦、余天任、趙與訔、趙汝歷、趙與篙六人,與篙雖複出,其敍受官年月不同。書刻於紹定初,乃牧守題名又列淳祐、寶祐到任諸人,當是後人遞有增加,非原本矣。"玉縉案:此當是汪泰亨所補。

新安志十卷

程敏政新安文獻志,記願所作胡舜陟墓誌後曰:"鄂州新安志,於王黼之害王俞,秦檜之殺舜陟,皆略而不書,非杏庭、虛谷一白之,則其蹟泯矣。然則是書精博雖未易及,至其義類取舍之間疑有大可議者,姑記二事以驗觀者"云云。

錢大昕潛研堂文集云:"汪廷俊,世所指爲姦人也,羅端良入之先達傳,初無微詞,後儒亦不以病羅氏。蓋郡縣之志,與國史不同,國史美惡兼書,志則有褒無貶,所以存忠厚也。公論所在,固不可變白爲黑,而桑梓之敬自不能已。袁伯長四明志,於史同叔但敍其歷官,而云事具國史,與此同意,汪尙有善可稱,史則其惡益著,故文稍異耳。志成於淳熙二年,朱晦翁名位未顯,且見存,不在立傳之例,而於韋齋傳末,稱其讀書求志,有四方學者推尊之語,亦見其傾倒於朱也。今本進士題名篇,於朱名下,注'太師徽國文公'六字,則後人所加。"

剡錄十卷

其先賢傳每事必注其所據之書,可爲地志紀人物之法。

瞿氏目錄云:"其先賢傳多取晉雜史及王、謝氏家譜,一一注其所出，爲自來志乘所未有。古令長已載謝奕，而先賢傳又列之，亦擬例也。" 錢泰吉甘泉鄉人稾海昌備志發凡云："剡錄以先賢傳標目，而分人士、孝行、列文、仙道、高僧五子目，似亦未安。"

嘉泰會稽志二十卷寶慶續志八卷

會稽志二十卷，宋施宿等撰，續志八卷，宋張淏撰。宿字武子，湖州人，司諫元之子，嘗知餘姚縣，遷紹興府通判；淏字清源，本開封人，僑居婺州，官至奉議郎，其履貫略見金華志，而所作續志序，乃自稱僑寓是邦，則又常卜居會稽矣。宋自南渡以後，升越州爲紹興府，其牧守每以宰執重臣領之，稱爲大藩，而圖志未備，直龍圖閣沈作賓爲守，始謀纂輯，華文閣待制趙不迹、寶文閣學士袁說友等相繼編訂，而宿一人實始終其事。書成於嘉泰元年，陸游爲之序。其不稱紹興府志而稱會稽志者，用長安、河南、成都、相臺諸志例也。其後二十五年，淏以事物沿革，今昔不同，因彙次嘉泰辛酉後事作爲續編，復於前志內補其遺逸，廣其疏略，正其譌誤，釐爲八卷，書成於寶慶元年，淏自爲之序。所分門類，不用以綱統目之法，但各以細目標題，前志爲目一百十七，續志爲目五十，不漏不支，敍次有法。如姓氏、送迎、古第宅、古器物、求遺書、藏書諸條，皆他志所弗詳，宿獨能蒐採輯比，使條理秩然，淏所續亦簡核不苟，皆地志中之有體要者。

案據陸游序，"施宿發其端，李兼、韓茂卿爲之助，郡士馮景中、陸子虡、王度、朱鼒、永嘉邵持正相與參正"，故提要以等字括之，子虡，即放翁子也。至續志則錢大昕養新錄云："其提刑、提舉、進士題名，皆前志所未有，而人物一門，亦多補前志之闕漏。吳越錢氏，嘗稱越州爲會稽府，前志不載，獨見於此書，可見其留心掌故矣。志成於寶慶初，而題名訖於景定，蓋後來次第續添也。" 李慈銘桃華聖解盦日記乙集二一云："此志夙稱佳志，然有數病：門類雜碎，不立總目，至以守禦、討賊、平亂分爲三目，求遺書亦別爲一目，偏冗無法，一也；其紀地里山水，古今錯雜，漫無裁制，未嘗實覈其道里，析指其沿革，等於鈔胥，莫從考覈，二也；其志人物，於宋時但及宰輔侍從，而即繼以神仙、高僧、伎術，陋而無識，三也；王縉案：錢泰吉甘泉鄉人藁海昌備志發凡云："張淏續志謂其記載人物，官至宰輔侍從則書，故行義如趙萬、吳孜，才學如齊唐、華鎮，博洽如姚宏、姚寬，或以不仕，或以官不達，故略之，則前人已嘗議之矣。"其敍太守，直書陳武帝曰陳霸先，陳文帝曰陳蒨，此雖以俱在梁時，然自來無此書法。其敍人物，直列謝安、謝玄、謝靈運、謝惠連、王羲之、王徽之、王獻之、王宏之、孫綽、杜京產、褚伯玉、何允諸人，而不別之爲流寓，皆謬於史法，四也。其姓氏敍云：'舊經載會稽之姓十四，而不著其望之所出，氏姓書及書傳所載，其望實出會稽者'云云，總之凡二十有一，其考覈可謂詳備。然案會稽在西漢有安遠侯鄭吉，東漢有太尉鄭弘。考鄭氏之見於史傳者，鄭國爲鄭人無論已，其見於漢在吉前者，惟鄭當時爲陳人，在吉後者，鄭昌、鄭弘兄弟，泰山剛人，鄭崇高密人，今鄭氏皆望滎陽，滎陽在漢，特河南郡之一縣，陳屬淮陽郡，泰山、南密，各別爲郡，皆於滎陽無涉，滎陽鄭氏，特顯自晉以後耳。而會稽之鄭，在漢已有一侯一公，是鄭氏當有會稽一望無疑也。以論姓氏，當居孔、謝之前，此獨漏而未舉，亦爲疏略。又黃氏下注云：'黃氏所在有之，然仕至丞相者，惟西漢黃霸及高宗初黃潛善二人，相距千五百年。'案東漢黃瓊、黃琬祖孫，皆爲司徒，時之司徒，卽丞相也，此而不數，可謂失之眉睫。張氏續志七卷，較有體裁。是書爲嘉慶間郡城善卷堂張氏據宋本重梨，而校勘粗疏，致多誤字，又刻非仿宋，而遇當日朝廷君國等字，皆提行書之，尤爲不知刻書之法。”

四庫全書總目提要補正卷二十二

地理類二

嘉定赤城志四十卷

宋陳耆卿撰。　耆卿受學於葉適，文章法度，具有師承，故敍述咸中體裁。陳振孫書錄解題載此志之前有圖十三，此本乃無一圖，殆傳寫者艱於繪畫，久而佚之矣。

陸氏藏書志有明弘治刊本，並載錢大昕手跋云："此志成於嘉定十六年，而第三十三卷載史嵩之鴆杜範事，乃在其後廿有餘年，文詞亦絕不類，蓋明人以意竄入，決非壽老元文，安得見宋槧本而一刊正之。"瞿氏目錄亦有明刊本，云："宋陳耆卿、陳維、林表民等同撰。陳氏書錄曰：'志前有圖十三'，此本僅存圖十，佚其三矣"，然則提要所見，又一本也。丁氏藏書志有弘治本，圖亦全佚，錢大昕養新錄云："其辨誤門有一條云：'台州天慶觀有唐開元眞容應見碑，蓋開元二十九年立也。後題"朝散大夫使持節臨海郡諸軍事守臨海郡太守"，及桐柏觀碑天寶元年立，則作"朝請大夫使持節諸軍事守台州刺史上柱國賈長源"，此一人耳，所載官稱及郡號不同如此。考唐天寶元年，改台州爲臨海郡，至乾元元年，復爲台州，不應開元二十九年便稱臨海郡，天寶元年卻稱台州。又唐武德元年，改郡爲州，太守爲刺史，至天寶元年，復改刺史爲太守，不應開元二十九年已稱臨海郡太守，而天寶元年既改太守，復號刺史，非二碑有誤，則史之誤也。’予謂壽老之辨當矣，然以情理度之，不特史文無誤，卽碑刻亦未嘗誤，蓋天寶改元，卽在開元二十九年之次年，而改州爲郡，在是歲二月，則二月以前尙稱台州刺史也。眞容應見勅雖在開元二十九年，而台州距長安遼遠，守臣承詔刊石，不妨遲至次年，則此刻必在桐柏觀碑之後，其稱臨海太守亦無誤也。此書經明人重刻，如第三十三卷載杜範爲史嵩之所煬，第四十卷載蔡家橋事，皆明人竄入”云云。錢泰吉海昌備志發凡云：“耆卿赤城志，於仕進諸人多云見某人所撰某文，當時文集具在，固可考見，數百年後，遺集散亡，讀者茫然，不知其人之生平矣？”

寶慶四明志二十一卷開慶續志十二卷

志中所列職官、科第、名姓及他事蹟，或下及咸淳，距寶慶三四十年，蓋後人已有所增益，非盡羅濬之舊，然但逐條綴附而體例未更，故敍述謹嚴，不失古法。　是因一人而別修一郡之志，名爲輿圖實則家傳，於著作之體殊乖，然案宋史吳潛傳，載潛以右丞相罷爲觀文殿大學士，尋授沿海制置大使，判慶元府，至官，條具軍民久遠之計告於政府，奏皆行之，又積錢百十七萬三千八百有奇，代民輸帛，前後所蠲五百四十九萬一千七百有奇。是潛涖鄞以後，宦績頗有可觀，二人所述，尚不盡出於諛頌。至潛所著文集，世久無傳，後人掇拾叢殘，編爲遺稾，亦殊傷闕略。此志載潛吟稾二卷，共古今體詩二百九首，詩餘二卷，共詞一百三十首，皆世所未覩。雖其詞不必盡工，而名臣著作，藉以獲存，固亦足資援據，故今仍與羅濬書並錄存焉。

李慈銘荀學齋日記云："羅濬此書，體例簡括，敍次亦雅，其卷第十敍宋進士，自端拱二年陳堯叟榜至治平二年彭汝礪榜，下皆注賦、詩、論題，足備科名掌故，爲他志所未有。熙寧三年葉祖洽榜下，注云：'是年始有御試策'，以時荆公當國，更科舉法，奏罷詩賦也。其沿襲舊說，亦時有譌誤，如卷十三鄞縣志云：'嵊亭，齊僕射張稷曾生子於此，乃名嵊'，此本太平寰宇記，案南史張稷傳，'稷初爲剡令，至嵊亭生子，因名嵊，字四山'，是嵊爲嵊之誤。稷爲剡令，亦於鄞無涉，嵊爲梁忠臣，梁書、南史皆有傳，其名不應有誤。又云：'陳國家一名雁栖墓，國爲日南太守，死有雙雁隨柩而歸，栖墓上三年然後去'，亦本寰宇記。案嘉泰會稽志作虞國家，引孔曄記，虞國爲日南太守雙雁隨車事，孔曄蓋即孔靈符，宋文帝元嘉時人，宋書、南史皆有傳，嘗著會稽記，後漢書鄭弘傳注及文選注、藝文類聚、太平御覽諸書皆引之，是陳乃虞之誤也。卷十六慈谿縣志云：'驃騎山，會稽典錄云：'漢世祖時，張意爲驃騎將軍，其子齊芳，歷中書郎，嘗隱於此"，案中書郎魏、吳始有之，東漢止有尚書郎，無中書郎，且東漢人少二名，齊芳之名，不似當時人也。又云：'城門山，宋城門校尉會稽從事陳詠葬此'，案城門校尉惟東漢有之，魏、晉以後不置此官，漢及六朝，州有從事，會稽是郡，郡無從事，且列校領兵，爲雄重之職，從事不過掾史之屬，兩官亦尊卑不侔。此等率沿舊誤，不能改正，自來地志圖經，往往如是。"

錢泰吉海昌備志發凡云："續志專錄吳潛治鄞三年之政，并載吟稾二卷，於著書體例未免有乖，然潛之詩詞藉以獲存，故四庫全書與寶慶志並錄焉。"玉縉案：當稱某官某公治鄞政績，或如郭郁之敏行錄、言行錄已不能適合，況曰續志乎？或曰：當稱四明備志或備考，曰：亦不可，以止記一人耳。

景定建康志五十卷

景定中，寶章閣學士江東安撫使知建康府馬光祖，始屬應合取乾道、慶元二志合而爲一，增入慶元以後之事，正譌補闕，別編成書。

陸氏藏書志有影宋鈔本，並載景定二年光祖自序及進書表，均稱觀文殿學士。其儀顧堂續跋云："朱述師開有益齋讀書志，言孫淵如刻本，卷十三表缺宣和元年至七年乙巳事，二十一卷先後紊亂，二十二卷王荊公營居半山園文未完，卷二十九儒學志二建明道書院云云，迥然不同。今以此本推之，孫所據宋本，卷十三缺第二十二葉，卷二十一之四十一葉與四十九葉誤倒，二十二卷缺五十二葉之後半葉，卷二十九第一葉斷爛前數行，孫氏不考，遂妄連妄補之耳，開有益齋所據之本，二年庚子誤'丙午'，三年辛丑誤'丁未',四年壬寅誤'戊申',五年癸卯誤'己酉',六年甲辰誤'庚戌',七年乙巳誤'辛亥',亦不如此本之善。" 玉縉案:今盛行岱南閣本,故備錄其說。

景定嚴州續志十卷

宋鄭瑤、方仁榮同撰。

錢大昕養新錄云:"前有景定壬戌方逢辰序,編纂者方仁榮、鄭瑤,郡守則天台錢可則也。此志成於可則蒞郡之日,而其知州題名則可則後續列郭自中等八人,蓋後來續有增入,宋時志乘,大率如此。"

咸淳臨安志九十三卷

而其碑刻七卷,終闕無可考補。

張氏及陸氏藏書志、瞿氏目錄並有舊鈔本九十五卷,闕六十四、九十、九十八至一百凡五卷。陸氏又有宋刊本九十五卷,並載黃丕烈手跋云:"杭大宗道古堂集有跋云云,今是書所缺六十四至六十六爲人物,九十、九十八、九十九爲'紀遺'中之'紀事'、'紀文',一百爲'紀遺'中之'歷代碑刻目',宋本原目具志中,杭云'碑刻七卷,仍缺如也',未免考之不的爾。"據此,則提要似誤,惟曝書亭集跋語云:"先後得宋槧本八十卷,又借鈔一十三卷",今刻本八十三卷,鈔本十卷,黃氏雖據查浦輯聞以爲竹垞故物,並疑前人稱之不得其實,而是否竹垞故物,初無藏書印可證,要之,所缺非碑刻可知。又云:"庚申,從吳兔牀處借得六十五、六十六卷,仍係鈔本,旁有知不足齋影宋鈔字樣,爰屬顧澗蘋傳錄",則較多兩卷又可知也。所多兩卷,鮑氏從吳氏借趙本補鈔，詳拜經樓藏書題跋。 李慈銘祥琴室日記云：“咸淳臨安志共一百卷，道光辛卯間，錢塘汪遠孫據吳氏繡谷亭寫本，參考黃蕘圃士禮居宋槧本、吳氏拜經樓宋殘本、盧氏抱經堂寫本校補付刻者。繡谷亭本，即從朱竹垞所得宋本傳鈔者也。竹垞得之海鹽胡氏及常熟毛氏，本祇八十卷，竹垞又借鈔得十三卷，抱經於知不足齋鮑氏別見宋殘本，鈔補第六十五第六十六兩卷，今尚闕第六十四、第九十、第九十八、第九十九、第一百共五卷，錢塘黃士珣又據夢粱錄目次，以成化杭州府志補其第六十四人物一卷，士珣更取周淙乾道志、施鍔淳祐志及他書爲之訂正其誤，作札記三卷，故今言咸淳志者，以汪氏振綺堂本爲最善云。”又云：“其州郡表一門，考覈致愼，吳越考一篇，言杭於春秋時屬越不屬吳，辨析尤精。”錢泰吉曝書雜記中云：“潛氏臨安志碑目一門，闕失已久，益齋於市肆見天下碑目鈔本，亟錄臨安金石，自周、秦迄宋，以補潛志之闕，世有好事者，可梓附潛志之後。” 玉縉案：益齋者，秀水章仝也。

至元嘉禾志三十二卷

志中兼及松江府華亭縣，蓋元時本隸嘉興路，明初始析置也。其書序次甚詳，每條下間繫以考證，尤爲典核。而碑碣一門，多至十一卷，自三國、六朝以迄南宋，凡石刻之文，悉全載無遺，如吳征北將軍陸褘碑、梁秦駐山碑、唐黃州司馬陸元感陳府君環墓銘、宗城令顧謙墓志。皆歐、趙所未著錄，吳越靜海鎮遏使朱行先碑，吳任臣十國春秋實據以立行先傳。其他零篇斷什，爲耳目所未覩者尚多，殊足爲考獻徵文之助。惟書中但有人物及進士題名，而不立官師一志，使前人宦績闕然無傳，未免漏略。

顧廣圻思適齋集雲間志跋云："元徐碩至元嘉禾志，每條下所繫考證，以典核稱，而華亭一縣之考證，乃全取楊潛語，惜未有能爲之表微者耳。"玉縉案：阮元揅經室外集，楊潛雲間志下亦云："嘉禾志華亭一縣，全取是書中語。"錢泰吉曝書雜記云："至元嘉禾志所采碑碣題詠，居全書之半，舊章藉以考證，而官師治績、經籍目錄俱闕焉，竹垞翁嘗惜之。厲氏宋詩紀事謂陳直齋嘗知嘉興，余考新修嘉興府志官師表，不載直齋之名，蓋前人所闕，非博考他籍不能補也，惜哉！"下載錢大昕養新錄引會稽續志浙東提舉題名，有'陳振孫改知嘉興府'語，詳直齋書錄解題下，此處從略。又甘泉鄉人稾十跋嘉定乙亥鹽官縣廳記云："宋時縣令、丞、簿，多由科目，至元嘉禾志宋登科題名，魯氏凡十有九人，而無宜宜與興文名，殆有脫略歟？"

大德昌國州圖志七卷

元馮復京、郭薦等同撰。

陸氏藏書志有影寫元刊本，所載請修志疏及序跋，均作"福京"，此作"復"，恐誤。張氏藏書志有文瀾閣傳鈔本，題馮復京等撰，序亦作"復"。鄭翼謹案：文瀾閣目作復京，張文虎記所鈔文瀾諸書作福京，見湖樓校書記。

齊乘六卷

其中間有舛誤者，如宋建隆三年，改濰州置北海軍，以昌邑縣隸之，乾德三年，復陞濰州，又增昌樂隸之，均見宋地理志，而是書獨遺。又壽光爲古紀國，亦不詳及。其他如以華不注爲靡笄山，以臺城爲在濟南東北十三里，顧炎武山東考古錄皆嘗辨之。

田雯古歡堂集二十四泉草堂詩序云："曾南豐謂齊多甘泉，冠於天下，其顯名者以十數，色味皆同，蓋濼水之旁出者。七十二泉之名見於齊乘，望水泉列二十四，則其雁次相綴，非篤論也。余嘗取而閱之，趵突、芙蓉、濯纓數者而外，其名率俚而不雅，望水尤俚之甚者，于欽注泉水，其詞旨不及酈道元遠甚。而華不注之華泉，明水鎮之淨明泉，皆失不錄，抑又疏矣。" 陸氏藏書志有明嘉靖刊本，附釋音一卷，題"羅濬述"。 玉縉案：乾隆間，周嘉猷父子附考證本最善，並正釋音之誤。

至大金陵新志十五卷

鉉字用鼎，陝西人。 首爲圖考，次通紀，次世表、年表，次志譜、列傳，而以摭遺、論辨終焉。

錢大昕養新錄云："前載文移，稱浮光張鉉，則光州人也。此書於江南行御史臺建置本末及御史大夫以下題名，最詳備。"玉縉案：索元岱序，亦稱浮光士張君鉉。其書一爲地理十八圖，二通紀，三年表，四疆域，五山川，六官守，七田賦，八民俗，九學校，十兵防，十一祠祀，十二古蹟，十三人物，十四摭遺，十五論辨。 陸氏儀顧堂續跋："卷三世、年表分上中下三卷，十三人物志分上上下三卷，分卷殊未允當。體例多本景定志，而删留都、文籍兩門。改儒學爲學校，武備爲兵防，風土爲風俗，城闕爲古蹟，尙無關於出入，惟書旣不名續志，官守志宋以前職官題名，不應改爲遊宦，別爲世譜。卷二所載數條，疆域志、歷代沿革足以該之，不應別爲通紀。卷十三世譜一門，分郡姓、封爵、遊宦三類，有乖紀述之體，耆舊增入秦檜，尤失是非之公，是皆體例之可議者。鉉本北人，素無文名，不及景定志遠矣。惟考元代金陵事迹者，舍是無所資耳。朱述師讀書志謂卷三分上之上云云，連子卷數之，得三十一卷，此本卷三上一百二十八頁云云，子卷之中，並不又分子卷，與述師之言不合。疑述師所見是鈔本而非元刻，或鈔胥見頁數過多，妄爲分析，不然，此書無第二刻，何以歧異如此耶？述師又稱孫淵如藏本闕江寧縣圖、溧水州圖、冶城古蹟圖、曹南王祠堂圖，錢天樹藏本差勝孫本，亦闕曹南王祠堂圖，此本皆全。”

無錫縣志四卷

不著撰人名氏。考千頃堂書目有元王仁輔無錫縣志二十八卷，與此本卷數不符，蓋別一書也。

丁氏藏書志有舊鈔本四卷，云：“元王仁黼撰。無錫、金匱志流寓傳，王仁黼字文友，鞏昌人，久寓邑中，兩娶皆吳産，故多知吳中山水人物，擬修縣志，成二十八卷，卒於梅里之祇陀村。千頃堂書目有元王仁黼無錫縣志二十八卷，提要因卷數不符，疑此書爲明人所撰，案此書近編四卷，第一卷爲爵里云云，又分小類二十一，合之正與二十八數合，而小類有不成卷者，疑撰書目時據縣志修入卷數未核實也。至書名以州爲縣，係後人所追改。”

姑蘇志六十卷

繁簡得中，考核精當，在明人地志之中猶爲近古。

陸氏儀顧堂續跋蘇州府盧志跋云：“盧志五十卷，圖一卷，題‘郡人盧熊輯’，其後王文恪修姑蘇志，原本此書，而益以明代事蹟，世稱善本。惟宋代牧守題名，盧志紀述甚詳，除而未任，如辛若渝、張諷、張洗、章衡、楊級、呂惠卿、李仲權皆列其遷除，明其未赴，可與史傳相參證。王志意在求簡，删其未赴者可也，而於閻象、梁周翰、柴成務、宋璫、陳省華、裴莊、張去華、黄震、秦羲、孫冕、王臞、林濰、蔡抗、裴煜、沈扶、葉均、潘夙、程師孟、王誨、孫覺、晏知止、章岵、吳居厚、賈青、呂公雅、盛章諸人，或删其字貫，或删其家世，或删其官位，或删其考證，則簡所不當簡矣，不若此書之善也。” 許元溥吳乘竊筆云：“姑蘇志丁謂傳，全鈔范石湖吳郡志文，一篇纔增減數字而已。范志云：‘國朝吳人至相位者始於謂’，而王志亦因之，竟不改國朝爲宋朝，草率紕繆至此可笑也。又志載柳道傳嘗寓甫里，又載其暑中遷寓甫里精舍詩，似鑿鑿可信矣，案黄晉卿爲作墓表，宋景濂爲作行狀，述其游歷甚詳，而不及甫里，惟題其集後有云：‘嘗西遊吳中，名之曰西遊稾’，蓋嘗到吳門，未必到甫里耳。余閱柳待制全集二十卷，內有詩五百六十七首，而遷寓詩未嘗載，疑爲假託，卽文中止有甫里書院記一篇，亦不自言寓玆土，濟之果何所據而書之？當是因書院記而傳譌矣。”又議其雜事載‘吳、楚爭桑'事，歷引史記、呂覽二書，以爲"二書所紀，已自牴牾，郡志自應備錄，今既簡略，而又有異同，何以示信"，文繁不具錄。

武功縣志三卷

是志僅七篇，曰地理，曰建置，曰祠祀，曰田賦，曰官師，曰人物，曰選舉，凡山川、城郭、古蹟、宅墓皆括於地理，官署、學校、津梁、市集則歸於建置，祠廟、寺觀則總以祠祀，戶口、物產則附於田賦，藝文則用吳郡志例，散附各條之下以除宂濫，官師則善惡並著，以寓勸懲。王士禛謂其"文簡事核，訓詞爾雅"，石邦敎稱其"義昭勸鑒，尤嚴而公，鄉國之史，莫良於此"，非溢美也。

趙懷玉亦有生齋集有是志書後云："其書凡七門，爲七篇，而藝文則附於各條之下，其病既失之太簡，而官師人物尤多可議，凡志於官師皆載名宦，其不職者汰之，或立秩官表，紀其在官之久暫而已。蓋善善從長，與史體究別，即欲褒貶並列，亦宜摘其顯然貪酷者以示炯戒，今自建置之初至撰志時，共載知縣二十七人，宜乎精審矣，乃於宮廷曰：'有明政，予少時於父老聞其事實，今忘之矣'，於曹俊曰：'父老云：'其行事無忝於宮'，夫少時所及聞者，上下數十年耳，豈無一二有心人足資考詢，俊在宮後，尤易徵驗，而遽以'今忘之矣'、'無忝於宮'八字概此兩令耶？他如邊鐸則曰：'善罵，尠威儀，以贓罷去'，於劉翼則曰：'朴魯無威儀，爲百姓侮，成蠱腫，亟歸，卒塗中。'試思善罵無威儀，有何關係，而屑屑垂之書策，又不過寥寥數語耶?典史官卑,非大善惡,本不必載,乃於張儀曰:'刻薄狡險,善虐其民,取之竭骨髓,語百姓曰:"吾爲吏廉,士大夫不知也,即有弗廉,安敢昧城隍,城隍靈,當使我父子横死同日",不踰年,果父子同日死',文至此,是亦可已。下又云:'壯兵祗候儀宅者,是夜未寢,見二長鬚人皁衣持鎖突入儀寢,兵以爲同事者,俄傳儀子死,兵亟尋持鎖者,内無有也,乃儀亦暴死日中',敍事既類小説,且亦大欠明淨。此外如校官或稱名,或稱先生,又往往以'滸西子曰'斷之,此康氏率意而書,豈志例耶?帝王發祥之地,前志間亦載之,然帝王自有本紀,非郡縣志所得而專,是亦'大夫不得祖諸侯,諸侯不得祖天子'之意,故近志往往不載。今人物志首載后稷,次載唐高祖、太宗,案高祖本紀云:'隴西成紀人',即高祖子孫,凡見於唐碑者,皆無改其地望。案漢書地理志,隴與成紀在天水郡,漦與武功在左馮翊,相去甚遠,即云高祖常爲岐州刺史,治於武功,太宗實生於此,然仕宦所及,及生長所在,不能牽合而爲一也。列女首列姜嫄、太姜,直接竇滔妻蘇蕙,又直接有明之丁氏、喬氏、王氏三人,遥遥數千年中僅此六人,罣漏恐不少矣。大抵明人多不知而作,有意新奇,破壞古法,而一時耳食者遂羣然附和,至於今弗悟。王貽上以爲'文簡事覈,訓詞爾雅',宋牧仲題句云:'簡潔居然並馬、班',然乎否乎?" 李慈銘孟學齋日記云:"昧辛譏康氏載張儀死事直類小説,不知此對山特著之以爲炯戒者。又譏其於校官或稱名,或稱先生,又往往以'滸西子曰'斷之,率意而書，然此亦史家本有之法，况對山專意勸懲，不必以地志通例概之。又謂王貽上、宋牧仲皆耳食之論，亦似過刻，此志文章自佳，未可輕議。”玉縉案：趙跋自正論，李則尋好話頭耳。　陳澧東塾集有是書跋云：“此書在方志中最爲有名，與韓邦靖朝邑縣志並稱，今觀其地理、建置、祠祀、田賦、官師、選舉六篇，皆極謹嚴，惟人物一志，尚有可議。列傳首以富辰最爲附會，蓋以富嘉謨武功人，見唐書本傳。遂以富辰爲其遠祖，遙遙華胄，亦太無稽矣。蘇氏三十餘人，幷據唐宰相世系表，然當以蘇則爲首，以三國志則傳云：武功人，有明文也。蘇建，杜陵人，蘇竟，平陵人，班書、范書本傳可據，雖杜陵、平陵，並與武功近，然截然分三縣，不可混也。”又云：“或稱建爲杜陵人，則以班書本傳不可沒，而費此周旋矣。又蘇氏無傳者，既據宰相世系表附列十九人，然世系表武功劉氏六人，此志惟文静有傳，餘五人不附於後，何也？姜嫄、太姜，以史例當爲后妃傳，居列傳之首，或用華嶠、范蔚宗例爲皇后紀，范書此紀，爲劉子玄所譏，然實本於華嶠。而入之列女，非例也。地志家多以此志爲宗，取其長而去其短可也。”玉縉案：邑志而立后妃傳或皇后紀，此例仍可商。又道光己亥方損之刊胡虔柿葉軒筆記，間附案語，康、韓兩志於胡書地志有三重條下，均有論列，詳下朝邑縣志條。　陸以湉冷廬雜識五云：“武功縣志，人物蘇氏最多，然如蘇則之孫蘇愉之子蘇紹金谷園賦詩最勝，見世説新語，獨不採入，豈以其僅爲文人，如通鑑之不載屈原、杜甫耶？纂紀亦綦嚴矣。”

朝邑縣志二卷

是書成於正德己卯，上卷四篇，曰總志，曰風俗，曰物產，曰田賦；下卷三篇，曰名宦，曰人物，曰雜記，上卷僅七頁，下卷僅十七頁，古今志乘之簡，無有過於是書者，而弘綱細目，包括略備。蓋他志多誇飾風土，而此志能提其要，故文省而事不漏也。然敍次點綴，若有餘閒，寬然無局促束縛之迹，自明以來，關中輿記，惟康海武功縣志與此志最爲有名，論者謂武功志體例謹嚴，源出漢書，此志筆墨疏宕，源出史記，然後來志乘，多以康氏爲宗，而此志莫能繼軌，蓋所謂不可無一，不容有二者也。

陸以湉冷廬雜識五四四云："王阮亭謂韓五泉朝邑志，與康對山武功志並稱，先輩稱爲巨麗。今案朝邑志字僅五千七百餘，筆墨簡古，洵爲傑作，然名宦不載事實，選舉不載年歲，失之太略，紀楊恭報復知縣事，乃小丈夫所爲，未免採擇不精，未若武功志之簡而能核也。" 錢泰吉曝書雜記云："觀韓氏於人物中敍程濟祭碑、楊佈政騎驢見知縣事，文質鋪張奇偉，然當時已有病其簡略，而爲續朝邑志者矣。"王學模撰，見四庫全書附存目。方損之云："朝邑志任意分合，淩亂杈牙，未有所本，以爲法孟堅歟？則皆當總志，而風俗物產等六篇又何以分也。當日朝邑與武功並稱，卽對山之序亦盛推之，而武功志例，已迥與朝邑不侔，向使坐二人於側，而質以當何從，吾恐二人亦交相疑也。夫朝邑之奇，在爲書簡而文法高古，故可貴，武功雖有名，而實不逮之，論者稱武功義例分明，夫地志最重者圖，其要尤在沿革，武功皆闕之，而以祠祀爲一大門，其官師志又獨爲校官多立傳，師心妄作，輕重失倫，不知此爲何等義例也？要之，對山非文家，文律之不知，況史例乎？五泉文筆雖佳，而於史例亦未諳，世俗讋於盛名，相與推之，非篤論也。雖然，以二家較之猥鄙下劣俗筆，則固足賢矣。"

江西通志一百六十二卷

惟元劉秉忠其先世雖瑞州人，而自遼及金北遷已久，乃援其祖貫，引入鄉賢，將孔子自稱殷人亦可入中州志乘乎？是則圖經之積習湔除未盡者矣。

錢大昕養新錄云："選舉門載元時進士題名，皆誕妄不足信，予嘗見元統元年進士題名錄，以此校之云云，蓋志所采者，多出於家乘墓誌，凡曾應鄉舉者皆冒進士之名，而修志者不能別擇也。且如元之設科，始於延祐二年，而志乃有至元丙子鄉試，大德戊戌進士，大德鄉試諸人，是幷元史全未寓目矣。又人物門於瑞州收元之劉秉忠，此舊志所無，采元史補入，不知江西之瑞州，本名筠州，至理宗朝始避諱更名，若劉秉忠久居邢臺，其先世居瑞州而仕於遼、金，則是遼、金之瑞州，非宋之瑞州矣。不諳地理，不校時代，豈不令人噴飯滿案乎？"

浙江通志二百八十卷

其有見聞異辭者，則附加考證於下方。

玉縉案：人物傳趙孟堅下，稱"歷官集英殿修撰，知嚴州，遷翰林學士承旨"，錢大昕養新錄云："周公謹齊東野語，謂其終提轄左帑，身後有嚴陵之命，是嚴州亦未到任，況入翰林乎？南宋入翰林者但稱直院，眞除學士者已不多見，若承旨則必老成久次如牟子才者始得之，更非其實矣。朱存理鐵網珊瑚，載子固梅竹譜有葉隆禮跋云：'子固晚年工梅竹，步驟逃禪，予自江右歸，將與之是正，而子固死矣'，末題'咸淳丁卯'。是子固之卒，在丁卯以前"云云。玉縉案：當互詳別集類彝齋文編提要。

山東通志三十六卷

初，明嘉靖中，山東巡按御史方遠宜始屬副使陸釴等創修通志四十卷，爲目五十有二，附目十，本朝康熙十二年，巡撫張鳳儀，布政使施天裔，重爲修輯，大抵仍舊文者十之八九，新增者十之一二而已。此本乃雍正七年岳濬奉詔重修，延檢討杜詔等開局排纂，至乾隆元年始告成，後任巡撫法敏表進於朝。

孫葆田校經室文集有答楊蓮甫中丞辭通志總纂書云："山東通志之修，椒始於前明陸副使釴，國朝康熙初，嘗重修之，則編輯者爲提學道與分巡道三四公，而纂輯者乃僅有張蒿菴、薛儀甫、李織齋三人，其時皆屬儒學生員，張、薛後皆入國史儒林傳，而遺集中獨無修志文字，豈當時特藉其名爲重歟？今四庫所收通志，則總纂爲杜紫綸，其體例之善否非後學所敢議"，而上袁海觀中丞論通志書云："國朝兩次重修，皆未能有當於人人之心。"

歷代帝王宅京記二十卷

上起伏羲，下訖於元。

案卷一、二爲總序，卷三之六爲關中、周、秦、漢，卷七之九爲雒陽，卷十爲成都，十一、十二爲鄴，十三爲建康，十四爲雲中，十五爲晉陽、太原、大名，十六爲開封，十七爲宋州、臨安，十八爲臨潢，十九爲幽州，二十爲遼陽、大定、會寧、開平。彭元瑞知聖道齋讀書跋云："是書與肇域志、天下郡國利病書同時所作，蓋在崇禎己卯以後，而是書最晚成。肇域志僅見廿餘卷，原未卒業，利病書繁而無例，蓋未經整理，此較完整，所採皆正籍，不墮說家窠臼。"

水經注四十卷

崇文總目稱其中已佚五卷，故元和郡縣志、太平寰宇記所引滹沱水、洛水、涇水，皆不見於今書。　今以永樂大典所引，各案水名，逐條參校，非惟字句之譌層出疊見，其中脫簡錯簡，有自數十字至四百餘字者，其道元自序一篇，諸本皆佚，亦惟永樂大典僅存，蓋當時所據猶屬宋槧善本也。謹排比原文，與近代本鉤稽校勘，凡補其闕漏者二千一百二十八字，删其妄增者一千四百四十八字，正其臆改者三千七百一十五字，神明煥然，頓還舊觀。　至塞外羣流，江南諸派，道元足迹皆所未經，故於灤河之正源，三藏水之次序，白檀、要陽之建置，俱不免附會乖錯，甚至以浙江妄合姚江，尤爲傳聞失實。　觀其涪水條中，稱廣漢已爲廣魏，則決非漢時，鍾水條中，稱晉寧仍曰魏寧，則未及晉代，推尋文句，大抵三國時人。

沈垚落帆樓文集漳北滱南諸水考云："酈注有缺佚，江自下雉以東及浧、洛、滹沱諸篇，今皆散失不存，金蔡正甫撰補正水經三卷，歐陽原功序稱其詳趙、岱間水，書今不傳。垚以漳北、滱南諸水，水經注既放軼，水道提綱於滹沱外，他水又槩從略，因取酈注逸文之散見於寰宇記者，參以他書分別考之”云云。玉縉案：釜水、寖水、滱水、滮水、渚水、泜水、濟水、槐水、洨水、䌛曼水、木馬水、忻水、滹沱水、滋水、鹿水、泒水凡十六篇，具在集中，文繁不錄。陸氏儀顧堂續跋馮己蒼校宋本跋云：“水經四十卷，次行題桑欽撰，酈道元注，經頂格，注低一格，每葉二十行，每行二十一字，道元自序‘不能不猶’下，注明缺二百二十字，餘與大典本同。卷一‘崑崙虛’上，不衍‘河水’二字，‘此樹名娑羅樹’，‘娑’不譌‘婆’，‘上我置樓上’，不作‘置我樓上’，‘父母作是思維’，‘父母’不譌‘二父’，‘王布效心誠’，不譌‘怖懼心伏作’，‘父抱佛像’，‘父’不譌‘佛’，‘送物助成’，‘送’不譌‘迸’，‘九流分逝’，‘逝’不譌‘遊’，‘浮沫揚奔’，‘奔’不譌‘望’，卷十八‘長安人劉終于崩’下校諸本多四百字。己蒼於卷末題云：‘卷中一葉，各本俱無，獨此完善’，皆與永樂大典本同。其餘字句之間，不勝枚舉，卷十後即接卷十一，不別紙起，宋本往往如此，尤爲從宋本傳錄之一證。” “卷四注，淮南子曰：‘龍門未闢’云云，案今本無此文。陳漢章謹案：楊氏水經注疏要删，據羣書治要以爲尸子君治篇文。呂氏春秋愛類篇云：‘昔上古龍門未開，呂梁未發，河出孟門，大溢逆流，無有邱陵，沃衍平原高阜，盡皆滅之，名曰鴻水。禹於是疏河決江，爲彭蠡之障’，與此略同，疑淮南子爲呂氏春秋之誤。困學紀聞十六引水經注正作呂氏春秋，蔡沈書禹貢傳，亦引'呂不韋曰'云云，並足訂正今本。"錢大昕十駕齋養新錄十一云："水經注載漢時侯國難以盡信，如河水篇以臨羌爲孫都封國，不知孫都本封臨蔡，其地在河內，不在金城也。以西平爲公孫渾邪封國，不知渾邪本封平曲，其地在高城，不在金城也。汾水篇以河東之平陽爲范明友封國，不知明友本封平陵，其地在武當，不在河東也。安成侯劉蒼，在贛水篇以爲長沙之安成，在汝水篇以爲汝南之安成。桃侯劉襄，在沛水篇以爲酸棗之桃墟，屬東郡。在濁漳水篇以爲信都之桃縣。建成侯劉拾，在贛水篇以爲豫章之建成，在淮水篇以爲沛之建成。皆彼此重複，不相檢照。又淮水篇云：'山陽城即射陽縣故城也，漢世祖建武十五年，封子荆爲山陽公，治此'，考山陽僑治射陽，乃在東晉安帝之世，漢之山陽郡，自治昌邑，今金鄉縣境。陳漢章謹案：今刻本昌芭必昌邑之誤，兩漢志山陽郡昌邑縣，在今金鄉縣西北。以典午之僑治，當東漢之故封，豈其然乎？"玉縉案：潛研堂問答九又云："成安侯韓延年，在汝水篇以爲潁川之成安，在汳水篇以爲陳留之成安"，此似脫去，餘皆較問答爲詳。又云："河水篇，'河水又東北逕陽阿縣故城，西漢高帝六年，封郎中萬訢爲侯國'，沁水篇，'陽泉水東逕陽陵城南，陽阿縣之故城也，漢高帝七年，封卞訢爲侯國'，此二條人名與年數小異，亦重複而舛誤也。史、漢表但有陽河齊侯其石，此云陽阿，可證二表之譌。漢志平原鄉有阿陽縣，上黨郡有陽阿縣，與酈所見本不同，而萬訢、卞訢、其石三名互異，未審誰是？”史記功臣表，‘百年之間見侯五’，正義以楊阿侯卞仁當見侯之一，是正義本作卞，與酈所見本同。又云：“溮水篇，‘蒲水逕夏屋故城，世謂之寡婦城，賈復從光武追銅馬五幡於北平所作也，世俗音轉，故有是名矣。’又汝水篇，‘桓水逕賈復城北，復南，擊郾所築也，俗語譌謬謂之寡婦城，水曰寡婦水’，此兩寡婦城，皆云賈復之譌，必有一誤矣。予謂夏之言假也，陳郡陽夏縣，夏讀如賈，賈寡聲相近，北音讀屋如烏，與婦音亦相似，則夏屋之爲寡婦不必因於賈復也。”劉寶楠愈愚錄水經注之誤條云：“渠搜在大宛，誤在朔方；大伾在黎陽，誤在成皋；滿福別是一城，誤屬勇士；神泉障別是一地，誤在富平；赤翟在中山，誤在長城；陰戎在上洛，誤在平陰。以衞鞅所封商縣爲鄔；以許延壽所封樂成爲樂平；以上官桀所封安陽在陝州；以王稚君所封樂昌在東郡。會稽山名，誤作國名；尉氏官名，誤作邑名；夏侯嬰封汝陰，誤爲滕；戚夫人產定陶，誤爲蜀；榮椽，木材也，誤作地名；檀臺，屋名也，誤作岡名；以三門爲砥柱；以阿陽爲陽阿；以脩縣爲脩國；以平西爲平陽；以夏州爲宛邱；以緜水爲郫江；以西平爲平曲；以平陽爲平陵；以身毒爲捐毒；以昌遼爲昌黎；以固始爲固陵；以容城爲深澤；以高柳爲柳城；以帝邱爲商邱；以有鬲爲有窮；以汝陰爲茲氏；以和成爲禾成；以平阿爲北平；以中山爲中牟；以門水爲波水；以宜陽爲宜陵；以蒼梧爲九疑；以臨羌爲臨蔡；以蔡陽爲安昌；以夏陽爲下陽；以少梁爲大梁；以趙靈邱爲齊靈邱；以曹楚邱爲衛楚邱。京口黃鵠山，忽在江夏；中山呼沱苑，忽在安定；以郇瑕爲桃林；以潼關爲函谷；安成侯劉蒼，在贛水以爲長沙之安成；在汝水以爲汝南之安成。桃侯劉襄，在沛水以爲酸棗之桃虛，在漳水以爲信都之桃縣。建成侯劉拾，在贛水以爲豫章之建成，在淮水以爲沛之建成。一陽阿城，河水、沁水並見；一買復城，瀙水、汝水並見。其又甚者，朐縣臨朐山，遂以臨朐爲山名，橫縣故有橫山，遂以故山爲山名；是字之虛實不明也。防門之塹廣一里，遂爲里名廣里；黎陽地名，遂謂黎侯名陽；是經之訓詁全疏也。呂佗襲父功，遂稱其人曰呂佗襲；干陽谿干字上屬，遂稱其地曰干陽谿，是文之語助皆昧也。其尤甚者，岐西之雍，謂是兗州之灉，可乎？盟向之向，謂是向姜之向，可乎？湖陵之文，見於尙書，今書有湖陵乎？魏國之名，始於文侯，今詩無魏風乎？紂都見於禹貢，是大禹爲商王也，郰邑卽是郕婁，是孔子爲郕人也。疏鹵鶻突，諸儒糾摘無遺，意酈氏尙不至此，何氏焯謂後人附益，全氏祖望謂後人妄加，趙氏一淸謂爲後人所塡補，是也。”歐陽玄圭齋集補正水經序云：“隋經籍志有兩水經，一本三卷，郭璞注，一本四十卷，酈善長注，善長卽道元也，然皆不著撰人姓名。唐杜佑作通典時，尙見兩書，言郭璞疏略，於酈注無所言，撰人則槩未之考，舊唐志始云郭璞作，宋崇文總目亦不言撰人爲誰？但云酈注四十卷，亡其五，然未知兩水經之一在一亡，已見於斯時否也？新唐志乃謂漢桑欽作水經，一云郭璞作，今人言桑欽者本此也。崇文總目作於宋景祐，與新志書同時，又未知新志何所據以爲說？余嘗參訂之，說者疑欽爲東漢順帝以後人，以毗一縣疑之也，今經言江水東逕永安宫南，永安宫，昭烈託孤於孔明之地也，今特著於斯，又若因其人而重者，得非蜀漢間人所爲也？不寧惟是，其言北縣名多曹氏置，南縣名多孫氏置，余又未暇一二數，斯則近代宇文氏以爲經、傳相淆者近之，然必作經作傳之人定而後可分也。或又曰：'豈非欽作於前，二氏附益於其後？'他書或然，而此未必也。西漢儒林傳言塗惲授河南桑欽君長尚書，晁氏言欽成帝時人，使古有兩桑欽則可，審爲成帝時欽，則是書不當見遺於漢藝文志也。抑余又有疑於斯，水經述作，往往見於南北分裂之時，借曰舊唐志可據，則作者南人，注者北人，在當時皆有此疆彼界之殊，又焉知其詳略異同，不限於一時聞見之所逮也？" 案水經爲魏人作，提要渾言三國，尚未覈，楊守敬水經注疏要删，其凡例云："沔水經東過魏興安陽縣南，魏興爲曹氏所立之郡，注明言之，趙氏疑此條爲後人所續增，不知此正魏人作經之明證，古淇水入河，至建安十九年，曹操始遏淇水東入白溝，而經明云東過內黄縣南爲白溝，此又魏人作經之切證。又劉璋分巴郡置巴東、巴西郡，而夷水、漾水經文只稱巴郡，蜀先主置漢嘉郡、涪陵郡，而若水、延江水經文不稱漢嘉、涪陵，他如吳省沙羨縣，而經仍稱江夏沙羨，吳置始安郡於始安，而經仍稱零陵始安，蓋以爲敵國所改之制，故外之，此又魏人作經不下逮晉代之證也。" 鄭珍巢經巢文集牂柯十六縣問答云:“余嘗謂班氏志地,簡確而明,酈氏注水,煩亂而晦,所以然者,孟堅據舊時圖籍,故繩墨今古,毫無差互,善長多雜采羣書,以意貫串,故其於南方尤每每不合。”

水經注釋四十卷

一清證以本注,雜採他籍,得滏、洺、滹沱、泒、滋、伊、瀍、澗、洛、豐、涇、汭、渠、獲、洙、滁、日南、弱黑十八水,於灅水下分瀔餘水。又考驗本經,知清漳水、濁漳水、大遼水、小遼水皆原分爲二,共得二十一水,與六典注原數相符。其考證訂補,亦極精核。

汪士鐸梅村集九趙刻水經注跋云:“水經注原四十卷,崇文總目載爲三十五卷,蓋宋已佚其五卷矣,今本乃後人離析以合原數者也。唐六典稱所引一百三十七水,江、河在焉,今本所載,僅一百二十四水,若并江以南至日南郡二十水目數之,則多於六典所載七水,若不數此七水,則又少十三水,趙氏一清補漯水目錄,然漯水原附見河水中,不勞作目也。又補滏、洺、滹沱、泒、滋、洛、豐、涇、汭、弱、黑、滁十二水,併漯水以足一百三七之數,然豐水見渭水注中,禹貢雍州兩言渭、汭,猶言洛、汭耳,水經敍於渭水末,則汭亦不當補也。水經沔水注中敍北江甚略,滁水乃山水,不宜爲一篇,則趙氏所言十三水,除豐、汭、滁三水惟十水耳。”“水經漸江水篇,‘吳寶鼎中,分會稽立東陽郡’,趙氏云:‘東陽上落隸字。’案朱一新無邪堂答問三云:“吳寶鼎中立東陽郡,見於吳志及晉地理志,趙氏臆增隸字，誤甚，但酈注此言不可通，疑其下尙有脫文。”陳漢章謹案：戴校亦云：近刻脫隸字。畿輔通志百五十二云：“太平寰宇記引洨水所經各條，皆水經所無，疑原本必有洨水一條，後來遺佚者。趙一清水經注釋補輯諸水，亦未補洨水，僅採諸家所引，注在漳水條下。蓋一清欲補足唐六典所記一百三十七條之數，故強分漳水爲淸漳、濁漳，㶟水又加㶟餘水，似屬牽合，不若添補洨水之爲愈也。”朱珔文選集釋五，二三。以趙駁沔水中篇“瀘水西逕襄陽縣之故城北”云云爲然，但又云：“瀘水見上卷陽平關下，彼處注‘沔水又東逕白馬戍南，瀘水入焉’云云，此則所出旣異，且於上流已入沔，明非此瀘水，趙氏似混而一之。”又續漢志魏郡鄴下有滏水，注引魏都賦注，“水經鄴西北”云云，集釋八三云：“蓋謂水之經過於鄴，趙氏以爲引水經文，非也。御覽引水經注滏水發源云云，當是今本酈注之脫文。”沈垚落帆樓文集泒水考云：“趙一清曰：‘初學記引水經注云：‘定州泒水東北流經大核山’，‘大核山’疑是‘大泒山’之譌，大泒山在今阜平縣北五里，其東又有小泒山，以泒河所經得名。’垚案：阜平縣本靈壽、行唐二縣地，在唐爲恆州地，非定州地也。大核山當别是一山，泒水今沙河也。”又五汶考云：“葉氏續山東考古錄云：‘以經流爲嬴汶’，與余說合，惟不知成縣故城，非洸水所逕之盛鄉地，因謂柴汶下流，爲大汶所奪。水經注，柴汶經成城北，在經陽關前，未之見耶？復不知今圖志之梁父城，乃隋縣，謂水經注柴汶先逕梁父後柴縣爲倒置，稽考未審，動謂古人爲誤，大不可也。”河水注，“馮參爲上河典農都尉”，金鉽云:“趙氏、戴氏皆謂典農之名，起自建安，疑‘典’字衍。案後書梁統傳，載建武八年拜梁騰酒泉典農都尉，是典農之名不起自建安矣。”南菁二集五。〇陳漢章謹案:梁統傳文周嬰卮林已引之，以爲蔚宗之譌，金氏拾此孤文以爲單證，似不足取。魏源古微堂集書趙校水經注後云:“近世趙一清水經注，爲戴氏所勦，而其徒金壇段氏反覆力辯，爲趙之勦戴，謂趙氏成書在前，刊書在其身後，凡分經、分注之例，趙氏未嘗一言，至戴氏始發明之。及聚珍版官爲刊行，而後人校刊趙書，或采取戴說，故二書經文無異，是不以爲戴之勦趙，而反以爲趙之勦戴，且怪梁曜北昆仲刊趙書時，何不明著其參取戴校之故，謂以攘美成疑案，其說呶呶千餘言，詿誤後學，請詳闢其妄。考趙氏書未刊以前，先收入四庫全書，今四庫書分貯在揚州文匯閣、金山文宗閣者，與刊本無二，是戴氏在四庫館時先覩預竊之明證。其後聚珍官版刊行又在其後，若謂趙氏後人刊本采取於戴，則當與四庫著錄之本判然不符而後可，豈四庫書亦爲趙氏後人所追改乎？若謂趙氏序例中未言經文不重舉某水注必重舉某水之例，則不知趙本第二卷河水篇下首言之矣。‘江水又東逕永安’下爲注之混經，則附錄中歐陽玄水經序又言之矣。皆戴氏所本，何謂趙氏不言。且一清與全氏祖望同時治水經，全氏水經未刊，予見其鈔本凡例一卷，於經注分晰尤詳，凡戴氏所舉三例，皆在其中，故趙書不復重述凡例，戴氏不當侈爲創獲也。四庫提要水經一門，卽係戴氏所纂，於趙書首闕其注中有疏之說，謂同於豐坊之僞本，及戴氏所校水經，則又於第一卷河水篇'爾雅河出崑崙墟'下，引物理論十六字爲注中之小注，故雜在所引爾雅之間，山海經下引括地圖十三字，亦同此例，其餘不一而足。是則注中小注之說，戴氏既竊之而又斥之，盜憎主人，不顧矛盾一至是乎？戴氏臆改經注字句，輒稱永樂大典本，而大典現貯翰林院，源曾從友人親往翻校，卽係明朱謀㙔等所見之本，不過多一酈序，其餘删改字句皆係僞託大典，而大典實無其事，殆以祕閣官書海內無從窺見歟？"

崑崙河源考一卷

是書以元篤什言河源崑崙，與史記、漢書不合，水經所載，亦有謬誤，因歷引禹貢、禹本紀、爾雅、淮南子及各史之文以考證之。

李慈銘祥琴室日記云："自山海經有河出崑崙一語，於是張騫鑿空，而漢武求之于闐、葱嶺矣。李靖遠征吐谷渾，而實以星宿川、柏海矣。至元世祖勤遠略，而都實今作篤什。移之吐番、朶甘思矣。道里不一，名號日歧，季野堅主崑崙，力申漢說，謂河必不出於星宿海，朶甘思之雪山，必非崑崙，書闕難稽，事非目驗，終亦不得而詳也。漢書謂于闐國去長安九千六百七十里，于闐卽今之和闐，長安今陝西西安府。而又云河有兩源，一出葱嶺，一出于闐，在南山下，其河北流，與葱嶺河合，東注蒲昌海。蒲昌海一名鹽澤者也，去玉門陽關三百餘里，史記則云：鹽澤去長安可五千里，案玉門卽今甘肅玉門縣地，去陝西西安府不過二千餘里，自史記言之則太遠，自漢書言之則太近，其道里已甚不合。新唐書吐蕃傳，劉元鼎言河源崑崙，在吐蕃紫山，去長安五千里，元朱思本則謂河源至蘭州四千五百餘里，明一統志謂去雲南麗江府西北一千五百里。且既據山海經自崇吾至崑崙二千四百一十里，積石又在崑崙西二千一百里，而又泥漢書鹽澤去玉門陽關三百餘里之語，遂謂崑崙在玉門西千里之外，去肅州不過二千里，是則較都實所指朵甘思之崑崙，反近四五千里，而何以謂都實所見者自積石潛而復出之流？既謂天下之水未有不發源於山，黃河必出於崑崙，然則何以山海經言積石更在崑崙西二千餘里？故又謂河有重源，崑崙有二，積石亦有二，禹貢之積石爲東積石，山經之積石爲西積石，西積石之外爲大崑崙，山海經大荒經所云崑崙之邱，與海內西經之崑崙異，即太史公所稱禹本紀之崑崙，而又謂大荒經之崑崙，明言弱水環之，則非河源所出可知，然則西積石之源固出於何山者？既謂史記言河源出于闐，其山多玉石，天子案古圖書，名河所出山曰崑崙，是河所出之山，本不名崑崙，故子長又言張騫窮河源，烏睹本紀所謂崑崙者？而又謂漢之崑崙，即古之崑崙，漢武之錫名，必審覈而後定，所按圖書，蓋即山海經，其自相矛盾，不可殫詰。蓋漢書所云鹽澤去玉門陽關三百餘里者，必有數目脫誤之字，山海經所謂積石之山者，固非禹貢之積石，亦非後漢書段熲傳、隋志河源郡之積石。史記言烏睹本紀所謂崑崙者，謂禹本紀言崑崙高二千五百餘里，日月相隱，避爲光明，其上有醴泉、瑤池，今張騫所見崑崙，何嘗有此，其上下文甚明，非謂不見崑崙之山也。季野好博辨，而不能深求古人文法，故往往疵繆。”

水道提綱二十八卷

其源流分合，方隅曲折，則統以今日水道爲主，不屑屑附會於古義，而沿革同異亦即互見於其間。

沈垚落帆樓文集漳北滱南諸水考云："提綱於江南塞外諸水，鉅細靡遺，可謂創千古未有之奇，然敍中原諸水，則失之太略，中原之水，雖有水經注詳於前，但水道古今不同，有意略中原，殊非詳內略外之義。又諸水多沿方俗之稱，不能合古今以求其是，則亦得失參半焉。”又與徐星伯論地理書云："提綱一書，凡數水相合者但取最遠之一源爲源，不復計水之本源，又褫諸水之名，獨標一目，而主名山川之義乖矣。”玉縉案：此論其大槩，集中尚有辨正數處，如"疑古交河有三：一在吐魯番城西三百里，一在城西百餘里，一在城西二十里，不知交河爲今吐魯番城東南流，經哈剌和卓界，齊所指之三水，皆非古交河。以黨河爲即古氐置水，不知氐置當在沙州西南，不應反在沙州之東，且漢志言東北入澤，而此水自東南而西北，亦與漢志不合，今黨河之西，又無他水可當氐置"，見新疆私議。"以塔里母河爲古于闐河，以海多河爲古葱嶺河，不知于闐河自南而北，葱嶺河自西而東，于闐河即于闐國西北合南河葉爾欽以東東流之水，即古葱嶺南河，安得槪指爲于闐河。以葱嶺河有南北二源，不知南源爲古龜兹川，北源爲古敦薨水，去迦合羅逝西山甚遠，雖自古古勒之南以東爲古葱嶺北河之所經，然可謂之葱嶺河，不可以龜茲、敦薨二水之源爲卽葱嶺河源。以溫宿、姑墨、龜茲、焉耆諸國北界之山，概目爲葱嶺，不知古所謂葱嶺，指在疏勒莎車西者而言，若溫宿諸國北界之山，古初不名葱嶺。”見葱嶺南北河考。“以洨水源出獲鹿縣西南蓮花山者曰白鹿泉，似以鹿泉水之入斯洨者當洨水正流，不知洨水出鹿泉之南，不當亦冒鹿泉之稱。”見洨水考。“疑和林有三：一在色楞格河之北；一在鄂勒昆河南源之北；由惑於烏倫、烏林皆和林之轉，不知和林川乃自南而北，非自北而南；一在塔米爾河北源之南，亦在和林川西，非和林城所在，不知和林在今三音諾顏右翼中右旗之東北，額魯特旗之西北。”見西遊記金山以東釋。至齊氏疑水經注所謂北河不足憑，南、北河考以喀什噶爾以東爲古北河之所行，葉爾羌以東爲古南河之所行，今南河輟流五百里，北河輟流幾二千餘里，爲古今水道之一大變，則徐松西域傳補注，謂葱嶺南北河，於阿克蘇南合爲一水，未嘗兩河雙注，分入蒲昌，沈氏答徐星伯書，亦無疑於提綱與水經注所言不合，則輟流之說，未爲定論。又齊氏以杭愛山爲在鄂勒昆河之北，此據康熙舊圖，近圖則移杭愛山於鄂勒昆河之東，土謝圖汗旗之西，金山以東釋歷據元史之語及杭海者，其地望悉與舊圖合，謂杭愛卽杭海音之轉，提綱之言，實是不誤，此說足正近圖之失，因並及之。

四庫全書總目提要補正卷二十三

地理類三

赤松山志一卷

其書首序皇初起、皇初平兄弟仙迹，以著是山靈異，爲全書綱領。

案此亦道藏之餘文，非地志之正體，與王處一華山志相類，不應隸地理類。

西湖遊覽志二十四卷志餘二十六卷

惟汝成此書，因名勝而附以事蹟，鴻纖巨細，一一兼該，非惟可廣見聞，併可以考文獻，其體在地志、雜史之間，與明人游記，徒以觴詠登臨，流連光景者不侔。其志餘二十六卷，則摭拾南宋軼聞，分門臚載，大都杭州之事居多，不盡有關於西湖，故别爲一編，例同附錄。蓋有此餘文以消納其宂碎，而後本書不病於蕪雜，此其義例之善也。

沈嘉轍等南宋雜事詩，前有金司農序云："西湖遊覽志及志餘，觀者無異議，朱竹垞著詩話，始有挂一漏十之誚，同學諸君恥之，各爲詩以續志闕。如欽宗祔廟，而志云不祀。度宗爲理宗姪，而志云同母弟。淵聖梓宮，金人未經奉還，而志云楊髡發欽陵，只鐙檠一枚。有美堂在吳山，而志云在鳳凰山。蘇小墓在嘉興，而志云在西泠橋。富景園在百花池上巷，而志云白花蛇散巷。潮鳴寺高宗書東坡詩，而志云御製。三茆觀賜牛鼎，本劉宋孝建物，而志云漢建元鼎。陸放翁過聚景園詩，而志云玉津園。白塔有二，而志以鎮南塔爲白塔。裏湖堤本白沙堤，而志云白公堤。此訂譌之最大者也。德壽宮在望仙橋，而志失載四地分牓額。張功父園在南湖，而志失載桂隱、百果諸池館名。寶奎寺在石龜巷，而志失載見滄閣。張循王府在清河坊，而志失載喬木亭。楊和王府在癸辛街，而志失載'流觴曲水'之勝。他若親睦坊，志失載陳宗之故居。九里松，志失載俞商卿故居。蒲橋，志失載楊萬里寓居。白龜池，志失載朱少章寓居。靈芝寺，志失載朱文公寓居。李博士橋，志失載李性傳寓居。清湖橋，志失載杜仲高寓居。水磨頭，志失載姜白石寓居。長橋，志失載鄭起水南半隱。七寶山，志失載王仲言寓居。西馬塍，志失載宋伯仁寓居。吳山，志失載廉宣仲寓居。此補亡之大者也。惜竹垞已歸道山，不及見諸君之作，爲僉事公一洒前說耳。"玉縉案：雜事詩之所得，即是書之所失，故備錄之。　陳撰玉几山房聽雨錄上八云："止庵德祥，有桐嶼集，又有五良詩集，中題倪雲林周履道書畫云：'東海東吳兩故人，別來二十四番春'，又爲王駙馬賦清貴軒，故錢虞山謂公生於元季，永樂中尚在也。田氏西湖志，至謂故宋爲僧，洵屬疏謬。” 翁方綱石洲詩話五云：“志餘所載順帝即位時，馬尾縫眼，由是兩目喪明之事，顧氏但據史寧宗殂時，曾召入議政，謝病歸，以證其誣。然爲此說者，第因文靖晚年目疾而傅會耳。予前年得宋宣和畫貓卷，有文靖題云：‘御筆製貓毛毨奇，畫師雖巧亦難齊，中原麟鳳知多少，未得君王一品題。至正五年夏仙井虞集。’案至正五年，文靖已七十四矣，筆勢尤蒼逸，信乎前說之誣也。” 鄭翼謹案：全謝山答史雪汀問瀛國公事帖子，引瞿佑詩話稱馬尾縫眼由是雙目喪明，則明初已有此說。

洛陽伽藍記五卷

其里貫未詳？據書中所稱，知嘗官撫軍司馬耳。 據史通補注篇，稱“除煩則意有所恡，畢載則言有所妨，遂乃定彼榛枯，列爲子注，若蕭大圜淮海亂離志，羊衒之洛陽伽藍記是也。”則衒之此記，實有自注，世所行本皆無之，不知何時佚脫？然自宋以來，未聞有引用其注者，則其刊落已久，今不可復考矣。

李詳媿生叢錄云：“五燈會元卷一，初祖達摩大師傳內，有‘期城太守楊衒之早慕佛乘’云云，是衒之又嘗官期城太守也。” 顧廣圻思適齋集是書跋云：“史通補注云云，知此書原用大小字分別書之，今一概連寫，是混注入正文也。意欲如全謝山治水經注之例改定一本，惜牽率乏暇，汗青無日，世之通才，倘依此例求之，於讀是書思過半也已。” 玉縉案：據此，則無所謂佚脫刊落。

吳地記一卷附後集一卷

舊本題唐陸廣微撰，宋史藝文志作一卷，與今本合。書中稱周敬王六年丁亥，至今唐乾符三年庚申，凡一千八百九十五年，則廣微當爲僖宗時人。然書中虎嘐一條，稱唐諱虎，錢氏諱鏐，改爲滸墅，考五代史吳越世家，乾符二年，董昌始表錢鏐爲偏將，光啓三年，始拜鏐左衞大將軍杭州刺史，景福二年，始拜鏐爲鎭海軍節度使潤州刺史，乾寧元年，始加鏐同中書門下平章事，二年，始封鏐爲彭城郡王，天祐元年，封吳王，至朱溫篡立，始封鏐爲吳越王。安得於乾符三年，以董昌一偏將，能使人諱其嫌名？且乾符三年，亦安得預稱吳越？至錢俶於宋太平興國三年始納土入朝，當其有國之時，蘇州正其所隸，豈敢斥之曰錢氏，尤顯爲宋人之辭，則此書不出廣微更無疑義。王士禛香祖筆記，嘗摘其語兒亭、馮驩宅、公孫挺、陳開疆、顧冶子墓三條，又摘其琴高宅一條，於地理事實，皆爲舛謬。又案乾符三年，歲在丙申，實非庚申，上距周敬王丁亥，僅一千三百九十年，實非一千八百九十五年，於年數亦復差誤。觀其卷末稱纂成圖畫，以俟後來者添修，而此本無圖，前列吳、長洲、嘉興、崑山、常熟、華亭、海鹽七縣，而後列吳縣、長洲縣事爲多，殆原書散佚，後人採掇成編，又竄入他說以足卷帙，故譌異若是耶？以今世所行，別無善刻，故姑仍吳琯此本錄之，以存梗槩，而附訂其牴牾如右。

錢大昕養新錄云："陸廣微事跡無可考，吳地記云：'自周敬王六年至今唐乾符三年'，則是唐僖宗朝人，而唐藝文志不載此書，至宋志始著於錄。吳江一縣，吳越有國日始置，而卷內有‘續添吳江縣’云云，殆後人羼入。” 玉縉案：長洲縣建自唐萬歲通天中，非貞觀七年，常熟縣，梁以毗陵改置，非貞觀九年，詳總集類鄭虎臣吳都文粹下。

長安志二十卷

敏求尚有河南志，與此凡例稍異，而並稱博贍，今已不存。又楊慎丹鉛總錄，謂杜常華清宮詩，見長安志，詩中曉風乃作曉星，檢今本實無此詩，蓋慎喜僞託古書，不足爲據，非此志有所殘闕。 惟晁公武讀書志載有趙彥若序，今本無之。

案繆氏藕香零拾有元河南志四卷，大致本於宋志，尚可得其崖略。 楊紹和楹書隅錄有成化四年本，並載黃虞稷記云：“杜常華清宮詩，‘行盡江南數十程，曉風殘月入華清，朝元閣上西風急，都入長楊作雨聲。’曉風字重下句西風字，或改作曉乘字亦未佳。楊升庵云：‘見宋敏求長安志，乃是星字，敏求又云：‘長楊非宮名’，朝元閣去長楊五百里，此乃風入長楊樹葉似雨聲也。’前說今本乃無之，後說則李好文志圖中語，而升庵以爲敏求，蓋誤。升庵好辨博而不詳審，往往如是，此所以來後人正楊之譏也。” 陸氏藏書志有影寫元刊本，並載熙寧九年趙序，楊氏隅錄亦云：“此本首載趙序，並未脫佚。”玉縉案：瞿氏目錄有舊鈔本，亦有趙序，黃丕烈士禮居藏書題跋云：“長安志，近靈巖山館刊本，因志圖卷下渠堰因革標目及一、二、三條已闕，竟將‘四曰豐利渠’條，逕接入‘富平縣境石川漑田圖’後，而嘉靖刊本，居然具在，可云佳絕。”

洛陽名園記一卷

格非自跋云:"天下之治亂,候於洛陽之盛衰,洛陽之盛衰,候於園囿之廢興。"蓋追思當時賢佐名卿,勳業盛隆,能享其樂,非徒誇臺榭池館之美也。 王士禛居易錄記是書,前有紹興中張琰德和序,首曰山東李文叔云云,此本亦佚之。

陸氏藏書志有明仿宋本,不言有自跋,惟載河南邵博記一則,稱"如論天下之治亂"云云,又載紹興八年張琰序。

長安志圖三卷

元李好文撰。 此本乃明西安府知府李經所鋟,列於宋敏求長安志之首,合爲一編。 千頃堂書目載此編作長安圖記,於本書爲合。

陸氏藏書志有影寫元刊本,亦作長安志圖,不作圖記,題"河濱漁者編類圖說,前進士潁陽張敏同編校正。" 楊氏楹書隅錄有成化四年長安志二十卷,長安志圖三卷,云:"李經所鋟,即嘉靖辛卯刻本,此本尚在其前數十年,已合二書爲一,不得謂李氏所羼矣。且二書合刻,不過以類相從,卷目判然,各成部帙,亦未嘗互有竄併。或當日乃以好文之圖說,附之宋志之末,而後來鈔刻者誤冠於首耳。" 玉縉案:此爲兩書合刻本,宋志既有黃虞稷跋,則李志千頃堂書目作圖記,當是傳寫之譌。

石柱記箋釋五卷

其徵據考證,頗爲贍博。

汪曰楨所輯蓮漪文鈔,有丁桂所撰舅氏沈柳橋先生行述云:"鄭元慶湖錄,雅稱詳贍,其書不可得見,而其所箋釋石柱記,先生多所彈正。" 據此,則沈於此書有所辨正,未知有無傳本? 沈名登瀛。

南方草木狀三卷

諸本但題"譙國嵇含",惟宋麻沙舊版前題曰"永興元年十一月丙子振威將軍襄陽太守嵇含撰"云云,載其年月仕履,頗爲詳具。 惟隋志稱廣州太守嵇含,而此作襄陽太守,考書中所載,皆嶺表之物,則疑襄陽或誤題也。

玉縉案:百川學海本題與麻沙本同,此未之及。隋志於郭象集下云:"又有廣州刺史嵇含集",不稱太守,此誤。考晉書本傳,"永興初,爲范陽王虓從事中郎,尋授振威將軍襄城太守,後依劉弘於襄陽,弘表爲平越中郎將廣州刺史,假節,未發,爲郭勱所殺。"又葛洪傳,"洪參廣州刺史嵇含軍事,及含遇害,遂留南土。"如前說,是含未之官廣州,如後說,又似含曾之官,是書所載,皆嶺表之物,當在廣州作,自序稱以所聞詮敍,有裨子弟,亦係在廣州任所語氣。近吳江沈氏怡園刊本,有沈兆奎跋,拘泥本傳,以爲其時含在滎陽、襄城間,自序本云所聞,豈必目驗,非也。至書端舊題,本與序跋不同,乃詳載年號月日,恐麻沙坊肆所爲,襄陽之誤,不足辨已。

北户錄三卷

新唐書藝文志,稱爲宰相文昌之孫,則當爲臨淄人,學海類編作東牟人,亦未詳所本? 歷仕始末不可考,惟據書首結銜,知官京兆萬年縣尉,據書中稱咸通十年,知爲懿宗時人而已。 注文頗爲典贍,題"登仕郎前參軍龜圖撰",不題其姓,似爲公路之族,然唐書宰相世系表不載其名,莫知其審矣?

盧弼四庫湖北先正遺書札記云:"案唐書段志玄傳,'三世孫文昌,字墨卿,世客荆州,太和四年,自淮南徙帥荆南。文昌先墓在荆州,歲時享祠,必薦以音樂歌舞。'又案錄異記,'段文昌負才傲俗,落拓荆、楚間,江陵有大宅,門枕流渠,文昌醉於渠上,脫履濯足,'我作江陵節度,必買此宅',聞者皆笑,後果鎮荆南,遂買此宅'云云。文昌子成式,字柯古,嘗客居襄陽,著酉陽書數十篇。成式子安節,善音律,著樂府新錄。據此以觀,段氏世居江陵,廬墓俱在荆州,自與流寓有別。"玉縉案:曰世客荆州,曰落拓荆、楚間,曰嘗客居襄陽,雖廬墓在荆州,其籍貫固仍臨淄也。盧說祇可存參耳。　陸氏儀顧堂集重刊序云:"書中稱咸通十年往高涼,又稱咸通辛卯年從茂名歸南海,其人蓋先仕於粵,而後官萬年尉者。"鄭翼謹案:全唐文有陸希聲序,稱東牟段公路以事南游五嶺間,學海類編或即本此。　陸氏藏書志有影宋鈔本,題"萬年縣尉段公路纂,登仕郎前京兆府參軍崔龜圖注。"丁氏藏書志載明刊校宋本同。是龜圖姓崔,非公路之族。張氏藏書志云:"閣本姓缺,據舊鈔本補。"瞿氏目錄亦云:"別本題名中脫去崔字,遂致誤認公路同族。"

益部方物略記一卷

祁字子京,雍邱人。

盧弼四庫湖北先正遺書札記云:"案湖北通志作益州方物略記圖贊二卷,是書舊上下二卷,有圖,今一卷,亡其圖,舊爲品七十有六,今存六十有五,則又佚十一品矣。”又案:“提要作雍邱人,考宋史宋庠傳,庠字公序,安州安陸人,後徙開封之雍邱,祁爲庠弟,當爲安陸人。”玉縉案:既徙雍邱,自爲雍邱人,盧據原籍刻遺書,固未嘗不可耳。

東京夢華錄十卷

核其所紀,與宋志頗有異同,如宋志南郊儀注,郊前三日,但云齋於大慶殿太廟及青城齋宮,而是書載車駕宿大慶殿儀,駕宿太廟奉神主出室儀,駕詣青城齋宮儀,委曲詳盡。又如郊畢解嚴,宋志但云御宣德門肆赦,而是書載下赦儀,亦極周至。又行禮儀注,宋志有皇帝初登壇上香奠玉幣儀,既降盥洗再登壇,然後初獻,而是書奏請駕登壇即初獻,無上香獻玉帛儀。又太祝讀册,宋志列在初獻時,是書初獻之後,再登壇,始稱讀祝,亦小有參差。如此之類,皆可以互相考證,訂史氏之譌舛。

陸氏藏書志有元刊元印本,並載淳熙丁未趙師俠題語云:“其間事關宮禁,典禮得之傳聞者不無謬誤”云云。其儀顧堂題跋,歷舉張海鵬本之妄增妄改凡數十處,玆略之。

六朝事迹編類二卷

凡十四門,引據頗爲詳核,而碑刻一門,尤有資於考據。惟書以六朝爲名,而古迹之中自南唐以逮於北宋,如丁謂、王安石所建,亦具載之,殊失斷限。

上元張寶德重刊宋本十四卷,跋云:“雖附以南唐、北宋之事,然其大旨以六朝爲主,分門類引,體例頗佳。各條下多係宋楊修之詩,修之名備,官虞部員外郎,宋景文稱其書訊刺字皆用古文者。嘗著金陵覽古百題詩，每題下注其故事，其書久逸，幸附此以傳。末爲碑刻門，多爲南宋金石家所未獲見，如陳江總棲霞寺碑，唐玉清觀四等碑，李白貞義女碑，此陳思寶刻叢編未錄者也。晉竺使君銘及頌，宋謝濤夫人墓記，齊巴東獻武公碑，梁諸王碑，唐明徵君碑，此王象之輿地碑記目未錄者也。景定志引之而未備，元至正金陵新志亦援此立碑碣一門，近嚴上舍觀撰江寧金石記，所載多古人未見，而較此目不及十之二三，其未見者，據此書編待訪目，尤足以資考核。但載吳封禪碑云在常州，自非金陵物，不應錄耳。是書凡十四門，每門爲一卷，宋史藝文志載之，卷數亦同。署張養正撰，養正乃敦頤字，宋陳振孫直齋書錄解題作二卷，不著撰人名氏，金陵新志列舊志書目，引此爲六朝事類省文也。然十四卷本頗難得，卽二卷本亦僅存，四庫提要亦作二卷。四庫全書考證云：'東晉恭帝元熙二年，"二"譌作"元"。梁總敍天監中有州二十有三，脫"三"字。六朝郡國志江陽，"陽"譌"涪"。汶山，"汶"譌"江"。'是亦非善本。明吳琯古今逸史本，分上下二卷，固非專書，且多譌舛，今從同邑朱述之大令借得手鈔本十四卷，據云原本亦係舊鈔，向爲曹楝亭家藏，以中多闕宋諱末筆，定爲影宋。每葉十四行，行十六字，景定志載其書二百三十版，此鈔二百三十葉，恰與之合。予因錄副重梓，卽與吳本校對一過，兹本序題次行列敦頤銜名，每卷大題下同，書後列韓仲通序一篇，末葉首題'建康府學開鏤'六字，次有'紹興三十年'等字一行，又題衆官結銜十一行，皆吳本所闕，餘吳本譌脫，不可殫述。然此本亦尚有誤字，如總敍門吳大帝注云：'即位在魏太和七年壬寅歲'，案太和乃魏明帝年號，無七年，三國志魏文帝黄初二年己亥，權納趙咨之言，謂宜改年號，正服色，十一月即吳王位，大赦，改明年壬寅爲黄武元年。後七年至魏明帝太和三年己酉，改元黄龍元年，公卿百司皆勸權正尊號，丙申，即皇帝位，此誤以壬寅與太和合爲一時，又誤三爲七也。其載吳之輿地云：'據江南盡海置交、廣、荆、郢四州'，案孫權有揚州，治建業，宜曰五州，陽湖洪稚存補三國疆域作四州者，無郢州也。又云：'有郡四十二'，通典作四十三，洪作四十六是也。齊州凡二十有三，此誤作二十有二。梁注中夏侯道，道下脫'遷'字。懸瓠下，脫'彭'字，當作懸瓠，彭城漢川，蜀下當有'川'字。其他同異處，迹之爲考證數事，附識於後，茲並刊之。"

中吳紀聞六卷

然盧熊跋稱其子昱所撰行實附後，今兩本皆無之。

案毛晉跋："其孝行詳本傳"，明是有所附行實而脫之，所異者，今粵雅堂叢書本亦無行實，伍崇曜跋乃謂事蹟具附刻本傳耳。又是書實說部之佳者，提要隸之地理，殊爲未當。簡明目錄云："其體似乎小說，實則補地志之遺"，其然豈其然乎？

夢粱錄二十卷

末署"甲戌歲中秋日"，考甲戌爲宋度宗咸淳十年，其時宋尚未亡，不應先作是語，意甲戌字傳寫誤歟？

錢大昕養新錄云："自署甲戌歲，蓋元順帝元統二年也。若前六十年，則爲宋咸淳十年，宋祚未亡，不當有滄桑之感矣。自牧事迹無可考，但其人既目覩臨安繁華之盛，而書成於元順帝之初，則必隱遁而享高壽者矣。"

武林舊事十卷

淳祐中，嘗官義烏令。第十卷末棊待詔以下，以是書體例推之，當在六卷之末，疑傳寫或亂其舊第。

癸辛雜識云："先君子於紹定四年辛卯出宰富春，壬辰歲，余實生於縣齋。"劉毓崧通義堂文集重刊周草窗詞稾序云："今考淳祐之號，首尾十二年，其末年係壬子，草窗之令義烏，即係果在是年，亦甫二十一歲。"楊氏楹書隅錄有校本十卷，並載黃丕烈識語云："祕笈以棊待詔已下爲一卷，後分二、三、四、五卷爲後武林舊事，總成五卷。"

益部談資三卷

宇度里貫未詳？

盧弼四庫湖北先正遺書札記云："明史湛若水傳，'湛氏門人最著者德安何遷。'湖北通志，'宇度字仁仲，安陸人，侍郎遷仲子，官詹事主簿，出爲夔州通判。'"

龍沙紀略一卷

式濟字屋源，號沃園，康熙己丑進士，官中書舍人。是編乃式濟之父澄嶧謫居黑龍江時，式濟往省，因據所見聞考核古蹟，勒爲九門，一曰方隅，二曰山川，三曰經制，四曰時令，五曰風俗，六曰飲食，七曰貢賦，八曰物產，九曰屋宇，總名曰龍沙紀略。考後漢書班超傳贊曰："坦步葱、雪，咫尺龍、沙"，章懷太子注曰："謂葱嶺、雪山、龍堆、沙漠也。"漢書匈奴傳曰："康居烏孫，豈能踰白龍堆而寇西邊"，孟康注曰："龍堆形如土龍，高大者二三丈，卑者丈餘，在西域中。"又酈道元水經注曰："鄯善國東垂當白龍堆"，則龍堆在西不在東。又漢書武帝本紀曰："衞青復將六將軍絕幕"，顏師古注曰："沙上曰幕，直渡曰絕。"後漢書西域傳曰："孝武深維長久之計，命遣虎臣浮河絕幕"，又竇憲燕然山銘稱"絕大漠"，李陵別歌稱"經萬里兮渡沙漠"，則沙漠迤繞西北，亦不在東。自劉孝標有賦得"龍沙宵月明"詩，李白有"將軍分虎竹戰士臥龍沙"之句，始誤以龍沙爲一地，而詩家遂沿爲塞外之通稱。式濟記東北之事，而以龍沙爲書名，蓋沿用舊文之故，不知自唐以來，渤海大氏奄有斯土，已久爲城郭宮室之國，豈可以龍沙爲目哉？　如辨混同江源出長白山，土人呼爲松阿里江，松阿里江北與諾尼江合流，東北受黑龍江，又南受烏蘇里江匯注於海，因其納三江之大，故名混同。蓋松阿里自南而北，黑龍江自北而南，歷二千五百里之遙，兩江不得混稱，其上游未會時，仍當稱松阿里江云。

李慈銘祥琴室日記云："式濟，後以敏恪公觀承貴封光祿大夫，其父登嶧，官工部主事，康熙辛卯，戴名世南山集事發，以登嶧之父故學士孝標嘗著滇黔紀聞，登嶧坐是全家戍黑龍江。是書式濟隨其父在戍所時作，紀載詳覈有法，於山川尤考證致愼，爲言北塞者所必需。其辨混同江源出長白，卽松阿里江，西北流二千六百餘里始與黑龍江合，黑龍江出俄羅斯境興安諸山之南，而金志誤云混同江一名黑龍江，又誤宋阿爲宋瓦、爲松花，皆得之目見，有功史學。其名龍沙紀略者，四庫提要謂龍沙二字始於後漢書班超傳贊，其地在西北不在東，今東北自唐以來，已久爲城郭宮室之國，不得以龍沙目之，其論誠確。然式濟言興安嶺或曰蔥嶺之支絡，盤旋境內數千里，則西北、東北幅員本相連接。又言卜魁本站名，今黑龍江將軍駐此。以南至新城數百里皆平漠，是北塞未始不可稱漠。且漢世匈奴國境，包絡東西，漢書所稱絕幕，固亦兼東西言之耳。”玉縉案：提要“號沃園”下脫“桐城人”三字，“登嶧”誤“澄嶧”。何秋濤朔方備乘亦作登嶧，自注云：“作澄嶧誤也。”書中誤以黑龍衞爲元制，俄羅斯爲古大食國，耶穌紀年爲立國之年，元太祖長子爲弟，脫博斯奇城爲王都，以及黑龍江源出俄境，克魯倫河爲俄水之類，何氏並訂之，足補提要所未及。

東城雜記二卷

爲考里中舊聞遺事，與記所不及者八十五條，釐爲上下二卷。

吳氏拜經樓藏書題跋記云：“先君子手校記簡端云：‘東城雜記二卷，從知不足齋借鈔，綠飲言，此尚非足本，惟郁陛宣茂才東齋軒藏本最佳，當更求勘之。’”玉縉案：伍氏粤雅堂本，上卷四十六條，下卷四十九條，並載嘉慶庚辰汪遠孫識語云：“是書爲未定之本，其中塗乙添注，較外間傳鈔者頗有增益，爰略加詮次，付之剞劂”云云。未知視郁藏本何如？而視提要本則已多十條矣。

遊城南記一卷

其薦福寺一條，又有“辛卯遷徙”之語，案辛卯爲金哀宗正大八年，史載是年四月，元兵克鳳翔兩行省，棄京兆，遷居民於河南。所云遷徙，當卽此事，蓋金末元初人也。

玉縉案：啓夏門條亦有是語，而薦福寺後二條慈恩寺下，明云“正大遷徙”，何不據以立說而爲是迂曲也。

徐霞客遊記十二卷

年三十出遊。　沒後，手稾散逸，其友季夢良求得之，而中多闕失，宜興史氏亦有鈔本，而譌異尤甚，此則楊名時所重加編訂者也。　宏祖耽奇嗜僻，刻意遠遊，旣銳於搜尋，尤工於摹寫，遊記之夥，遂莫過於斯編。雖足迹所經，排日紀載，未嘗有意於爲文，然以耳目所親，見聞較確，且黔、滇荒遠，輿志多疏，此書於山川脈絡，剖析詳明，尤爲有資考證。

陸以湉冷廬雜識一云：“自萬曆丁未年二十二卽出游，至崇禎己卯，自滇得足疾歸，幾於無歲不游，無地不到。”又云：“他人之游，偶乘興之所到，惟霞客聚畢生全力，專注於游，勇往獨前，性命不顧，其游創千古未有之奇，其游記遂擅千古未有之勝。”　徐崑遯齋偶筆上云：“客固無子，其族人祕不肯示人，桐城張少宗伯督學時鈔得之，凡十餘本，是史本外又有張本。”　李慈銘桃華聖解盦日記乙集九一云：“宏祖字振之，好游而負異稟，所至必窮其顚，同時若文文肅、黃忠烈諸公，盛相推許，其記皆按日實書，道里南北，同於甲乙帳簿，無所文飾，當日錢蒙叟已甚重其書，曾屬徐仲昭、毛子晉等爲之校刻。此本乃其後人集鈔而成，稍有闕佚，然山水之文，必資雕刻，登臨之興，所貴適情，霞客梯險緪虛，身試不測，徒標詭異之目，非寄賞會之深，古人癖嗜煙霞，當不如是。而又筆舌冗漫，敍次疏拙，致令異境失奇，麗區掩采，記路程者，無從知徑，討名勝者，爲之不怡。且其注意頗在脈絡向背，同於青烏之術，尤爲無謂。至古今地理，絕未稽求，名蹟留遺，多從忽略，固由明季不讀書，不知考據爲何事也。”

佛國記一卷

法顯晉義熙中自長安遊天竺，經三十餘國，還到京，與天竺禪師參互辨定以成是書。　案晉書姚萇弘始二年，爲晉隆安四年。

俞樾小浮梅閒話云："佛國記始於後秦姚興弘始二年，與慧景、道整、慧應、慧嵬等同發長安，度隴至乾歸國、耨檀國，度養樓山至張掖鎮，又遇智嚴、慧簡、僧紹、寶雲、僧景等諸人，或分或合，或先還，慧景度小雪山，道斃，道整留中天竺不還，獨法顯順恆水東下，乘商人大舶，泛海至青州長廣郡界。計自發長安，六年到中國，即中天竺。停六年，還三年，往返凡十五年。從陸路往，從海道返，其中事蹟頗亦詭異。”玉縉案：晉安帝隆安凡五年，改元興，凡三年，改義熙，提要義熙中，當改隆安中乃合。　又案：弘始爲姚興年號，非姚萇，萇字亦誤。

宣和奉使高麗圖經四十卷

是書末附其行狀，稱甌寧人。文獻通考則作和州歷陽人，思陵翰墨志又作信州徐兢，似當以行狀爲確。

案行狀云："自光祿始，徙居和州之歷陽"，則通考不誤。又周煇淸波雜志云："宣和間，詔路允迪、傅墨卿使高麗，介其屬江陰徐兢仿元豐中王雲所撰雞林志爲高麗圖經"云云，今提要於下文亦引此，而不及江陰人之說。鄭翼謹案：知不足齋本無江陰二字。又張氏藏書志有毛扆校宋本，云："末卷儒學'雞林之人引領嘆慕至以'下，明海鹽鄭休仲本脫一葉，鮑氏本同，此本據宋槧校補二百五十三字，可稱完善。"又載毛扆手跋云："宋本亦缺三葉，二卷四，八卷五、六。"瞿氏目錄云："鄭休仲重刻，脫文至數千字，又有錯簡處。近鮑氏所刻，雖勝鄭本，亦多脫誤。此本出舊鈔，毛斧季復以宋本校正，其第四十卷儒學條中，'雞林之人引領嘆慕至以'下，舊脫一葉，是本尙全，其文曰：'一金易一篇，用爲規範'"云云，文煩不具錄。丁氏藏書志則云："海鹽鄭修仲有重刻本，脫字尙少"，與瞿說不同。休仲又作修仲，疑誤。吳氏拜經樓藏書題跋記載陳鱣跋云："鮑君以文知不足齋叢書校補鄭本，脫字凡數千，又正二十七卷錯簡數條。"

東西洋考十二卷

他若瓜哇之爲下港。

案原書凡例作下港之爲瓜哇，不解何以此句獨倒。

職方外紀五卷

其說分天下爲五大州，一曰亞細亞州，其地西起那多理亞離福島六十二度，東至亞尼俺峽離福島一百八十度，南起瓜哇在赤道南十二度，北至冰海，在赤道北七十二度。二曰歐邏巴州，其地南起地中海北極，出地三十五度，北至冰海北極，出地八十餘度，徑一萬一千二百五十里，西起西海福島初度，東至阿比河距福島九十二度，徑二萬三千里。三曰利未亞州，西南皆至利未亞海，東至西紅海，北至地中海極南南極，出地三十五度，極北北極，出地三十五度，東西廣七十八度。四曰亞墨利加，地分南北，中通一峽，峽南之地，南起墨瓦蠟泥海峽南極，出地五十二度，北至加納達北極，出地十度半，西起福島二百八十六度，東至三百五十五度，峽北之地，南起加納達南極，出地十度半，北至冰海，其北極出地度數則未之測量，西起福島一百八十度，東盡三百六十度。五曰墨瓦蠟尼加，則彼國與之初通，疆域道里，尙莫得詳焉。

俞正燮癸巳類稾蓋地論九云："西洋人入中國，用佛義而諱其名，其儀器本之萬年回回，俄羅斯當明時已西接西海，北接北海，艾儒略等職方外紀、坤輿圖說，又侈陳冰海，若所足履目驗者，而竟不知有所謂俄羅斯。至錢大昕爲定地球圖說，強爲納入之。然則地誠圓，亦非五大洲，即五大洲，亦必不如西洋人所說。地之圓不圓，與西洋人無涉，乃世人以地圓出西洋驚駭之，今學者又以地圓出西洋而漫非之，無怪乎耶穌之徒，自以爲奇特也。"

赤雅三卷

鈕琇觚賸載其爲諸生應歲試時，題爲"文行忠信"，乃四比立格，以眞、草、隸、篆四體書之，坐是被斥，蓋亦放誕之士。王士禛池北偶談又載其少遊金陵，客阮大鋮之門，嘗爲大鋮作集序，大鋮亦爲露作集序，其人殊不足重。迨國朝順治初王師入粤，露義不改節，竟抱平生所寶古琴不食而死，士禛詩所謂"南海畸人死抱琴"者，即爲露作，其志節乃爲世所稱。然露先託契閹兒，所作嶠雅，屢稱大鋮爲石巢夫子，實貽譏於名教，後雖晚蓋，僅足自贖，固不能與黄淳耀等皦然日月爭光也。敍木客一條，既稱爲秦時採木之人，何以能作律詩，所稱細雨詩，"劍閣鈴逾動，長門燭更深"聯，何以能用漢、唐故事，是則附會塗飾，不免文人之積習矣。

玉縉案：陸以湉冷廬雜識五，有鄺湛若一條，謂湛若父子殉難事，南疆繹史不載，今參考諸書，錄其遺事以補之，其文甚長。內稱"崇禎末，補諸生，學使以'恭寬信敏惠'校士，露五比爲文，以眞、行、篆、隸、八分五體書之，黜置五等，大笑棄去"，與觚賸異。又稱"少嘗師事阮大鋮，洎阮羅織東林，乃貽書絕交，侃侃千言"，與偶談亦不全合。末云："湛若奇人也，乃貽書絕交，守城死節，是奇而能協於正矣，世有以狂目之者，豈足見其眞乎？"竊以爲持論公允。　案露稱木客行坐衣服，不異於人，出市作器，工過於人，則非復秦時衣冠秦時工作可知。其能作律詩及用漢、唐故事，似無以難之，頗疑此條皆誕。然陳耀文學圃萱蘇云："徐鉉帖，鄱陽山中有木客，秦時造阿房宮者，食木實，得不死，時下山就民間取酒，爲詩云：'酒盡君莫沽，壺傾我當發，城市多囂塵，還山弄明月。'"此木客亦秦時人，其詩雖非律體，亦不類秦人語，乃知天壤事固有不盡可以常理測者也。蘇軾虔州八境圖詩亦云："山中木客解吟詩。”汪森粵西文載云:“翁宏字大舉,臨桂人,能詩,細雨云:‘何處殘春夜,荷花落古宮’,”張祥河粵西筆述云:“翁詩一聯,湛老亦以爲木客作”,合觀之,益見假借矣。金武祥灕江雜記云:“赤雅論粵西左右江,按地形左宜爲右,右宜爲左。夫粵處南阪之西者皆從東粵,或下灕水溯流而上,從溯流者分左右,不從地形分左右也。”

異域錄一卷

圖理琛由考取內閣中書,官至兵部職方司郎中。

案理琛於乾隆三年,以內閣學士乞休,五年卒,何秋濤朔方備乘敍之甚詳,此以爲官止郎中非也。又何氏曾據錢熙祚、楊復吉二家刊本加以考訂,惟二本首尾不完具,他日當以四庫本勘之。

海國聞見錄二卷

惟所記七洲洋帶箭鳥,謂由鄭和呼鳥插箭爲記,以導海舶。又記暹羅鬼與鄭和鬭法,夜建寺塔,今尙在焉。則蕃俗信鬼,有此附會之談,倫炯不爲辨正,是亦少疏。

提要但議所記帶箭鳥二事,案書中不載鹹海,又誤以三馬爾尸即噶爾丹,裏海從包祉出海,黑海不通大海,黃旗尊天主,惟英圭黎辟之之類,何秋濤朔方備乘曾訂之,足補其未備。

地理類存目

歷代地理指掌圖一卷

舊本題宋蘇軾撰。

絳雲樓書目有是書，陳景雲注云：“一卷，稅安禮撰，宋元符間人。”玉縉案：書目又有宋板東坡輿地指掌圖二册，二册則當非一卷，疑不能明。鄭翼謹案：書錄解題作一卷，安禮蜀人，書未及上而卒。蜀本有涪右任諒序，坊刻不著名氏。

輿地名勝志一百九十三卷

是書則由雜採而成，頗無倫次，時亦舛譌。又多不著出典，未爲善本。

楊守敬晦明軒稾云：“前有自序，自道其著此書原委，閱十年而後成。其採摭郡縣方志甚備，且多祕方墜册，自提要云云，附於存目中，其聲稱遂微。自全榭山、趙一清校水經注，孫淵如纂續古文苑，多所取資，好古者始稍稍重之。余謂他不具論，即其將水經注分縣割隸，此非熟於古今沿革心有識別者而能之乎？唯其著書之意，不在沿革古迹，而在於名勝，名勝爲古所無者不得不取近代方志，故不著所出，意欲成一家言，然其引唐以前古書，又未嘗不載出典也。平心論之，上擬郡縣志、寰宇記誠不足，以視方輿勝覽、輿地紀勝，則爲簡而要矣。”又云：“全榭山謂其引水經注與今本多異，又有出於今本之外者，遂疑石倉所見水經注，有出於樂永言之前者，此則不然。良由石倉用力於地學甚久，於水經注必別有校本，其附入此書，未暇著明其說。至於水經注逸文，則必得之古方志，而亦未著所出，此則不能不爲石倉憾耳。”

天下郡國利病書一百二十卷

是書蓋雜取天下府、州、縣志書及歷代奏疏文集，並明代實錄輯錄成編，其中採掇舊文，同異兼收，間有矛盾之處，編次亦絕無體例，蓋未成之稾本也。

謝應芝會稽山齋文集有是書書後云："亭林博極羣書，各因天下之俗所宜，采錄大備，而莫善於西北水利。東南既無曠土，而西北尙多閒田，西北水利興則屯戍行，糧賦減，漕運罷，河工省，一切雜稅皆可弛，民克安其業，享其利，雖謂井田之法復行於今可也。"

山河兩戒考十四卷

至唐而僧一行又據山河以分，於義尤近。然其說有云："魏徙大梁，則西河合於東井，秦拔宜陽，而上黨入於輿鬼"，彼此遷就，益涉支離，特其文辭綜博，足以自達所見，故後代言分野者悉宗之。文靖廣採羣書以爲之注，此八卷是也。

案唐志"存乎兩戍"，戍爲戍守之戍，自譌作戒字，遂有以兩戒爲兩界者，戒界古不同聲，未可通用。王念孫讀書雜志，史記天官書"星茀於河戒"條，辨之甚詳，文靖此書，蓋沿唐書刻本之誤。

嘉興府志三十二卷

序述參差，詳略失當。

丁氏藏書志云："至元嘉禾志後，此爲獨古。遺文軼事，記載弘多，七縣旣分繁簡，記載卽有詳略，似未可以參差少之。"

弘治湖州府志二十四卷

是書乃弘治辛亥珣官湖州知府時所重修。初，宋談鑰嘗輯吳興志，而文頗蕪陋，明景泰間，訓導陳碩乃因談志續爲一編，成化甲午，知府九江勞鉞，又令郡人張淵補所未備，增爲二十二卷。珣以郡縣續有分析，復屬郡人汪翁儀、唐應徵、陳遠等論次增輯，列爲三十三目，分禮、樂、射、御、書、數六集，舊本因前有勞鉞序，遂題爲成化志，非也。

靜嘉堂祕籍志有成化湖州府志二十四卷，云："此本題明陳碩編，張淵重編，汪翁儀等重修。前有成化十一年彭華、勞鉞二序。"玉縉案：此即所謂舊本，成化二字雖誤，而備列陳、張、汪諸人姓名，源委分明，提要例主官修者一人，故稱王珣撰也。

湖州府志十四卷

是書分土地、人民、政事三門，每門各綴以子目，與他志小異。

丁氏藏書志有明刊本，云："土地之子目，曰郡建、疆域、山川、鄉鎮、區畝、形勝、津梁、物產、古蹟、陵廟；人民之子目，曰戶口、功貴、風俗、辟召、甲科、貢蔭、逸遺、列女、流寓、方藝；政事之子目，曰守令、賦役、學校、修築、卹錄、刑禁、兵屯、廨署、郵遞、壇祠。前有府、州、縣境圖，郡城七屬縣境圖，修志凡例，而烏程董汾序之。"據此，則無沿革，豈指郡建言歟？

括蒼彙紀十五卷

案此書紀輿圖、沿革、秩統、次舍、官師、選舉、封爵、地理附物產、食貨、禋祀、保圉、治行、往哲、閨操、藝文、大事、雜事，凡十有七類。

嘉靖仁和縣志十四卷

邑人朱之浩始爲傳寫之。

案近刊入武林掌故叢編中。

蕭山縣志刊誤三卷

以蕭山新修縣志踳駁失考，因逐各條爲之釐正。

案是書辨餘暨非諸暨所分；蕭山卽縣西山，蕭、西一聲之轉；西施爲蕭山人；賀知章爲永興人，非四明人；江寺爲江總，非江淹；唐宋思禮補蕭縣主簿，蕭下脫山字，皆極塙。至謂蕭山海門東、查浦西之回浦，卽漢志東部都尉治之回浦，則漢回浦爲今台州、溫州地。江淹之子昭玄捨宅爲寺，唐會昌中毀，大中不應又卽建，則大中詔復會昌所毀寺，明見新、舊唐書本紀。謂宋眞宗名玄，則眞宗名恆，不名玄，所云國諱者，乃當時所造之聖祖趙玄朗諱。謂賀知章是制科非進士科，則知章自是舉進士，又舉超拔羣類科。謂自漢以來，制科爲大科，則漢無制科之名，惟宋世有大科之名，而朝廷功令亦無此稱。謂韓琦相州人，知相州，治亦知相州，肖胄又曾代父守相，則相在河北，南渡後，宋人何由得知相州。其他舊志張叔椿傳，稱叔椿子復初，尙長興縣主，封永國公，明是張氏家譜僞造，而奇齡云亦其恆事。賞觔戒定寺碑，所載時代官制，全乎不合，皆三家村學究妄造，而奇齡縷述之。陳氏家廟碑，亦全不知古今者妄造家譜，而奇齡悉仍之。李慈銘荀學齋日記已糾之，其文頗長，略括於此。李氏又謂文中紕謬，不勝摘云。

湖南通志一百七十四卷

乾隆二十一年，弘謀巡撫湖南，因與藩臬諸臣創修此志。

陶澍文毅公全集覆翁鳳西方伯書云：“其書舛漏不一而足，似相國固未嘗寓目者。即如兩漢時楚、湘人物，本屬無幾，惟蔣琬公忠體國，人所共知，蜀志已明載零陵湘鄉人，而長沙府人物志內竟無其名，漏略至此，其他可知。又如敝縣人數尤少，明史有傳二篇，一爲張驥，一爲李禎，俱載安化人，未分別省分，然山東通志名宦總部載驥湖廣安化人，至禎傳則有‘禎家洮河’之語，其爲甘肅之安化無疑。而舊志顧遺驥而錄禎，且於禎傳刪去‘家洮河’一語，又何必如此遷就相借以爲重耶？他如鄭崇儉一傳，亦恐是山西之寧鄉而誤入者，當更考之。至於益陽劉憲之死於逆瑾，羅喻義之黜於溫體仁，湘潭李騰芳之厄於魏忠賢，皆忠義皎皎，在人耳目，羅、李傳在明史，本末甚具，劉雖附傳，而益志特詳，乃劉、李僅寥寥數語，羅則並姓名無之，此豈文獻不足耶？若明陳寧之名在姦臣，行同酷吏，而誤信楚紀之言，比之汲黯，則又采擇未精，難以爲據矣。凡此皆長沙一郡之事，就澍所知者言之，恐別郡類此者，正復不少。”

澳門記略二卷

其南有四山離立，海水交貫，成十字，曰十字門，今稱澳門，屬香山縣。乾隆九年，始置澳門同知，光任、汝霖相繼爲此職，光任初作是書，未竟，至汝霖乃踵成之，凡爲三篇，首形勢，次官守，次澳番，形勢篇爲圖十二，澳番篇爲圖六。考明史地理志，祇載南頭、屯門、雞棲、佛堂門、十字門、冷水角、老萬山、零丁洋澳諸名，與虎頭山關之類，其他皆未記其詳，此書於山海之險要，防禦之得失，言之最悉。蓋史舉大綱，志詳細目，載筆者各有體裁耳。

俞正燮癸巳類稾九有是書跋，所據爲張汝霖子徵君炯重刊本，其文頗繁，大致深惡意大里亞及荷蘭。“荷蘭垂涎臺灣，靖海紀已昌言之，其屢窺澳門有迹，而又畏意大里亞遏其前，佛朗機躡其後，已見於乾隆八年及十年之師，前同知印君、張君所以籌畫之者甚詳，惟其事散見，非深思者不能得其條理。”又言“今天子撫外夷有道，不過以澳門爲天文生客館耳，且事久難驟更，以西洋之互爲窺伺，知此書必不可廢，嘗與徵君言澳門南有十字門二重，其眞爲天主教窟穴乎？抑澳門終如臺灣爲民居設重鎭，西洋人船行避十字乎？久之必有定也。”

潞水客談一卷

然其後貞明復官還朝，更申前請，廷議用其策，卽命貞明領之，迄不能成功而罷。又明史汪應蛟傳，載應蛟巡撫保定時，奏興畿輔水利，工部尙書楊一魁贊成其事，神宗報許，後亦卒不能行。蓋持是議者，皆妄冀水利一興，卽北方之粟足供倉儲，可以省南方之漕運，而不知古今異勢，南北異宜，書生紙上之言，固未可概見諸實事也。

粤雅堂本載道光元年朱雲錦跋云：“憲廟時，曾修畿內水利，設四局，怡賢親王總其成，高安相國爲之輔，文安陳子翽先生爲營田觀察使，經理三載，得田七千餘頃，賢王薨逝，繼任無人，事遂中止。子翽先生著河渠志，並錄其奏稾移牒，大意與冏卿互發明者多。”伍崇曜自爲跋云：“趙一淸東潛文稾有書貞明遺事一篇，稱‘雍正初，特開水利營田府於近畿，觀貞明奏議及其首尾興革之由，實足以資採擇’云云。又稱‘終明代良策無有逾此者’，至乾隆九年，柴潮生敬陳水利救荒疏，乃云前明徐貞明行之而立敗，夫貞明未嘗敗也，特撓於浮議耳。善乎劉繼莊廣陽雜記稱西北乃二帝、三王舊都，二千餘年未聞仰給於東南，何則？溝洫通而水利修也。故西北非無水也，有水而不能用也，虞學士始奮然言之，郭太史始毅然行之，而亦未幾竟廢，則以民可與樂成，難於圖始也。”玉縉案：水利之旋廢，阻於民智不開者多，阻於豪強自私者尤多，御批通鑑輯覽，不察閹人勛戚爭言不便之語，以爲未能審形度勢，當由柴疏所誤。又以潞水客談爲紙上空言，書生迂闊之見，此爲提要所本，非塙論也。

秦邊紀略四卷

不著撰人名氏，書中首卷河州條注內，有“西夷部落三十有奇，康熙十四年圍衞城一月，康熙二十二年又犯衞地”之語。又四卷近疆西夷傳內，載康熙二十四年，祝囊同科爾坤十八部由古北口入覲事，則此書爲康熙間人所作。

案梁份著，見丁氏藏書志帝陵圖說下。份有懷葛堂文集，四庫附存目。

茅山志十五卷

前有永樂癸卯胡儼序，稱舊本爲張雨所書，至爲精潔，後燬於兵，姚廣孝復爲刊版，後成化庚寅、嘉靖庚戌又重刻者再。

吳氏拜經樓藏書題跋記有元槧本茅山志，云："每葉二十六行，行二十三字，闕三、四、五、六、七、十四、十五七卷，又文漁先生藏本卷一至卷八，合之得十三卷，其十四、十五二卷終闕焉。先君子書云：'據六硯齋筆記，此本的屬句曲外史手寫付梓者，雖吉光片羽，猶宜珍惜。'"

仙都志二卷

元道士陳性定撰。

案據至正戊子某氏序，性定字此一。

齊雲山志五卷

明魯點撰。　茲志因雲巖舊本而重輯之，分三十七目。

丁氏藏書志有明嘉靖刊本六卷，云："前列山圖，一卷爲肇運，二卷爲山水，三卷爲建置，四卷爲道侶，五卷爲高道，六卷爲祀典。凡嘉靖十一年五月、十七年六月、二十五年祈求皇嗣御製青詞謝表，及遣臣李得晟等依太皇后求孫意，僖嬪求嗣意，內庭夫人求嗣意，諸文碑刻錄於後。不著編輯姓氏，豈魯本此書而改撰歟？"

閣皁山志二卷

策，不知何許人？

丁氏藏書志有舊鈔本，題東吳俞策公臨撰，是策字公臨也，東吳疑稱吳縣。萬曆丙戌陸從平序，稱羽流出示舊紀，公臨重爲疏之。丁氏云："焦氏經籍志、千頃堂書目有楊申閣皁山記一卷，不知即是羽流出示之舊紀否？"

昌平山水記二卷

然辨證皆多精確。　又如古北口之楊業祠，炎武據宋史辨其僞，然劉敞、蘇轍皆有過業祠詩，在托克托修史之前幾二百載，必執後代傳聞以駁當年之目見，亦過泥史傳之失也。

光緒順天府志卷一百二十二云："是書考證詳明，敍述有法，惟云'南河縣故城在縣東南二十五里'，案南河唐縣，河北道邢州，唐末嘗僑置也。寰宇記，隋開皇三年屬洺州，尋屬邢州，卽西漢縣廣平國，東漢縣冀州鉅鹿郡者也。其故城何以在今順義境？地理韻編南河附詳南和下，謂在今直隸順德府南和縣治，新斠注漢志同。顧氏所云，不知所據？必未核也。" 紀昀槐西雜志二云："考王曾行程錄，已云古北口內有業祠，蓋遼人重業之忠勇爲之立廟，遼人親與業戰，曾奉使時，距業僅數十年，豈均不知業沒於何地？宋史則元季托克托所修，距業遠矣，似未可據後駁前也。"

泰山道里記一卷

末有其從孫學文跋，稱其蒐討金石之文閱二十餘年，凡諸紀載所未詳者，如石經峪刻金剛經，據徂徠刻石辨爲北齊王冠軍書。

案鈙有泰山金石志稾本，在肥城展文脈家，見阮元山左金石志序。鈙以石經峪金剛經爲北齊王冠軍書，阮元小滄浪筆談云："吳山夫金石存載北齊唐邕寫經，有維摩詰諸經不止一種，今鄒縣尖山摩崖亦有晉昌王唐邕題字，筆法與此相同，或出邕書未可知也。" 玉縉案：此亦想當然語，與鈙據徂徠刻石皆無塙據。

南湖紀略稾六卷

南湖一名白洋池，在杭州城北隅，宋張俊賜第，四世孫鎡別業據湖之上，湖在宅南，因名南湖。楊萬里、陸游諸人皆為之題詠，而鎡亦以自名其集，遂傳為古蹟。

丁氏藏書志張鎡仕學規範下云："南湖一名小水晶宮，今譌為水星閣，久之亦可成古蹟也。"

山東考古錄一卷

此書之文，獨日知錄所不載，末題"辛丑臘望日庚申是日立春"字，蓋作於順治十八年，考王士禛居易錄，記炎武嘗預修山東通志，或是時所遺棄本亦未可知也。

案張穆所撰顧亭林年譜云："居易錄明言通志修於癸丑，是為康熙十二年也。提要誤。"玉縉案：此書見於日知錄者亦十數條。　孫葆田校經室文集有上福少農中丞辭通志總纂書云："山東通志之修，剏始於前明嘉靖時，今存目所載陸志是也。至國朝康熙中，嘗重修之，聞當事曾延顧亭林入志局，不久卽辭去，顧氏山東考古錄一書，卽此時所著，相傳謂亭林與志局諸人不合，故有是作。葆田近從濰縣人借得康熙志閱之，則山川、疆域、古蹟大都鈔錄陸志舊文，始信相傳之語為不誣。"

京東考古錄一卷

載吳震方說鈴中，其文皆見炎武所撰日知錄及昌平山水記，殆震方勦取別行僞立此名也。

張穆所為顧亭林年譜云："衍生書目，本有此名，提要殊武斷。蓋先生所著書，其精華無不采入日知錄者，不但此一書也。"玉縉案：光緒順天府志，卽襲張說為己有。又案提要於救文格論下，謂說鈴猶據初本刻之，不解明於彼而忽昧於此。

謠觚一卷

時有樂安李煥章僞稱與炎武書，駁正地理十事，故炎武作是書以辨之。

李慈銘祥琴室日記云："其書先列李原書，而後爲辯正，象先玉縉案：煥章字。諸說，似亦博辨，有志於古，而多引別史，或近時地志，皆涉無稽之談。又好逞肊武斷，然如言臨朐之逢山，據漢書地理志臨朐有逢山祠，則逢山自以逢伯陵得名，非由逢萌一條，亭林亦稱之。又言周封太公於營邱一條，亭林謂史記言其地潟鹵，人民寡，而以封尙父者，蓋周初有千八百國，中原之地無閒土，故封止於此。象先謂千八百國，當伐紂後，自有變置，殷都朝歌，千里內不免改王畿爲侯國，周都鎬京，千里內不免改侯國爲王畿，瀾東瀍西，皆有諸侯，營雒以後，安能各守其地，論亦近理，蓋亦當時之矯矯者。亭林於地理爲專門，所辨自皆精當，固非象先所能敵也。"

神州古史考一卷方輿通俗文一卷

然所梓者惟杭州一府九縣而已，蓋未成之書也。

案瞿世瑛清吟閣書目，有神州古史考稾本一百本，附已刻浙江一本，是已有成書。

天下名山記鈔無卷數

其書取何鏜遊名山記及王世貞之廣編，刪而錄之。

李慈銘荀學齋日記云："丁卯，曾於越中書肆見天下名山游覽記，爲王元美元本，曹能始學佺增輯，圖繪精致，四庫亦未著錄也。"

西洋朝貢典錄三卷

然其精華已採入正史，餘亦無他異聞也。

粤雅本伍崇曜跋云："雖視明史外國傳未得其半，然傳爲尤西堂侗撰，西堂復有外國竹枝詞一卷，今以所記者核對是編，多有未經引用者。且專就一事而論，亦足以見前代招徠之術，固不僅爲談海外者廣異聞已也。"玉縉案：此論足正提要之失。

四庫全書總目提要補正卷二十四

職官類

唐六典三十卷

書錄解題引韋述集賢記注曰:"開元十年,起居舍人陸堅被旨修是書,帝手寫白麻紙六條,曰:'理、教、禮、政、刑、事,以類相從,撰錄以進',張說以其事委徐堅,思之經歲莫能定。又委毋煚、徐欽、韋述,始以令式入六司,其沿革並入注中。後張九齡又委苑咸,二十六年奏草上,迄今在直院亦不行用。"程大昌雍錄則曰:"唐世制度凡最皆在六典,或曰'書成未嘗頒用',今案會要則牛僧孺奏升諫議爲三品,用六典也。貞元二年定著朝班次序,每班以尚書省官爲首,用六典也。又其年竇參論祠祭,當以監察涖之,亦援六典也。此類殆不勝述。草制之官,每入院,必首索六典,則時制盡在故也",二說截然不同。考呂溫集有代陳相公請刪定施行六典開元禮狀一篇,稱"宣示中外,星紀六周,未有明詔施行,遂使喪、祭、冠、昏家猶疑禮之等威名分,國靡成規,請於常參官內選學藝優敏者三、五人,就集賢院各盡異同,量加刪定,然後特降德音，明下有司”云云，與韋述之言相合。唐人所說，當無譌誤，大昌所引諸事，疑當時討論典章，亦相引據，而公私科律則未嘗事事遵用，如明代之會典云爾。

劉肅大唐新語云：“開元十年，玄宗詔書院撰六典以進，時張說爲麗正學士，以其事委徐堅，沈吟歲餘，謂人曰：‘堅承乏已曾七度修書，有憑準皆似不難，唯六典歷年措思，未知所從。’說又令學士毋煚等檢前史職官，以令式分入六司，以今朝六典象周官之制，然用功艱難，綿歷數載。其後張九齡委陸善經，李林甫委苑咸，至二十六年始奏上，百寮陳賀，迄今行之。”玉縉案：此說與韋述異，肅元和間人，其云迄今行之者，殆就陳相公奏請刪定施行後言歟？

翰林志一卷

宋洪遵輯翰苑羣書已經收入。

吳氏拜經樓藏書題跋記云：“先君子手校，並書六典中書一條上云：“行者下少‘則用之’三字，宋本亦少此三字，飽以文校翰苑羣書云然。’”

麟臺故事五卷

原書文獻通考作五卷，今所裒錄，仍符此數，疑當時全部收之。通考又稱凡十二篇，而不詳其篇目，其見於永樂大典者，有官聯、職掌、廩祿三門，皆與陳騤書標題相合，疑騤書即因俱舊目修之。

陸氏藏書志有舊鈔殘本三卷，並載黃丕烈手跋云：“是書爲影宋舊鈔，惜止三卷，蓋未全本也，然與聚珍板不同，其中命篇敍次多異。”又胡珽手跋云:“每條上用墨乙者,皆聚珍本所無,共四十條。”據此,則提要中一一條貫等語,皆癡人説夢也。張氏藏書志亦從黄本傳録,云:“此本凡三卷,闕四、五兩卷,卷一曰官聯,曰選任,卷二曰書籍,御製御書附,曰校讐,卷三曰修纂,曰國史,凡六篇,與武英殿聚珍本命篇敍次多有異同。又篇名見永樂大典凡九,而此本所載書籍、校讐、國史不與焉,合之恰十有二篇,足以資參考。前有紹興元年尚書省劄一通”,瞿氏目録略同。陸氏儀顧堂題跋云:“此本有而大典本無者四十條,此本無而大典本有者沿革、省舍、儲藏、職掌、恩榮、禄廩六門。又修纂門兩條,選任門四條,官聯七條,又周必大玉堂雜記引故事大宴一條,中興館閣録引三館祕書一條,大典本及此本皆軼。”玉縉案:丁氏藏書志有影鈔殘本三卷,補鈔二卷。云:“補遺十三條”,當即兩本所軼。但十三之數,與陸跋不合,二者必有一誤。

南宋館閣録十卷續録十卷

蓋是書殘闕,已在明以前矣。

陸氏藏書志有舊鈔本,並載李燾序及無名氏續録序,而闕卷正同。

宋宰輔編年録二十卷

起建隆戊午,迄嘉定乙亥。　自明子居誼,宰永福。

陸氏藏書志有明刊本,所載陸德輿、章鑄序,皆作建隆庚申,疑戊午字誤。又作宰永陽,惟陳昉序作宰永福,而上文云:“永陽邑大夫居誼”,疑福字誤。

祕書監志十一卷

其所紀錄，多可以資考核。

拜經樓藏書題跋記云："先君子書目錄前云：'此志既用國書，語多鄙俚，而每卷立題，尤荒謬不通，恐并非王、商手筆，或後人妄撰此目未可知？惜竹垞、竹汀諸公均未論及。'"瞿氏目錄云："元史'至元二十七年，立興文署，召集良工，刊刻諸經子史板本'，此書載至元十年十一月太保大司農奏，'興文署掌雕印文書，交屬祕書監本署，設官三員，令一員，丞二員，校理四員，楷書一員，掌紀一員，雕字匠四十名，作頭一，匠三十九，印匠十六。'又'至元十四年十二月中書省奏，奉旨省併衙名，興文署併入翰林院'，是興文非設自至元二十七年也，可正元史之譌。"陸氏儀顧堂題跋影元鈔本跋同。又云："卷四表背物件後，與目錄多不合，第二十一頁'聖朝自開國以來'云云，與第五卷第十頁有複羼，卷七、卷八有缺文，惜無別本可以校補。"又云："所記庫中儲畫，賈似道眞容兩軸，亦在收納之列，毋乃不別薰蕕。"

百官箴六卷

前有月卿進表，稱百官箴並發凡言例共七帙，而今止六卷。校以次第，實無遺漏，殆原本凡例自爲一卷，傳錄者合併之歟？

丁氏藏書志有明刊本山屋百官箴六卷，云："卷一月卿自撰進百官箴表文、序文及百官箴次第，卷二百官箴緣起，次指歸，次施用，次用韻，次諱例，卷三至卷六，自左丞相至太子、太孫、師友僚屬凡四十九箴。”

晝簾緒論一卷

書中臚列事宜,雖多涉宋代條格,與後來職制不盡相合,然其大旨,以潔己、清心、愛民、勤政爲急務,言之似乎平近,而反覆推闡,實無不切中事情。世說新語載傅氏有理縣譜,其書不傳,牧民者能得是編之意而變通之,則此一卷書亦足以補其闕矣。

謝肇淛文海披沙八云:“讀晝簾緒論,知宋時作令之法與今大率相似,而御史及賓朋遊謁二事,尤中今日之弊,唯酒稅與聚集娼妓、多買姬妾,則今之所禁也。居官者置此書座右,可以寡過矣。”

職官類存目

南京太僕寺志十一卷

禮有明六朝索隱。　茲本祇十一卷,草場以下全佚,非完書矣。

案編年類存目,明大政記、明六朝索隱並錄,而里貫在大政記下,當稱記,不當稱索隱,乃合通例。又丁氏藏書志有嘉靖刊本十六卷。

念初堂集十二卷

鄧元錫函史下編載“嘉靖間王祭酒材官司業時,考稽典訓,作太學志六編,編爲之序,序各有志,並鈔撮其略”云云,蓋卽是書也。

案丁氏藏書志有明刊本皇明太學志十二卷,載嘉靖三十六年祭酒郭盤序，稱“司業王公自南均來，相與議增修之”云云，即此書也。是一本題作皇明太學志。提要不言郭序，或所見本無之耳。

政書類

通典二百卷

此書凡分八門。至其各門徵引尚書、周官諸條，多存舊詁。

十七史商榷九十云：“左補闕李翰撰通典序云：‘凡有八門’，獻書表曰：‘書凡九門，計二百卷’，似分門有異。或疑翰作序時，門類未定，後復廣之，故先後不同者非也。觀佑自序，以兵、刑爲一，皆稱爲刑，與班史同，所謂大刑用甲兵，其次五刑，故翰序言八門。今其細目，兵、刑仍分爲二者，合之中又自分也。一食貨、二選舉、三職官、四禮、五樂、六兵、七刑、八州郡、九邊防，九門中禮居其一，然禮共一百卷，自四十一卷至一百五卷，既已歷敍吉、嘉、賓、軍、凶五禮矣，而一百六卷至一百四十卷，俱撮取大唐開元禮之文，仍以吉、嘉、賓、軍、凶爲次，何其繁複乎？既以劉秩書爲藍本，乃自序中隻字不及，復襲取官書攘爲己有，則此書之成亦可云易也。獻書表云：‘孝經、尚書、毛詩、周易、三傳如日月之下臨，天地之大德，百王是式，終古攸遵。然多記言，罕存法制，愚管窺測，莫達高深，輒肆荒虛，誠爲僭度。’佑意以經學但可明道，非法制所垂，惟典禮爲關法制，欲撇去經學，以伸己之通典，且深譏世之說經者多疵病也。然此書中偶涉經處，每駁去古義，别叛新說，所云'輒肆荒虛誠爲僭度'者，佑每自蹈之。蓋唐中葉，經學已亂，故佑多徇俗，今不暇毛擧，姑就予尙書後案所辨數條，如大陸、九河、流沙、昆侖、河源、嶓冢、漢源等考之則可見。" 玉縉案：杜氏各以五禮爲次，乃分別古今，經義往往與時制有離合，故表語云然，非欲撇去經學。劉書祇三十五卷，且以周禮六官分門，杜盡更之，故序語可不及也。王說均近苛責。

唐會要一百卷

諡康定。書凡分目五百十有四，於唐代沿革損益之制，極其詳核。官號內有識量、忠諫、擧賢、委任、崇奬諸條，亦頗載事蹟，其細瑣典故，不能概以定目者則別爲雜錄，附於各條之後。又間載蘇冕駁議，義例該備，有裨考證。

李慈銘桃華聖解盦日記丙集第二集四八云："其第七十九、第八十兩卷中所載諡法，錢氏廿二史考異嘗取以補唐書之闕，間有互異者，皆當以會要爲準。其例以諡爲次，先單諡，後複諡，或有一人兩見者，如長平王叔良，旣見於靖字下，又見於肅字下；齊國公敬暉，旣見於肅字下，又見於肅愍下；徐國公劉幽求，旣見於敬字下，又見於文獻下；太常卿褚亮，旣見於康字下，又見於文康下，錢氏以爲傳聞異詞，非也。王文康溥本諡文獻，後以同僖祖諡改文康，提要作諡康定，非。於大中以前事，全據蘇冕會要、楊紹復續會要爲本，冕等皆當代奉敕所撰，事具國史，安有異聞，其兩出者，唐代賜諡，或因駁奏改易，或因崇贈增加，故史官兩存之。考叔良等所書官爵，先後不同，明以崇贈而改，惟此書向止鈔本，錯誤滋多，聚珍內本亦有漏舛耳。其錢氏之未及引者，如上官儀謚文，姚合謚懿，漢中王瑀謚宣，宋申錫謚穆，李德裕謚忠，皆兩唐書所不載。而宋申錫下注曰：'會昌三年五月追賜謚'，李德裕上，冠以贈司空，蓋咸通中追復德裕太子少保衞國公贈左僕射後，又加贈司空及謚耳。此二事尤足以裨史闕。至閻立本謚，史作文貞，而此作貞一字，苗晉卿謚，史作文貞，而此作文懿，李吉甫謚，史作忠懿，而此作恭懿，皆當以此爲定，文貞上謚，非立本資望所能得也。又姚崇謚亦作文獻，與兩唐書合，而張說撰神道碑作文貞，以文獻爲其父善懿之謚。案善懿官止嶲州都督，以下州之都督，不應得文獻之上謚，碑文蓋有誤，會要不見善懿謚是也。其雜錄內載元和三年追賜張柬之等五王謚，敬暉謚作貞烈，與以上所載謚法及兩唐書本傳皆不合。考舊書五王傳，惟敬暉載睿宗謚曰肅愍，餘皆無之，亦不載元和追賜之文。而會要卷十八配享功臣門中，載中宗廟八人，於敬暉稱平陽愍王，此當脫一肅字。崔玄暐稱博陵今本陵誤作陸。文獻王，其桓彥範、張柬之、袁恕己皆稱王而無謚，下云並開元六年六月二十二日敕，可知睿宗時追復五王官爵，惟敬、崔兩王加謚。至元和三年，因柬之孫嘸之請，始普謚五王，嘸請謚事見會要，與襄陽新出崔歸美所撰唐穀城縣令張嘸志銘合。於是暉改謚貞烈，玄暐改謚文忠，而配享之制，定於開元，故敬、崔皆表初謚，桓、張、袁皆不載謚。會要謚法，亦止系暉於肅愍、玄暐於文獻，而文貞下不列柬之，忠烈下不列彥範，文忠下不列玄暐，貞烈下不列暉與恕己,故於雜錄補載之。新唐書誤合睿宗賜謚、元和追謚爲一,又於暉傳止書肅愍,失書貞烈,玄暐傳止書文獻,失書文忠,舊書幷失紀玄暐文獻之謚。錢氏考異又疑新書所載者皆睿宗所賜之謚,亦考之未審也。"

五代會要三十卷

至於租稅類中載周世宗讀長慶集,見元微之所上均田表,因令製素成圖頒賜諸道,而歐史乃云世宗見元微之均田圖,是直以圖爲元微之作,乖舛尤甚。微溥是編,亦無由訂歐史之謬也。

玉縉案:困學紀聞十四引續通曆云:"唐同州刺史元稹奏均租賦,帝覽文集而善之,寫其辭爲圖以賜。"據此,是王本於孫光憲。又宋史崔頌傳亦云:"世宗讀唐元稹均田疏,命頌寫爲圖賜近臣,遣使均諸道租賦",是圖出頌手,更足補王氏之缺。瞿氏目錄有舊鈔本,云:"總目每卷皆標書名,每卷首皆有目,今刻本已易去舊式矣。是書慶曆六年,文潞公嘗刻於蜀,乾道七年,施元之復以范魯公五代通錄合刻於江陰,兩公並有後跋。其足以證今本之譌者,如卷一帝號門,明宗使相三十八人,注中脱去'王晏球'一人,致其數不符,今本'八'改'七',非是。卷二十五租稅雜錄門,'每年秋夏徵科了畢',核以上文'科配斂掠',則'徵科'爲是,今本'科'作'料',亦非。又舊本分條,今本每多併合處矣。"玉縉案:儀顧堂集有影宋鈔是書跋。又儀顧堂題跋云:"聚珍本五代會要,凡錯簡二,皆連而爲一。其一,第十六卷祠部門'僧尼籍帳內無名'下,'今臣檢點'至'年月日同者'四百餘字,乃禮部門後唐天成三年和凝奏也,上接'未曾圍奏',下接'否委無虛謬'句,者字則後人所妄增也,舊鈔本不誤。卷二十一選事下,周廣順三年五月勅,'三選已上及未成功'下,'開宿引納家狀'至'三月十五過官'五百餘字,乃選限門周顯德五年吏部流內銓狀,上接'南曹十月內',下接'畢三月三十日'云云,功字則後人所妄增也。鈔本誤同,惟册府元龜六百三十四引不誤。上年蘇州書局重刻五代會要,陳辰田明經從余借鈔本校訂,卷十六之誤,已據鈔本改正,惟卷二十一之誤尚仍其舊,他日當遺書明經改刻數頁,俾成完璧。鈔本卷首王溥結銜,卷末校勘官宋璋銜名,文寬夫、施元之兩跋,皆聚珍本所無,今本刻附於後,善矣,惟王溥題名仍照聚珍本式,學者不得見宋本舊式爲可惜也。"玉縉案:宋本題"推忠協謀佐理功臣光祿大夫守司空兼門下侍郎同中書門下平章事修國史上柱國太原郡開國公食邑一千戶食實封四百戶臣王溥纂。"

建炎以來朝野雜記四十卷

甲集二十卷,分上德、郊廟、典禮、制作、朝事、時事、故事、雜事、官制、取士、財賦、兵馬、邊防十三門;乙集二十卷,少郊廟一門;而末卷別出邊事,亦十三門。　今惟寫本僅存。

張氏藏書志有宋刊殘本六卷,云:"板心有記乙十及十一至十五等字,蓋乙集卷十至卷十五六卷也。卷十、十一曰時事,卷十二曰故事,卷十三、十四曰雜事,卷十五曰官制,分卷與聚珍本異。"　丁氏藏書志有舊鈔本,云:"較聚珍所刊,卷一恭淑韓皇后條'八月'下,多'歸于邸第,封新安郡夫人,十六年三月,封崇國夫人。'卷六近歲堂部用闕條,末多'小使臣初用五年一月戊申,吏部請用季闕,慶元六年閏六月半闕,許之',雙行夾注廿八字。卷十六營田條'農器'下,多'以之別細'四字。卷十八四川廂禁民兵數條'此乾道之籍也'上,多'而民兵保甲不仰給者八萬餘人'。興元良家子條'實備他用'下,多'又私置鹽店六所,及收諸津渡鹽稅以給焉,紹熙末,楊嗣勳申嚴鹽法,奏言本府自有義士廂禁軍良家子'四十一字。川、秦買馬條多小注'歲收茶帛數'五字。下集卷十三愛王之叛條,末多小注'明昌六年,本朝慶元元年,承安四年,本朝慶元六年,作此錄後數年,乃見有記虜中事者,以愛王爲鄗王允恭之子,案允恭乃原王璟之父,淳熙十六年三月,密劄下沿邊諸州,避其名諱甚詳,昔以爲鄗王後,甚誤矣'八十餘字。卷十七四川收兌九十一界錢引條'不能守其初約也'下,多'所謂大制司二百萬緡者,其半以三路鹽井戶月額,每三萬斤料賣不理選限將仕郎,一道計直千緡,三路十七州,共賣一千道,計直百萬緡,其半則以給賣後官鹽井舊民戶沒官之井,自建炎以來,依坊場法,召人投買,除引息土產稅錢外,量增課息,嘉定元年,逢孺給從總領所人中□爲業,得錢數十萬緡,至是□心司以爲計司速於求售,酬未當直,所召人寔封投買,又得錢近百萬緡,初不令悉輸舊引于官,以充□□之人'一百七十字。其餘小注誤入正文及一二脫落之字,不能指數,勝聚珍遠甚。"玉縉案：陸氏儀顧堂題跋同，惟云："舊鈔本多宣取繫年要錄指揮兩道，國史院公牒一首，無名氏序一首。"又云："刻本卷四'續通鑑長編目'下，脫'九朝通略、東都事略'八字。卷十'史館專官'下，脫'陸務觀本末'五小字。卷十一鎮撫使條'羣臣多以爲不可'，刻本'多'誤'靈'。乙集卷十五太學生校定新制條'嘉定中'下，脫'在上庠有聲，然公試未嘗與選'十二字。"李慈銘荀學齋日記癸集下二四云："李氏意以要錄備本紀、列傳之取材，以雜記備志、傳之取材，故博取彙收，事皆綜覈，務詳所據，以求是非之公。惜乎要錄孝、光兩朝，已無傳本，雜記雖載至寧宗朝，而丙、丁、戊三集，亦皆不傳，此欲重修南宋書者所深致慨也。"又五二云："乙集紀高宗立儲始末，於張魏公甚有微辭，可謂不私鄉邑者矣。"

漢制考四卷

是編因漢書、續漢書諸志，於當日制度，多詳於大端略於細目，因摭采諸家經注及說文諸書所載，鉤稽排纂，以補其遺，頗足以資考證。

十七史商榷三十八云："所採惟三禮、詩、書、論語、孟子、國語、公羊注疏及說文，取材既嫌太簡，又此制宜分門編次，以類相從，今乃卽以原書所出爲次，蓋隨手鈔撮未成之書。"李慈銘桃華聖解盦日記云："晉書劉毅傳有云：'漢、魏相承，爵非列侯，則雖沒而高行不加之謚，至使三事之賢臣，不如野戰之將'，此漢、晉禮志皆所未載，王厚齋輯漢制考，及近人孫頤谷讀書脞錄中補輯數條，皆亦未采及也。"

文獻通考三百四十八卷

經籍考卷帙雖繁，然但據晁、陳二家之目，參以諸家著錄，遺漏弘多。輿地考亦本歐陽忞輿地廣記，罕所訂補。

陳兆崙紫竹山房文集五朝續考輿地門序云："全唐之地，宋與遼分有之，馬氏之世，遼史未出，故沿革祇詳宋地，而闕所不知，以待後人。茲則遼史具在，自當與宋分卷並列，以著唐地西北諸州之歸宿，豈得詳於宋而略於遼，如馬氏之例耶？" 錢大昕養新錄云："經籍考有重出者，如陸德明經典釋文三十卷，見卷百八十五經解類，又見卷百九十小學類。宋敏求春明退朝錄五卷，見卷二百一故事類，又見卷二百十六小說類。小說類作三卷。郭茂倩樂府詩集一百卷，見卷百八十六樂類，又見卷二百四十八總集類。李匡文資暇集三卷，見卷二百十四雜家類，而卷二百十五又有李匡義資暇三卷，不知義與文乃字形相涉而譌也。唐愼微大觀本草與證類本草即一書，而誤分爲二。蓋著作之家，多不免此弊。"又云："杜君卿通典，志州郡避唐諱，改豫州爲荆河州，馬氏輿地考，雖承杜典舊文，而改荆河爲豫，得其當矣。乃於古揚州篇云：'分置南兗州、南荆河州。' 又於壽州下云：'荆河州刺史祖約'，云'齊因之兼置荆河州'，云'梁置南荆河州'，云'尋改爲南荆河州'，此數處猶沿杜本之舊，殆由卷帙重大，一時失於檢點故耳。" 張宗泰所學集書經籍考儀注後云："春秋、三禮皆經也，漢藝文志以太史公書無類可歸，取其近似者用附春秋之後。

隋書經籍志特創正史之目，分門别類，而史遂列爲一大支派，歷代編書目者遵之不變。漢之舊儀，晉之新定儀注，雖亦禮類，而所述者爲後代之典章文物，勢不得與聖人所手定者同科，隋志歸併史部，爲創子目曰儀注，厥義爲允，自是晁公武、陳振孫咸奉爲著録之準。經籍考以晁、陳二家爲主，乃舉唐開元禮、宋政和五禮新儀等書仍改歸經部，事不師古，非所聞矣。"

明會典一百八十卷

其後嘉靖八年，復命閣臣續修會典五十三卷，萬曆四年，又續修會典二百二十八卷。今皆未見其本，莫知存佚?

案丁氏藏書志有明内府刊本大明會典二百二十八卷，即萬曆本，其嘉靖間雖經校輯，實未刊頒。觀萬曆本載弘治、正德、嘉靖、萬曆四朝詔諭，又載弘治、正德、萬曆各御製序，而嘉靖獨無序，可見。提要以爲嘉靖亦有刊本，非也。

大唐開元禮一百五十卷

故周必大序稱"朝廷有大疑，稽是書而可定，國家有盛舉，即是書而可行"。

陸氏藏書志案語云："此序益公集失載。"

政和五禮新儀二百二十卷

次列御製冠禮，蓋當時頒此十卷爲格式，故以冠諸篇。然北宋一代典章，如開寶禮、太常因革禮、禮閣新儀今俱不傳。

張氏、陸氏藏書志並有舊鈔本政和御製冠禮十卷，五禮新儀二百二十卷。云:"御製冠禮十卷,蓋當時頒此爲格式者,故以弁首,不入卷。"玉縉案:冠禮十卷,不在二百二十卷內,自以張、陸氏標目爲合,丁氏藏書志亦然。案因革禮,擘經室外集已著錄,惟闕五十一至六十七,凡十七卷,陸氏藏書志有舊鈔本同。近有新刊本,卽八十三卷之殘本也。又案絳雲樓書目陳景雲注云:"政和中,梁克家爲北都尹,毀柳誠懸書何進滔德政碑,以其石刻新頒五禮新儀,陸渭南記其事,是可一拊掌也。又有裴垍撰田緒遺愛碑,張宏緒書,與柳碑同時毀,見趙氏金石錄。"陳氏此說,與本書無甚關涉而足資多識,附錄之。

歷代建元考十卷

自來紀元諸書,多詳於正統,惟國初吳肅公改元考同,及近時萬光泰紀元敍韻與淵映此書,則併僞朝、霸國以至草竊僭稱,皆一一具載。雖載籍浩博,蒐採難周,如蜀王衍、宋太祖年號與輔公祏同,裘甫有維平之僭,成都爲西夏之稱。凡斯之類,不免間有闕漏,未可云毫髮無遺。

案提要於朱常淓改元考下云:"自正統以及僭僞無不備載",陳懋仁年號韻編下云:"分正統、偏閏、僭僞、叛亂、蠻夷五等",可證其說之非。又袁仁紀年類編,亦分正統、僭僞、亂賊、外夷、總類五項,見丁氏藏書志,爲提要所未見。十七史商榷一百云:"自歷代外,僭僞、異域及道經所稱畢收。就予所見,其爲鍾所遺漏者,惟遠西艾儒略西方答問所載意大里亞國吳爾巴諾一名而已。"

廟制圖考一卷

斯同字季野，鄞縣人。

案小學類聲韻源流考，別史類歷代史表，傳記類儒林宗派，地理類崑崙河源考，提要皆云斯同有廟制圖考已著錄。提要之例，凡稱已著錄者皆在本書之前，今此書獨在四書之後，殆初欲編入禮類，如錄季本廟制考議、毛奇齡廟制折衷之例，後以此書有秦、漢以迄元、明廟制沿革圖，因改隸政書類，遂致前後不相應耶？石經考提要云："斯同有聲韻源流考已著錄"亦不相應。鄭寅謹案：此外地理存目明代河渠考下，稱著錄者與崑崙河源考同，職官存目歷代宰輔彙考下，與石經考同。惟藝術存目書學彙編下，稱斯同有讀禮質疑已著錄，蓋萬斯大學禮質疑之誤。

補漢兵志一卷

此書卷首，有其門人陳元粹序。

玉縉案：此書注，即文子自注，而知不足齋本鮑以文跋，誤以爲元粹注，鄭珍巢經巢文集跋是書已辨之。

唐律疏義三十卷

其節目備具，足以沿波而討源者，要惟唐律爲最善。　其書爲元泰定間江西儒學提舉柳贇所校刊，每卷末附以江西行省檢校官王元亮釋文及纂例，亦頗可以資參訂也。

沈家本重刻唐律疏議序云："名疏者，發明律及注意，云議者，申律之深義及律所不周不達。若董仲舒春秋決獄、應劭決事比及集駁議之類，蓋自有疏議，而律文之簡質古奥者始可得而讀焉。"玉縉案：書本名疏議，今此本及簡明目錄均作疏義，直以義疏當之，非也。瞿氏目錄有元刊本，云："此書進表中注釋及本文有注字者，無名氏序謂此山貰冶子釋文也。卷後之釋文，則王元亮所爲。釋文、纂例，當時自爲一書，刊書者併入之耳。顧澗蘋氏爲陽湖孫氏繙雕是書序，謂元亮將此山貰冶子原釋重編删併，而以卷中有注字者爲删併未盡而偶見之，恐未必然。"顧廣圻思適齋集唐律疏義後序云："右至正辛卯崇化余志安刻本，其律及疏議整繕略無譌錯，抹子亦完備靡漏，非尋常傳鈔者比，唯釋文頗有難讀處。細爲尋繹，見其序有云：'此山貰冶子治經之暇，得覽金科，遂爲釋文，'此山貰冶子未詳何人？序又無年月幷撰序人名氏，然必在王元亮以前，故元亮於第一卷後自署重編也。柳待制序言王君長卿以釋文、纂例二書來，卽指重編釋文，而不復追述元撰者耳。又考第三卷義寧下，有云'隋末年號'。第十七卷'出繼同堂卽不合緣坐'下，有云'釋曰："出繼，謂伯叔父及兄弟之子已之子，內有出繼同宗者。同堂，謂伯叔父之子今俗呼爲親堂兄弟者。"'第廿六卷'或注冷熱遲駛'下，有云'踈史反'。第廿八卷'卽停家職資'下，有云'停家職資，謂前職前官'皆所謂此山貰冶子釋文，而重編删併有未盡也。證之以元亮廿八卷釋中，詳其釋意之語，尤確無可疑矣。蓋其初是子注，而釋甚詳，如今在'長孫無忌進表'下及'名例一疏議'下者，後所重編，乃總退入卷末，而自第二卷以下釋往往簡矣。其所以難讀，則有應別自爲條而連他條者，有應屬一條而分數條者，有標其字而佚其釋者，有釋在而遺標字者，有前後互換其處者，有釋所據本不同而牴牾者，則未知王元亮重編而如此歟？抑余志安刻之乃如此歟？今悉依舊文，弗敢輕加改易。”張氏藏書志有元至順刊本，題“唐太尉揚州都督監修國史上柱國趙國公長孫無忌等撰，釋文，此山貰冶子撰，原注時代未詳。纂訓，奉訓大夫江西等處行中書省檢校官王元亮撰”，則釋文非元亮撰也。

營造法式三十四卷

陸友仁硯北雜志載誡所著尚有續山海經十卷，古篆說文十卷，續同姓名錄二卷，琵琶錄三卷，馬經三卷，六博經三卷，則誡本博洽之士，故所撰述具有條理。惟友仁稱誡字明仲，而書其名作誠字，然范氏天一閣影鈔宋本及宋史藝文志、文獻通考俱作誡字，疑友仁誤也。此本前有誡所奏劄子及進書序各一篇，其第三十一卷當爲木作制度圖樣上篇，原本已闕，而以看詳一卷錯入其中。檢永樂大典內亦載有此書，其所闕二十餘圖並在，今據以補足，而仍移看詳於卷首。又看詳內稱書總三十六卷，而今本制度一門較原目少二卷，僅三十四卷，永樂大典所載，不分卷數，無可參校，而核其前後篇目又別無脫漏，疑爲後人所併省。

張氏及陸氏藏書續志並有影宋鈔本，陸氏並載張蓉鏡跋云：“看詳內稱書凡三十六卷，而此本僅三十四卷，余所藏宋本續談助，亦載是書卷數，與是本同，蓋自宋時已合併矣。”瞿氏目錄有舊鈔本三十六卷，云：“目錄爲三十四卷，而看詳內稱書總三十六卷，或疑制度一門闕二卷，當爲後人所併，其實目錄一卷看詳中已言之，敏求記亦言目錄、看詳各一卷，合之正三十六卷也。看詳中制度十五卷，五當作三，傳寫致誤。”陸氏儀顧堂題跋影宋鈔本三十四卷跋云：“誡字明仲，鄭州管城人，以父南公蔭補郊社齋郎云云，大觀初，知虢州，四年卒，著有續山海經十卷云云，見北山小集李君墓誌。看詳稱總釋二卷，制度一十五卷，功限一十卷，料則三卷，圖樣六卷，目錄一卷，總三十六卷。今本三十四卷，目錄一卷，首尾完具，並無缺佚，與墓志所云三十四卷合，總例、功限、料則、圖樣亦與看詳合；惟制度十五卷，今實十三卷，乃知五字蓋三字之譌，非有所合并也。除目錄計之則爲三十四卷，合目錄計之則爲三十五卷，六蓋五之譌耳。看詳引通俗文云：‘屋上平曰陠，必孤切’，可以補臧鏞堂輯本通俗文之缺。引周髀算經云：‘矩出於九九八十一，萬物周事而圜方用焉，大匠造制而規矩設焉，或毁方而爲圜，或破圜而爲方，方中爲圜者謂之圜方，圜中爲方者謂之方圜焉。’今本周髀算經‘九九八十一’之下，脫‘萬物周事’云云四十九字，可據此書補之。”玉縉案：陸說是，硯北雜志蓋即本北山小集。

政書類存目

杜氏通典詳節四十二卷

驗其版式，猶宋時麻沙刻本。

瞿氏目錄有元刊本，云：“當是南宋人所輯科舉之書，目錄後有‘至元丙戌重新繡梓’一行，有以爲宋時麻沙刻本者，殆偶未見此條耳。”

元典章前集六十卷附新集

其綱凡十：曰詔令、曰聖政、曰朝綱、曰臺綱、曰吏部、曰戶部、曰禮部、曰兵部、曰刑部、曰工部。其目凡三百七十有三，每目之中又各分條格，新集體例，略仿前集，皆續載英宗至治元、二年事，不分卷數，似猶未竟之本也。

沈家本寄簃文存跋鈔本元典章云："其目：詔令則爲世祖、成宗、武宗、仁宗、今上；謂英宗。聖政二十四，朝綱二，臺綱六，吏部四，子目凡五十一；戶部十五，子目凡七十五；禮部四，子目凡二十三；兵部五，子目凡三十九；刑部十四，子目凡一百三十二；工部二，子目凡七；總計目爲八十一，其六部之子目，別爲三百二十七。四庫總目稱其目凡三百七十三，每目之中，又各分條格，與此本不相應，未知是別一本，抑總目之數偶未核也？新集之綱，分國典、朝綱、吏、戶、禮、兵、刑、工八類，其目三十九，子目九十四，與前集不盡相同，蓋隨事立名，故不能一一符合矣。目錄有記七行云：'大德七年，中書省劄，節文准江西奉使宣撫呈，乞照中統以至今日所定格例編集成書，頒行天下。照得先據御史臺以及國家定立律令以來，合從中書省爲頭，一切隨朝衙門，各各編類中統建元至今聖旨條畫，及朝廷已行格例，置簿編寫檢舉'等語，是此書當日乃奉官刊布，以資遵守，非僅爲吏胥之鈔記，刻於江西，故有江西奉劄之語。新集目前有記云：'大元聖政典章，自中統建元至延祐四年所降條畫，板行四方已有年，今謹自至治新元以迄今日頒降條畫，及前所刊新例，類聚梓行'等語，目後有至治二年六月之文，是此書初刊於大德，嗣後隨時續增以至延祐。前集有延祐五、六、七年詔令事例，不止於四年，新集有至治三年事例，亦不止於二年六月，當日官書隨時續增者有之，故與所記不能盡符，總目疑爲未竟之本，殆未究其故也。此書乃彙集之書，非修纂之書，故所錄皆條畫原文，未加刪潤，頗似今日官署通行之案牘，大都備錄全文，以資參考。總目議其所載皆案牘之文云云，所論固是，然謂其體例之未善，則原其宗旨，本以備官府之遵守，與著述家之體例不同。謂於考證無關，則刪其繁蕪，菁英自出，頗足供考證家之採摭，若但存文字之見，遂屏而不錄，良可惜已。"玉縉案：目後云："至治二年以後新例，候有頒降，隨類編入梓行，不以刻板已成，而靳於附益也。至治二年六月日謹咨。"此賓坊間所記，大抵前集爲官刊，新集乃坊賈所夾耳。張氏及丁氏藏書志、瞿氏目錄，新集皆不言卷數，惟陸氏藏書志稱二十三卷。

年號韻編一卷

視鍾廣漢歷代建元考不及遠矣。

案當稱鍾淵映，不當稱其字。

紀元彙考三十五卷

國朝黄琳撰。

案萬斯同有紀元彙考五卷，極爲十七史商榷所譏，提要蓋未見，故於歷代建元考及此書下皆不及之。

聖門禮樂統二十四卷

是書卷首爲綱領，不入卷數，一卷至五卷，詳載歷代祀典，六卷載孔子世家及宗子世表，七卷至十五卷，爲四配、十哲先賢、先儒列傳，十六卷爲從祀啓聖祠先賢、先儒列傳，十七卷爲改祀、罷祀諸儒列傳，十八卷至二十三卷爲樂經、樂志、樂器律品譜圖，二十四卷載孔子及四配林廟諸圖。其裒輯極繁，而徵引諸書，仍不出尋常習見。

金埴巾箱說云："埴見今人某刊其所纂聖門禮樂統，行世已三十年，有功聖門之書也。顧其中有一二事誤載者，偶因見而指出之。今上幸魯，乃康熙二十三年，歲在甲子，自此迄今，魯民日望再幸，而是書云三十八年駕復幸魯，此一誤也。皇上親祀孔子時，命以御前曲柄黄織留供廟庭，四時祭饗陳之，蓋異於前代帝王之留金銀器皿，所以示尊聖之意，而是書云以御繖賜衍聖公，此又一誤也。夫此二事何事，聖門禮樂統何書，而可誤載之耶？"

學宫備考十卷

其位字素君，吳縣人。

李元度平江縣志例言云："吾平彭其位撰學宫備考，四庫存目誤書吳縣人，蓋蘇州舊爲平江路也。"

明律三十卷

故其書亦罕傳本，此猶永樂大典所載明初之舊本也。

丁氏藏書志有明刊黑口本，首列洪武三十年五月日御製序，次洪武七年刑部尚書等官劉惟謙等進大明律表，稱"采用已頒舊律二百八十八條，續律百二十八條，舊令改律三十六條，因事制律三十一條，掇唐律以補遺一百二十三條，合六百有六，分爲三十卷"，是尚有傳本也。

四庫全書總目提要補正卷二十五

目　錄　類

崇文總目十二卷

考原本於每條之下具有論說，逮南宋時鄭樵作通志，始謂其文繁無用，紹興中遂從而去其序釋，故晁公武讀書志、陳振孫書錄解題著錄皆云一卷，是刊除序釋之後，全本已不甚行，南宋諸家，或不見其原書，故所記卷數各異也。考漢書藝文志本劉歆七略而作，班固已有自注，隋書經籍志參考七錄，互注存佚，亦沿其例，唐書於作者姓名不見紀傳者，尙間有注文，以資考核，後來得略見古書之崖略，實緣於此，不可謂之繁文。鄭樵作通志二十略，務欲凌跨前人，而藝文一略，非目睹其書則不能詳究原委。自揣海濱寒畯，不能窺中祕之全，無以駕乎其上，遂惡其害己而去之，此宋人忌刻之故智，非出公心。厥後托克托等作宋史藝文志，紕漏顚倒，瑕隙百出，於諸史志中最爲叢脞，是卽高宗誤用樵言，刪除序釋之流弊也。　又續宋會要載大觀四年五月祕書監何志同言，“慶曆間，集四庫爲籍，今案籍求之十纔六七，宜頒其名類於天下,總目之外,別有異書,並借傳寫。”紹興十二年十二月,權發遣盱眙軍向子固言,“乞下本省,以唐藝文志及崇文總目所闕之書,注“闕”字於其下,付諸州軍照應搜訪”云云,今所傳本,每書之下,多注“闕”字,蓋由於此,今亦仍之。

錢大昕養新錄云:“崇文總目一冊,從范氏天一閣鈔得之,其書有目而無序釋,每書之下,多注闕字,陳直齋所見蓋即此本,題云:‘紹興改定’,今不復見題字,或後人傳鈔去之耳。朱錫鬯跋是書,謂因鄭漁仲之言,紹興中從而去其注釋,今考續宋會要載紹興十二年云云,是今所傳者,即紹興中頒下諸州軍搜訪之本,有目無釋,取其便於尋檢耳,豈因漁仲之言而有意刪之哉。且漁仲以薦入官,在紹興之末,未登館閣,旋即物故,名位卑下,未能傾動一時,若紹興十二年,漁仲一閩中布衣耳,誰復傳其言者。朱氏一時揣度,未及研究歲月,聊爲辨正,以解後來之惑。”玉縉案:提要蓋沿彝尊謬說,陸氏藏書志有舊鈔本祕書省續編到闕書目二卷,當在崇文總目下注闕之後,故曰“續編到”,爲別一事。 俞正燮癸巳類稾宋會要輯本跋云:“今官書著錄、存目皆無宋會要,而官書盛京通志引宋會要十餘條,崇文總目引續宋會要,乾隆時武英殿刊宋史三百九卷兩王延德考證云:‘宋會要謂大名人,使高昌者爲于延德’,是今官有其書,何以不著錄?或轉從他書引證,如于延德之宋會要,必出於西溪叢語。又疑今無其書,乃銳意輯之。偶檢鎭江府志,其開新河引宋會要天聖七年五月詔,徐乾學讀禮通考書目有宋會要,及五禮通考中宋會要至多，全祖望九經字樣跋亦引宋會要，或冀今有全書，而余所輯者已五卷矣。疑信之間，或作或輟，良可歎也。"玉縉案：徐松從永樂大典中輯出，凡五百卷，聞近始由北京圖書館付印。

郡齋讀書志四卷後志二卷

不特衢本不可復見，即袁本亦非盡舊文。

案衢本，擘經室外集已著錄。陸氏、丁氏藏書志亦均載舊鈔本二十卷，有汪士鐘刻本。又湖南有合校本，王先謙序之，其文見虛受堂集。又虛受堂書札又與筱珊云："尊藏讀書志舊鈔本，其中或稱宋朝，或稱皇朝，或單稱宋，蓋初成書時體例未盡畫一，不足怪也。華亭王氏依通考及袁本用朱筆改定，且有無所依據以己意點竄者，殊可不必。"鄭翼謹案：合校本即王先謙所編校，刊於長沙。瞿氏目錄有舊鈔本，云："海寧陳氏有刻本，字句多舛譌，如胡先生易傳條中，或云門人阮天隱所纂，天隱爲阮逸字，陳本阮誤倪，鄭翼謹案：衢、袁本及通考並作倪天隱，倪字茅岡，桐廬人，與阮逸同時，並見宋元學案一，陳本不誤。是本出義門何氏，卷末有題記。又有陽城張古餘跋云：'此舊鈔袁本，較海寧陳氏所刻首多二十卷目錄，而字句間每勝。其卷二小說類雞跖集後，幕府燕閒錄起，至神仙類天隱子止，共廿翻，陳刻俱錯入後志第二卷中，今得以正之，洵爲善矣。'"陸氏儀顧堂題跋有三則：其一，考公武之仕履甚詳。其二，引老學菴筆記，證字說偏旁音釋、字說疊解備檢爲劉全美作。其三，引宛邱集、畫繼，證印格爲楊克一作，非晁克一，詳未收書目提要補正。 張宗泰所學集有跋是書三則：其一云："所附遺聞佚事，尤足爲辨章舊聞之資，然亦不無失之者。如禮記下云：'小戴删四十六篇，馬融又附月令、明堂義合四十九篇'，案四十六篇益二篇，只得四十八篇，檢隋書經籍志，所益者尚有樂記一篇，而明堂義亦'位'之訛也。後漢書下云：'蔚宗所撰本志未成而伏誅，後劉昭補注三十卷'，案劉昭所注者晉司馬彪續漢書之志，此仍以爲補范志而注之矣。又云：'世多譏蔚宗創爲皇后紀'，不知後漢書之皇后紀亦原本華嶠，非創爲之者，玉海第四十六卷可證也。資治通鑑下云：'凡十七年始奏御'，案溫公於治平二年奉詔，至元豐七年奏御，共歷十九年，作十七年者似失之。小說類賓暇下作李匡乂，本自不誤，而幸蜀記下作李匡文，兩處歧出，何也？文子下云：'小雅，周公作也，而有張仲孝友'，案詩小序云：'六月，宣王北伐也'，於周公何干，又何妨有張仲孝友乎？博異志下云：'右題谷神子纂，不知撰人？'案老子指歸下，疑谷神子爲馮廓，此以爲不知撰人，何也？筆談以下，春明退朝錄、孔氏雜記、倦遊雜錄諸書，俱不當編入小說，而後山詩話、溫公、東坡詩話，一例編入小說，尤無謂也。樊南甲乙集云：'李商隱義山，隴西成紀人'，案史通邑里篇原注，'近代爲王氏傳者云瑯琊人，爲李氏傳者云隴西成紀人，非惟王、李二族久離本居，亦自當時無此郡縣'，茲於李商隱不曰懷州河內人，而猶標其郡望稱隴西人，則亦史通所訶也。"其二云："劉仲塗集下云：'歷環、邠、曹、代、忻、滄五州'，五州當作六州。

范文正丹陽編下:‘梅堯臣著碧雲騢以譏詆之’,案碧雲騢爲魏泰所撰,假名堯臣,以誣文正者,而此失於考證也。何聖從廬江文集‘簡重淳淡,有孟東野之風’,案何鄭集久不傳,若東野詩,則以苦思奇澀見長,簡重淳淡四字殊不似也。梅聖俞宛陵集,‘王舉正見而歎曰:“二百年無此作矣!”’案王曙字晦叔,謚文康,舉正字不知所謂也?曾子開曲阜集云:‘前後歷陳、潁、宋、泰、海、和、金陵、眞定九郡帥守’檢東都事略本傳,曾肇所歷九州,而止得八州,尙有脫漏也。洪覺範筠溪集下,‘惠洪覺範姓喻氏’,案惠洪於彭淵材爲叔姪,宋詩紀事作姓彭氏,當從之。李易安集,‘先嫁趙誠之’,案趙明誠字德父,此誤以明誠爲誠之。李善注文選下云:‘其人既往,而後其文克定,然所錄皆前人作也’,推尋上下文意,‘然’字當以作‘故’爲愜。”其三,正刻本之舛誤,從略。又有跋後志二則:其一云:“後志亦公武撰,而趙希弁重編,其書編次最無法,子部尤舛錯。如既有天文曆算類,又有天文卜算類,既有兵類,又有兵家類,何不一爲省併?且前既有五行類、類書類,後復有五行類書類,前既有雜藝術類、醫書類,後復有雜藝術醫書類,又不知何爲若是紛紛也?前釋書類末,如幕府閒談錄、羣書古鑑、稗官志、師友談記、龍川略志、別志五、六種,於釋氏不相干涉,或謂中間有所殘缺,故併他類爲一,想當然也。”其二云:“溫公道德論述要‘無名天地之始’以下二十九字,已見前志王介甫注老子下,不當再見。搢紳脞說云:‘張唐英君房’,隔一頁麗情集下,則云‘張君房唐英'，殆於名字莫辨矣。注孫子之何氏，崇文總目謂名廷錫，而此云不題姓氏。"餘亦正刻本之誤，從略。又有跋附志三則：其一云："衆妙集汴人趙師秀編，師秀爲紹熙庚戌進士，庚戌當光宗元年，爾時宗室南渡已六十餘年，師秀移家永嘉久矣，豈得仍作汴人也。"餘亦正刻本之誤，其二議希弁之不避父諱，皆從略。其三云："梅磵詩話云：'泉南林洪可山，肄業杭泮，粗有詩名，理宗朝上書言事，自稱和靖七世孫，冒杭貫取鄉薦，有無名子作詩嘲之曰："和靖當年不娶妻，只留一鶴一童兒，可山認作孤山種，正是瓜皮搭李皮。"' 則是林洪之攀附名流，爲一己進取之計，久爲當時所點嗤，而附志於文房圖贊下，大書'和靖後人林洪可山撰'，竟忘梅妻鶴子之說，亦疏忽之甚矣。又瀛奎律髓梅花詩注，謂阮梅峯秀實、林可山洪往往雌黃士大夫，口吻可畏，蓋其人本險詖之士云。"

遂初堂書目一卷

宋尤袤撰。

瞿氏目錄云："李文簡云：'延之所藏甚富，後遭鬱攸之厄，此本殆燼餘之目矣。且放翁集亦錄入，是出尤氏後人所輯，非原書也。'"

直齋書錄解題二十二卷

厲鶚宋詩紀事稱其端平中仕爲浙西提舉，改知嘉興府，考周密癸辛雜識莆田陽氏一條，稱陳伯玉振孫時以倅攝郡，又陳周士一條，稱周士直齋侍郎振孫之長子，則振孫始仕州郡，終官侍郎，不止浙江提舉，鶚蓋考之未詳也。　原本間於解題之後附以隨齋批注,隨齋不知何許人? 然補闕拾遺,於本書頗有所裨,今亦仍其舊焉。

錢大昕十駕齋養新録云:"考會稽續志,浙東提舉題名有陳振孫,'端平三年二月初六日,以朝散大夫知台州兼權,八月正除,十二月二十六日到任,嘉熙元年五月改知嘉興府'。是振孫由浙東提舉改知嘉興府,非浙西也。四庫總目又引癸辛雜識莆田陽氏子婦一條,又陳周士一條,謂振孫始仕州郡,終官侍郎,不止浙西提舉,予檢汲古閣毛氏所刊癸辛雜識無此兩條,不知總目所據何本也?"玉縉案:陸心源儀顧堂集養新録書後云:"陽氏子婦一條,見齊東野語卷之八;陳周士一條,見齊東野語卷之九總目所引,雖書名不同,確有所本,錢氏殆未檢耳。"此足以訂錢說。吳氏拜經樓藏書題跋記載陳鱣跋云:"陳振孫宋史無傳,癸辛雜識別集載徐元杰一條,知振孫於淳祐四年官國子司業。"下引會稽續志,全襲錢說,今從略。又錢泰吉曝書雜記從書録解題考得直齋事跡,謂嘗分教鄞學,宰南城,倅莆田,分條纂輯,文繁不録。又曝書雜記云:"隨齋批注,養新録疑爲元時洛陽楊益,以其有隨齋詩集也。鄉先哲沈雙湖吏部謂隨齋爲程棨,見頤綵堂集書直齋書録解題後。云'録中附有隨齋批注,一時纂修諸公未詳其人?余案卷三鄭樵石鼓文考,批注有先文簡字,宋龍圖閣學士吏部尚書新安程泰之大昌謚文簡,曾孫棨字儀甫,號隨齋,元時人。周益公作文簡墓誌云:"公自宦遊去鄉里,樂吳興溪山之勝而卜居焉,晚得安吉梅溪鄉邸閣山,規營塋域，卒葬其地。子四人，準、新、本、阜，孫三人，端復、端節、端履。”文簡自歙遷湖，子孫貫安吉，與直齋同時同里，而批注所云樵以秦斤、秦權有“丕、殹”兩字，遂以石鼓爲先秦物，先文簡論而非之，其說具載演繁露，則隨齋爲檠，確然無疑。’”李慈銘受禮廬日記云：“今觀卷三新唐書下，卷五越絕書下，批注皆有文簡云云，是沈說可信。然其批注寥寥，亦無所發明，至以隋曹憲爲撰博雅，又注啖助爲姓名，則其淺陋可知矣，此等人亦不足深考。”玉縉案：深考所以補提要之闕略也。王先謙虛受堂書札又與筱珊云：“尊藏書錄解題鈔本與大典本互勘，字句頗多殊異增省之處。雜藝類唐朝名畫錄一卷，元別爲一條，大典本據通考錄入，合之於畫斷，賴此本猶見元書面目，音樂類亦有數條爲大典本所無。”玉縉案：陳鱣嘗從通考補得十餘條。 張宗泰所學集有跋是書五則：其一云：“解題敍述諸書源流，州分部居，議論明切，爲藏書家著錄之準，然當審正之處，正復不少。如‘是能讀三墳五典八索九邱’，見昭十二年傳，本楚靈王語，而以爲右尹子革之言。文獻通考王氏詩總聞下云：‘其書有聞音謂音韻云云，每聞下各有訓釋’，計四十七字，而此本無之，不知何時節去？春秋集傳纂例云：‘唐給事中陸質伯淳撰，質本名淳，避憲宗諱改焉，故其書但題陸淳。’案淳既避憲宗諱改名爲質，不應仍字伯淳，當依四庫提要作伯沖爲是，沖淳聲相近。而但題陸淳，亦當爲陸質之譌也。化書爲譚峭景升所作，宋齊邱攘爲己作，解題亦不能辨。孫子下云：‘孫武事吳王闔廬而不見於左氏傳，未知果何時人也？’案孫子齊人，史記有傳，豈得以不見左傳遂云不知何時人？又刊江湖集者臨安書賈陳起宗之，其人雖處闤闠之中而有詩名，樂與名流往來，其刊此集，亦好名之習，云書賈巧爲射利，則考之未審也。徐照集下，隨齋批注云：‘致中又字靈暉’，案宋詩紀事徐璣字文淵，一字致中，號靈淵，非又字靈暉。欸乃集云：‘昭武嚴次山撰，欸音曖，乃如字。’案宋詩紀事，次山名仁，嚴羽之弟。又‘欸乃’終當以讀若‘襖靄’爲允，今江河渡口梢工張帆時。猶羣然作此音，予嘗親聞之。”其二云：“解題有歧出未能畫一者，如資治通鑑下云：‘丞相河內司馬光撰’，而別集傳家集下，又以爲涑水人。考東都事略作陝州夏縣人，當以涑水在夏縣，故題作涑水人，而河內則其祖籍，不足據也。唐十道四蕃志云：‘唐太府少卿梁載言撰，載言又有具員故事及梁四公記’，案二書前已分收入職官、傳記，不當再見於此。又張華博物志，自合編入小說，乃雜家、小說並收，解題一語不異，則失之重沓矣。小說類之石林燕語、避暑錄話均葉夢得撰，而一漏於前，一編於後，亦爲失於照管。雪山集下云：‘富川王質景文撰，嘗著詩解三十卷，未之見也’，案直齋編王氏詩總聞於詩類，而不知卽王氏之詩解，轉云未見，亦失之眉睫。但詩總聞二十卷，而詩類作三卷，不知何以懸殊至此？而此作三十卷，疑亦二十之誤也。書丹詞一卷，眉山程垓王伯撰，案垓與東坡爲中表，而其詞集乃編入南宋諸家中，時代舛矣。垓家有擬舫名

'書舟',故以名集,此作'書丹'亦誤。"其三云:"解題失考者亦復不一而足,如博異記稱谷神子,谷神,馮廓號也,見讀書志雜家, 而云不知何人? 墨客揮犀彭乘撰, 而云不知名氏? 道山清話王暐撰, 而云不著姓。鄭翼謹案:晁志疑谷神子爲馮廓,或云名還古,皆未定之辭。又墨客揮犀,稗海始題彭乘撰,王國維跋,疑無名氏雜鈔而成。至道山清話,有其孫暐跋,說郛誤爲撰者,又妄加王姓,提要已駁之。邵伯溫有聞見錄二十卷,其子溥作後錄三十卷,已詳雜史類,而於後錄下但曰'邵某撰',不著其名,何也? 又邵溥提要作邵博。參同契下,紫陽先生,張伯端號也,而云不知何人? 上清金碧篇稱煙蘿子,煙蘿子,濟源縣王屋人也。班馬異辭三十五卷,據解題即班馬異同,其卷數亦適相合,而何以譌同作辭? 且此亦不當入類書也。李衞公備全集下云:'姑臧集者,兵部員外郎段令緯所集,其曰姑臧,未詳?'案十六國之呂光據姑臧,其地爲今涼州,德裕爲劍州西川節度使,當是取其地之相近者以名集也。花間集下云:'衞尉少卿字宏基者所集,未詳何人?'案趙崇祚字宏基,蜀人。梅溪詞下云:'汴人史達祖邦卿撰,張約齋磁爲作序,未詳何人?'案葉紹翁四朝聞見錄,'蘇師旦既逐,韓侂胄爲平章,專倚堂吏史邦卿奉行文字,擬帖擬旨,俱出其手,權炙縉紳,侍從柬札,至用申呈',即其人也。而磁亦鎡之訛。竹屋詞云:'高觀國賓王撰,亦不詳何人? 高郵陳造併與史二家序之',案朱彝尊詞綜云:'高觀國,山陰人。'又'併與史'三字,亦未明白,當云高郵陳造與史邦卿二家序之。"其四云:"數術大略下，魯卿秦九韶，鄭靈謹案：直齋原作魯郡，張集誤郡爲卿。前紀元曆下作蜀人秦九韶，亦失於參考也。”餘正巾箱本刊刻之誤，從略。其五云：“解題有案語數條尚待商酌者，如新唐書二百二十五卷，案語云：‘宋史藝文志作二百五十五卷，而李繪補注者仍作二百二十五卷，其互異所由不可考。’案新唐書二百二十五卷，中有子目二十三卷，合之共得二百四十八卷，意者宋史又析目錄爲七卷，故作二百五十五卷歟？後唐廢帝實錄張昭下，案語云：‘東都事略本傳，昭舊名昭遠，避漢祖諱止稱昭’，案張昭舊名昭遠云云，全見下頁周太祖實錄下，此案語爲無取矣。鄴中記一卷案語云：‘唐書藝文志有陸翽鄴中記二卷，疑卽此書。’案解題云：‘記自魏而下僭僞鄴都者六家宮殿事跡’，而今本鄴中記一卷，專記石虎事，與解題不合，則非一書也。古列女傳案語云：‘不特自程嬰母爲始也’，程嬰當作陳嬰。公孫龍子案語云：‘漢書六十四篇，此云十四篇誤’，案公孫龍子漢志正作十四篇，則是解題本不誤，而案語反誤也。觀林詩話，楚東吳聿子書撰，案語云：‘文獻通考吳聿作張律’，案爾雅不律謂之筆，以字子書意推之，當以作張律者爲是。”玉縉案：提要本仍作吳聿。張氏藏書志、瞿氏目錄並有舊鈔殘本。張云：“存楚詞類一卷，別集類三卷，四庫本從大典錄出，此則原本殘帙。”瞿云：“此出文淵閣所鈔，卽秀水朱氏、抱經盧氏所見本也。核與今館本同；惟字句差有小異。盧氏又得子部數門於鮑氏，知此書原本惟別集分三卷，詩集分兩卷，其餘每自爲卷，全書當分五十六卷。詩集後次以總集、章奏、歌辭，而以文史終焉，其餘次第與館本同。"玉縉案：丁氏藏書志有盧文弨校藏巾箱本，今歸江南圖書館。

漢藝文志考證十卷

惟以有所辨論者摘錄爲綱，略如經典釋文之例，其傳記有此書名而漢志不載者亦以類附入。易類增連山、歸藏、子夏易傳；詩類增元王詩；禮類增大戴禮、小戴禮、王制、漢儀；樂類增樂經、樂元語；春秋類增冥氏春秋；道家增老子指歸、素王妙論；法家增漢律、漢令；縱橫家增鬼谷子；天文增夏氏日月傳、甘氏歲星經、石氏星經、巫咸五星占、周髀星傳；曆譜增九章算術、五紀論；五行增翼氏風角；經方增本草，凡二十六部。各疏其所注於下，而以不著錄字別之。

陸氏儀顧堂續跋元槧本跋云："其書雖名漢藝文志考證，而於藝文志著錄未加考證者甚多，不著錄者轉有所增，前無序，後無跋，恐亦未定稾本。"

欽定天祿琳琅書目十卷

每書各有解題，詳其鋟梓年月及收藏家題識印記，並一一考其時代爵里，著授受之源流。

錢泰吉甘泉鄉人餘稾跋明周若年仿宋祕閣本晉書云："天祿琳琅收此本，謂前序缺末葉，不知其名？泰吉先世舊藏本，序文幸全，爲萬曆戊寅秋王世貞作，後有俞某序，紙爛失其名。每葉十八行，行十六字，惜正文多誤字"云云。

千頃堂書目三十二卷

每類之末，各附以宋、金、元人之書，既不賅備，又不及於五代以前，其體例特異，亦不可解？然焦竑國史經籍志，既誕妄不足爲憑，傅維鱗明書經籍志、尤侗明史藝文志稾，尤宂雜無緒，考明一代著作者終以是書爲可據，所以欽定明史藝文志頗採錄之。

吳氏拜經樓藏書題跋記有是書，並載杭世駿手跋云："俞邰徵修明史，爲此書以備藝文志採用，橫雲山人删去宋、遼、金、元四朝，剌取其中之六七爲史志。史館重修，仍而不改，失俞邰初指矣。元修三史，獨闕藝文，全在明史網羅，如後漢、晉不列此志，隋書獨補其闕，不必定在一朝也。亟錄出以箴史官之失。其中宋人著作，係宋史藝文志所遺，非複出也。" 吳壽暘自爲說云："綠飲先生爲先君子購得，復從抱經學士借金陵新校勘補，又從道古堂遺文內補鈔黃氏書錄序於卷首。內地理一門，太史序言增補，先君子以爲還閱此書，又不如所云，疑此外別有一本，復取諸家書目續補徧書於上"，詳愚谷文存跋語中。又別紙錄抱經與其弟書云："查俞邰有明史經籍志，原稾體例較好，今千頃堂書目乃從此出，雖增添甚多，而雜亂無序，是賈客之帳簿而已。我已先鈔得書目，今難於改易，只得將黃志細細校補，所增添小注甚多，幷書目之所漏者亦間有之，俱補全矣。" 丁氏藏書志云："每類後附宋、金、元人之書，殆補三史藝文之闕，故不及五代以前撰著。"又云："金陵朱氏家集云：'南仲公朱廷佐，入吳郡庠，與周忠介友善，南渡後，面折馬、阮，不求仕進。手寫古今書目，爲黄俞邰、龔蘅圃所得，以備史料，千頃堂書目，蓋即參取南仲公書目而成。公之原書，不可得見，特附記之。'"玉縉案：據此，則提要以爲體例特異者蓋未達其恉。

經義考三百卷

其宣講、立學、家學、自述三卷，皆有錄無書。

符元嘉杭氏石經考異序云："朱檢討考經義存亡，其末亦及累朝刊石之略，其書開雕及三禮而止，春秋以下，皆藏弆於家，刊石五卷，世莫得見。"王昶蒲褐山房詩話云："竹垞孫稼翁，年近七十，遊揚州，爲盧雅雨運使上客，始出經義考後半未刻者俾雅雨刻其全。"玉縉案：符說猶據存亡二例言，王說後半爲盧刻，實則祁門馬曰琯重刻。乾隆五十七年，翁方綱與丁杰、王聘珍同撰補正十二卷，謂爾雅類宜備列訓詁、六書諸目，今以顏氏匡謬正俗、張氏五經文字等入是書，而小學未能自爲一類，宜與宣講、立學同補，其說良是。後胡虔代謝啓昆撰小學考，分訓詁、文字、聲韻、音義四類，凡五十卷，即本翁說成之。補正凡一千八十八條，或當或否，互有短長，余另有書後。原書所錄序跋，每删其年月，復初齋文集自題校勘諸經圖後，以爲失於備記，小疋傳及跋竹垞文稾，以爲鈔胥省便脫漏。考訂論上之一云："將使觀者何由而得其師承之所自？何由而參驗其沿革同異？"此語良是，補正亦以爲最失檢。

集古錄十卷

自梁元帝始集錄碑刻之文爲碑英一百二十卷，見所撰金樓子,是爲金石文字之祖。

陸心源金石學錄補云:“隋書經籍志注云:‘梁有碑集十卷,謝莊撰;釋氏碑文三十卷,梁元帝撰;雜碑二十二卷,碑文十五卷,晉將作大匠陳勰撰。’是釋氏碑文三十卷爲梁元帝撰,雜碑等爲陳勰撰,文義甚明,鮑氏以文以雜碑等屬之梁元帝,誤會注文,李氏仍鮑氏之誤。”玉縉案:碑英一百二十卷,隋志未著錄,要之,陳勰雜碑,在碑英以前無疑也,提要此說亦非。 張宗泰所學集有書是書後二則:其一云:“集古錄跋尾十卷,一則借碑版之文正史傳之譌,其諛墓之作有乖事實者亦不盡從也。一則表前人之才學,不使抱一藝之士終或湮沒於身後,其或文理書法不佳而敍述有資掌故者,亦在所節取也。第其中有合訂正者數事,如三輔黄圖云:‘集靈宮、集仙宮俱在華陰縣界’,又引漢書云:‘華陰縣有集靈宮’,而歐公跋西嶽華陰廟碑,謂‘集靈宮他書皆不見’爲失考矣。洪适隸釋卷十三,‘雒陽令王君名渙字穉子,廣漢郪人,先爲河内溫令,後爲雒陽令。’而跋後漢人闕銘以爲‘不知何許人’?是並後漢書循吏傳未讀也。左氏傳鄭侯宣多以文公二年作亂伏誅,此據文十七年傳。而共仲於成七年與侯仲軍楚師,事在宣多誅後四十年。而後漢金鄉長侯君碑云:‘鄭共仲賜氏曰侯,厥允宣多,以功佐國’,世次不合,不能糾正也。後漢楊公碑陰題名,謂‘孟縱字河雒,周儀字帛民,莫曉其義’?案孟之名字,當取河雒之水縱横交貫意,而幣帛之爲物,爲禮儀所必需,周之名字,亦有一說之可通也。”其二云：宋儒好爲刻覈之論，歐公似漸啓其端，如唐之韓、柳，並有千古，韓爲柳作墓誌，推重不遺餘力，至韓之排斥佛老，柳之性耽禪悅，亦各其資性之所近使然，韓始終與柳未嘗有貶抑之詞，亦各行其所見，不相強也。乃歐公跋南嶽彌陀和尙碑，謂'二人道之不同若夷夏'，又詆柳爲韓門之罪人，然乎否耶？李衞公爲一代偉人，其爲武宗蕩平澤、潞，才幹之優，一時無雙，所著會昌一品集，又復馳聲藝苑，與一代作者相雄長。至其結釁僧孺，誠不免器量之褊，要亦瑕瑜不相掩可也。歐公乃痛加排詆，謂其'招權'，謂其'好奇貪得'，並其平泉草木記而亦貶之，亦過矣。又儒家言取物備用，佛氏言戒殺放生，各明一義，固並行而不背。且儒家言用物所以盡物之性，佛氏言放生亦體天地好生之德。歐公跋放生池碑，以其爲佛氏之說也，遂並其放生者而亦駁之，竊以爲失事理之平也。"

金石錄三十卷

淸照跋，據洪邁容齋四筆，原爲龍舒刻本所不載，邁於王順伯家見原稾，乃撮述大概載之。此本所列，乃與邁所撮述者不同，則後人補入，非淸照之全文矣。　今揚州刻本皆爲採錄。

陸氏藏書志有舊鈔本，並載某氏手跋云："易安後序，載入容齋隨筆者，蓋經洪文敏改定，此所錄則其原本也。"瞿氏目錄有顧廣圻校宋本，云："是書以菉竹堂鈔宋本爲最善，盧刻雖云依之，實未見葉氏眞本，故有舛譌，是本校讎精善，勝盧本遠甚。惟唐醉吟先生傳幷墓碑一條，曰：'舊唐史云:‘居易卒年七十五’,‘五’乃‘七’字之譌,新史云:‘年六十五’,‘六’乃‘七’字之譌’,此葉、錢兩本疏處,何氏、顧氏均未訂正。” 玉縉案:錢謂叔寶,何謂焯。

法帖刊誤二卷

伯思有東觀餘論已著錄。 前有大觀戊子自序:“若知伯英夫人諸草帖爲唐人書,而不知乃書晉人帖語”之類。 末有政和中王珍、許翰二跋。

案餘論在後雜家類,應將別號爵里移入此條。又陸氏藏書志有宋刊本,並載自序,“若知伯英夫人諸草帖”句,夫人作大令。又載王、許二序,王珍作王玠。

法帖釋文十卷

攽莊字中叟,長沙人,崇寧中嘗官御史。 觀二書所記,則攽莊之作法帖釋文,本附注石刻之中,未嘗別爲一集。

案攽莊,熙寧六年進士,官至江南西路轉運判官,旋謫居新淦,陸氏儀顧堂題跋考其事蹟甚詳。又藏書志載宋刊本,元祐七年自題云:“太宗皇帝嘗遣使購募古先帝王、名臣墨帖,集爲十卷,淳化三年冬,詔刊之,後大臣登二府,皆以賜焉。歐陽修云:‘往時禁中火災,焚其板,或云尚在,但不賜。’元祐四年,臣得本於前金部員外郎臣呂和卿,命工模刻之,後二年,復取帖中草書世所病讀者爲釋文十卷,並行於時。” 丁氏藏書志載明翻宋本同,是釋文別行,非附注石刻也。丁志又有鈔本陳與義法帖音釋刊誤,其進表云:“右臣先准御前降到法帖一拾卷,并釋文一冊,付臣校正。” 亦釋文別行之證。

籀史一卷

耆年字伯壽，參政汝文之子，别號黄鶴山人。

案耆年一字子淸，旣老自號嚳渚老隱，事蹟詳嘉定鎭江志，陸氏儀顧堂題跋引之。

隸釋二十七卷

此本爲萬曆戊子王鷺所刻。

玉縉案：黄丕烈有汪本隸釋刊誤，無卷數，取婁機漢隸字原爲證，摘記凡千有餘條，在士禮居叢書中。其序云："萬曆戊子有王雲鷺刻本，實汪本所自出，點畫之譌，每昉於此，而汪本轉有正其舛補其脫者，故置不復論"云云，然則王本之誤可藉是以考也。又有後序及顧廣圻後序，明其校正之故，文繁不具錄。據思適齋集，黄氏兩序，亦顧代撰。

隸續二十一卷

蓋自彝尊始合兩家之殘帙參校成編，後刊版於揚州，卽此本也。　此本乃第五卷、六卷忽載碑圖，第七卷載碑式，第八卷又爲碑圖，第九卷、十卷闕，第十一卷至二十卷又皆載碑文，第二十一卷殘闕不完，而适自跋乃在第二十卷尾。蓋前後參錯，已非原書之舊矣。

錢泰吉甘泉鄉人稾跋曹楝亭刻隸續云："楝亭所刻隸續，每卷尾有'楝亭藏本，丙戌九月重刻於揚州使院'篆書圖記，蓋與集韻、類篇同時開雕，四庫著錄揚州本卽此也。"玉縉案：揚州本爲曹寅刻，如提要則似朱彝尊刻矣，敍述欠明。　張氏藏書志有校影鈔宋本十四卷本，云：

"顧君澗薲據毛氏影寫宋刊本校，卷十三鄧君闕畫象下，校補跋尾一段，計八十八字。又補無名人墓闕畫象一行，王穉子闕、沛相范皮闕後俱補繪畫象。"玉縉案：錢稾亦引此，謂"今此本皆無之，疑非從毛氏影鈔矣。二闕畫象，汪本有之，尙可補，鄧君闕跋語，安得舊鈔本一爲補錄耶？"玉縉案：年家子王大隆嘗輯思適齋書跋四卷，有校影宋本隸續十四卷，與此合，而未及鄧闕跋。又輯思適齋集補遺二卷，亦無之，殆已佚之歟？ 錢大昕日記鈔云："段若膺云：'魏三體石經遺字，見於洛陽蘇望氏所刻洪景伯隸續者，名曰左傳，實有尙書。"五刑惟法罰非死其差人兩并寶在命天"，皆呂刑之文；"文侯王若在下事厥辟粤小女克昭前文歸祼乃一旅荒寧"，皆文侯之命文；"大僳龜粤茲裁翼以于我友邦君庶邦于艱大可征緜哀寡卽自于卹不敢替克綏"，皆大誥文。'"

絳帖平六卷

據墨莊漫錄，其書本二十卷，舊止鈔本相傳，未及雕刻。所載字號，止於山字，其河字以下亡佚十四卷，竟不可復得。

案潘之淙書法離鉤八云："東庫本，世傳潘氏子析居，法帖石分爲二，其後絳州公庫乃得上十卷，絳守重刻下十卷，足爲一部，名東庫本；其家亦復重刻上十卷，足爲一部，於是絳州有公私二本。靖康兵火，石並不存，金虜重摹者蓋天淵矣。" 丁氏藏書志云："向佚十四卷，而淸綺齋書目獨二十卷，豈國初時卷帙猶全耶？" 翁方綱復初齋集跋王覺斯書云："韓霖，山西人，撰絳帖考一卷，蓋知講求書法者，然其考絳帖未能精審也。此卷韓所跋，王覺斯書，亦震於其名而空贊之。"玉縉案：韓書有無刊本俟訪。

石刻鋪敍二卷

考宋有兩曾宏父。

陸氏藏書志有舊鈔本，並載何焯手跋云："宏父者，公度之子，李祖堯孫尙書內簡尺牘注中，載其守黄日，重建棲霞樓及東坡雪堂、有棲霞、雪堂詩詞及雪堂上梁文，皆可諷誦，亦烏衣子弟之俊者也。同時趙希弁讀書附志中，載鳳墅帖二十卷，畫帖二卷，續帖四卷，亦云廬陵曾宏父。附志刻於淳祐己酉，案自高宗紹興十三年癸亥，玉縉案：朱彝尊謂宏父名惇，紹興十三年以右散郎知台州府事。至理宗淳祐二年壬寅，相去凡九十九年，則宏父乃别一人，非空靑之子名惇者也，竹垞跋語殊誤。"又云："鳳墅帖後戊申字，則淳祐八年，爲相去一百又五年矣。"玉縉案：錢大昕養新錄亦辨此，其曝書亭集又以石刻鋪敍之曾宏父非曾惇，謂四庫全書目卽采予說。

法帖譜系二卷

浙江鮑士恭家藏本。其書序宋代法帖源流。

姚元之竹葉亭雜記四云："法帖譜系，世罕得其本，鮑士恭本亦希見，余嘗於永樂大典中寫出之。其論淳化帖之支派甚詳，內有澧陽帖云：'舊有法帖石本，其後散失，僅存者右軍數帖而已，或云武陵帖，蓋以澧陽本重刻，未知孰是'云云？而澧陽刻石之原委未明。於鼎帖云：'武陵郡齋板本，較諸帖增益最多，博而不精'云云，而所刻卷數之多寡未述。案晁公武讀書志有武陵法帖二十二卷，王若谷以祕閣法帖合潭、絳、臨江、汝、海諸帖參校有無，補其遺逸，成是書，鼎中張斛刊之石。曹云武陵板本增益最多，或云武陵以澧陽本重刻，則澧陽自較諸本爲多矣。又係石本，當卽張斛所刻之武陵法帖也。晁公武見此帖，距曹氏作譜系時三十餘年，或士冕未見全帖，未能詳考耶？”

蘭亭考十二卷

是此書經高似孫竄改，已非世昌之舊矣。

陸氏藏書志有舊鈔本，並載嘉定元年高文虎序，嘉定十七年高似孫序，嘉定甲申 玉縉案：卽十七年。齊碩序，惟葉適所序無年月。文虎云："一日，澤卿攜此編見，越故事也。"又云："知此帖者亦足以大雅風流自任，況知之者無如澤卿乎？旣請序，名曰蘭亭考。"是此書本名考，不名博議。似孫云："今茲浙東臺使齊公屬加彙正，遂略用史法翦裁之。"碩云："至郡，有以桑君蘭亭考見示者。"又云："內相高公，曩嘗序其編首，今吏部復删潤之。"是此書爲齊删改，非爲其父爲序而主爲删改，書錄解題云云，頗可疑也。瞿氏目錄於蘭亭續考云："提要謂高文虎蘭亭博議序，多爲其子似孫删改，今考是書引高序與蘭亭考字句大異，乃知其說之不謬也。且原作開禧元年，後謁嘉定元年矣。"

寶刻叢編二十卷

則理宗時人也。

張氏及陸氏藏書志並有舊鈔本，並載紹定二年鶴山翁、紹定五年孔山居士、紹定辛卯陳伯玉諸序文，是爲理宗時人無疑。惟據各序，思乃書賈，即所稱陳道人者是也。丁氏藏書志云："思字芸居。"鄭翼謹案：芸居即陳起，字宗之，見提要江湖集條。所居曰芸居樓，有芸居乙藁，見丁氏所刊武林往哲遺著。浙江采集遺書目錄以爲思之父。

輿地碑記目四卷

象之，金華人，嘗知江寧縣，所著有輿地紀勝二百卷，今未見傳本，此卽其中之四卷也。　其中頗有考訂精確者。

顧廣圻思適齋集校刊輿地碑記目序錄云："碑記目四卷，取紀勝十二門之曰碑記者而爲之。嘉定錢少詹云：'不知何人鈔出？想是明時金石家'者也。予案象之所言，碑、記各爲一事，碑指石刻，記指志書，而鈔出則意重在碑，特未析去其記而已。明刻不多見，予嘗得孫淵翁、趙晉齋兩家寫本，又據殘闕紀勝原書，就所存之卷，逐一讐校，乃始補其脫者若干行，正其誤者幾不勝枚數，於是粗可省讀矣。今者，紀勝闕卷三十有一，好事者每惜其末由補全，求之此書，則三十一卷之碑記，惟荆湖南路之潭州，成都府路之彭州、綿州、漢州、邛州、黎州，利西路之天水軍，俄空其七耳，其餘尙多無恙者，皆原書之墜簡也，豈徒有裨於金石家哉。"　陸氏儀顧堂題跋舊鈔本跋云："象之字儀父，一作肖父，東陽人，慶元丙辰進士。博學多識，著輿地紀勝二百卷，見吳師道敬鄉錄。是書從輿地紀勝每州碑記門摘出，疑明儒楊用修所爲，惟所見輿地紀勝似亦不全，故舛奪亦往往而有。如安吉州碑，所據宋本輿地紀勝卷四第二十六頁與二十七頁倒訂，致吳大帝廟碑下誤以湖州刺史題名記注晁公武合州廳記云云羼入接連。紹興府碑，從嚴寺碑起，考紹興有香嚴寺，無嚴寺，蓋所見宋本紀勝缺卷十之第三十一頁，其三十二頁從嚴字起故也。其前尚有禹陵窆石遺字、秦李斯秦望山碑、曹娥碑、蕭將軍廟碑、桐柏山金庭館碑、齊永明中石佛銘、南明山梁碑、隨禹廟碑、江淹碑、虞世南碑、賀知章二詰、龍瑞宮記、高行先生徐師道碑及注約四百字。卷二荼陵軍碑記後，有'江陵府上碑記缺'七字，考紀勝江陵府分上、下二卷，上卷爲沿革、風俗、形勝景物三門，本無碑記，殆鈔胥不知文義者所妄加也。”玉縉案：伍氏粤雅堂刊本卷二荼陵軍碑記，注闕字，江陵府自有碑記。又全書珍州、階州本無碑記不數外，所闕者潭州、彭州、緜州、漢州、邛州、黎州、天水軍，凡六州一軍。 瞿氏目錄有舊鈔本四卷，云：“此卽從紀勝中錄出別行，相傳已久，每府州碑末列入志書名，原書如是，旣題曰碑目，宜削去之。” 陸氏藏書志有影寫宋刊本紀勝二百卷，內缺三十二卷，並載張金吾云：“其所引書，如國朝會要、中興會要、高宗聖政、中興遺史等書，皆傳本久絕，藉此得考見厓略。”玉縉案：揅經室外集已著錄，咸豐中，廣州有刊本。 俞樾春在堂隨筆六云：“王象之輿地碑記目，處州載李陽冰所書者七，黃帝祠宇篆額、縉雲縣城隍廟碑記、修夫子廟記、忘歸臺銘、倪翁洞三字、初暘谷三字、阮客洞詩，又有窪樽銘，但署李氏，不知少溫否也？余得黃帝祠宇、倪翁、阮客、初暘四種，又城隍廟碑一種，初暘谷三字是眞書，非少溫筆，阮客書篆體瘦逸有致，首一行云：'題阮客舊居'，次一行云：'縉雲令李蓿'，則亦非少溫也。詩云：'阮客身何在？仙雲洞口横，人間不到處，今日此中行。'横字作擴，日字作目，頗不合六書，處字从虍从人，形似虎字，更爲詭異。"

寶刻類編八卷

不著撰人名氏，宋史藝文志不載其名，諸家書目亦未著錄，惟文淵閣書目有之。然世無傳本，僅見於永樂大典中，核其編畬次第，斷自周、秦，迄於五季，並記及宣和、靖康年號，知爲南宋人所撰。又宋理宗寶慶初，始改筠州爲瑞州，而是編多以瑞州標目，則理宗以後人矣。 然金石目錄自歐陽修、趙明誠、洪适三家以外，惟陳思寶刻叢編頗爲該洽，而又多殘佚不完，獨此書蒐採贍博，敍述詳明，視鄭樵金石略、王象之輿地碑目增廣殆至數倍。

翁方綱復初齋集跋是書云："寶刻類編，以書人編次爲卷，不著撰人名氏，曩僅以其稱瑞州，知是宋理宗後所撰。今案其書，實小變陳思之例，以便檢閱，既以名臣編卷，又每及於書家筆法評語，是蓋南宋末書賈之所爲也。考證之學，至南宋益加審細，故其時坊客亦多勤求博採，取資學人之用，如經籍則有纂圖互注、重言重意諸刻，金石則有隸韻之編，陳思寶刻叢編既多傳寫之譌，此書實考訂金石家所賴以取證爾。" 陸氏儀顧堂題跋云："是書藍本於陳思寶刻叢編，改頭換面，而以鄭夾漈通志金石略、朱長文墨池編附益之，殊少心得。凡碑之無書人姓名者皆不錄，體例尤未盡善。碑目僅二千有餘，亦不及叢編之富。所載書人,以范式碑爲蔡邕書,時代不合。以華山碑爲郭香察書,未知察字之義。他如禮器碑爲金鄉師曜奴等書,衡方碑爲郭登書,武班碑爲嚴祺書,張遷碑爲孫興祖書,皆具本碑而反遺之,亦疏陋之甚者。惟當時所據寶刻叢編,不若今之殘缺羼亂,旣可補叢編缺卷之目,亦可校叢編羼亂之譌,宜爲金石家所取資也。”玉縉案:郭登當作朱登,孫興祖衍祖字。

古刻叢鈔一卷

所鈔碑刻凡七十一種:漢一,後漢二,晉一,宋三,梁三,隋二,唐四十九,南唐一,北宋二,南宋一,無年月者六。皆全錄其文,以原額爲題,無所考辨,亦無先後次序,蓋隨得隨鈔,非著書也。然所載諸碑,傳於世者甚罕,惟漢建平郫縣刻石,見於隸續、漢隸字源,唐薛王府典軍李無慮墓誌,見於金石錄,其餘如宋之臨澧侯劉襲墓誌,梁之永陽敬太妃王氏墓誌,唐之汝南公主墓誌、尉州刺史馬紆墓誌,多與史傳相發明。又載唐人曹汾等別東林寺、徐浩題寶林寺及謁禹廟、釋元孚與王蓍遊天台詩共七首,亦自來錄唐詩者所未及。

顧廣圻思適齋集有是書跋四則:其跋鮑本云:“校石刻文字之書,非特不可以意推測,並不可據他書改補。如宋臨澧侯劉襲墓誌,‘第四弟□□軌太子舍人’,據沈約宋書宗室傳,襲弟實太子舍人,誌下文云:‘第四男量淵邃出後第四弟實。’又誌云:‘襲字茂德,兄覬,字茂道’,其弟第三字茂蔚,第五字茂通,則實之字茂軌可知矣,所闕‘□□’殆‘實、茂’二字耳。‘第一男□長,暉出,後兄紹封桂陽侯’,

據傳，覬無子，襲以子晃繼封，所闕'□'殆'晃'字耳。南村非不知檢宋書者，良由悉依石本。唯誌云：'第五弟季茂通海陵太守'，而傳言'寶弟爽海陵太守'，季、爽違異，必有一誤，未審石本果何如？黧未審南村果何如也？其他大略準此。"跋孫本云："此伯淵先生所重編次，以原書隨得隨鈔，時代雜糅，難於觀覽故也。屬校未敢憑臆，如故永陽敬太妃墓誌銘，'十一月九日乙卯'，上文云：'以普通元年'，下文云：'粤其月廿八日戊戌'，考通鑑目錄，是年十月辛丑朔，十二月庚子朔，是十一月爲辛未朔，九日當是己卯，故廿八日戊戌也，然所有本皆作乙字，近見鮑氏知不足齋本獨爲己字，乃始改焉，其他大略準此。鮑本先既刊刻，仍藉是本訂定如干處，他日當兩行之。"跋家本云："南村所鈔，篆隸皆無釋文，其西漢、東漢兩石刻有之者，乃乾道間東萊蔡迨所爲，南村并其考全載之也。他篆籀皆平易可識，唯古刻第二玉縉案原書空六格。下兩字，讀者每疑惑莫解，予以爲是'淮西道院'四字也。夏竦古文四聲韻三十三皓道下案原空六格。等字，三十三線院下原空三格。字，與此但筆畫繁簡不一耳。說文宀部'寏'重文'院'，而𨸏部又有'院'，徐氏謂𨸏部重出，然則'寏'爲'院'之正字，故四聲韻院字之釋亦依宀部也。"又壬申跋云："是書刊刻已竟，從兄東京取小讀書堆所藏付校，其本後題云：'右南村古刻叢鈔，非全書也。己巳冬，借崑山葉氏所藏鈔本，錄於榮木軒，至庚午四月十二日完，共五十八葉，錢穀記。'驗其筆迹，非叔寶手書，蓋出自轉鈔也。然視前所有各本迥勝，今據以修板改正者凡五十餘字，至其字之多少如'入衞天 各本多知字，錢本無。階'，(二)案衍者不可通。'唐故江南西各本少西字，錢本有。道觀察判官'，(三)案江南西道，開元廿一年分十五道置採訪使之一也，治章郡。碑文中南康、臨川皆屬其部，不知者删去，謬甚。故右內率府兵曹'，各本首多唐字，錢本無。(十七)案以本書推之，蓋有額者皆依額爲標題。此以意改而未明乎其例也。'前守淄州□ 各本多水字，錢本無。 平縣尉'，(十八)案淄川之屬縣有鄒平，可知所缺處爲鄒字，其間不得更有水字也。'塤篪□各本少一缺字，錢本有。叶'，(十九)案脫者不可通。又案上文云鸞鳴鳳和，疑所缺當在塤下，於偶句始合，錢本轉鈔，仍有小譌也。皆錢本是而他本非，因不可修改，別記於後。"

名蹟錄六卷

其爲明人確矣。　首誥一篇，御製祭文五篇，璽書七篇，次碑十四篇，記二十九篇，墓表一篇，墓碣五篇，行狀一篇，壙志二十三篇，墓志銘二十四篇，雜刻字畫二十六種。

陸氏藏書志有舊鈔本，並載洪武九年秦約序，而仍題朱珪爲元人，謬甚。丁氏藏書志云："卷一神誥、祭文、璽書之屬十二篇，卷二碑銘十四篇，卷三記十七篇，卷四墓表一篇，墓碣五篇，行狀一篇，壙志二十三篇，卷五墓志銘二十三篇，卷六雜刻二十六種。"其數不盡相符，必有一誤，俟考。

金薤琳琅二十卷

潛研堂金石文跋尾，論其載韓勑造孔廟禮器碑，不知隸釋所錄，但有碑陰而無兩側，乃誤合兩側於碑陰，更譏洪适之闕漏。又論其所釋兩側之文，以河南匽師爲河浦退師，任城亢父爲侯成交父，舛謬殊甚。

李慈銘桃華聖解盦日記云："提要金薤琳琅下及金石文字記下，俱引潛研堂金石文跋尾，考四庫目錄以乾隆四十七年壬寅告成，其書例不引並時人之說，竹汀卒於嘉慶八年癸亥，時尚健在，而兩引其說，惟不出姓名耳。蓋當時已甚重其書矣。"

法帖釋文考異十卷

從義字汝和，上海人，嘉靖中，詔選善書者入直，授中書舍人，直文華殿，隆慶初，以預修國史成，擢大理寺評事。此乃所作淳化閣帖釋文，於前人音注，辨其譌謬，析其同異，依帖本原次勒爲十卷，手自繕寫而刊行之。

玉縉案：據松江府志顧從義傳，其摹勒諸帖，淳化閣帖釋文外，尙有十七帖、張旭煙條帖、右軍蘭馨帖、玉泓館蘭亭諸種。據翁方綱復初齋集跋石鼓研，是研亦從義摹勒，翁跋云："十鼓文與今本無大異，惟辛鼓首工字，諸本所無，昨予司業成均，命工精拓，辛鼓之首，果隱隱有工字，爲從來著錄家所未見，且足見顧氏是的據舊拓本摹入研者。此鼓就此研所有者已有八行，而吾子行直云五行，朱竹垞、許寶夫皆沿其誤，亦可以此正之。"

石墨鐫華六卷附錄二卷

性復好事，時挾楮墨訪搨。

李慈銘孟學齋日記云："金石史謂涼國公主碑言公主名儀字華莊，而石墨鐫華謂公主碑名華莊，史作花莊，直以字爲名，殆似未見其碑。今鮑刻石墨鐫華作公主碑名花莊，史作華莊，殆傳寫之誤，然唐書公主傳明作字華莊，與碑本同。”

金石史二卷

明郭宗昌撰。　觀其論衡岳碑、比干墓、銅盤銘、季札碑、天發神讖碑、碧落碑諸條，皆灼指其僞，頗爲近理。

丁壽昌睦州存稾有書後一篇云：“自周至唐，所錄僅五十種，於金止錄唐景陽觀鐘一種，蓋有鑒於博古、考古諸圖收商人僞器之失。吳天發神讖碑，其事、其文、其字皆荒誕不經，唐碧落碑，篆籀雜糅，實基武后造字之漸，此書於二碑皆力詆其怪誕，可謂不爲古人所欺。” 李慈銘孟學齋日記云：“論吳天發碑，謂‘直是牛腹書，三代彝器，其文非不奇古，然皆爾雅典則，何嘗爲牛鬼蛇神。’又謂‘所謂彝器者，如彝常之必不可紊，作如是器，必作如是款，絲髮罔踰，此古昔足尙也’，尤爲篤論。又考胤伯明季未曾入仕，其卒在國朝順治九年，至康熙二年，其友王宏撰始刻是書於金陵，四庫書目稱爲明人，似誤。”

石經考一卷

雖不若杭世駿石經考異之詳辨，而視顧氏之書已爲較備。

案是書翻一字爲漢刻三字爲魏刻之案，極爲錢大昕十駕齋養新錄所詆。

嵩陽石刻集記二卷

封字井叔，黃州人。

盧弼四庫湖北先正遺書札記云：“湖北通志，葉封爲黃陂人，考黃陂縣，明屬黃州府，淸雍正七年，改屬漢陽府，見大淸一統志。”玉縉案：國朝題名碑錄，正作黃州府黃陂縣人。

竹雲題跋四卷

澍本工書，故精於鑒別，而於源流同異考證尤詳，如論西岳華山廟碑郭香察書，爲校勘刻石，鍾繇薦季直表，祝希哲誤作焦季直，及繇結銜與史異。蘭亭序派別。聖敎序始末。王羲之裹鮓帖釋文誤作十九字。瘞鶴銘非顧況，亦非陶弘景。同州聖敎序稱龍朔三年，時褚遂良卒已五年，魏栖梧善才寺碑僞題遂良名，遂良高士贊，誤題永徽二年爲甲寅。岳珂跋寶章集，誤以竇臮爲竇泉。朱巨川誥非徐浩書。李陽冰縉雲城隍廟碑篆文譌字。靈飛經非鍾紹京書。裴耀卿等奏狀非耀卿書。唐明皇批答中桓山之頌，乃用王獻之事。顏眞卿宋廣平碑考異。乞米帖所稱太保是李光弼，非光顏。爭坐位帖年月，顧炎武金石文字未考，祭姪文、告伯父文結銜與史異。江淮帖爲集字僞作。李紳告身與史異。葉慧明碑非韓擇木書撰。皆引據有根柢。

翁方綱復初齋集考訂論上之三云：“澍知學書，而所撰帖跋，避論書談藝之名而嗜援史事，矜爲考訂之學，實則所考轉多舛誤。”

目錄類存目

菉竹堂書目六卷

中爲經、史、子、集各一卷，首卷曰制，乃官頒各書及賜書賜敕之類，末卷曰後錄，則其家所刊及自著書，前有成化七年自序。

陸氏儀顧堂題跋有粵雅堂刻僞菉竹堂書目跋云:“伍氏本前有文莊自序，與文莊集涇東稾所載合，後有五世孫恭煥、七世孫國華跋，校以明文淵閣書目書名分類册數一一皆同，惟卷首聖製類删去祖訓、文集、實錄、官制、法令等書數百種，卷末删舊志、新志兩類，古今志一類，則删島夷志以下數十種而已。閣目每書皆載數部，注明全缺，此則每書祇錄一部，不注全缺，但取閣目册數最多者錄之。文莊原序，爲卷二萬有奇，册四千六百有奇，今册計二萬三百有奇，浮於原序五倍，卷雖無考，以書錄解題、千頃書目所載約計，當在二十萬外，浮於原序十倍。伏讀四庫提要，菉竹堂書目六卷，‘經、史、子、集各一卷’云云，案此本雖有聖製而不曰制，又無後錄，亦無附目，卷中有詩集而無舉業，序末亦無成化記年，證與文莊自序固多牴牾，與提要尤無一合，蓋書賈鈔撮文淵閣目，改頭換面以售其欺，決非館臣所見兩淮經進之本也。恭煥及國華跋，恐亦非眞，粵雅叢書，世頗風行，恐誤後學，不可以不辨。”

玉縉案:此跋與提要無涉，以其有關係，附錄之。

經序錄五卷

又取諸家說經之書各采篇首一序，編爲一集，以誌其概，頗嫌挂漏。

玉縉案:此實開朱彝尊經義考之先。歸有光序，稱其載諸書之序有益於經學，其說良是，特未完備耳。提要則於授經圖下，以爲經義考之嚆矢，要之，一述源流，一列序說，朱蓋兼本之也。

國史經籍志六卷

顧其書叢鈔舊目，無所考核，不論存亡，率爾濫載。

粵雅堂本伍崇曜跋云："厲樊榭等南宋雜事詩自注，'焦氏所載高宗實錄五百卷，孝宗實錄五百卷，光宗實錄一百卷，寧宗實錄三百卷，此據宋史藝文志而列之，未必有完書也，惟陳均中興編年舉要，見於諸簿錄可考'云云，蓋歷朝修經籍、藝文志大都如是，未可專以訴焦氏一人也。末卷糾謬，有駁正漢書諸家分門之誤，而章學誠校讎通義有焦竑誤校漢志十五條，謂其'整齊有法，有可節取，而未悉古今學術源流，不於離合異同之間深求其故，乃僅求甲乙部次，苟無違越，今即其所舉各爲推論，以進於古人之法度'云云，然錢辛楣一代通儒，撰元史藝文志，亦謂於是書采獲頗多，記於十駕齋養新錄者，若以移剌楚材與耶律楚材，周權與周衡，俱爲二人，揭傒斯與揭曼碩重出，趙孟堅入元人則無取耳，亦未嘗不足爲讀史者考鏡之資也。"玉縉案：書類能斥梅賾古文，禮類乃以周官冬官爲未嘗闕，其無定識如此。小說家與雜史、傳記二者易溷而實不同，則壖論也。

讀書敏求記四卷

家富圖籍，多蓄舊笈，此書皆載其最佳之本，手所題識，彷彿歐陽修集古錄之意。　然其述授受之源流，究繕刻之同異，見聞既博，辨别尤精，但以版本而論，亦可謂之賞鑒家矣。

案錢謙益絳雲樓藏書至三千九百餘種，曾此記皆宋版元鈔，僅六百餘種，絳雲精華，實萃於斯。未刻以前，最爲難得，朱彝尊私屬其侍史竊出鈔之，至趙氏始爲之刊版，詳吳氏拜經樓藏書題跋記，亦書苑中一掌故也。然賞鑑家之藏書志，非讀書家所貴。 張金吾愛日精廬藏書志嘉慶庚辰舊序云："讀書敏求記略述源流，儲藏家每豔稱之，然卮言小說，術數方伎，居其大半，下至食經、臥法、鶴譜、鴿論以及象戲之屬，少林之棍，種樹之書，與夫雷神紀事之荒誕，孟姜女集之無稽，兼收博采，並登簿錄，雖小道可觀，恐難語乎擇焉而精。若傳注之羽翼經訓，史籍之紀載朝章，及有關學術政治之大者則寥寥數種，半屬習見，心竊惑之。" 勞權有是書校本云："遵王藏書，藝林珍重，觀其述古堂書目及予所過眼者不乏佳書，乃不登此記，而僞本惡書，充盈卷帙，致不可解。蓋此君學術頗淺，疏於鑒別，僅剽竊於蒙叟、孱守兩家，學問亦復未能深詣，視同時儕輩中，尚不迨敕先、斧季也。"

述古堂書目無卷數

至於以汪藻浮溪文粹爲汪應辰。

案粵雅堂本作"汪彥章浮溪文集十五卷，汪文定公集十四卷"，彥章即藻字，文定即應辰，此條並未誤。又此本分爲四卷，而伍崇曜跋兩稱二卷，疏甚。

金石表一卷

是書雜列所蓄碑帖之目，前有自序，稱"予行塞上，見古碑橫茀草間，偶一動念，古人遺蹟，歷千百年，自吾世而湮沒之爲可惜。搜自境內，以至遠地，積五年，得八百餘本，經以碑，緯以撰者、書者之姓名，及所立之地與世、與年，合而成表。”然其書與他家碑目相等，無所謂體仿周譜旁行斜上之式，以表爲名，殊不相稱。其間既不從歐、趙不分時代之例，而所列時代，不以年序，亦不以地序，六朝以前，合而爲一，尤爲雜糅，似乎未經編次之本。且八百餘本之中，惟楊珣殘碑注“疑非是再考”五字，餘皆不置一詞，亦不足以資考證。又王羲之書曹娥碑、樂毅論諸條下，皆注宋搨字，是雜錄古帖，並非金石之存於今者矣。

沈濤十經齋文集有古林金石表跋云：“吾鄉曹氏古林金石表一冊，鈔之女夫韓小亭處，前有倦圃自序云云，考曝書亭集，蘇靈芝易州鐵像頌跋云：‘古林金石表，儲藏秦、漢以來至五代十國凡七百本’，蓋竹翁不數宋、金以後，故與自序之數多寡不同，然此本合之宋、遼、金、元僅得六百餘本。又竹翁跋政和年晉祠鐵人胸前字云：‘倦圃鉏菜翁以金石之文石多金少，款多識少，遂摹拓而裝潢之’，是宜必著於錄，而此本無之，疑傳鈔闕脫，非完書矣。表中所列宋拓黄庭、樂毅諸種，余與小亭所未覩，碑之時地，表中不及盡載，其載者亦多舛錯。如白石神君碑在今眞定之元氏縣，而表云在無極縣，蓋隸釋此碑與無極山碑同列，俱云在元氏縣，而元氏、無極二縣俱隸眞定，因有此誤。不知今之無極縣，兩漢時皆爲毋極，武周萬歲通天以後方改爲無極，而元氏縣故自有無極山，彼此如風馬牛之不相及。曝書亭集中白石神君跋亦云在無極縣，殆因是表而誤歟？”

瘞鶴銘考一卷

並引弨說而折衷之。

楊賓鐵函齋書跋云:"瘞鶴銘考,莫詳於張力臣一圖,然偃臥一石,'華表留形'三行,與'江陰眞宰'三行,乃東西平對,中間只隔一石,非若圖之斜曲也。"

金石遺文錄十卷

似是裒輯未成之書也。

清吟閣書目有金石遺文錄手稾十本,云:"附朱師同石經考、顧從義閣帖釋文考異、顧起元金陵金石考、林佶昭陵墨跡考、石鼓文考、周在浚晉碑、焦山古鼎考、張弨瘞鶴銘考、韓霖絳帖考、戲鴻堂帖目、玉煙堂帖目。"玉縉案:提要不言所附,未知所見本卽稾本否?朱師同疑萬斯同之誤。

中州金石考八卷

又所載金石皆不著其存亡,卽如自序中明言漢碑祇存其七,而所載漢時金石乃至百二十種,則是據前人所述概爲錄入,其中重刻者、傳疑者又不盡著其由來,殊非記實之意。又每種之下,宜一一具載立石年月,撰書人姓名,其不可考者則著其闕文,方足徵信,而是書或著或否,則體例亦未畫一。

案是書前有陳祖范序,稱"考金石者有資於考證經史,而非玩物喪志",說本無弊,乃翁方綱復初齋集考訂論上之三,斷斷於"非玩物喪志"一語,以爲卽歐陽修所比茗飲之類,是與陳意適相反也。又云:"作此考之序,正當以其所錄碑目不盡著撰人書人,則無益於考,不盡著有否闕佚，則無益於考。” 玉縉案：郝懿行曬書堂文集，有讀是書書後，但錄其有裨於世教者略加詮次，以資觀省，絕無考訂，玆不錄。

石蹟記一卷

不著撰人名氏，觀其所載碑刻，雖訖於金、元，而稱江南不稱南直隸，稱江寧不稱應天府，是國朝人所著矣。

案瞿氏清吟閣書目有朱楓石蹟記，未知即一書否？

四庫全書總目提要補正卷二十六

史評類

史通二十卷

小小疏漏，更所不免。

錢大昕潛研堂答問九云："漢五行志恆寒篇，先云'釐公十年冬，大雨雹'，次引公羊經曰：'大雨雹'，此劉所譏爲'首尾紛拏，章句錯糅'者也。今考班史序'恆寒，以雪爲首，而霜次之，雹又次之'，'釐公十年冬大雨雪'，此左氏、穀梁經文也，故引劉向說，次引公羊經作'大雨雹'，兼采董生說，蓋以經有異文，特附出之，其餘書'大雨雹'者别見於後，班史義例之嚴如此。知幾偶見誤本，不尋其上下文義，輒生駁難，不知其見笑於大方甚矣。今南、北監本皆作雪，與左氏、穀梁經文正合，乃歎今本固有勝於古本者，而古人讀書粗率轉或不如後人之精審也。太史公著書，未嘗以史記自名，班氏藝文志云：'太史公百三十篇'，'馮商續太史公七篇'，亦未有史記之名，此志引國語單襄公、晉惠公諸條皆稱史記，此前代紀載之通稱，非指太史公書，知幾謂班志不云國語，唯稱史記，譏其忘本徇末，又未喻班氏之旨矣。” 又云：“問劉知幾之論范史曰：‘更始升壇改元，世祖稱臣北面，作者乃抑聖公於傳內，登文叔於紀首，事等躋僖，其信然乎？”曰：“南陽宗室，同時舉義，非有素定之分，伯升見戮，光武勢不能安，雖受更始官爵，亦猶漢高之於義帝耳。更始前無所承，後無所授，始則因人而成事，繼以失道而破亡，史家惡莽之篡，黜地皇而用更始之年，固爲得之，若欲列諸本紀，則失地之君，春秋所貶，豈宜躋於中興令主之上哉？范史登諸傳首，篇中稱字而不名，準以史法，最爲得中，劉氏以兄終弟及例之，未免擬不於倫矣。”玉縉案：十駕齋養新錄又以疑古、惑經諸篇，言匪由衷，志在避禍，最精。 史通雜說上篇，“太史公述儒林則不取游、夏之文學，著循吏則不言冉、季之政事，至於貨殖爲傳，獨以子貢居先，成人之美，不其缺如。”王鳴盛十七史商榷六云：“游、夏、冉、季、子貢已載仲尼弟子列傳，史通妄也。困學紀聞有史記正誤篇，愚謂子長與經傳牴牾處誠多，至如史通此條，紀聞亦取之則無識。” 張澍養素堂文集三三輔決錄序云：“史通書志篇云：‘譜牒之作，盛於中古，漢有趙岐三輔決錄，晉有摯虞族姓記，江左有兩王百家譜，中原有方司殿格，蓋氏族之事盡在是矣。’補注篇云：‘若摯虞之三輔決錄，陳壽之季漢輔臣，周處之陽羨風土，常璩之華陽士女，文言美詞，列於章句，委曲敍事，存於細書。’案岐纂決錄，據其自序，並昔人徵引逸篇，其書不類譜牒。至摯虞之注，與陳壽等三書亦不相侔，劉氏所考，未爲精確。”

史通通釋二十卷

史通注本，舊有郭延年、王維儉二家，近時又有黄叔琳注，補郭、王之所闕，遞相增損，互有短長，起龍是注，又在黄注稍後，故亦採用黄注數條。然大致引據詳明，足稱該洽，惟疑古、惑經諸篇，更助頹波，殊爲好異。又輕於改竄古書，往往失其本旨，如六家篇尙書條中，“語無可述”四字之下，“若此”二字之上，顯有脫句，而改“此”字爲“止”字，更臆增一“有”字。又如列傳篇“項王立傳而以本紀爲名”句，“立”字不誤，而乃臆改爲“宜”字。此類至多，皆失詳愼。至於句解章評，參差連寫，如坊刻古文之式，於注書體例更乖。

陸氏儀顧堂題跋影宋鈔史通跋云：“每卷有目，連屬篇目，目後有總結云：‘右定凡三十六篇，幷前序及誌第七篇，共二十八篇。’以明陸文裕本、國朝浦起龍通釋本互校，浦本多與影宋本合，陸本校正固多，而妄删誤改者亦不少。盧抱經所稱影宋本，與此本同出一源，其善處盧氏已盡錄於羣書拾補中。是書明刊，以陸本爲最先，張之象又翻陸本，西江郭延之據張本重刊而加評，王維儉又據郭本而加注，國朝黄叔琳又據王本删訂重刊，浦起龍通釋本雖不言所自，而與此本皆合，則當見影宋本矣。惟卷十七諸晉史篇寄出外戚傳下，宋本有‘案外戚傳’四字，浦本亦奪，而注云‘凡例語止此，此下疑有闕文’，似所見宋本亦不全。其云一本作某者，大抵指陸、張、郭、王諸本而言，間有從他本而以宋本爲別一本者，惜外篇卷十四惑經篇削'尋春秋所書實乖斯義'九字，卷三五行志篇、卷七直言篇、卷十八雜說下，於原注皆有所刪削，不及此本之善。"玉縉案：提要郭延年，存目評釋下作郭孔延，陸跋又作郭延之，"之"疑"年"之誤，惟提要延年、孔延爲歧出耳。李慈銘桃華聖解盦日記丁集七一云："此書提要稱爲善本，而病其肊改，王西莊則極稱之。二田自言爲七十歲時所作，稾凡數易，多所訂正，頗具苦心，先於篇中節釋其文義，而後通爲案以釋之，其後則標句以注其出處。然識趣旣卑，文又拙澀，全是三家村學究習氣，不特不及黃崑圃之補注，且不及郭延年之評釋也。今所購本，又有不知何人以墨筆評點？頗亦摘二田之謬而迂拙彌甚，且於惑經、疑古諸篇重加朱擲，是亦妄矣。"　又云："史通申左篇云：'夫以傳自委巷，而將班、馬抗衡，訪諸古老，而與子孫並列'，浦氏妄改'班、馬'爲'冊府'，'子孫'爲'同時'，以爲班、馬語無涉，子孫更謬，不知班、馬字承上'漢之太史'句，子孫當作'干、孫'，謂晉之干寶撰晉紀、孫盛撰晉陽秋也。承上'晉之著作'句，馬、班、干、孫，皆以當代人居史職而撰當代史，故爲可信。'干'與'子'字形近而誤，浦氏不學，而專肊恣改，比比皆是，此蹈明人之惡習也。各本皆誤作子孫。"　李詳媿生叢錄云："劉知幾熟精文選，或用其成句，或檃括其語，浦氏通釋有不能盡知其出處者，予略爲證之。如二體篇'悠哉邈矣'，潘岳西征賦，邈矣悠哉。書志篇'強著一書'，楊修與臨淄侯箋。'筇竹傳節，蒟醬流味'，左思蜀都賦，筇左作邛，竹作杖。載文篇'福不盈眥'，班固答賓戲。因習篇'曾無先覺', 沈約謝靈運傳論。邑里篇'居於晉者齒便從黃', 嵇康養生論, 齒居晉而黃。言語篇'先王桑梓, 翦爲蠻貊, 被髮左衽, 充牣神州', 劉孝標辨命論, 左帶沸脣, 乘間電發, 居先王之桑梓, 種落繁殖, 充牣神州。品藻篇'薰蕕不同器, 梟鸞不接翼', 劉孝標辨命論。直書篇'夫爲於可爲之時則從, 爲於不可爲之時則凶', 揚雄解嘲, 劉節去可爲不可爲五字。'貫三光而洞九泉, 曾未足喻其高下也', 潘岳西征賦。鑒識篇'窮達命也', 李康運命論。'雖濬發於巧心, 反受嗤於拙目', 陸機文賦, 反陸作或, 嗤作欸。探賾篇'強奏庸音, 持爲足曲', 陸機文賦, 放庸音以足曲。書事篇'笑他人之未工, 忘己事之已拙', 陸機豪士賦序。'上智猶其若此, 而況庸庸者哉', 劉孝標辨命論, 聖賢猶且若此, 而況庸庸者乎? 序傳篇'以春秋所諱, 持爲美談', 張衡東京賦。'班門之雄朔野', 班固幽通賦, 雄朔野以颺聲。雜述篇'先王桑梓, 列聖遺塵', 左思魏都賦, 夫魏都者, 先王之桑梓, 列聖之遺塵。疑古篇'人風婐劃', 左思魏都賦, 風俗以韰果爲嫿, 李善注, 方言曰: '惈, 勇也,' 果與惈古字通, 說文曰: '嫿, 靜也。' 案子玄所云, 本於魏都, 傳寫數經, 字畫小異, 浦氏指婐劃爲文身, 誤矣。史官建置篇'恥當年而功不立, 疾沒世而名不聞', 韋昭博奕論, 聞草作稱。皆是也。"

唐鑑二十四卷

惟朱子語錄謂其議論弱, 又有不相應處。然通鑑以武后紀年, 祖禹獨用沈旣濟之說, 取武后臨朝二十一年繫之中宗, 自謂比春秋公在乾侯之義, 且曰: "雖得罪君子, 亦所不辭", 後朱子作通鑑綱目, 書帝在房州, 實仍其例。王懋竑白田雜著亦曰:“范淳夫唐鑑言‘有治人無治法’,朱子嘗鄙其論,以爲苟簡,而晚年作社倉記則亟稱之,以爲不易之論,而自述前言之誤,蓋其經歷既多,故前後所言有不同者,讀者宜詳考焉,未可執一說以爲定也。”然則朱子語錄之所載,未可據以斷是書矣。

王鳴盛十七史商榷九十二云:“此書純是議論,於考證無益,議論佳者,已俱採入通鑑。” 俞正燮癸巳類稾書是書後云:“唐鑑二十四卷者,呂注分范書一卷爲兩卷,范論文筆近弱,其以唐稱天可汗,非君臣之禮;司徒、司空乃六卿,非三公;叔嫂、弟妻、夫兄小功爲私意;宋璟抑郝靈筌功爲得大臣遠慮,可云偏私;然他篇文具懇懇之致,眞儒雅氣象也。‘有治人無治法’,後儒或非之,然此是荀卿文,魏黃門侍郎杜恕論考課云:‘世有亂人無亂法’,亦用荀文。范在通鑑局中十五年,深悉唐代治亂得失之由,時以‘唐鑑公’目之。致崇寧二年夏四月乙亥,詔毁刊板,唐鑑可云奇厄。乃有所謂不虞之譽者,宋四明僧志磐作佛祖統紀,有云:‘歐陽修、宋祁、范縝修唐書,如高僧玄奘、神秀諸傳在方伎傳者,以至貞觀爲戰士建寺薦福之文並削之,有淨因自覺禪師,初學於司馬光,嘗聞光言曰:“永叔不喜佛,舊唐史有涉其事者必去之,嘗取二本對校,去之者千餘條”,因曰:“駕性命道德之空言者韓文也,泯治亂成敗之實效者新書也。”范祖禹聞光言,乃更著唐鑑,陰補新書之闕’,其說甚怪。檢舊唐書佛事並無千餘條,唐鑑三百六條,亦不說神秀、玄奘薦福事,至貞觀三年閏十二月各交兵處建寺，則舊、新唐書皆有，而唐鑑反無之，僧徒虛言，誣司馬光，誣歐陽修、宋祁、范縝，誣范祖禹，於舊唐書、新唐書、唐鑑盡誣之，何爲乎？近有章嘉喇嘛者，言佛於薄伽梵殿涅槃時，以無上法付羅漢止十六人，其搭拉荅拉及花上二人，乃唐史所增，唐史無此語，是又一周書異記法本內傳矣。"

唐史論斷三卷

此本僅三卷，蓋本從唐紀鈔出別行，非其舊帙。司馬光跋，曾鞏、歐陽修所作墓誌、行狀，蘇軾答李廌書，張敦頤後序，皆推重是書。

十七史商榷九十二云："觀其自序，欲效春秋書法，以褒貶予奪示勸戒，以制度爲不必具載，不作志，幸其書亡，若存，徒汨亂學者耳目，論斷雖多平正，皆空論，亦不足傳。"粤雅堂本伍崇曜跋云："邵經邦宏簡錄稱其'按祖宗故實，核當世之治有不逮者，論述以爲諷諫，名三聖政範'，惜亦不傳。又稱'忻州地震六年，每震則有聲如雷，前代未有如此之久者，則援唐高宗即位晉州，經歲地震，其後昭儀幾移唐祚以諫，蓋指溫成事'云云，而是書於高宗、中宗兩朝，武昭儀事三致意焉，則正未必不爲溫成而發。"

唐書直筆四卷

據晁公武讀書志，是書乃其在書局時建明，前二卷論紀傳志，第三卷論舊史繁文闕誤，第四卷爲新例須知，即所擬發凡也。惟晁氏作唐書直筆四卷，新例須知一卷，而此本共爲四卷，或後來合併歟？

十七史商榷九十二云:“夏卿與宋、歐等同修新唐書,而此書所述體例與新唐多不合,俱屬自出意見。觀其卷尾一段,糾舊書之謬,而云‘唐書著於五代幅裂之際,成書匆遽,殊未詳悉,故有詔纂輯十餘年矣’云云,則其爲同修之時,夏卿建議如此而其後不用可知,觀其條例棼煩,正是宋人習氣。”瞿氏目錄有影鈔宋本唐書直筆新例四卷,新例須知一卷,云:“書中題帝紀第一,列傳第二,志第三,摘繁文闕誤第四,後附唐書新例須知,與晁公武讀書志合,四庫館著錄本,已出後來合并。”錢大昕養新錄十三云:“夏卿於仁宗朝預修唐書,故作此例,今以新書考之,殊不相應。如書母,書內禪,書立皇太子,書立皇后,書命將征伐諸條,按之本紀,無一同者。又謂僕固懷恩不當立傳,宜見於鐵勒傳,李白、杜甫同傳,不入文苑,李適之當附恆山王傳,今本皆不爾,是夏卿雖有此議,而歐、宋兩公未之許也。歐公本紀頗慕春秋褒貶之法,而其病即在此,夏卿新例,益復煩碎非體。”

六朝通鑑博議十卷

此書詳載三國、六朝勝負攻守之迹,而繫以論斷。

陸氏藏書志有舊鈔本,其案語云:“前有三國譜系圖、晉譜系圖、南朝譜系圖、北朝譜系圖、六朝建都圖、六朝攻守圖。”瞿氏目錄有宋刊本,亦云卷首有圖四葉。

大事記講義二十三卷

前有興國軍教授劉實甫序,謂水心以其師講貫之素,發明我朝聖君賢相之心,則是書乃中平日講論稾本,葉適等爲之編次云。

案劉序云:“此止齋、水心之徒以其師講貫之素”云云,則有陳傅良,不當偏舉葉適也。張氏藏書志有鈔本類編皇朝大事記二十三卷,題“黄甲省元肇慶府學教授溫陵呂中講義,省元國學前進士三山繆烈、皋蘭蔡柄編校。”瞿氏目錄舊鈔本、丁氏藏書志影元鈔本同。黄甲省元等名,乃麻沙翻刻備場屋之用,非其原題。瞿云:“是書紀宋太祖至欽宗事,加以論斷,末附中興講義一卷,略及高宗事。”張志又有舊鈔本皇朝大事記九卷,中興大事記四卷,亦題繆烈、蔡柄編校,蓋坊刻非一本。張云:“皇朝大事記,始太祖迄欽宗,後附治體、制度、國勢論三篇,中興大事記,始高宗迄寧宗,後附中興規模、中興制度、中興國勢論三篇,每一朝爲一卷。皇朝大事記較二十三卷本頗多刪節,中興大事記世無傳本,以宋史全文所引考之,蓋亦刪節之本。”並載黄虞稷手跋,考中之事迹頗詳。陸氏藏書志亦有是本,其儀顧堂題跋有跋,並考中之事迹,與黄跋可互證。

舊聞證誤四卷

今從永樂大典中所載蒐羅裒輯,尚得一百四十餘條。

光緒庚子繆氏藕香零拾本有補遺一卷,跋云:“館臣集諸大典,有正文脫心傳案語者九條,有案語而無正文者二條,至書名闕者甚多,館臣因取原書在者及可考見者附注一二,已不能全。今從錢塘丁氏影寫宋本,止存首二卷,第一卷二十七事,今本闕十四事,第二卷二十七事,今本闕十五事，天聖中一條，案語未完，鹽鐵一條，只有案語，系中闕一葉，因輯大典所遺者爲一卷以附於後。而乾德一條本案語，今誤以爲正文，崇政殿一條，'仁宗用孫宣公之請，以賈文元等四人爲崇政殿說書，崇政殿說書自此始'，今脫下'崇政殿說書'五字。東封西祀一條，'王文正、李文定俱秉政'，上脫'北虜講和'四字。皆當從宋本，惟正文書名，宋本亦有注有不注矣。大典本館臣補引書名，皆作某人某書，宋本無出字，或書字，或書官，不盡書名，今仍之。"玉縉案：乾德有兩條，一，元年奚嶼知館陶縣，一，三年平蜀見鏡背鑄乾德四年，此條乃三年事，繆跋殊少別白。張氏藏書志有宋刊殘本二卷，丁本蓋從之傳錄。陸氏儀顧堂題跋云："卷一縣吏受郡事而下之縣者條，出程大昌演繁露卷十二。泰之，大昌字也。錢若水爲樞密使條，出王鞏聞見近錄。張忠定爲御史中丞條，出王闢之澠水燕譚錄。祖宗時雖有磨勘法條，系證王明清揮麈後錄之誤，其前當補揮麈後錄一條。眞宗既與契丹和親一條，出溫公涑水紀聞。劉子儀在南陽條，出洪遵翰苑遺事。卷二陳恭公當國條，以證誤'趙所紀差誤'語推之，當出趙子崧朝野遺事，容齋四筆同。進退宰相其帖例草儀條，出東軒筆錄卷十八。治平四年十一月知諫院楊繪條，出李燾長編。熙寧六年北人遣蕭禧來議地界及地界事久不決二條，出韓莊敏遺事，見大典本長編二百二十二。元豐初蔡確排王珪罷相條，出邵伯溫聞見前錄卷十三。詔議漢王典禮條，出東都事略王珪傳。近歲前執政官到闕止繫御仙花帶條，出石林燕語。韓魏公父諫議大夫國華條，出馬永卿嬾眞子卷五。卷三案紹聖間鄭公肅條，系證揮麈餘話之誤，當補錄揮麈餘話一條。章惇初貶謫元祐臣寮用白帖子行事條，以‘邵子文指此而云’句推之，當出邵子文辨誣。李孝廣崇寧間爲成都漕條，出揮麈後錄十一。李端叔爲密院編修官條，出揮麈後錄卷六。宣和元年九月乙卯范致虛以母憂罷條，出東都事略十一。國朝宗子自附葬山陵之外條，出程大昌演繁露。熙寧法宗子出仕者條，以‘建炎元年某知鎭江府’語推之，當出趙子崧朝野遺事。方務德守荆南條，出揮麈三錄卷三。案孟富文以辛寅九月自戶部尙書條，系證揮麈三錄卷十一之誤，其前應補揮麈三錄一條。卷四李端叔作范忠宣遺表條，出揮麈後錄卷六。紹興戊午夏熙野外濼水有龍條，出洪皓松漠紀聞。吳才老舒州人條，出揮麈三錄。魯國大長主避兵南來卜居台州條，出揮麈前錄卷三。白樂天閒白行簡及禁中鐘鼓院二條，出演繁露卷十五，學士院具員文臣條，以‘蔣所記誤’語推之，當出蔣魏公遺史，台州筆吏楊滌條，出揮麈前錄卷三。以上各條，大典本皆缺書名，今爲考證如右。”

通鑑答問五卷

其餘則尊崇新例，似尹起莘之發明，刻覈古人，似胡寅之管見。

陸氏儀顧堂續跋云：“前無序，後無跋，其云‘彗見西方而鞅入秦爲妖芒，爲妖芒以掃滅帝王之迹’，皆迂謬附會之言，提要疑爲伯厚孫輩僞託，非無因也。”

歷代名賢確論一百卷

近世所行刊本，或有題爲華亭錢福所輯者，然福以弘治三年庚戌登第，寬序作於弘治十七年甲子，二人同時，不應不知爲福作，殆後來書賈重刻，以福廷對第一，託名以行歟？所引唐人之文，如羅隱論子高梅子眞，盧藏用論紀信，張謂論劉宋代晉諸篇，皆唐文粹諸書所未錄。

陸氏儀顧堂題跋云：“歷代名賢確論十卷，題曰‘錢福編集’，案是書四庫所收，分一百卷，前有吳寬序，提要云云，誠不刊之論。此本十卷，與百卷本卷帙懸殊，疑有删節，及讀杭州文瀾閣所存殘本與此本皆同，並無缺少，惟多分卷帙，蓋亦書賈所合并也。所采宋人之文，如何去非、張唐英遺集久亡，賴此存其崖略。”

十七史纂古今通要十七卷

錢曾讀書敏求記曰：“宋以來論史家，汗牛充棟，率多龐雜可議，以其不討論之過也。此書議論頗精允，絕非宋儒隅見者可比，一覽令人於古今興亡理亂了然胸次，朱子稱稽古錄‘其言如桑麻菽粟，小兒六經了，好令讀去’，予於此書亦云”，其推許是書甚至。

陸氏藏書續志有影寫元刊本，並載大德壬寅汪良臣序云：“司馬溫公稽古錄，朱文公稱其言如桑麻穀粟云云，故良臣於先生是書亦欲竊比朱夫子之言。”據此，是錢本汪說。又瞿氏目錄有元刊本十七卷，後集三卷，云：“後集乃董鼎季亨所續，凡宋二卷，金一卷，四庫著錄祇有胡氏書而未及董氏。”

御批通鑑綱目五十九卷通鑑綱目前編一卷外紀一卷

朱子因司馬光資治通鑑以作綱目，惟凡例一卷，出於手定。

十七史商榷一百云:“朱子卒於慶元六年，凡例一卷，直至度宗咸淳元年乙丑，金華王柏始刻之，距朱子沒又六七十年，不知果眞出朱子否？假令果眞，而明憲宗序又稱書與凡例或有不同，是皆大可疑者。” 尤侗艮齋續說云:“通鑑綱目，世傳爲朱子手筆無復致疑，嘗讀朱子文集，見其與門人趙師淵數書，則綱目成於趙氏，惟凡例乃朱子筆耳。李方子親受業朱門，其言綱目云:‘朱子欲稍加更定而未暇，魯齋王氏去朱子未遠，其序凡例，謂嘗見趙文集，綱下之目，蓋屬筆於趙也。’此段出都穆跋，存之以備參考。”

欽定古今儲貳金鑑六卷

御製職官表聯句詩注於詹事府條下云:“自古書生拘迂之見，動以建儲爲國本，其實皆自爲日後身家之計，無裨國是。誠以立儲之後，宵小乘間伺釁，釀爲亂階，其弊有不可勝言者。朕於此往復熟籌，知之甚審，我子孫當凜遵此訓，奉爲萬年法守。”

案此蓋鑒理密親王之失而作，不建儲則可無廢立之事，然光緒戊戌孝欽后訓政，竟有議廢德宗者，蓋榮祿輩之乘間伺釁也。幸劉坤一以“君臣之分久定，中外之釁難防”等語止之。

史評類存目

讀史管見三十卷

前有嘉定丙寅其猶子大壯序。

陸氏儀顧堂題跋云："讀史管見八十卷，前有淳熙壬寅孫胡大正序，後有大正識，據大正序，淳熙以前無刊本，至大正官溫陵，始刊於州治之中和堂，乃此書初刊本也。其後嘉定十一年，其孫某守衡陽，刊於郡齋，並爲三十卷，與書錄解題合，有猶子大壯序，明季有重刊本，卽四庫附存其目之本也。姚牧庵集有此書序，謂宋時江南宣郡有刊版，入元，版歸興文署，學官劉安重刊之，牧菴嘗得致堂手槀數紙，今摹之卷首，是此書在宋凡三刊，元人又重刊之，其爲當時所重可知。惟嘉定本與此本卷帙懸殊，未知有無刪削？惜架上無三十卷本，無從互校耳。" 嚴元照蕙櫋雜記云："宋人史論，百無一當，胡致堂讀史管見其尤也。竹汀先生自序廿二史考異云云數語，已盡宋人之病。"

宋紀受終考三卷

其簞墩集中有宋太祖、太宗授受辨一篇，專辨僧文瑩湘山野錄誣太宗燭影斧聲之事，末自注云："猶恐考核未精，故別成是書"，然觀文瑩所言，實無所確指，徒以李燾長編誤解文瑩之言遂成疑案耳。宋濂、黃溍始首辨其誣，敏政是書，又博採諸書同異，一一爲之辨證，然仍宋、黃二家之緒論也。

吳氏拜經樓藏書題跋記云："其辨太祖、太宗傳禪之誤，以歐陽諸公正史爲據，而疑湘山野錄之未實，讀書敏求記野錄條下，謂成化間尹直等奉勅編纂宋元通鑑，辨宋太祖、太宗傳禪之誤，蓋自李燾删潤湘山野錄啓之。並載野錄謂太祖、太宗對飲燭影下，時見太宗有不可勝之狀，而燾改'不可勝'爲'遜避'，太祖戳雪顧太宗曰：'好做好做'，而燾改'戳雪'爲'戳地'，'好做'爲'好爲之'，又加'大聲'二字，遂不免有畫蛇添足之病。此書辨之曰：'太宗留宿禁內，此亦繆誤，太祖既不豫，寧復自登閣，且至殿廷戳雪乎？'其說更爲明快。" 光聰諧有不爲齋隨筆已云："長編、受終考、簋墩集皆未見，黃說載本集中，因野錄書眞宗卽位之次年，賜李繼遷姓名，進封西平王，與宋實錄不合，斥其書未可盡據。因言李氏續通鑑長編及陳均編年備要，書開寶九年十月壬子夜事，亦舍正史而取野錄，筆削之意，莫得而詳，黃之所辨僅此，宋說俟考文憲集。"又云："野錄此條，前後鋪敍，意止在表著道士前知之術耳，於太宗實冊無確指，迨備要取之，易引拄斧戳雪顧太宗曰：'好做好做'，爲引拄斧戳地大聲曰：'好爲之'，又引或云：'宋皇后使王繼恩召皇子德芳，繼恩徑召晉王，后見晉王，愕然呼曰："吾母子之命皆託於官家"'，則裝點甚矣，不知長編之誤解又何如也？"又云："張東海云：'楊廉夫聲以拄斧戳地事爲宋太宗弑藝祖，近者劉文安公作宋論，則鍛鍊益精矣。'"

史韻二卷

是編摘錄史事，儷以四言韻語，凡西漢、東漢、三國、兩晉、南北朝、唐、五代、宋、元各爲一首，詞簡而該，蓋其謫戍代州以後，借以遣日之筆。

黃彭年陶樓存稾趙忠毅公史韻敍云："史韻之首也，去秦而存周，其係蜀也，黜魏而存漢，其列東、西魏也，削元而存晉，固無與於黨獄與閹禍也。然而數千百年，孰非孰是？孰宜去？孰宜存？是非之事不同，而有是有非之理同，古今之人不同，而有是有非之性同"云云。"陳息凡刺史守趙之日，得史韻舊本，屬其友蔡君鶴君、查君寄菴考定注釋，補其缺略，以便初學之士。余惟刺史之刊是書，殆王檕所稱'敬公以敬世道'者，又益見是非之有定也。"又附記云："味蘗齋遺筆云：'陳壽之志三國，尊魏而附蜀、吳，後儒守朱子綱目義例，以蜀漢爲正統，而二國附焉，其非一統者，皆附於一統者之內，陳壽誠過矣，後儒之云，殊亦不必。然天下重器，非可夜半負之而趨也，其所以敗之，昭昭在人耳目，直書其事，邪正自見，烏在乎正與附也。蜀漢非一統也，而自爲紀者，豈以其疆域之廣狹，時日之久近，遂可據之爲昂抑哉？'案遺筆是丁卯十一月作，蓋作史韻時筆也，與王序所述史韻義例略異，而論正統、一統甚精，所云直書其事，邪正自見，尤爲通論。附錄大略，俾讀者互相發明，有所折衷焉。"